Zu diesem Buch

Fast jeder von uns erlebt Stress und seelische Belastungen: junge und alte Menschen, im Beruf, in der Familie und in der Freizeit. Sind diese Stress-Belastungen häufig und intensiv, dann ist unsere seelische und körperliche Gesundheit gefährdet. Wie können wir mit dem alltäglichen Stress und den länger dauernden seelischen Belastungen – mit Ängsten, Ärger, Verzweiflung, Eile, Hetze und Überforderung – förderlicher umgehen? Wie können wir uns selbst besser helfen?

In einer klaren, verständlichen Sprache, die wissenschaftliche Befunde mit den persönlichen Erfahrungen vieler Menschen verbindet, stellt Reinhard Tausch die Entstehung und vor allem die Möglichkeiten der Bewältigung von Stress und Belastung dar.

Der Autor

Prof. Dr. Reinhard Tausch, geb. 1921, arbeitet seit über 35 Jahren in Forschung und Lehre am Psychologischen Institut III der Universität Hamburg sowie in psychologisch-therapeutischer Praxis in Stuttgart. 1991 erhielt er die Hugo-Münsterberg-Medaille des Berufsverbandes Deutscher Psychologen für seine Verdienste in der Angewandten Psychologie. – Das Verdienstkreuz 1. Klasse der Bundesrepublik Deutschland wurde ihm 2002 für seine Verdienste um das Gemeinwohl verliehen.

Weitere Bücher bei Rowohlt:
Anne-Marie und Reinhard Tausch:
«Sanftes Sterben» (rororo sachbuch 18843)
«Wege zu uns und anderen» (rororo sachbuch 18403)
Anne-Marie Tausch: «Gespräche gegen die Angst»
(rororo sachbuch 18375)

Reinhard Tausch

Hilfen bei Stress und Belastung

Was wir für unsere Gesundheit tun können

Rowohlt

Dieser Taschenbuchausgabe liegt der 1989 im
Rowohlt Verlag erschienene Band
«Lebensschritte» zugrunde.
Der Autor hat seinen Text für die
Taschenbuchausgaben 1993 und 1996
vollständig überarbeitet und erweitert.

17. Auflage 2010

Veröffentlicht im Rowohlt Taschenbuch Verlag,
Reinbek bei Hamburg, März 1996
Copyright © 1989 by Rowohlt Verlag GmbH,
Reinbek bei Hamburg, und
1993/1996 by Rowohlt Taschenbuch Verlag GmbH,
Reinbek bei Hamburg
Umschlaggestaltung Werner Rebhuhn
Satz Sabon (Linotronic 500)
Gesamtherstellung CPI – Clausen & Bosse, Leck
Printed in Germany
ISBN 978 3 499 60124 8

Inhalt

TEIL I
Stress-Belastungen in unserem Leben 9
Was sind Stress-Belastungen? 16
Stress-Belastungen sind die Folge von
Gedanken und Bewertungen 35
Körperliche Veränderungen bei Stress-Belastungen 50
Seelische Erkrankungen und Stress-Belastungen 63

Was können wir tun? 73
   Unsere Möglichkeiten zur Verminderung
   von Stress 73
   Drei Bereiche der Bewältigung von Stress-Belastungen 74
   Die Bereitschaft, sich zu ändern und neues Verhalten
   zu lernen 78
   Kleine Schritte des Lernens 81

TEIL II
Situationen stressfreier gestalten 87
   Lösungsorientierte Aktivitäten 87
Planung von Zeit und Vorhaben 89
Suche nach Information, Hilfe und
Unterstützung 92
Lernen durch Erfahrung und Übung 94
Situations-Klärung 97
Soziale Beziehungen stressfreier gestalten 103
Stress-Minderung am Arbeitsplatz 108
Zur Änderung von Umweltbelastungen 116

TEIL III
Förderliche Gedanken – Bewertungen – Vorstellungen 119
Die «Macht» gedanklicher (mentaler) Vorgänge über unsere Gesundheit 119
Stress-Verminderung durch Änderung mentaler Vorgänge 220
Wie können wir unsere mentalen Vorgänge günstig beeinflussen? 123

Sorgenvolles Grübeln und negative Selbstgespräche vermindern 125
Was ist sorgenvolles Grübeln? 125
Grübel-Stop 134
Möglichkeiten der Ent-Sorgung 140

Aktivitäten zur Erleichterung positiver mentaler Vorgänge 145
Gespräche mit verständnisvollen Mitmenschen 146
Entspannung und mentales Training 150
Förderliche soziale Kontakte und Beziehungen 157
Positive Erfahrungen und Tätigkeiten 162
Aufgaben und Ziele 170
Von anderen lernen 173
Engagiertes soziales Helfen 177

Förderliche mentale *Inhalte* des Bewußtseins 183
Bewußte Zuwendung zu Gutem 184
Dankbarkeit bei der Wahrnehmung des Guten 193
Spirituell-religiös-philosophische Auffassungen: mentale Hilfen in Lebensbelastungen 205
Sozial-ethische Wertauffassungen 216

Förderliche Einstellungen beim Wahrnehmen, Denken und Bewerten 223

Das Wesentliche sehen 225
Weniger bewerten – verurteilen – richten 228
In belastenden Ereignissen auch Förderliches sehen 235
Schwierigkeiten als Herausforderung sehen 240
Loslassen, weniger verhaftet sein, die Realität akzeptieren 244
Sich weniger identifizieren 251
Vergeben 254

TEIL IV
Körperlich-seelische Ent-Spannung 259

Warum ist Ent-Spannung so wichtig? 260
   Die Auswirkungen von regelmäßiger Ent-Spannung 266
   Gesichtspunkte zur Praxis 269
Körperliches Bewegungstraining 274
Muskel-Entspannung 282
Atem-Entspannung 287
Hatha-Yoga-Übungen 300
Autogenes Training 304
Kurz-Entspannung 307
Spannungsminderung *in* Stress-Situationen 311
Entspannende Übergänge zwischen Situationen 314
Erholsame Erfahrungen-Tätigkeiten nach Belastungen 318

Angemessene Ernährung:
Weniger seelische Belastungen 321

   Ungünstige Ernährung fördert körperlich-seelische Belastungen 321
   Auswirkungen eines gesünderen Ernährungsverhaltens 324
   Schritte zur gesünderen Ernährung 326
   Hilfen zur Änderung des Ernährungsverhaltens 328
Vitamine, Mineralien und Spurenelemente (Mikro-Nährstoffe) 334

Ärger, Wut, Feindseligkeit –
Herauslassen? Unterdrücken? Oder? 341
    Herausgelassener Ärger, Wut, Aggression 343
    Nicht-herausgelassener Ärger, Wut, Aggression 347
    Ärger, Streit und Aggressivität in der Partnerschaft? 348
    Nicht-ausgelebte Aggressionen:
    Ursache von seelischen Erkrankungen? 350
  Verminderung von Ärger, Wut und Feindseligkeit 354
  Hilfreiche Einstellungen und Wertauffassungen 362

Ausblick 369

Literatur 370

Register 380

▽ Stress-Belastungen
in unserem Leben

Dieses Buch habe ich für Leser geschrieben, die Stress-Belastungen in ihrem privaten und beruflichen Leben vermindern und ihre seelisch-körperliche Gesundheit verbessern möchten.

Wie kam ich dazu, mich in den letzten 15 Jahren intensiv mit der Bewältigung von Stress-Belastungen zu beschäftigen? Der Anlaß hierzu war eine persönliche schwere Lebensbelastung: Meine Frau Anne-Marie erkrankte an Krebs. Ich erlebte es bei ihr mit und unterstützte sie darin, daß sie sehr viel unternahm, um trotz der Beeinträchtigung durch die Krankheit und die medizinischen Behandlungsmethoden seelisch heil zu bleiben. Ich sah zum Beispiel den Wert täglicher Entspannungsübungen, die ihr viele unangenehme Gefühle nahmen, auch vor Operationen. Ich sah bei ihr die Wichtigkeit von förderlichen Gedanken und Einstellungen: Nach ihrer Erkrankung erarbeitete sie sich eine Einstellung, offen und annehmend zu sein für die Wahrscheinlichkeit des Sterbens, aber auch sehr offen zu sein für ein bewußtes intensives Leben. Sie engagierte sich intensiv für berufliche Tätigkeiten, veröffentlichte zum Beispiel ihre Erfahrungen und die von anderen Krebserkrankten in ihrem Buch «Gespräche gegen die Angst».

Auch ich selbst erfuhr: Meine Gefühle im Zusammenhang mit ihrer Erkrankung sowie ihrem Sterben fünf Jahre danach hingen sehr davon ab, welche Gedanken, Einstellungen und Bewertungen ich zum Leben, zur Krankheit und zum Sterben hatte, in welcher Bedeutung ich sie wahrnahm. Ich erfuhr eindringlich, daß es wesentlich von mir, von meinen Einstellungen, meinem Denken und meinem förderlichen Umgang mit mir abhing, welche Gefühle ich hatte: Tiefe Traurigkeit, seelische Schmerzen und Hilflosigkeit oder Gefaßtheit, hilfreiche Aktivität zu ihrer Unterstützung sowie Dankbarkeit, 29 Jahre sehr befriedigend mit ihr zusammengelebt zu haben.

Auch erfuhr ich eindringlich den Wert täglicher Entspannungsübungen, eines häufigen Bewegungstrainings und einer Umstellung der Ernährung, zum Beispiel wenig Fett und Süßigkeiten, kein Fleisch und Alkohol. Anfangs hatte ich dies getan, um meine Frau bei ihren Bemühungen um eine gesunde Lebensführung zu unterstützen. Heute weiß ich, daß ich damals Wertvolles für mein weiteres Leben lernte.

Durch diese persönlichen Erfahrungen und ferner durch viele Kontakte mit Belasteten wurden meine Augen offener, wie Menschen mit Stress-Belastungen umgehen und wie bedeutsam die *Selbsthilfe bei der Bewältigung von seelischen Schwierigkeiten ist*.

So wandte ich mich diesem neuen Bereich zu, nachdem ich zuvor 25 Jahre intensive Forschung und Praxis betrieben hatte, wie berufliche Helfer in Psychotherapie und Erziehung anderen Menschen helfen können (182; 183). Ich nahm an Stress-Seminaren von Ärzten und Psychologen in den USA teil und las viele Anleitungen und Bücher.

Wie aber gewann ich Einsichten über wirksame Selbsthilfemöglichkeiten, die wissenschaftlich geprüft sind und nicht einfach nur einer persönlichen Auffassung entsprechen? Zusammen mit Doktoranden und Diplomanden des Psychologischen Institutes III der Universität Hamburg befragte ich in einem Zeitraum von fünf Jahren viele hundert Personen: Wie gingen sie im Alltag mit ihren Stress-Belastungen um? Wie bewältigten sie die seelischen Belastungen, Enttäuschungen und Krisen? Was war dabei für sie hilfreich? (68; 73; 117; 150; 157) Ich zog ferner die zahlreichen Untersuchungen über die Bewältigung von Alltags-Stress und schwerem Lebens-Stress besonders aus den USA heran sowie die theoretischen Erkenntnisse von Prof. Richard S. Lazarus, Universität Berkeley (95). So erhielt ich eine große Sammlung von Befunden: Was half Menschen bei der Bewältigung von Stress-Belastungen? Was half ihnen nicht?

Nach insgesamt neun Jahren intensiver Praxis und Forschung stellte ich dann das Wesentliche in einem Buch dar. In den nächsten sechs Jahren ergänzte und überarbeitete ich es vollständig; und dieses Buch liegt jetzt vor Ihnen. *Der Inhalt* sind Erkenntnisse und Antworten auf die Fragen: Was sind Stress-Belastungen? Wie entstehen sie? Wodurch können wir Stress-Belastungen und die körperlichen Folgebeeinträchtigungen vermindern?

Die hilfreichen Möglichkeiten in diesem Buch sind also gleichsam ein gesammelter Erfahrungsschatz vieler Menschen, der zugleich wissenschaftlich und theoretisch einsichtig ist. Welche Möglichkeiten Sie in Ihrer jeweiligen Situation tun möchten, entscheiden Sie selbst. Mit größerer Wahrscheinlichkeit werden durch Ihre Aktivität im Alltag Ihre Beeinträchtigungen gemindert. Vielleicht hilft Ihnen dabei auch ein Gedanke: Ich habe nichts dargestellt, was ich nicht auch für mich selbst, für mein Verhalten im Alltag als gültig ansehe. Dabei habe ich oft gedacht, wie hilfreich es für mich gewesen wäre, wenn ich diese Kenntnisse und Möglichkeiten schon früher gehabt hätte.

Was war mir sonst noch wichtig bei diesem Buch?

Sehr am Herzen lag mir die *Verständlichkeit des Buches*. Ich habe mich intensiv um eine klare, geordnete Alltagssprache bemüht, trotz der wissenschaftlichen Grundlagen. Ermutigt wurde ich darin auch durch die Auffassung Albert Einsteins: «Die meisten der fundamentalen Ideen der Wissenschaft sind im Grunde einfach und können in der Regel in einer leicht verständlichen Sprache ausgedrückt werden.» (53, S. 121) Ich nehme dabei auch den Nachteil in Kauf, den Einstein so beschrieben hat: «Die meisten Menschen haben einen heiligen Respekt vor Worten, die sie nicht begreifen können, und betrachten es als ein Zeichen der Oberflächlichkeit eines Autors, wenn sie ihn begreifen können.» (200, S. 24)

Ferner habe ich mich intensiv bemüht, dem Leser die *Wirksamkeit hilfreicher Bewältigungsformen wissenschaftlich zu begründen, zu erklären*. Also **warum** bestimmte Bewältigungsformen, zum Beispiel Entspannungsformen, so wichtig sind, **warum** etwa Grübeln so schädigend für die seelisch-körperliche Gesundheit ist. Wenn wir etwas klar einsehen und erklären können, wie es zu den Auswirkungen kommt, fällt es uns häufig leichter, entsprechend zu handeln.

Schließlich habe ich mich um Bestätigungen bemüht, daß die Inhalte des Buches hilfreich und handlungsorientiert sind. Ich erhielt sie durch Reaktionen von Zuhörern bei Vorträgen und Rundfunksendungen in Deutschland, Österreich und der Schweiz, durch eine Forschungsuntersuchung am Psychologischen Institut der Universität Hamburg (135), ferner durch schriftliche Rückmeldungen von jährlich ca. 450 Teilnehmern an Seminaren zur Verminderung von Stress-Belastungen sowie von Klienten meiner Psychotherapeutischen Praxis in Stuttgart.

Mannigfache Anregungen erhielt ich in Gesprächen mit meinen Kollegen Prof. Dr. Heinz Berbalk und Prof. Dr. Inghard Langer. Ihnen sowie Prof. Dr. Bernd Dahme danke ich für die Ermöglichung meiner Arbeit am Psychologischen Institut III der Universität Hamburg.

Wertvolle Hilfen und Anregungen erhielt ich von meiner Tochter Dr. Daniela Tausch-Flammer (Stuttgart), sodann von Frau Sybil Schärlig (Bern) und Dr. Jürgen Höder (Hamburg).

Für die sorgfältige Textverarbeitung danke ich Frau Erika Bednarczyk, Frau Gertrud Wriede und Frau Tatjana Heise.

Für Betreuung und Anregungen bin ich Frau Heike Wilhelmi vom Rowohlt Verlag dankbar.

Die Notwendigkeit der Verminderung von Stress-Belastungen

▷ Ein großer Prozentsatz von Menschen fühlt sich gemäß vielen Erhebungen und Befragungen durch Stress fast täglich belastet, alte und junge Menschen, im privaten sowie zunehmend im beruflichen Bereich: Arbeiter, Angestellte und Manager in Betrieben, Mütter, Polizisten, Krankenschwestern, Ärzte, Lehrer. Kaum ein Beruf ist ausgenommen.

Der Beruf des Polizeibeamten zum Beispiel wurde von der Weltgesundheitsorganisation als stark stressbelastet eingestuft. So ergaben sich bei 60 Prozent der Polizeibeamten eines Bundeslandes Deutschlands psychosomatische Erkrankungen wie Spannungskopfschmerz, Nackenverspannungen, Migräne u. a. Heute werden Polizeibeamten zunehmend Seminare zur Stress-Bewältigung angeboten.

Viele Lehrerinnen und Erzieher* erleben tagtäglich belastende Stress-Situationen in ihrer Schulklasse. Sie fühlen sich bei Lärm oder Chaos in der Klasse oder bei verhaltensschwierigen Schülern überfordert. Über 80 Prozent fühlen sich abgespannt und erschöpft, wenn sie von der Schule nach Hause kommen. Auch abends vor dem Einschlafen gehen Lehrern noch häufig belastende Gedanken über die Schulerfahrung durch den Kopf (16).

Ferner: Viele Lehrer, Eltern und Erzieher haben den Wunsch, partnerschaftlich, nicht-autoritär mit Kindern umzugehen. Hierdurch werden die persön-

---

* Ich habe abwechselnd weibliche und männliche Hauptwörter verwendet.

liche Entwicklung und das fachliche Lernen der Jugendlichen wesentlich gefördert (182). Aber trotz des großen Wunsches gelingt vielen dies nicht. Sie erleben Ärger, Stress und Schwierigkeiten. Ein wesentlicher Grund ist: Eltern und Lehrer, die im Umgang mit Kindern schon bei geringen Schwierigkeiten Stress empfinden, die Mißgeschicke und Fehlschläge schwer ertragen können, scheitern eher mit einem partnerschaftlichen Verhaltensstil.

▷ Auch im privaten Bereich erleben viele Menschen deutliche Belastungen. Etwa durch seelische Krisen, eigene schwere Erkrankung oder Erkrankung von Familienangehörigen, durch Unsicherheit des Arbeitsplatzes oder Berufswechsel, durch Partnerschwierigkeiten oder Trennung. Bei jeder dritten Ehe trennen sich die Partner, was meist mit großen Belastungen verbunden ist.
▷ Menschen, die sehr offen und sensitiv für ihre Gefühle sowie einfühlsam für andere Menschen sind, besonders Frauen, erleben einen großen gefühlsmäßigen Reichtum. Jedoch – auch Gefühle wie Ängste, Bedrohung und Traurigkeit werden intensiver erlebt. So sind sie verwundbarer für seelische Verletzungen und Schwierigkeiten in Partnerschaft, Familie und Beruf. Wie können wir offen für unser Fühlen sein und bleiben, ohne zu verletzbar zu sein, ohne von Gefühlen überwältigt zu werden?
▷ Auch für Kinder und Jugendliche ist die Fähigkeit des Umgangs mit Stress-Belastungen wichtig. Wie sollen sie mit ihren Enttäuschungen und Ängsten umgehen? Mit der Angst vor Klassenarbeiten? Mit der Angst, nicht versetzt zu werden, mit der Angst, von anderen abgelehnt zu werden? Im Schulunterricht empfinden sie oft ein Gefühl der Sinnlosigkeit. Etliche fühlen sich belastet mit Schwierigkeiten oder Krankheiten in der Familie, mit Partnerproblemen ihrer Eltern. Ein bedeutsamer Teil der Schüler leidet an psycho-vegetativen Körperstörungen, Schlafstörungen, Übererregbarkeit. Etwa jedes 8. Kind im Alter von 12 Jahren erhält in der Bundesrepublik Psychopharmaka zur Ruhigstellung! Ältere Jugendliche suchen sich von den Belastungen durch Alkohol-, Nikotin- und Drogenkonsum zu befreien, durch Zusammenschluß zu Banden oder durch verwegene Aktionen, etwa bei Motorradfahrten. Und Studierende? Ca. 22 Prozent leiden an Ängsten, Unruhe und depressiven Verstimmungen. Jeder zweite hat seelische Schwierigkeiten in Partnerbeziehungen (90).

14 Stress-Belastungen in unserem Leben

▷ Andauernde Stress-Belastungen wirken sich meist auf die körperliche Gesundheit aus, können zu psycho-vegetativen Erkrankungen führen. Ärzte nehmen an, daß ein größerer Prozentsatz der Erkrankungen, mit denen ihre Patienten in die Sprechstunde kommen, mit Stress-Belastungen zusammenhängt (46). Bereits bestehende körperliche Erkrankungen können durch Stress-Belastungen verstärkt oder aufrechterhalten werden.

▷ Psychotherapien können wesentlich beschleunigt werden, wenn Patienten zusätzlich lernen, ihre Stress-Belastungen besser zu bewältigen und entspannter zu leben; die erwünschten Änderungen durch Psychotherapien treten dann früher ein und sind stabiler (183). Ich sage dies als jemand, der seit über 30 Jahren auf dem Gebiet der Psychotherapie intensiv forscht und fast täglich praktiziert.

▷ Schließlich ist eine sehr ungünstige Auswirkung von Stress-Belastungen: viele suchen Stress-Belastungen durch Alkohol- und Nikotingebrauch, durch übermäßige Nahrungsaufnahme und durch Beruhigungstabletten zu vermindern oder zu beseitigen. Ist dies zur Gewohnheit geworden, dann führt es zu erheblichen Beeinträchtigungen der Gesundheit:

Mehr als 2,5 Millionen Menschen sind in der Bundesrepublik alkoholabhängig. Die Folgekosten – ohne Arbeitsausfall und Verkehrsunfälle – betragen über 25 Milliarden DM jährlich!

Die Zahl der Medikamentenabhängigen wird auf ca. 900 000 geschätzt; etwa 500 000 davon sind von Beruhigungsmitteln abhängig.

Rund 20 Millionen gelten als regelmäßige Raucher. Die Folgekosten für Herz- und Gefäßerkrankungen, Lungen- und Bronchialkrebs u. a. betragen in der Bundesrepublik jährlich etwa 22 Milliarden DM. Jede dritte Krebserkrankung ist wesentlich durch Rauchen bedingt.

Etwa 20 Millionen Bundesbürger leiden an Übergewicht, bedingt durch übermäßige Nahrungsaufnahme und Bewegungsmangel. Hierdurch sowie durch Fehlernährung werden Herz-Gefäß-Erkrankungen, Bluthochdruck, Zuckerkrankheit u. a. gefördert. Probleme mit ihrem Eßverhalten hatten 58 Prozent der westdeutschen Männer und 64 Prozent der Frauen. Über häufigeren «Heißhunger» aufgrund von Stress klagten 20 Prozent der männlichen Bundesbürger und 33 Prozent der Frauen. Die Folgekosten (medizinische Behandlung, Rehabilitation, Arbeitsausfall, Frühinvalidität) werden auf über 40 Milliarden DM jährlich geschätzt.

Stress-Belastungen in unserem Leben 15

Noch sehr viel schwerer als diese körperlichen Leiden und volkswirtschaftlichen Schäden wiegt das seelische Leid der Betroffenen und ihrer Familien.

Diese Tatsachen sowie viele weitere Befunde zeigen: Es ist notwendig und lebens-wichtig, Stress-Belastungen zu vermindern.

▼ Was sind Stress-Belastungen?

In diesem Kapitel möchte ich Sie informieren, was Stress ist, wie er entsteht, womit er zusammenhängt und wie er sich auswirkt. Meine Erfahrung ist: Verstehen Menschen die Vorgänge bei der Stress-Entwicklung, dann fühlen sie sich weniger ausgeliefert und können angemessener handeln. Wenn Sie es aber möchten, dann lesen Sie gleich ein späteres Kapitel.

Wenn man Menschen fragt, was sie bei Stress erleben, dann nennen die meisten Erregung, Spannung, Ärger oder Ängste. Sodann Schweißausbruch, Herzklopfen, zitternde Hände. Die Gedanken werden häufig als sehr schnell, «rasend» beschrieben, mit negativen abwertenden Urteilen über andere Menschen oder die eigene Person. Ich habe das etwas geordnet und stichwortartig zusammengestellt:

Gefühle

Erregung – Spannung – Ungeduld – Angst – Ärger – Wut – Reizbarkeit – Zorn – Überlastung – Enttäuschung – Verzweiflung – Bitterkeit – Unsicherheit – Resignation – Traurigkeit – Kraftlosigkeit.

Körperempfindungen

Herzklopfen – schnellerer Puls – schnelleres, flacheres Atmen – Zittern der Hände – Schweißausbruch – Verspannung – Steifheit mit leichten Schmerzen besonders im Rücken-Hals-Schultergebiet – unangenehme Empfindungen im Magen-Darm-Bereich – Kopfschmerzen.

Nach einigen Stunden: Erschöpfung, Müdigkeit, Schlafschwierigkeiten.

Gedanken

Schnelle, «rasende», immer wiederkehrende Gedanken über die Beeinträchtigung-Gefährdung – «Werde ich es schaffen?» – «Ich schaffe es nicht!» – «Es ist zu schwer!» – «Ich werde es ihnen zeigen!» – «Was soll ich tun?» – «Ich kann das nicht leisten!» – «Wie furchtbar!» – «Wie gemein von den anderen!» – «Ich mag diesen Menschen nicht!» – «Mir entgeht etwas sehr Wichtiges!» – «Ich bin wehrlos!» – «Ich will das nicht!» – «Ich bin verloren, ich bin verlassen!» – «Er/Sie will mich vernichten!» – «Es wird schlimm ausgehen!» –

«Warum muß denn das sein?» – «Ich bin ein Versager!» – «Ich habe keine Hilfe!»

Verhalten und Handlungen

Eher hastig – «kopflos» – planlos – unüberlegt – Neigung zu Radikalität, Lautheit, Aggressivität, Gewalt oder zu Resignation, Unentschiedenheit, Rückzug-Flucht – emotionales Klagen – Selbstmitleid – Vorwürfe-Beschuldigungen – unkontrollierte Nahrungsaufnahme – Rauchen – Alkoholkonsum.

Was ist Stress? Eine Beschreibung (Definition)

▷ Bei Stress erleben wir unangenehme Gefühle und Empfindungen, zum Beispiel Spannung, Unruhe, Ärger, Ängste.
▷ Es werden körperliche Vorgänge aktiviert, zum Beispiel Zunahme von Puls und Blutdruck, Hormonveränderungen. Einige körperliche Veränderungen spüren wir auch, zum Beispiel Schweißausbruch, Zittern, Muskelspannungen.
▷ Diese unangenehmen Gefühle und diese körperlichen Vorgänge treten immer dann ein: Wir nehmen etwas in der Umwelt oder/und bei uns als bedrohlich wahr, bewerten es als einschränkend für unser Wohlbefinden. –

Derartige Stress-Belastungen erfahren wir – junge und alte Menschen – in vielen sehr unterschiedlichen Situationen: zu Hause, im Beruf und im Urlaub, bei unterschiedlichen Anlässen und Situationen. Gemeinsam ist allein: ein Ereignis oder eine Situation wird als einschränkend-bedrohlich für unser Wohlbefinden wahrgenommen-eingeschätzt, sei es, weil die Situation so schwierig ist, sei es, weil wir zuwenig Fähigkeiten zur Bewältigung haben. Die Gefühle sind unangenehm, beeinträchtigend. Körpervorgänge werden aktiviert, wir spüren eine körperliche Spannung, «Nervosität». Und unser Verhalten ist meist weniger zielgerichtet sowie ungeordneter.

Einzelheiten zum Stress-Begriff

Früher wurden unter Stress überwiegend die körperlichen Vorgänge verstanden, die in bedrohlichen Situationen auftraten. Sie wurden besonders in Tierexperimenten von dem berühmten amerikanischen Forscher Hans Selye festgestellt (173).

Danach wurden zunehmend mehr die seelischen Vorgänge bei schweren Beeinträchtigungen beachtet, zum Beispiel nach dem Tod des Partners, bei schwerer Erkrankung u. a. Sie werden als *schwerer Lebens-Stress* bezeichnet.

Schließlich erkannte man die große Bedeutung der vielen kleinen quälenden Situationen im Alltag. Dieser sog. *Alltags-Stress* kann bei größerer Häufung über längere Zeit hinweg ähnlich beeinträchtigend sein wie schwerer Lebens-Stress.

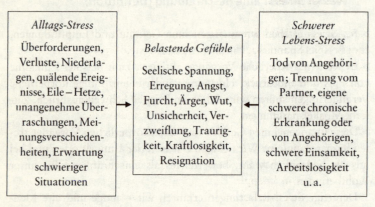

Alltags-Stress und schwerer Lebens-Stress beeinträchtigen deutlich das seelische Erleben, besonders das Fühlen.

Stress und Belastung haben häufig dieselbe Bedeutung. Das Wort Stress wird eher verwendet bei den kleinen kurzzeitigen Einschränkungen und Bedrohungen im Alltag. Das Wort seelische Belastung ist eher angemessen bei andauernden Einschränkungen, zum Beispiel bei schweren körperlichen sowie seelischen Beeinträchtigungen, auch bei Schuldgefühlen, Depressivität u. a.

Der Begriff *Eu-Stress* wird heute in der wissenschaftlichen Psychologie nicht mehr verwendet. Stress bedeutet heute immer eine Bedrohung oder Beeinträchtigung des Wohlergehens. Beim sog. Eu-Stress wird zwar eine gewisse Belastung verspürt, etwa beim Sport, jedoch keine Bedrohung. Die Situation wird eher als *Herausforderung* erlebt, mit teilweise positiven Gefühlen, s. S. 240 –

Wie soll man die vielfältigen Stress-Erlebnisse ordnen, übersichtlicher gestalten? Eine sinnvolle Möglichkeit ist die Aufgliederung in: ▷ Alltags-Stress ▷ Längerdauernde Stress-Belastungen ▷ Dauerbelastungen ▷ Schwerer Lebens-Stress. Ich möchte dies im folgenden an Erfahrungsberichten veranschaulichen. In manchen Beispielen werden Sie sich selbst wiederfinden. Bei anderen, die Ihnen auch zustießen, werden Sie vielleicht bemerken, daß Sie selbst nicht mit Stress reagierten. Der Grund: Sie schätzten die Situation weniger bedrohlich-beeinträchtigend für Ihr Wohlbefinden ein.

Alltags-Stress

Kurzzeitiger Alltags-Stress dauert einige Minuten bis etwa zu einer Stunde. Diese kurzzeitigen Stress-Belastungen können jedoch eine ähnliche oder größere Intensität wie längerdauernde oder schwere Stress-Belastungen haben. Wichtig ist: Bei häufigem Alltags-Stress, mehrmals täglich, summieren sich oft Belastungen, schränken unsere Lebensqualität stark ein und beeinträchtigen auch körperliche Vorgänge.

Zeitdruck, Eile und Hetze. Durch die Befürchtung, ein Ziel nicht zu erreichen, etwas nicht zu schaffen, zu spät zu kommen, durch das Bemühen, vieles in knapper Zeit erledigen zu wollen oder zu müssen, fühlen sich viele Menschen beeinträchtigt. Wenn ich selbst zum Beispiel zu spät von zu Hause zu einem Arbeitstermin losfahre, dann ist die Autofahrt für mich belastend. Ich überlege, ob ich den Termin wohl schaffen werde, wie ich noch etwas schneller oder günstiger fahren kann, um Zeit zu gewinnen; ich denke an die Schwierigkeiten, die sich durch mein Zuspätkommen ergeben. Am Ziel der Fahrt merke ich meist, daß die Muskeln meines Körpers angespannt sind und daß die Fahrt mit den gedanklichen Belastungen mich viel «Kraft» gekostet hat. Habe ich dagegen besser geplant und nur einige Minuten mehr zur Verfügung, ist die gleiche Fahrt kaum belastend. Ich fühle mich dann abends auch weniger erschöpft.

Ziele nicht erreichen können. Viele fühlen sich beeinträchtigt und erleben Stress, wenn ihre Absichten, Erwartungen oder Pläne vereitelt werden. «Wenn der Bus grade weggefahren ist, dann kommt Ärger hoch», sagt ein Mann. «Zuerst bin ich verärgert über die Pünktlichkeit des Busses. Und dann ärgere ich mich über mich.˙ Weil ich mich total beeilt habe, um ihn zu erreichen, und es doch nicht geklappt hat; weil ich es wieder geschafft habe, vor einem wegfahrenden Bus zu stehen.»

In einer Untersuchung befragten wir Menschen, wie es ihnen ergeht, wenn sie einen eiligen Anruf unterwegs zu erledigen haben, wenn jedoch bei dem Apparat in der Telefonzelle das Geld durchfällt, so daß keine Verbindung zustande kommt (157). Viele empfanden massiven Ärger, äußerten Beschimpfungen, versetzten dem Apparat Faustschläge. Körperlich spürten sie Erregung, Schwitzen, erhöhten Puls. Eine Frau: «Ich ‹verfluche› das Telefon und bin so wütend, daß ich am liebsten darauf einschlagen möchte. Ich fange vor Erregung an zu schwitzen. Nur mit Mühe beruhige ich mich und suche eine andere Telefonzelle.»

Äußere und innere Anforderungen im Beruf führen bei vielen zu kürzeren stressvollen Beeinträchtigungen, auch zu Versagens-Ängsten. Eine Serviererin: «Dann, wenn es im Lokal sehr voll ist, die Küche mit dem Essen nicht nachkommt, die Gäste ungeduldig werden, dann fühle ich mich vollkommen gespannt. Passiert mir dann noch ein Fehler an der Kasse oder beim Servieren oder wird ein Mann patzig zu mir, dann brauche ich alle Kraft, um nicht auszurasten... Zum Teil liegt es auch an mir, ich will alle schnell versorgen, aber das geht nicht.»

Lärm wird häufig als beeinträchtigend angegeben, besonders im privaten Bereich. «Lärm ist für mich grundsätzlich der größte Stress, besonders beim Entspannen oder Schlafen, wenn ich am Schreibtisch arbeite, in der Werkstatt, beim Lesen, beim Fahrradfahren oder wenn ich auf einer Parkwiese liege. Ich empfinde Lärm als sehr belastend, er macht mich reizbar und aggressiv. Ich kann mich dann oft schlecht oder gar nicht konzentrieren.» Durch Untersuchungen wissen wir: Die Mehrheit der Stadtbevölkerung fühlt sich durch den Straßenlärm deutlich beeinträchtigt. Es treten ungünstige körperliche Auswirkungen ein. Jedoch: Politiker, Parteien und Institutionen bemühen sich wenig, durch gesetzliche Maßnahmen mehr Entlastung zu schaffen.

Mehrstündiger Alltags-Stress

Hier spüren wir mehrere Stunden lang einen seelischen Druck, fühlen uns unwohl, seelisch eingeschränkt, unzufrieden. Körperlich empfinden wir Spannungen, Unwohlsein, Kopfschmerzen oder Magen-Darm-Beschwerden, auch noch Stunden danach. Es sind folgende Situationen (96; 69):

– Wir erleben Schwierigkeiten im Zusammensein mit Arbeitskollegen, Vorgesetzten oder Familienangehörigen.
– Wir haben eine schwierige Aufgabe zu erledigen, etwa im Beruf eine bestimmte Arbeit zu tun, die wir schon länger aufgeschoben haben.
– Wir sind mit jemandem zusammen, den wir nicht mögen oder dem wir nicht vertrauen.
– Wir tun etwas, was wir nicht wollen, nur um einem anderen zu gefallen.
– Wir treffen jemanden, den wir nicht länger lieben.
– Wir werden in sexueller Hinsicht zurückgewiesen.
– Wir werden von anderen niedergeredet, nicht verstanden.
– Wir müssen Leute anhören, die sich beschweren.
– Wir nehmen an einer Begräbnisfeierlichkeit teil oder besuchen das Grab eines lieben Angehörigen oder Freundes.
– Wir müssen zu einer unangenehmen medizinischen Behandlung.
– Bei sportlichen Aktivitäten haben wir unbefriedigende Leistungen.
– Wir sind unfähig, jemandem zu helfen.
– Etwas, das wir fehlerhaft oder unangemessen gemacht haben, wird anderen berichtet.
– Wir haben etwas Wichtiges verloren.
– Uns wird etwas gestohlen.
– Wir erhalten von verschiedenen Quellen gegensätzliche Informationen, die wichtig für uns sind.
– Wir bekommen eine unerwartet hohe Rechnung.
– Unser Besitz, zum Beispiel unser Auto, wird beschädigt.

Nach einer oder mehreren Stunden klingen die Belastungen ab. Unsere Erregung, Angst und Verletzbarkeit werden schwächer; unsere Gedanken wenden sich wieder etwas anderem zu. Oft jedoch fühlen wir uns danach noch eine Zeitlang geschwächt. Bei manchen dauert ein Gefühl von Mattigkeit, Erschöpfung und körperlicher Beeinträchtigung an, etwa von Kopfschmerzen. Einige Beispiele:

▷ *Unerfreuliche Begegnungen oder Auseinandersetzungen* mit anderen im Beruf, in der Familie oder im Bekanntenkreis.

Eine Krankenschwester: «Der Chefarzt kritisierte mich während der Visite vor einer Patientin und beschwerte sich dann noch bei der Stationsschwester über mich. Ich habe mich in meiner Ehre verletzt und ungerecht behandelt gefühlt und völlig mißverstanden. Ich bekam Angst und wurde rot. Mir ging immerzu durch den Kopf: ‹Wenn ich mal etwas selbständig denke, dann mache ich es falsch.› ‹Ich werde das nie hinbekommen.› Hinzu kommt noch: Ich mag den

Chef, es war die erste Kritik, es schmerzte mich sehr, besonders, da ich mich im Beruf so bemühe.»

Bei der Begegnung mit den Eltern fühlt sich ein 24jähriger Student belastet: «Das Zusammentreffen mit meinen Eltern ist meist voller unangenehmer Gefühle. Ich bin sehr gespannt, wenn meine Eltern mich besuchen, fühle mich unruhig, überfordert und hilflos. Körperlich habe ich ein Gefühl von Kraftlosigkeit, Bewegungen fallen mir schwer; danach bin ich immer erschöpft. Was mich besonders beeinträchtigt, ist die Angst, was sich da bei mir ereignet.»

Eine 40jährige Frau berichtet, wie ihr die unerwünschte Begegnung mit Bekannten zu schaffen macht: «Ein unerwarteter Besuch von Personen, die ich nicht leiden kann, bringt mich leicht aus der Fassung. Während des Besuches lasse ich mir zwar nichts anmerken, ich bemühe mich wenigstens darum. Aber hinterher kommt es zu heftigen Aggressionen, ich bin wütend, fühle mich unwohl.»

Eine Mutter von 16- und 19jährigen Söhnen: «Nach dreitägiger Abwesenheit fand ich zu Hause in der Küche und im Bad einen ‹Schweinestall› vor. Ich war sehr enttäuscht, wütend und konnte mich nur schwer beherrschen, um nicht völlig auszurasten.»

▷ *Arbeitsschwierigkeiten, zuviel Arbeit, im ermüdeten Zustand oder unter Zeitdruck schnell arbeiten zu müssen*, wurde häufig als belastend angegeben. Die Anforderungen kamen teils von außen, also von anderen Menschen, teils von innen; das heißt, die Betreffenden stellten an sich selbst hohe Anforderungen. Neue Situationen, in denen wir keine oder wenig Erfahrung haben, werden eher als schwierig oder gar bedrohlich wahrgenommen.

Eine 27jährige Frau: «Im Rahmen der Öffentlichkeitsarbeit meiner Dienststelle sollte ich einen Vortrag halten und mich den Fragen der Zuhörer stellen. Ich hatte Angst, die Anforderungen und Erwartungen nicht erfüllen zu können. In der Magengegend hatte ich ein mulmiges Gefühl, feuchte Hände, trockenen Mund, nervöses Herzklopfen, ein zittriges Gefühl in den Knien und Spannungen bis in die Fußzehen. Beeinträchtigt wurde ich auch dadurch, daß ich mich zwang, meine Äußerungen wegen der Auswirkung auf die Öffentlichkeit ständig auf die Waagschale zu legen. Im Weg standen mir auch meine eigenen Anforderungen, ständig die richtigen Worte zu wählen.»

Durch Änderungen in ihrem Tagesablauf fühlen sich manche beeinträchtigt. Eine 25jährige Frau beschreibt dies, auch die körperlichen Auswirkungen: «Wenn mein geplanter Tagesablauf stark durcheinandergerät, dann stehe ich völlig kopflos da, weil ich sonst alles genau plane. Wenn ich dann noch kurzfristig erfahre, was zu machen ist, und ich dafür weniger Zeit als sonst habe, dann fühle ich mich genervt, bin nervös und überreizt. Jedes laute Geräusch stört mich. Ich bekomme Schweißausbrüche. Und besonders beeinträchtigt mich dabei meine eigene Nervosität. Ich werde aggressiv und fange an zu rotieren.»

▷ *Mit vielen Menschen eng zusammensein zu müssen* kann als belastend und stressvoll empfunden werden.

«Beim Einkauf neulich in der Innenstadt war ich genervt. Es waren so viele Leute da. Mir war, als ob ich einfach darin verschwand. Mein Körper fühlte sich zusammengezogen und heiß an. Ich dachte, diese Menschenmassen! Gräßlich! Die vielen Leute haben mich beeinträchtigt und die vielen unwichtigen Angebote. Ich wußte nicht, was ich nun kaufen soll, ob es das Richtige ist. Das Einkaufen unter solchen Bedingungen wird mir zuviel.»

▷ *Ungewisse, unklare Situationen* können zu Belastungen werden. Ein Mann: «Ungewisse Situationen beunruhigen mich immer. Ich bin ziemlich gespannt, wie es sein wird. Immer ist eine Art Unsicherheit und Spannung da. Seltsamerweise geht es mir in wichtigen Situationen besser. Da fühle ich mich mehr ‹in Gottes Hand›. In kleinen Situationen dagegen nerve ich mich sehr.»

Längerdauernde Stress-Belastungen

Hier sind wir einige Tage, Wochen oder auch Monate deutlich belastet, eingeschränkt in unserem Wohlbefinden. Wir fühlen uns gespannt, wenig frei, spüren einen inneren Druck; angstvolle Gedanken an vergangene oder zukünftige Belastungen bilden den Hintergrund unseres Erlebens. Unsere Fähigkeit, mit unserem Alltag umzugehen, vermindert sich. Viele sorgenvolle Gedanken lassen uns den Tag schon mit weniger Hoffnung und Mut beginnen. Wir gönnen uns weniger Erholung und Pausen. Am Ende der Belastungszeit fühlen wir uns erschöpft, seelisch und zum Teil auch körperlich. Einige Beispiele:

Belastende Anforderungen im Beruf: Wir müssen längere Zeit unter Druck arbeiten. – Wir werden gewahr, daß wir etwas nicht können, was wir dachten zu können. – Wir haben Angst, etwas nicht zu erreichen oder zu bewältigen. – Wir übernehmen uns bei einem Projekt, müssen eine Aufgabe unvollendet lassen. – Wir verrichten eine wichtige Arbeitsaufgabe unzureichend. – Wir müssen zuviel und zu schnell arbeiten. – Wir sind schwierigen, unklaren Situationen ausgesetzt, so einer Prüfung am Abschluß einer Ausbildung. – Wir verlieren den Überblick über größere Teile unserer Arbeit. – Wir fühlen uns unterfordert, finden unsere Arbeit uninteressant und langweilig. – Unsere Arbeitssituation verändert sich, zum Beispiel durch Versetzung, durch Beginn einer neuen Arbeitsstelle. – Wir haben Streit und Auseinandersetzungen mit denen, für deren Arbeit wir mitverantwortlich sind.

Längerdauernde Stress-Belastungen am Arbeitsplatz können zu verminderter Arbeitsproduktivität führen, zu Arbeitsunzufriedenheit, Krankheitsausfall und Arbeitsplatzwechsel. Und sie können unser privates Leben deutlich beeinträchtigen.

Schwierigkeiten, Streit und Auseinandersetzungen mit Berufskollegen oder Vorgesetzten, oft mit einem geringfügigen Anlaß begonnen, können Quellen für längere Beeinträchtigungen sein.

«Mit unserer zweiten Vorgesetzten habe ich Schwierigkeiten», sagt eine Frau: «Sie kann eine andere Meinung kaum akzeptieren. Und ich kann meinen Mund nicht immer halten. Sie empfindet meine Äußerungen oft als Angriff; ich bin dann ganz erstaunt, weil es nur eine Anfrage von mir war. Und ich reagiere erschreckt, heftig. Danach bin ich meist für Tage ziemlich zusammengeschlagen, meine Gedanken kreisen dauernd um diese Auseinandersetzung; ich grüble, ich komme nicht los davon.»

Die Einstellung, Arbeiten möglichst perfekt zu machen und nichts an andere abzugeben, ist eine starke Anforderung von innen und kann recht belastend werden; wir setzen uns selbst unter Druck:

«Das Ende des Schuljahres war für mich sehr stresshaft», sagt ein Lehrer. «Mit den Noten und Zeugnissen, der Vorbereitung des nächsten Schuljahres und Organisation des Schulfestes. Ich habe mich völlig überlastet gefühlt, unfähig, alles fehlerlos zu erledigen, um den Anforderungen zu entsprechen. Ich fühlte mich sehr nervös und müde und meinte, mir keinen Schlaf mehr leisten zu können. Ich habe immer nur gedacht, ich muß alles alleine schaffen. Man erwartet das von mir. Erst nach Tagen habe ich mich selbst überwunden und einen Teil der Arbeit doch an Kollegen abgegeben.» Im Rückblick einige Monate später sieht er einen Teil der Belastungen als unnötig an: «Heute würde ich schneller begreifen, daß es meinem Ansehen in der Schule nicht schadet, wenn ich eine Aufgabe an andere abgebe. Ich möchte noch deutlicher erkennen, daß die hohen Anforderungen an mich nicht von außen kommen, sondern von mir selbst.»

Schwierigkeiten in zwischenmenschlichen Beziehungen, besonders in der Partnerschaft. Jemand ist deutlich unzufrieden mit seinem Partner oder der Partner mit ihm. Es gibt Unklarheiten über den Verlauf einer Liebesbeziehung. Oder es gibt größeren Streit und Differenzen mit dem Partner.

«Im letzten Monat hatte ich einen Streit mit meinem Freund», sagte eine 31jährige Frau. «Ich war wütend, verzweifelt und hilflos. Körperlich spürte ich Anspannung, einen explosiv zusammengezogenen Körper. Ich dachte, daß ich es nicht mehr ertragen kann, wie er mit mir umgeht. Besonders beeinträchtigt hat mich, daß er immer das Gespräch abbricht und sich dabei so im Recht fühlt, daß er meine Annäherungsversuche und meinen Wunsch nach Einigung als belästigend ablehnt und seine Ruhe haben will. Ich habe geredet, geschrien, geschmissen und geheult. Nach einiger Zeit habe ich wieder geredet, wurde wieder abgelehnt. Schließlich ist es dann eskaliert: Es wurde ein Riesenstreit daraus. Wir haben zwei Wochen keinen Kontakt miteinander gehabt.»

Prüfungen werden von Schülern, Auszubildenden und Studenten öfter als sehr belastend erlebt. Auch hier sind es oft eigene Erwartungen, Anforderungen von innen, die die Belastungen verschärfen. «Ich mache mich selbst verrückt, ich steigere mich hinein.» Die Prüfungssituation und das Verhalten der Prüfer sind oft schwer voraussagbar. Wird die Prüfung als sehr bedeutsam für das eigene Schicksal gesehen, dann sind die Gefühle von Unruhe und Angst stark; oft auch bei Studierenden mit guten Leistungen. Es kann zu seelischen Blockierungen kommen, zu Angstzuständen. Bei diesen gleichsam selbstgemachten Beeinträchtigungen ist es schwerer, Leistungen zu erbringen; und das wiederum gibt zu weiteren Sorgen und Belastungen Anlaß.

Ungewöhnliche Ereignisse mit ungewissem Ausgang. Ein Mann, 25, schildert seine Ängste, panikartige Empfindungen und körperliche Beeinträchtigungen bei der Sorge um die Gesundheit seiner Freundin:

«Sie kam im letzten Monat mit Schnittverletzungen ins Krankenhaus. Der nächste Tag war eine einzige Qual für mich. Ich hatte unglaubliche Angst, die Operation könnte schlecht verlaufen. Den ganzen Tag über fühlte ich mich elend. Ich konnte kaum essen. Am nächsten Tag ging es meiner Freundin erheblich besser. Aber trotzdem war ich die folgenden drei Tage übernervös, vollkommen hektisch, konnte mich kaum konzentrieren, nicht zur Arbeit gehen.

Ich schritt in meinem Zimmer wie blöd umher, hatte keinen Hunger, rauchte unglaublich viele Zigaretten, schwitzte. Meine Gedanken rotierten immer nur um das Befinden meiner Freundin. Ich war wie betäubt. Angst gemacht hat mir auch, daß ich nicht mehr klar denken konnte. Dadurch wurde mir vollends elend zumute.»

Anforderungen im privaten Bereich können belastend sein, etwa durch das Setzen zu kurzfristiger Termine. Eine Frau, 30 Jahre:

«Ich zog in eine neue Wohnung um. Als sich der Auszug aus der alten Wohnung und der Einzug in die neue überschnitten und ich die Wohnung noch vollständig renoviert haben wollte, kam ich in eine sehr angespannte Situation. Ich habe mich hektisch, unruhig, kopflos und hilflos gefühlt. Körperlich waren es häufig auftretende Müdigkeit, starke Verspannungen im Nacken und im Schulterbereich. Ich habe immer nur gedacht: Ich muß schnell renovieren! Ich muß jede Sekunde ausnutzen! Ich darf nicht ausruhen! Dieser innere Druck wurde mit den Tagen immer stärker. Ich gönnte mir keine Ruhe und Entspannung. So hab ich Tag und Nacht renoviert. Danach war ich völlig erschöpft.»

Weitere längerdauernde Belastungen
▷ Wir fühlen uns für längere Zeit körperlich unwohl. Ein Krankenhausaufenthalt wird notwendig. Es besteht Unklarheit in der Diagnose einer körperlichen Erkrankung oder Unklarheit über die Möglichkeit einer ungewollten Schwangerschaft.
▷ Wir haben Entscheidungsschwierigkeiten, zum Beispiel ob wir eine Partnerschaft eingehen sollen oder eine bestehende beenden, beim Kauf eines teuren Objektes, etwa eines Hauses, bei der Wahl zwischen mehreren Berufsmöglichkeiten oder Arbeitsplätzen.
▷ Wir fühlen uns tief verletzt durch Beleidigung, Mißachtung, Ignorierung, durch Kritik und ungünstige Bewertung.
▷ Schuldgefühle über eigene Fehler und Versäumnisse belasten uns.
▷ Die erwachsenen Kinder verlassen die Wohnung, die Eltern bleiben allein zurück.
▷ Ein naher Bekannter, Nachbar oder Mitarbeiter stirbt.
▷ Wir werden Opfer einer kriminellen Aktivität (Überfall oder Diebstahl). – Wir werden in eine Rechtsangelegenheit verwickelt.
▷ Wir haben Schwierigkeiten, eine geeignete Wohnung zu finden.
▷ Sorgen über unser finanzielles Auskommen, über Schulden belasten uns.

Dauerbelastungen

Wochen, Monate und zum Teil Jahre hindurch sind hier Menschen belastet, befinden sich in einem unruhigen, gespannten Dauerzustand. «Im Grunde empfinde ich immer Stress.» – «Ich empfinde kaum eine Situation als vollkommen spannungsfrei, selbst im Urlaub nicht.» – «Innerlich bin ich immer auf dem Sprung.» Gefühle der eigenen Unzulänglichkeit und der Unzufriedenheit mit dem Leben herrschen vor. Menschen haben den Eindruck, daß ihnen die Schwierigkeiten über den Kopf wachsen, daß sie dem Alltag nur mit Mühe gewachsen sind. Die Belastung ist größer, wenn positive, freudvolle Ereignisse, Erholungen und Abwechslungen fehlen oder selten sind. Viele fühlen sich unfähig zur Entspannung und Erholung.

Mit seelischen Dauerbelastungen gehen oft einher:
▷ Körperliche Beeinträchtigungen, etwa Muskelspannungen im Hals-Schulter-Rücken-Bereich, Kopfschmerzen, Magen-Darm-Störungen, häufige Müdigkeit, Erschöpfung, Schlafstörungen.
▷ In der angespannten Dauerhaltung geraten Menschen oft wegen nichtiger Anlässe schon in Spannung. Diese Belastungen summieren sich, führen zu mehr Reizbarkeit und Erregung, mit der häufigen Folge weiterer Schwierigkeiten.
▷ Ein längere Zeit gestresster Organismus ist weniger leistungsfähig, in seinen seelischen Fähigkeiten eingeschränkt. Das wirkt sich zusätzlich belastend auf das private und berufliche Leben aus. Die Wahrscheinlichkeit von Unfällen wird größer.
▷ Durch starke Dauerbelastung *können* Krankheiten – etwa Herz-Kreislauf-Erkrankungen, Bluthochdruck und Magengeschwüre – gefördert oder aufrechterhalten werden. Bestehende körperliche Erkrankungen und Schmerzen werden deutlicher gefühlt.

Äußere Quellen von Dauerbelastungen können sein: ein unbefriedigendes Zusammenleben mit dem Partner oder einem nahen Angehörigen – Über- oder Unterforderung im Beruf – beengte, unbefriedigende Wohnverhältnisse, Zeiten der Arbeitslosigkeit.

Innere Quellen von Dauerbelastungen können sein:
▷ Fortwährende hohe und überfordernde Erwartungshaltungen an sich selbst. In unserer Untersuchung war dies häufig bei Müttern und Ärzten der Fall. Beide empfanden oft einen starken Zeitdruck.

▷ Starke Minderwertigkeitsgefühle, geringes Selbstvertrauen, Unterlegenheitsgefühle, Zweifel am eigenen Wert, Ängste, nicht gemocht zu werden. Ein deutlich ungünstiges Bild von der eigenen Person ist die Quelle von fortwährenden beeinträchtigenden Gefühlen.
▷ Starker Ehrgeiz
▷ Starke Unzufriedenheit, weil das Aussehen unseres Körpers nicht den eigenen Wünschen entspricht.
▷ Im Zusammenhang mit den Belastungen können sich Menschen unangemessene Verhaltensweisen angewöhnen; zum Beispiel längeres Aufschieben schwieriger Arbeiten, aggressives Reagieren, Vermeiden schwieriger Situationen oder ungeplantes Handeln bei komplexen Aufgaben, wodurch sich weitere Belastungen ergeben.

Beispiele für Dauerbelastungen

Die Dauerbelastung einer 28jährigen Mutter, verheiratet, eine Tochter:

«Leider ist mein Leben von dauerhaftem Stress geprägt. Ich habe mehrere Rollen: Mutter, Studentin, Ehefrau, Hausfrau und ich selbst als Person. Ich wünsche mir, daß alle diese Rollen zur Geltung kämen. Aber gerade hierin scheitere ich. Diese unterschiedlichen Rollen überfordern mich und machen meinen Stress. Und mein Versuch, eine Lösung zu finden, endet selbst im Stress.»

Sie beschreibt eine alltägliche Belastungssituation: «Ich warte auf den Zug für die Rückfahrt. Der lange Tag war angefüllt mit Arbeit. Der Bahnhof ist ein lärmender Menschenhaufen. Ich wollte so gerne während des Wartens auf den Zug abschalten, aber es war nicht möglich. Im Zug möchte ich dann die Zeit nutzen, also lese ich etwas, oder ich sehe in meinen Terminkalender und setze Prioritäten für den nächsten Tag. Mein Körper möchte entspannen. Aber die Situation läßt es nicht zu. Ich schwitze. Allmählich fühle ich mich genervt, möchte am liebsten wegfliegen, um diese Zeit nicht erleben zu müssen. Und dann bekam ich Kopfschmerzen. Und dann ärgerte ich mich, daß ich selbst dazu beigetragen hatte, daß ich vor einem solchen langen Arbeitstag vorher nicht genug ausgeschlafen habe. Nach 45 Minuten Heimfahrt komme ich abgespannt nach Hause.»

Die Dauerbelastung eines Arztes, 36, in Beruf und Privatleben:

«Stress, Spannung und Erregung empfinde ich, wenn Patienten auf mich warten und ungeduldig sind. Wenn das Personal unaufmerksam ist und es Schwie-

Was sind Stress-Belastungen? 29

rigkeiten bei der Übersicht meinerseits gibt, dann fühle ich mich wie auf heißen Kohlen, aggressiv, angespannt, verbissen. Verbissener Kiefer, angezogene Beine und harter Bauch. Ich denke immer nur: ‹Schnell! Weiter!› Was mich dabei besonders beeinträchtigt, sind der mangelnde Fluß in mir und die Ungeduld der anderen. Danach fühle ich mich abgespannt und erschöpft.» Diese Spannung ist auch häufig in seinem Privatleben: «Wenn ich mehrere Pläne oder Tätigkeiten hintereinander habe, auch wenn es für das eigene Vergnügen ist, dann empfinde ich Spannung und Erregung. Ich denke dann: ‹Verdammt! Was soll das! Selbst das eigene Vergnügen macht keinen Spaß!› Dann ist mein ganzer Körper angespannt, besonders die Beine, und ich habe verbissene Kiefer.»

Bei dieser Dauerbelastung reagiert er auch in kleinen Situationen mit Stress. Angesprochen, was er tut, wenn er ein eiliges Telefongespräch zu führen hat, aber bei dem Apparat in der Telefonzelle das Geld durchfällt, äußert er: «Ich schreie: ‹Scheiße! Warum gerade ich? Warum gerade jetzt?› Ich werde wütend! Ich schlage den Apparat vor mir und schimpfe auf die blöde Technik, die nie funktioniert.» Auf die Frage, wie er sich verhält, wenn er eine Scheckkarte nicht finden kann, um bei der Bank Geld zu holen, sagt er: «Ich fluche! Ich werfe alles durcheinander! Ich bin frustriert.» Auf die Frage, ob er sich von Stress und Belastungen erholen könne, äußert er: «Es fällt mir sehr schwer. Ich bin häufig unentschieden hin- und hergerissen zwischen ‹völlig abschlaffen› und ‹etwas anderes machen›. Manchmal tue ich dann gar nichts.» Und auf die Frage, ob er sich ein Leben ohne Stress vorstellen könne, sagt er: «Dannach fühle ich große Sehnsucht.»

Die Dauerbelastung einer Berufsgruppe. Der deutsche Arzt Ullrich stellte bei fast 150 Schwestern, Pflegern, Ärztinnen und Ärzten auf Krankenstationen mit Krebspatienten ein hohes Ausmaß seelischer und körperlicher Belastung fest (193). Anlässe waren:

Bei vielen Krebspatienten war eine Wiederherstellung der Gesundheit nicht möglich. Dies bedeutete Krisen im beruflichen Selbstverständnis für das medizinische Personal. Bei längerem Krankenhausaufenthalt kam es zu engeren Beziehungen zwischen Patient und medizinischen Helfern. «Je enger die Beziehung wird, desto problematischer ist es für das Personal, mit anzusehen, wie sich der Zustand des Patienten bis hin zum Tode verschlechtert. Sich in den Kranken einzufühlen, Mitleid zu empfinden, der Umgang mit Verlust und Trauer gehören zu den belastendsten Aspekten der Arbeit auf der Krebsstation.» 90 Prozent der Ärzte hatten Zweifel, ob die therapeutischen Behandlungen angesichts der Einschränkung der Lebensqualität der Patienten gerechtfertigt seien. Ärzte und Pflegepersonal hatten Unstimmigkeiten, etwa wenn Patienten in aussichtslosen Krankheitsstadien mit belastenden Chemotherapeutika behandelt wurden oder Ärzte zuwenig Wert auf ausreichende Schmerztherapie legten. 91 Prozent des Pflegepersonals und 83 Prozent der Ärzte konnten selbst beim Einschlafen oft nicht ihre Sorgen loslassen. Jüngere sowie Alleinstehende wurden mit den Belastungen schwerer fertig. Viele Schwestern und Ärzte klagten über die körperlichen Folgen ihrer seelischen Belastungen, s. S. 56 –

Die seelischen Dauerbelastungen mancher Ärzte lassen es verständlich erscheinen, daß der Freitod bei Ärzten 2½mal häufiger ist als bei der allgemeinen Bevölkerung (106). Noch häufiger ist er bei Ärztinnen. – Die statistische Dauer der Ehen von Ärzten beträgt 10 Jahre.

Schwerer Lebens-Stress

Bei einschneidenden, ungünstigen Lebensveränderungen fühlen sich Menschen viele Monate und Jahre hindurch intensiv belastet. Eine Rangfolge dieser belastenden Stress-Ereignisse haben Psychologen ermittelt (78).

– Tod des (Ehe-)Partners, besonders ein plötzlicher Tod
– Scheidung oder Trennung vom Partner
– Tod eines nahen Angehörigen
– Schwere eigene körperliche Erkrankung
– Starke Einsamkeit
– Verlust des Arbeitsplatzes, Arbeitslosigkeit
– Schwere eigene seelische Erkrankung oder Funktionseinschränkung
– Schwere körperliche oder seelische Erkrankung eines nahen Angehörigen
– Pensionierung
– Alter mit Einschränkung der körperlich-seelischen Funktionsfähigkeit

Diese Ereignisse lösen bei vielen eine schwere Dauerbelastung aus.

Allerdings wissen wir heute: Entscheidend für das Ausmaß der Belastung, für die Intensität und das Andauern der belastenden Gefühle ist nicht so sehr das äußere Ereignis, sondern: Wie jemand das Ereignis bewertet, welche Einstellung er dazu hat, über welche Bewältigungsmöglichkeiten er verfügt, das ist entscheidend.

Manche empfinden die Belastungen als so stark, daß ihnen das Leben nicht mehr lebenswert erscheint und sie ihr Leben zu beenden suchen, aus Verzweiflung, Angst und Auswegslosigkeit.

So suchen in der Bundesrepublik jährlich einige hunderttausend Menschen ihrem Leben ein Ende zu machen; bei 14 000 endet dies mit dem Tod. Häufigste Auslöser waren Lebenskrisen wie Partnerkonflikte, nicht verwundene Trennung oder Todesfälle, ferner tatsächliche oder befürchtete chronische Erkrankungen, Angst vor dem Älterwerden, Schulden, Abhängigkeit von Alkohol, Drogen oder Medikamenten sowie Arbeitslosigkeit. Menschen sahen sich hier nicht mehr in der Lage, die Belastungen mit Hilfe ihrer bisherigen Lebenserfahrung und ihrer Fähigkeiten zu bewältigen. Junge Menschen sind wegen geringer Erfahrenheit in der Bewältigung von Krisen stärker gefährdet.

Viele von denen, die ihr Leben zu beenden suchen, sind nicht psychisch krank, sondern ihnen fehlen Kenntnisse und Fertigkeiten zur Bewältigung von Krisen. Sie geraten «in Rat- und Orientierungslosigkeit sowie Ängste hinein..., so daß nur mehr die Selbstvernichtung einen Ausweg zu bieten scheint» (137).

Eine schwere Dauerbelastung ist nicht unausweichlich. Manche erleben die Ereignisse zwar auch als sehr schmerzlich, doch als weniger lebensbedrohlich. Dies hängt von verschiedenen Bedingungen ab:
▷ Von dem Ausmaß bisher erlernter hilfreicher Bewältigungsformen.
▷ Vom gleichzeitigen Vorhandensein anderer Stress-Belastungen sowie größerem Alltags-Stress. Dann gelingt die Bewältigung einer Belastung nur schwer, die für sich allein gemeistert werden würde.
▷ Von der seelischen Verletzbarkeit des einzelnen.
▷ Von seinen Bewertungen und Einstellungen gegenüber Leben, Tod und Schicksalsschlägen.
▷ Vom Vorhandensein unterstützender Mitmenschen und Freunde.
▷ Von den besonderen Bedingungen der Situation, zum Beispiel der Überschaubarkeit, Kontrollierbarkeit oder Ungewißheit und geringer eigener Gestaltungsmöglichkeit.

Nachfolgend sind einige schwere Dauerbelastungen veranschaulicht.

Sterben und Tod des Partners oder naher Angehöriger

Bei Vorträgen nach dem Tod meiner Frau Anne-Marie wurde mir sehr deutlich, daß Menschen auf einen derartigen Verlust unterschiedlich reagieren: mit Verzweiflung, Depression, Wut oder mit zwar tiefem Schmerz, jedoch annehmend und einwilligend. Ich habe dann zusammen mit anderen fast 200 Angehörige und medizinische Helfer über ihre Erfahrungen bei der Begleitung Sterbender befragt und die Ereignisse in dem Buch «Sanftes Sterben» dargestellt (179).

Was wurde als erleichternd in dieser Lebenskrise erfahren? Dies waren: ▷ Frühzeitige Auseinandersetzung mit dem eigenen Sterben. ▷ Aktive Tätigkeit für den Sterbenden, zum Beispiel Betreuung und Pflege, auch wenn dies körperlich und zeitmäßig belastend war. ▷ Das Vorhandensein unterstützender Menschen. ▷ Warmherzige, ehrliche Zuwendung durch medizinische Helfer. ▷ Keine Verheimlichung der Krankheit und des wahrscheinlichen Sterbens durch Ärzte und Schwestern. ▷ Hinreichend Zeit, Abschied voneinander zu nehmen. ▷ Angemessene Schmerzlinderung für den Sterbenden in den letzten Wochen und Tagen. ▷ Akzeptierung der Erkrankung und des wahrscheinlichen Sterbens durch den Sterbenden selbst.

Scheidung und Trennung vom Partner

Obwohl mir bekannt war, daß Scheidung und Trennung an zweiter und dritter Stelle bei schwerem Lebens-Stress stehen, ahnte ich nicht, wieviel seelische Schmerzen und Verzweiflung eine Scheidung oder Trennung für viele mit sich bringt. Mir wurde dies erst deutlich, als ich zusammen mit Diplomanden Betroffene bat, uns ihre Erfahrungen mitzuteilen (117). Wir erhielten einen tiefen Einblick in die seelische Situation während dieser Zeit und danach.

Ich möchte einen 25jährigen Mann zu Wort kommen lassen. Die Beziehung hatte fünf Jahre bestanden. Die Trennung lag zwei Jahre zurück.

«Während der Trennungskrise fühlte ich Ohnmacht, Wut und Selbstzweifel. Ich fühlte mich klein, allein gelassen, verzweifelt, ohne Hoffnung auf Besserung. Ich wußte nicht mehr weiter. Die häufigen gegenseitigen Vorwürfe, der dauernde Clinch waren sehr belastend. Auch konnte ich mir eine Trennung einfach nicht vorstellen. Ich hatte mir immer eingebildet, unsere Beziehung hätte die meisten der sonst üblichen Fehler nicht.

Nach der Trennung erlebte ich grenzenlose Enttäuschung, ferner Wut auf mich und auf uns. Es war wie ein Auflösen in das Nichts. Ganz tief in mir waren Leere, Tod. Ich hatte nur eine äußere Fassade, die aus Zusammenreißen bestand. Und ich hatte große Zukunftsangst. – Ich konnte meine Partnerin innerlich nicht loslassen. Vom Kopf her wußte ich, daß ich sie gehen lassen mußte. Gefühlsmäßig klammerte ich mich sehr an sie. Zugleich empfand ich ein sehr großes Gefühl der Bitterkeit ihr gegenüber, Ärger und Wut auf sie. Ich hatte häufig Alpträume, mit Szenen aus der Trennungskrise.

Die Trennung hat mein Selbstgefühl sehr beeinträchtigt. Ich hatte das Gefühl, ich würde mit Beziehungen in Zukunft immer Schwierigkeiten haben. Belastend war auch meine Einstellung, daß diese Beziehung der größte Fehler meines Lebens war, daß also diese fünf Jahre ein einziges Mißgeschick von mir seien.

Auch als ich eineinhalb Jahre nach der Trennung erkannte, daß die Trennung richtig war, habe ich noch sehr darunter gelitten. Ich war noch lange Zeit in anderen Beziehungen mit meinen eigenen Gefühlen fast zu, unbeteiligt... Ich denke, ich hätte mich früher trennen müssen, um mich selbst nicht so zu schädigen.»

Schwere körperliche Krankheit

Sie bringt häufig viel Belastung und Stress als Folge mit sich. Wir werden in einem Krankenhaus behandelt, getrennt von unserer Wohnung und Familie. Wir haben medizinische Behandlungsprozeduren und ihre einschränkenden Nebenwirkungen zu erdulden, ferner Schmerzen und Unwohlsein. Unsere Berufstätigkeit wird unterbrochen, eingeschränkt oder unmöglich. Unsere Lebensziele sind gefährdet. Wir sind eingeschränkt in unseren körperlichen Bewegungsmöglichkeiten und unserer Freizeit. Viele Gewohnheiten und Möglichkeiten des Lebens ändern sich. Wir sind auf die Hilfe anderer angewiesen. Hinzu kommt die Ungewißheit über die Heilung, über die Dauer der Erkrankung; wir werden mit der Endlichkeit unseres Lebens konfrontiert. Und schließlich bedrücken uns auch die schmerzlichen Gefühle der Angehörigen. So kann eine schwere körperliche Erkrankung zu deutlichen seelischen Belastungen führen.

Sind wir fähig, mit ihnen angemessen umzugehen und sie zu vermindern? Welche Einstellungen haben wir zu der Erkrankung? Was tun wir, um trotz der Erkrankung und ihrer Auswirkungen seelisch heil zu bleiben? Meine an einer Krebserkrankung verstorbene Partnerin Anne-Marie hat die hilfreichen Bewältigungsformen von krebserkrankten Menschen in ihrem Buch «Gespräche gegen die Angst» dargestellt (178). –

Körperliche Beeinträchtigungen in höherem Alter können ebenfalls mit starken seelischen Belastungen verbunden sein. Die körperliche Bewegungsfreiheit älterer Menschen kann stark eingeschränkt werden und damit auch ihr sozialer Kontakt zu anderen. Das kann zu einer seelisch-sozialen Isolierung führen. Zugleich werden beim Nachlassen der körperlichen Funktionsfähigkeiten viele alltägliche Fähigkeiten wie Sich-Ankleiden, die Reinigung der Wohnung und anderes erschwert. Der Umzug in ein Seniorenheim *kann* wiederum mit seelischen Belastungen verbunden sein, besonders bei mangelnder Flexibilität und negativer persönlicher Bewertung von Heimen. Selbstmitleid und Verbitterung über das eigene Schicksal *können* sich einstellen. –

Die Folgen von Unfällen können sehr belastend sein. Eine Frau, 4 Jahre nach einem Autounfall mit Verletzungen im Gesicht, an Armen und Händen:

«Ich war entstellt und habe bis heute 12 Operationen mit Hauttransplantationen hinter mir. Ich mochte mich lange Zeit von niemandem mehr ansehen lassen. Auch verletzte es mich sehr, daß mir andere aus dem Weg gingen, auch alte Bekannte... Ich war sehr verzweifelt, stand an einem seelischen Abgrund. Oft wollte ich mir das Leben nehmen. Ich haßte mich, d.h. mein Aussehen. Es fiel mir schwer, in den Spiegel zu sehen. Ich vermied es, unter Menschen zu gehen, und wenn es sein mußte, war es mit großer Angst und Scham verbunden. Lange Zeit schaute ich auf der Straße immer nur nach unten, damit man mein Gesicht nicht sah.»

Auf die Frage, ob es heute etwas gäbe, was sie bei einer derartigen seelischen Belastung anders machen würde, antwortete sie: «Mit den Erfahrungen von heute wäre ich nicht so hoffnungslos und verzweifelt. Ich hätte mehr Vertrauen, daß ich auch mit so etwas Schwerem fertig werden kann. Ich würde Vertrauen haben, daß das Leben trotz Entstellungen und Schmerzen wieder einen Sinn bekommen kann, wieder lebenswert sein kann.»

▼ Stress-Belastungen sind die Folge von Gedanken und Bewertungen

Viele sind der Auffassung, ihre Gefühle von Spannung, Ärger, Wut, Enttäuschung oder Verzweiflung werden durch äußere Situationen, Ereignisse oder andere Menschen verursacht. «Du hast mich geärgert», «Ihr nervt mich», «Das macht mir angst», «Du bist schuld an meinem Unglück», «Er hat mich zur Verzweiflung gebracht». Der Ehepartner, der Vorgesetzte, der Verkehrsstau oder Arbeitsbedingungen werden als Gründe für belastende Beeinträchtigungen angeführt. Eltern und Lehrer sehen den Grund für ihren Ärger, Unmut oder ihre Enttäuschung in den Jugendlichen.

Die Auffassung, eine andere Person oder die Situation schaffe in uns diese ungünstigen Gefühle, ist jedoch *nicht* zutreffend. Das zeigen schon einfache Alltagserfahrungen:

Zwei Menschen in der gleichen Situation haben oft sehr unterschiedliche Gefühle. Wenn wir einen Zug oder Autobus verpassen, wenn Lehrerinnen oder Eltern mit lebhaften Kindern zusammen sind, wenn wir im Verkehrsstau steckenbleiben: Auf derartige Situationen reagieren Menschen mit sehr unterschiedlichen Gefühlen: manche mit größerem Stress, Spannung und Ärger; andere gelassen und kaum erregt.

Auch bei stärkeren Beeinträchtigungen finden wir dies: Bei schwerer Krankheit oder Sterben haben Menschen sehr unterschiedliche Gefühle.

Ein weiterer Hinweis, daß unser Fühlen wesentlich auch von *uns* abhängt: Zu verschiedenen Zeiten reagieren wir auf ein ähnliches Ereignis unterschiedlich. Eine Frau: «Wenn mein geplanter Tagesablauf völlig durcheinanderkommt, finde ich es manchmal toll, freue mich über die Abwechslung, fühle mich aufgefordert, bin kreativ und offen. An anderen Tagen, besonders wenn ich schon vorher unausgeglichen und angespannt war, dann nervt mich die unerwartete Aufgabe völlig: ich werde sehr verbissen und angespannt.»

Die obigen Beispiele demonstrieren eine wichtige Erkenntnis: Unsere Gefühle werden nicht von einer äußeren Situation oder von anderen Menschen geschaffen, sondern wir selber schaffen sie in uns.

Natürlich ist die *Situation* auch bedeutsam, etwa wenn wir vor einer schwierigen Situation im Beruf stehen, wenn wir eine Prüfung vor uns haben, wenn wir körperlich schwer erkranken oder wenn sich der Partner von uns trennt.

Aber diese Situationen schaffen nicht direkt, nicht zwangsläufig die Gefühle in uns, sondern:

Welche Gefühle wir in einer Situation empfinden, in welchem Ausmaß wir gespannt, ärgerlich oder verzweifelt sind, das hängt wesentlich von uns ab; das ist weitgehend unsere persönliche Art, auf das Ereignis zu reagieren.

Zunächst ist die Feststellung für viele befremdlich. Sind nicht Gefühle etwas Naturgegebenes? Kann ich für das, was ich fühle, gleichsam verantwortlich sein? Wenn wir uns mehr damit beschäftigen, können wir das eher akzeptieren. Häufig sagten mir Menschen nach Vorträgen oder Seminaren: «Für mich war die Erkenntnis sehr wichtig: Ich mache mir meinen Stress, meine Spannung und meine Gefühle selbst.»

Aber was in uns ist entscheidend dafür, mit welchen Gefühlen wir gegenüber Menschen und Situationen reagieren? Wenn wir das besser verstehen und Kenntnis von Zusammenhängen haben, sehen wir klarer, was wir tun können, um weniger belastende Gefühle zu empfinden.

Unsere Bewertungen und Gedanken lösen Stress-Gefühle aus

Ob und welche belastenden Gefühle wir empfinden, das hängt wesentlich davon ab: Wie bewerten wir eine Situation, eine Person, ein Ereignis unserer Umwelt? Und wie bewerten wir uns selbst?

Bewerten wir eine Person oder ein Ereignis so, daß sie für unser Wohlbefinden bedrohlich sind, verbunden mit Nachteilen, Schaden oder Verlust, daß sie unsere Pläne und Ziele einschränken oder zu hohe Anforderungen an uns stellen: Dann spüren wir belastende Gefühle, beeinträchtigende Spannungen, Ängste, Ärger. Die Abbildung veranschaulicht dies.

Wie entstehen belastende Stress-Gefühle?

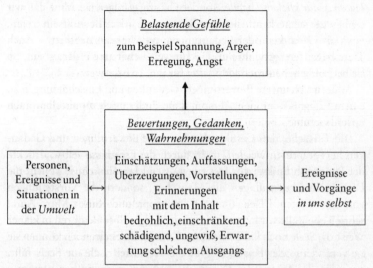

Bewertungen, Gedanken und Einschätzungen über die Umwelt sowie über uns selbst beeinflussen wesentlich unsere Gefühle. Nehmen wir etwas bei uns oder der Umwelt als bedrohlich oder schädigend wahr, so erleben wir Spannungen, Ängste u.a.

Dieser Zusammenhang von Bewertungen-Einschätzungen mit Gefühlen kommt auch in der *Definition von Stress* zum Ausdruck: Stress ist die seelische (gefühlsmäßige) und körperliche Reaktion auf Ereignisse in der Umwelt und in uns selbst, die wir als bedrohlich, unser Wohlbefinden einschränkend bewerten-einschätzen.

Diese Bewertung-Einschätzung, ob etwas für unser Wohlbefinden bedrohlich, neutral oder positiv ist, nehmen wir gegenüber jeder Person, jedem Ereignis, gegenüber jedem Gegenstand, gegenüber allen Erfahrungen und auch gegenüber uns selbst vor. Entsprechend unseren Bewertungen-Einschätzungen sind unsere Gefühle, Körperempfindungen und Verhaltensweisen.

Die *Bewertungen-Einschätzungen* erfolgen häufig sehr schnell, in

Sekunden, besonders im Alltags-Stress. *Es sind keine langsamen überlegten gedanklichen Urteile*; sondern häufig erfolgen sie, ohne daß wir sie bewußt bemerken. Allerdings können sie in das Bewußtsein treten, etwa als Gedanken oder Bedeutungen, die wir wahrnehmen. – Auch Tiere bewerten fortwährend ihre Umwelt, schätzen sie darauf ein, ob sie bedrohlich, neutral oder positiv für ihre Existenz ist. –

Ändern sich unsere Bewertungen, Gedanken und Einschätzungen zu einem Ereignis oder einer Person, dann ändern sich unmittelbar auch unsere Gefühle.

Die Tatsache, daß Gefühle durch unsere Bewertungen und Gedanken hervorgerufen werden, nicht durch die Ereignisse selbst, drückte der Philosoph Epiktet vor fast zweitausend Jahren so aus: «Nicht die Dinge selbst beunruhigen die Menschen, sondern die Vorstellungen von den Dingen.» Der römische Philosoph und Kaiser Marc Aurel schrieb ebenfalls vor langer Zeit: «Die Dinge selber berühren in keiner Weise die Seele noch haben sie einen Zugang zur Seele, noch können sie sie verändern oder bewegen. Nur die Werturteile, die die Seele fällt, stempeln das Wesen der Dinge, die von außen an sie herantreten.» (105, S. 58f)

Bewertungen-Gedanken *über die Umwelt* beeinflussen unsere Gefühle

Bewerten wir einen Hund als gefährlich, denken wir, daß er uns beißen könnte, nehmen wir ihn als bedrohlich wahr, dann empfinden wir Angst, Unsicherheit oder auch Ärger auf den Hundehalter. Sehen wir in ihm dagegen ein Lebewesen, das bei geeignetem Kontakt freundlich ist, so haben wir günstige Gefühle. So bewerten wir Tiere oft danach, ob sie eine Bedrohung für uns darstellen oder ob sie friedvolle, freundliche Lebewesen sind, und entsprechend sind unsere Gefühle.

Der Anblick und Geruch von gebratenem Fleisch lösen bei vielen Feinschmeckern Lustempfindungen aus; sie haben positive Gefühle beim Essen. Vegetarier dagegen empfinden den Anblick, Geruch und Geschmack des Fleisches als unangenehm und könnten es nur mit Überwindung essen.

Zuschauer bei einem Fußballspiel oder Tennisturnier erleben oft bei einem Tor- oder Matchball starke Freude oder Enttäuschung. Das hängt davon ab, wie sie den Torschuß oder Matchball bewerten: ob er für die Mannschaft und die Spieler, die sie gerne haben und denen sie sich verbunden fühlen, von Vorteil oder Nachteil ist. Diese unterschiedlichen Bewertungen führen dann zu Jubel und großer Freude oder zu Ärger und Niedergeschlagenheit, teilweise zu Wut.

Warum bewerten Menschen ihre Umwelt so unterschiedlich?

▷ Jeder von uns machte in der Vergangenheit *unterschiedliche Erfahrungen mit Personen und Ereignissen*. Diese Erfahrungen beeinflussen unsere Bewertungen. Haben wir etwa ungünstige Erfahrungen mit der Schule, mit Tieren oder mit Gegenständen gemacht, dann bewerten wir sie eher ungünstig, und so haben wir ihnen gegenüber ungünstige oder negative Gefühle. Haben wir günstige Erfahrungen mit Personen oder Gegenständen gemacht, dann bewerten wir sie eher positiv bzw. günstig oder neutral.

▷ *Neue Erfahrungen*, die wir fortlaufend mit Personen, Gegenständen und Ereignissen machen, können unsere bisherigen Bewertungen bestätigen oder ändern. Das gilt für alle Erfahrungen und Bewertungen unserer Umwelt, zum Beispiel von Nahrungsmitteln, Institutionen wie Schulen oder Kirchen, Vorgesetzten, Polizisten oder Ausländern. *Bei günstigen Erfahrungen werden unsere Bewertungen günstiger; bei ungünstigen Erfahrungen werden die Bewertungen ungünstiger.*

▷ *Wir übernehmen Bewertungen von anderen.* Kinder etwa übernehmen teilweise die Art, wie ihre Eltern oder Lehrer andere Menschen, Situationen und Ereignisse bewerten und mit welchen gefühlsmäßigen Empfindungen sie reagieren. Manchmal ist dies lebensnotwendig, etwa gegenüber gefährlichen Geräten, schädlichen Materialien, Medikamenten oder Motorfahrzeugen. Sie lernen auch umfassende Bewertungen, etwa über Menschen mit anderer Religion, Hautfarbe oder Schulbildung. Sie übernehmen komplexe Bewertungen über das Verhalten und die Beziehungen von Frau und Mann, über alte Menschen, über den Umgang mit Krankheit und Sterben.

▷ *Wissen und Informationen* über Personen, Ereignisse und Gegenstände der Umwelt beeinflussen ebenfalls unsere Bewertungen. Etwa Informationen über den Umgang mit schädlichen Chemikalien, mit Geräten, mit Fahrzeugen im Verkehr. Sie lassen uns Teile der Umwelt als gefährlich bewerten, ohne daß wir selbst bedrohliche oder schädliche Erfahrungen machen müssen. Sind die Wissensinformationen je-

doch falsch und haben wir keine direkten Erfahrungen, so können sie
unangemessene Bewertungen, Gefühle und Verhalten bewirken.
▷ «Persönliche Theorien» über die Umwelt beeinflussen unser Fühlen
und Verhalten. Dies sind komplexe gedankliche Vorstellungen, Auffassungen und Bewertungen, die wir uns über die Welt und über das
Unerklärliche bilden. Sie entstehen häufig aus dem Bemühen, Ereignisse zu erklären, eine Ordnung im Geschehen zu sehen.

Beruhen diese persönlichen Theorien auf einer Vielzahl eigener Erfahrungen,
dann können sie hilfreich sein. Beruhen sie jedoch wenig oder gar nicht auf
persönlichen Erfahrungen, sondern haben wir sie ungeprüft von anderen über-
nommen und sind sie der Realität nicht angemessen, dann können sie sich
schädlich auf uns und andere auswirken. Derartige persönliche Alltagstheorien
sind etwa: «Menschen werden immer aggressiv sein»; «Frauen sind weniger
intelligent als Männer»; «Es ist gut (nicht gut), anderen eigene Gefühle mitzuteilen». Die persönliche Theorie eines Menschen, Krebs sei ansteckend oder
Aids könne dadurch übertragen werden, daß jemand einem Aidskranken die
Hand gibt, führen unmittelbar zu deutlichen Gefühlen, Ängsten und zu einem
entsprechenden Verhalten. Die Propagandabehauptung der Nationalsoziali-
sten: «Juden sind minderwertig und schädlich» führte bei vielen Deutschen zu
intensiven feindseligen Gefühlen und zur Duldung oder Ausführung von Miß-
handlung. Oder: Menschen haben die persönliche «Theorie», das eigene Land
oder der eigene Staat sei besser als alle anderen. Das beeinflußt ihre Gefühle
gegenüber anderen Völkern und Kulturen.

▷ Sieht jemand ein wichtiges Ereignis als undurchschaubar, schwer
voraussagbar, schwer beherrsch- und kontrollierbar an, oder ist ein
wichtiges Ereignis für ihn ungewohnt und neu, dann wird dies eher als
bedrohlich-ungünstig empfunden, mehr Ängste werden gespürt.

Gedanken-Bewertungen *über uns selbst* wirken sich auf unser Fühlen aus

Wir bewerten fortlaufend auch uns selbst: unser Verhalten im Umgang
mit anderen, mit Gegenständen, unsere Fehler und Schwächen, unsere
Erfahrungen sowie Bewältigungsformen, unsere Gefühle und Körperempfindungen.

Durch viele Erfahrungen mit uns selbst kommen wir zur Bewertung unserer Eigenschaften und Fähigkeiten in verschiedenen Lebensbereichen. Wir bewerten uns als leistungsfähig oder als eher versagend zum Beispiel bei mathematischen Aufgaben, in technischen Bereichen oder bei handwerklicher Arbeit. Oder durch Erfahrungen im Umgang mit anderen kommen wir zu der Einschätzung, daß wir bedeutsam und liebenswert für andere sind, daß wir ihnen etwas geben können, oder aber auch, daß wir anderen wenig bedeuten. So ergeben sich aus unseren alltäglichen Erfahrungen Bewertungen für wichtige Bereiche unserer Person.

Entsprechend diesen Erfahrungen und Bewertungen fühlen wir uns auch; also freudig oder angespannt, niedergeschlagen, mißmutig. Bewerten wir uns in Mathematik oder sportlicher Betätigung ungünstig und haben eher unangenehme Gefühle, dann trauen wir uns hierin auch weniger zu und wehren eine Betätigung auch dann ab, wenn sie anderen leicht und angemessen erscheint.

Manche dieser Bewertungen sprechen wir auch uns gegenüber aus: «Das hast du gut gemacht»; «Du schaffst auch gar nichts»; «Du machst immer alles falsch».

Wir bewerten auch unsere Gefühle, so Stress-Gefühle, Ängste, Traurigkeit. Unsere Bewertungen verstärken oder vermindern diese Gefühle. Bewerten wir Stress-Belastungen als sehr unangenehm, lästig, «ätzend», dann werden diese ungünstigen Gefühle verstärkt. Auch eine intensive Zuwendung zu Ängsten, ihre Bewertung als sehr bedeutungsvoll, kann Ängste vergrößern. Bewerten wir dagegen Stress-Gefühle als nicht angenehm, aber als vorübergehend und uns herausfordernd, dann vermindern sich diese Gefühle.

Ein Beispiel für die Bewertung unserer Gefühle und ihre Auswirkung: Wir haben uns in einer Situation geärgert-erregt, und wir bewerten das als eine unangemessene Bewältigung. Dann kann diese Bewertung in uns ärgerliche Gefühle über den vergangenen Ärger auslösen. Ein Lehrer: «Neulich habe ich mich in der Schule furchtbar über eine Schülerin geärgert. Obwohl ich gesagt hatte, bei der Arbeit sollen alle Bücher unter den Tisch, hatte sie das Buch offen aufgeschlagen. Da sie frech und uneinsichtig war, habe ich sie angeschnauzt. Hinterher dann, als die Stunde zu Ende war, habe ich mich mächtig darüber geärgert, daß ich mich so gehenließ, daß ich nicht sinnvoller reagiert habe.»

Auch unsere Körperempfindungen bewerten wir. Dies wirkt sich deutlich auf unsere Gefühle aus, auch auf unser Verhalten. Jemand hat etwa

Schmerzen im Magen-Darm-Bereich, die seit einiger Zeit anhalten. Bewertet er sie als Anzeichen einer wahrscheinlichen Krebserkrankung, dann sind die Folge meist Ängste. Durch häufiges Grübeln und die dadurch zunehmenden Ängste können die körperlichen Beschwerden zunehmen, und jemand kann in seiner Einschätzung bestärkt werden, daß eine Krebserkrankung vorliegt. Wenn dann eine Ärztin feststellt, daß es sich nicht um eine Krebserkrankung, sondern um eine psycho-vegetative Störung handelt, dann erfolgt bei den meisten eine Neubewertung der Beschwerden, und damit ändern sich die Gefühle. Ähnlich ist es bei leichten Herzbeschwerden: Werden sie als erste Anzeichen einer ernsthaften Erkrankung angesehen, dann folgen daraus Ängste. Die Aussage des Arztes, daß das Herz organisch gesund sei, führt meist zu einer anderen Bewertung und damit zu geändertem Fühlen.

Die Gesamtbewertung und Einschätzung unserer Person, das sog. Selbstbild, ist sehr wichtig. Es ist die Zusammenfassung unserer Bewertungen, Gedanken und Auffassungen über uns selbst. Bewerten sich Menschen insgesamt ungünstig, sehen sie sich als Versager, dann haben sie ungünstige Gefühle, sind niedergedrückt, fühlen sich eher hilflos. Diese Gefühle bilden den Hintergrund des alltäglichen Lebens. Ein ungünstiges Selbstbild von unserer eigenen Person trägt *sehr* zu belastenden Gefühlen bei.

Die Selbstwirksamkeit ist ein wichtiger Teil dieser Gesamtbewertung unserer Person (10). Es ist die Einschätzung, wie wirksam oder hilflos wir uns in der Bewältigung unseres Lebens bewerten. Selbstwirksamkeit ist die Überzeugung von der eigenen Fähigkeit, das Leben in all seinen Unklarheiten und Schwierigkeiten zu bewältigen. Wir alle kennen Menschen, die von sich selbst die Einstellung und Überzeugung haben, daß sie das zukünftige Geschehen, auch wenn es schwierig wird, «schon in den Griff bekommen werden», daß sie bestehen werden. Diese Selbstwirksamkeit beinhaltet eine Einschätzung unserer Bewältigungsmöglichkeiten und Fähigkeiten im Umgang mit schwierigen Situationen.

Wahrscheinlich lernte ich diese Selbstwirksamkeit in starkem Maße in der Schule. Ich war zwar ein schlechter Schüler, hatte viele Konflikte mit den Lehrern; aber meine Erfahrung war auch: Obwohl ich wenig Schularbeiten machte und in manchen Bereichen geringe Fähigkeiten hatte: irgendwie kam ich immer «gerade über die Runden». Oft ging ich morgens mit bangen Gefühlen zur

Schule, ob ich wohl in einer Pause – ungestört von der Aufsicht – meine Schularbeiten schaffen würde. Insgesamt machte ich die Erfahrung, daß ich in irgendeiner Weise die Schulsituationen schon bewältigen würde.

Die Gesamtbewertung, daß wir über hinreichende Fähigkeiten der Wirksamkeit verfügen, ist verbunden mit Selbstwertgefühl und Selbstvertrauen. Das erleichtert ein wirksames Bewältigungsverhalten in schwierigen Situationen. – Schätzen wir uns selbst dagegen als unwirksam ein, dann ist das begleitet von belastenden Gefühlen im Hintergrund unseres Erlebens. Wir denken auch eher mit Sorgen und Ängsten an die Zukunft. An manche Aufgaben trauen wir uns dann gar nicht heran; wir muten uns nicht zu, daß wir sie bewältigen. Und daraus folgen oft neue Belastungen. Wir fühlen uns weniger fähig zum Handeln.

So ist Selbstwirksamkeit eine sehr bedeutungsvolle Bewertung-Einschätzung von uns selbst. Sie wirkt sich wesentlich auf unseren gefühlsmäßigen Hintergrund, auf unseren Mut, unsere Gelassenheit sowie unser Verhalten in schwierigen Situationen aus.

Warum bewerten wir *uns selbst* so unterschiedlich?
▷ Menschen machen *unterschiedliche Erfahrungen mit sich*. Das ist naheliegend:
1. Sie haben unterschiedliche intellektuelle, soziale, künstlerische oder sportliche Fertigkeiten; so machen wir unterschiedliche Erfahrungen mit uns in verschiedenen Bereichen, etwa in Sport, Musik oder Mathematik. Erfahren wir uns als häufig versagend und wenig leistungsfähig, dann bewerten wir uns auch entsprechend ungünstig.
2. Wir erleben unterschiedliche Situationen. Ein Mensch arbeitet zusammen mit anderen, die ihn schätzen, die ihn einfühlsam behandeln und unterstützen. Ein anderer arbeitet oder lebt mit Menschen zusammen, die ihn wenig unterstützen, die ihm Schwierigkeiten bereiten. Aufgrund dieser unterschiedlichen Erfahrungen kommt er zu einer unterschiedlichen Bewertung seiner Person in Arbeitssituationen.
3. Menschen bringen in die gleiche Situation ihre unterschiedliche Person ein und machen somit unterschiedliche Erfahrungen. Zwei Schüler etwa, die beide sehr geringe Leistungen in Mathematik haben, können trotzdem unterschiedliche Erfahrungen und Gefühle haben, weil sie die

Situation unterschiedlich bewerten. Ein Schüler mag sein Versagen sehr wichtig nehmen, für den anderen ist Mathematik ein Bereich, der für ihn kaum Bedeutung hat. Ferner: Unsere Mißerfolge in vergangenen Situationen nehmen wir in neue Situationen mit hinein und reagieren somit unterschiedlich und machen unterschiedliche Erfahrungen.
4. Wir haben unterschiedliche Bewältigungsformen gelernt. Manche neigen angesichts von Schwierigkeiten eher zu einem Rückzug; andere werden dazu angeregt, sich vermehrt einzusetzen. Manche nehmen seelische Verletzungen oder Niederlagen sehr schwer, andere lenken sich leichter ab, kommen besser darüber hinweg. Und so machen sie unterschiedliche Erfahrungen. –

▷ Verfügen wir über viele *Hilfsquellen* im Alltag, haben wir gute Freunde, die uns stützen, besitzen wir finanzielle Reserven, dann schätzen wir uns als stärker ein und fühlen uns besser, als wenn wir allein und ohne finanziellen Rückhalt leben.

▷ Manche Menschen *neigen zu ungünstigen Bewertungen* ihrer Erfahrungen mit sich und der Umwelt; sie beachten auch ihre ungünstigen Erfahrungen mehr. Oft ist dies bei Menschen mit depressiven Beeinträchtigungen der Fall. Ebenfalls neigen diese Menschen dazu, Mißerfolge mehr sich selbst zuzuschreiben, auch dann, wenn sie durch die Situation bedingt sind. (165; 192)

▷ *Wir nehmen Bewertungen und Urteile anderer Menschen über uns an.* Wurden wir von Eltern oder Lehrern oder vom Partner häufig ungünstig bewertet und neigen wir dazu, die Bewertung anderer leicht anzunehmen, so führt dies zu einer ungünstigen Bewertung unserer eigenen Person. Ob wir die Bewertungen anderer annehmen oder nicht, hängt zum Teil von der Art der Beziehung zu ihnen ab. So habe ich als schlechter Schüler in der Schule die entmutigenden und abfälligen Bewertungen mancher meiner Lehrer kaum angenommen, denn ich hatte keine gute Beziehung zu ihnen, stand zu ihnen in Opposition.

▷ *Vergleiche mit anderen* sind bedeutsam für unsere Selbstbewertung und unsere Ansprüche. Machen wir «Vergleiche nach unten», vergleichen wir uns also mit Menschen, denen es schlechter geht, dann bewerten wir uns selbst günstiger als bei Vergleichen «nach oben».

▷ *Persönliche Alltags-Theorien*, die wir uns bilden, haben Bewertungen und damit Gefühle zur Folge. Es sind Überzeugungen, was richtig und gut oder falsch für uns selbst ist: «Ich (man) darf keine Schwächen haben, ich muß fehlerlos sein», «Als gute Mutter darf ich nicht berufstätig sein», «Als Frau habe ich geringere intellektuelle und technische Fertigkeiten». Diese persönlichen Theorien beruhen oft auf nur geringen eigenen Erfahrungen und können sachlich unzutreffend sein, beeinflussen aber deutlich unsere Bewertung und unser Verhalten.

Schließlich sind noch unsere persönlichen Theorien über das Unerklärliche wichtig. Auffassungen also darüber, wo wir herkommen, warum wir auf der Erde sind und wo wir hingehen, ob Gott liebevollgütig oder streng-strafend ist. Dies hat auch einen Einfluß, wie wir unsere Lebenssituation und das Geschehen in der Welt bewerten, welche Gefühle wir dem Leben gegenüber haben und wie wir uns verhalten.

Eigenheiten unserer Bewertungen

Was hat sonst noch Einfluß darauf, wie wir uns und die Umwelt bewerten und welche Gefühle wir somit haben? Kenntnisse darüber helfen uns beim Verständnis der Entstehung und Verminderung von Stress-Belastungen. Und veranschaulichen auch, daß Bewertungen oft keine bewußten gedanklichen Reflexionen sind, sondern weitgehend intuitiv erfolgen.

Körperliche Spannung und Ent-Spannung beeinflussen unsere Bewertungen-Gedanken

Im Zustand von körperlich-seelischer *Anspannung* (dies ist fast immer der Fall bei Stress oder Ängsten) sind unsere Bewertungen von uns selbst und der Umwelt *überwiegend ungünstig*. Wir erinnern dann auch überwiegend ungünstige vergangene Ereignisse; und beim Blick in die Zukunft nehmen wir überwiegend ungünstige Aspekte wahr. Diese Ausrichtung der Gedanken auf das Bedrohliche bei körperlich-seelischer Spannung war für unsere Vorfahren biologisch sinnvoll, für das Kampf- oder Fluchtverhalten in Notsituationen.

Im Zustand von körperlich-seelischer *Ent-Spannung* hingegen sind die Bewertungen und Gedanken von uns und der Umwelt – in der Gegenwart, in Erinnerung an die Vergangenheit oder beim Blick in die Zukunft – eher günstig.

Das ist für die Verminderung von Stress und Belastungen von großer

Bedeutung: Entspannen wir uns körperlich, dann werden unsere Bewertungen-Gedanken über uns und die Umwelt unmittelbar günstiger und damit auch unsere Gefühle.

Körpervorgänge beeinflussen unser Bewerten und Denken

Fühlen wir uns an einem Abend nach viel Arbeit erschöpft oder gespannt, dann bewerten wir weitere Anforderungen als eher schwierig; wir nehmen uns und unsere Umwelt ungünstiger wahr. Oder bei einer beginnenden Grippeerkrankung sind wir seelisch weniger belastbar und spüren in sonst einfachen Situationen mehr Anforderungen und Schwierigkeiten als sonst.

Wesentliche Beeinflussungen unseres Bewertens und Fühlens, die uns oft nicht bekannt sind, gehen von körperlichen, biochemischen Vorgängen des Gehirns und des hormonalen Geschehens aus. Abweichungen vom normalen Stoffwechsel oder Mangelzustände können stärkere Auswirkungen auf seelische Vorgänge haben. Mangel an Vitaminen oder an bestimmten Mineralien wie Kalzium, Eisen und Magnesium in den Körperzellen können seelische Belastungen fördern. Die Mängel können bedingt sein durch einen erhöhten Bedarf an Vitaminen und Mineralien bei seelischen Belastungen, durch ungünstige Ernährung sowie ferner durch die biochemische Individualität eines Menschen, s. S. 334 ff.

Manche Bewertungen ändern sich nur schwer durch Wissen oder bewußtes Bemühen

Bewertet jemand Hunde als bedrohlich und empfindet dabei Angst, so vermag die Information, daß dieser Hund friedlich ist und noch nie gebissen habe, meist kaum seine Bewertung und seine Angstgefühle zu ändern. Der Grund: Derartige Bewertungen haben sich meist aufgrund intensiver gefühlsmäßiger Erfahrungen gebildet, etwa, weil jemand von einem Hund wirklich gebissen wurde. Eine andere Möglichkeit: Die Bewertung, daß Hunde gefährlich seien, existiert schon seit Jahren oder Jahrzehnten im Kopf eines Menschen und hat sein Handeln schon lange Zeit beeinflußt. Derartige Bewertungen und die damit zusammenhängenden Gefühle sind dann mit verstandesmäßigem Wissen sehr schwer zu ändern, selbst wenn Menschen es möchten. Wirksam sind dann intensive konkrete positive oder neutrale Erfahrungen mit dem als bedrohlich bewerteten Ereignis oder Tier, zum Beispiel ein Zusammensein mit einem besonders freundlichen Tier in Gegenwart eines vertrauensvollen Erwachsenen. So sind auch positive persönliche Kontakte die beste Möglichkeit, um negative Bewertungen und Ängste gegenüber Menschen fremder Kulturen zu vermindern.

Wie wir uns selbst bewerten, das beeinflußt unsere Bewertungen der Umwelt

In die Bewertung jeder Umweltsituation fließt mit ein, wie wir uns selbst bewerten. Bewerten wir uns günstig, etwa als «selbstwirksam» und leistungsfähig, vertrauen wir uns selbst, dann bewerten wir viele Alltagssituationen als leichter bewältigbar, als weniger schwierig. Ja, bei einer günstigen Selbstbewertung sehen wir manche Schwierigkeiten nicht als bedrohlich, sondern als Herausforderung an.

Sehen wir uns dagegen als minderwertig «selbstunwirksam», weniger leistungsfähig an, dann bewerten wir Situationen und Ereignisse der Umwelt eher als schwierig, bedrohlich, unangenehm, kaum zu bewältigen; wir empfinden dann bei diesen Situationen eher Erregung, Spannung und Angst. So stellten wir auch in einer Untersuchung fest: Menschen mit geringer Selbstzufriedenheit und seelischem Unwohlsein bewerteten in ihrem Alltag Situationen, Personen und Ereignisse eher als schwierig und ungünstig; sie sahen weniger Sinn in ihrem Leben, ihrer Familie und ihrer Arbeit (156).

Bewerten wir uns selbst ungünstig, sei es insgesamt oder in einem wichtigen Bereich, dann empfinden wir auch ungünstige Urteile und Kritik von anderen leichter als bedrohlich. Wir sind empfindlicher gegenüber Äußerungen, die wir als Kritik einschätzen. Wir haben eher Angst vor negativen Bewertungen anderer.

Wenn ein Lehrer sich selbst als unsicher, als wenig «selbstwirksam» wahrnimmt und wenn er die persönliche Theorie hat, daß seine Würde als Amtsperson und Erwachsener von den Schülern respektiert werden müsse, dann wird er humorvolle oder unfreundliche Äußerungen der Schüler oder eine im Unterricht auf ihn gezielte Papierkugel als bedrohlich ansehen. Dies löst bei ihm Spannungen, Belastungen oder auch Ängste aus und führt oft zu einer verminderten Qualität seiner Handlungen im Unterricht. Auch kann sich seine persönliche Theorie verstärken, daß partnerschaftlicher Unterricht unmöglich sei und daß Schüler zu Disziplin und sorgfältiger Arbeit gezwungen werden müßten. –

Die Bewertung von schwierigen Situationen hängt auch davon ab, wie wir unsere Hilfsquellen einschätzen. Haben wir gute Freunde, die uns stützen, eine gute Berufsqualifikation und eine gute körperliche Gesundheit, dann erscheinen uns viele Situationen weniger bedrohlich, als wenn wir uns weitgehend ohne Hilfe wahrnehmen.

Änderung von Bewertungen

Fortlaufend machen wir Erfahrungen mit uns und unserer Umwelt. Manche Erfahrungen bestätigen, festigen unsere bisherigen Bewertungen und Auffassungen. Andere Erfahrungen führen zu Änderungen, zu Neu-Bewertungen. Das, was wir bisher günstig bewerteten, einen Menschen, ein Ereignis, ein Atomkraftwerk, den Neubau von Autobahnen oder hohe Produktion von Automobilen, bewerten wir aufgrund von Erfahrungen, neuen Informationen über Nachteile und Umweltschäden dann weniger günstig.

Andere Erfahrungen führen von einer ungünstigen zu einer günstigeren Bewertung. Wir erfahren oder entdecken wertvolle Bereiche an einem Menschen; wir lernen jemanden persönlich kennen, den wir bisher aufgrund von Vorurteilen über seinen Beruf, seine Religion oder Rasse eher ungünstig beurteilt haben.

Oder wir bewältigen eine Bedrohung durch eine geänderte, neue Bewertung. Eine lebensbedrohende Krankheit sehen wir als eine Herausforderung zu einem intensiveren Leben an, die Trennung von einem Menschen als Herausforderung zu mehr Selbständigkeit und einem selbstbestimmteren Leben. Eine Pensionierung nach jahrelanger Routine-Arbeit wird als Herausforderung gesehen, die zukünftigen Jahre mehr selbstbestimmt zu gestalten. –

Leider sind manche kaum zu Neu-Bewertungen bereit, auch dann nicht, wenn sie die Möglichkeit zu Erfahrungen haben oder sie gar machen. Wissenschaftler beachten des öfteren andere Befunde und Theorien wenig oder gar nicht, die ihren eigenen entgegenstehen. Oder Menschen, die Angst vor einem Hund haben, ändern ihre Einschätzung auch dann nicht, wenn sie im Zusammensein mit einem Hund die Möglichkeit zu günstigen Erfahrungen haben. Offensichtlich halten manche Menschen ihre bisherigen Bewertungen von sich oder der Umwelt starr aufrecht; sie wollen oder können sie nicht ändern. Dies kann mit geringer Flexibilität und Kreativität zusammenhängen, mit geringer Aufgeschlossenheit für Neues, für Änderungen. Und daß sie sich durch neue Erfahrungen verunsichert, bedroht fühlen.

Warum sind manche Menschen trotz ungünstiger bedrohlicher Bewertungen weniger erregt?

Einige Gründe sind:

▷ Durch viele Erfahrungen in schwierigen Situationen trainieren sich manche eine entspannte Haltung an oder sehen die Situation von einem übergeordneten Standpunkt. Ihr Organismus reagiert bei der Wahrnehmung der bedrohlichen Situation mit geringerer Alarmierung von Körpervorgängen. Dies ermöglicht eine größere Gelassenheit und eine weniger bedrohliche Bewertung.

▷ Durch regelmäßiges Bewegungs- und Ent-Spannungstraining werden Menschen körperlich-seelisch belastbarer. Die üblicherweise bei Stress ausgelösten körperlichen Vorgänge sind bei ihnen geringer und/oder wirken sich weniger aus.

▷ Die belastenden Gefühle werden ignoriert oder unterdrückt, wie etwa auch körperliche Schmerzen bei einer Verletzung. Dies mag in manchen Situationen günstig sein; durch weniger Angst wird die Handlungsfähigkeit vergrößert. Wird dies allerdings eine allgemeine Haltung im Leben, so besteht die Gefahr einer Verarmung des Gefühlslebens (181).

▷ Intensive verstandesmäßige Bemühungen bei der Bewältigung eines schwierigen Ereignisses oder das Herunterspielen der bedrohlichen Bedeutung schwächen ungünstige Gefühle ab, ferner intensives Engagement für eine Arbeit oder ein Ziel.

▼ Körperliche Veränderungen bei Stress-Belastungen

Bewertungen, Gedanken und Vorstellungen haben körperliche Folgen

Bewerten wir etwas in unserer Umwelt oder bei uns selbst als bedrohlich und unser Wohlbefinden einschränkend, dann ändern sich nicht nur unsere Gefühle, sondern auch Körpervorgänge.

Einige dieser körperlichen Veränderungen bei Stress-Belastungen können wir spüren: schnelleres Atmen, Herzklopfen, Zittern von Stimme und Händen, trockenen Mund, Schluckbeschwerden, gespannte Muskeln besonders im Rücken und im Hals-Schulter-Bereich, Magen-Darm-Beschwerden, Erröten, Schlaflosigkeit u. a.

Das sind Anzeichen der Aktivierung des sog. Sympathischen Nervensystems. *Bei jeder Bewertung und Einschätzung eines Ereignisses als bedrohlich oder einschränkend wird unmittelbar dieses Sympathische Nervensystem aktiviert (ein Teil des Vegetativen Nervensystems).* Hormone wie Adrenalin und Noradrenalin (sogenannte Notfallhormone, Katecholamine), ferner Kortison werden in den Blutkreislauf gegeben. Das hormonale Gleichgewicht, die neuroendokrine Sekretion wird verändert. Dadurch ändern sich etliche Körpervorgänge:

– Beschleunigung des Herzschlages
– Erhöhung des Blutdruckes
– Schnellere Atmung zur besseren Sauerstoffversorgung
– Erhöhte Spannung der Muskulatur
– Mehr Blut in der Muskulatur, im Herz- und Kopfbereich, weniger im Magen-Darm-Bereich und an der Hautoberfläche
– Erhöhung des Blutzuckerspiegels und mehr Fettstoffe im Blut zwecks besserer Energieversorgung besonders der Muskeln
– Anstieg der Blutgerinnung, wodurch sich Wunden schneller schließen
– Änderung des Immunsystems, Schwächung bei längerer Stressdauer
– Erhöhte Aktivität körperlicher Vorgänge im Gehirn. Die Hormone Adrena-

Körperliche Veränderungen 51

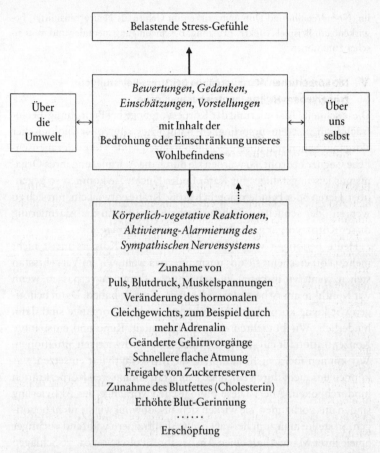

Bewerten wir Ereignisse der Umwelt und bei uns selbst als bedrohlich und unser Wohlbefinden einschränkend, so wirkt sich dies unmittelbar auf körperliche Vorgänge aus. – Bei häufigen Gedanken dieser Art (zum Beispiel häufiges Grübeln und negative Selbstgespräche) können diese Körpervorgänge zu weiteren ungünstigen Folgen führen, zum Beispiel zu Kopf-, Hals- oder Rückenschmerzen, Einschlafstörungen.

lin, Noradrenalin und Dopamin wirken im Gehirn als Neurotransmitter, bewirken zum Beispiel Affekte, Erregung, Beschleunigung mentaler und motorischer Funktionen.

Die körperlichen Alarmvorgänge bei Stress-Belastungen: Früher lebenswichtig, heute eher ungünstig

Diese schnelle Alarmierung der Körpervorgänge bei Bedrohung-Beeinträchtigung ist ein ursprünglich natürlicher sinnvoller biologischer Vorgang: Sahen sich unsere Vorfahren durch wilde Tiere oder menschliche Gegner bedroht, so wurden sie durch die Alarmierung ihres Organismus leistungsfähiger für Kampf oder Flucht. Sie konnten so gegenüber Tieren oder Feinden plötzlich große Kräfte entwickeln, um sich zu wehren oder schnell zu fliehen. Deshalb nennt man die Alarmierung dieser Körpervorgänge auch *Kampf- oder Fluchtreaktion*.

Heute benötigen wir diese Alarmierung des Körpers meist nicht mehr, ja oft erscheint sie uns unsinnig, etwa wenn wir im Verkehrsstau stehen, wenn wir fürchten, einen wichtigen Termin zu verpassen, wenn wir Konflikte am Arbeitsplatz oder in der Familie haben. Dann benötigen wir keine körperliche Alarmierung, ja diese Vorgänge sind dann hinderlich. Wir brauchten eher das Gegenteil, Ruhe und entspannte Konzentration für ein sinnvolles Reagieren in schwierigen Situationen. Wir können meist nicht kämpfen, die Muskelaktivität einsetzen, wir können uns nicht durch einen Verkehrsstau mit unseren Körperkräften hindurchboxen. Aber: Diese biologischen Vorgänge der Aktivierung sind in uns vorhanden, sie wirken sich aus, obwohl wir sie nicht benötigen. So stellte man zum Beispiel bei Fußballtrainern während wichtiger Spiele ihrer Mannschaft einen Anstieg ihres Pulses von ca. 70 Schlägen pro Minute im Ruhestand bis zu 163 in dramatischen Spielsituationen fest. Und dies, obwohl der Trainer diese Aktivierung überhaupt nicht benötigt!

Es gibt noch viele weitere Folgen dieser körperlichen Aktivierung, die wir nicht brauchen können, zum Beispiel: Viele Menschen beunruhigt es sehr, wenn sie etwa bei nächtlichem sorgendem Grübeln Schweißausbruch, Herzklopfen, starke Erregung, Muskelspannung und schnell kreisende Gedanken spüren. Manche fürchten, «verrückt» zu werden; andere haben Angst vor dem sogenannten Unbewußten. Die Beunruhigung ist natürlich, wenn Menschen nicht wissen, wodurch diese Vorgänge ausgelöst werden, nämlich durch ungünstige

Bewertungen über uns und die Umwelt. Auch manche Ärzte brachten in der Vergangenheit diese körperlichen Störungen selten in Zusammenhang mit Stress und Belastung, zum Beispiel mit einer Trennung vom Partner; sondern sie behandelten sie als eine isolierte Erkrankung ausschließlich mit Medikamenten.

Die körperlichen Veränderungen führen auch zu seelischen Folgen

Die erhöhte Aktivität des Sympathischen Nervensystems aufgrund von bedrohlichen Bewertungen hat auch Änderungen seelischer Vorgänge zur Folge:

▷ Spannung, Unruhe, Erregung, Ungeduld, «Nervosität» treten ein, bedingt u. a. durch die Hormone Adrenalin und Dopamin sowie durch Muskelspannungen und flachere, schnellere Atmung.

▷ Unsere Wahrnehmung und unser Denken werden eingeengt auf das Bedrohliche, Ungünstige und Gefährliche («Tunneleffekt»). Das Bedrohliche wird gleichsam in einem Ausschnitt vergrößert gesehen; wir sind mehr ausgerichtet auf Bedrohliches.

Früher war dies biologisch sinnvoll, wenn unsere Vorfahren gegen Feinde und wilde Tiere kämpften. Sie sahen dann nur das Bedrohliche und wurden durch nichts anderes abgelenkt.

Heute kommt es in vielen Situationen unseres modernen Lebens durch diese Einengungen zu sorgenvollem Grübeln, zu einem Nicht-Wahrnehmen von Hilfsmöglichkeiten, zu irrationalen (nicht-vernunftmäßigen) Gedanken. Auch treten überwiegend negative bedrohliche Erinnerungen ins Bewußtsein. Es wird das erinnert, was den bedrohlichen Gefühlen in der Situation entspricht.

▷ Große Schnelligkeit der Gedanken, überhöhte Wachsamkeit. Auch dies war früher biologisch sinnvoll bei Kampf oder Flucht. Heute spüren wir dies in Form von «rasenden Gedanken» beim Grübeln; es fällt uns schwer, ruhig nachzudenken. Schlafstörungen werden gefördert.

▷ Das Verhalten ist weniger planvoll und selbstdiszipliniert, Fehlleistungen erfolgen häufiger. «In Stress-Situationen weiß ich nicht, wo mir der Kopf steht. Ich bin ganz durcheinander.» Mangelnde Leistungsfähigkeit kann eintreten. Dies führt bei manchen wiederum zu weiterer Beunruhigung und Belastung.

▷ Seelisch-körperliche Erschöpfungszustände treten ein. Stellen wir uns vor, jemand wartet mehrere Stunden auf eine Prüfung oder auf dem

Flur eines Krankenhauses auf den Ausgang einer schwierigen Operation bei einem nahen Angehörigen. Sie/er nimmt die Situation als risikoreich, bedrohlich wahr. Das Sympathische Nervensystem wird über mehrere Stunden hindurch aktiviert. Die Folge: Nach einigen Stunden sind diese Menschen körperlich erschöpft, obwohl sie so gut wie nichts taten, sondern «nur» auf einem Stuhl saßen und warteten. Und: Wenn sie sich danach ausruhen wollen oder abends einschlafen möchten, stellen manche fest, daß sie nicht schlafen können. Immer wieder gehen ihnen beunruhigende Gedanken durch den Kopf.

Ich habe diese seelischen Folgevorgänge der körperlichen Stress-Veränderung aus folgenden Gründen eingehend dargestellt: ▷ Viele Menschen kennen nicht die Ursachen dieser Vorgänge, fühlen sich deshalb stark beunruhigt; sie befürchten, daß dies die Folge von «seelischen Komplexen» oder Störungen des sogenannten Unbewußten sei. ▷ Wir können besser verstehen, wie es zu Schlafschwierigkeiten, Nervosität, Reizbarkeit und einer Wahrnehmungs- und Denkart kommt, bei der überwiegend das Negative, Bedrohliche im Vordergrund steht. ▷ Es wird uns klar, daß wir durch Stressverminderung, zum Beispiel durch Ent-Spannungsübungen, sowohl unsere körperlichen als auch tiefgreifend unsere seelischen Vorgänge günstig beeinflussen können.

Die körperlichen Stress-Vorgänge können chronisch (andauernd) werden

Eine häufige Alarmierung der Körpervorgänge erfolgt bei häufigem Alltags-Stress oder Dauerbelastungen. Dies ist etwa der Fall, wenn Menschen sich längere Zeit überfordert fühlen, bei andauerndem feindseligen Mißtrauen, bei häufigem sorgenvoll-ängstlichem Grübeln, bei der Vorstellung belastender Situationen, ferner wenn verschiedene Belastungen gleichzeitig auftreten: beim Antritt einer neuen Berufsstelle, Schwierigkeiten mit dem Partner, Belastungen durch Kleinkinder oder eine Erkrankung. Diese Häufung führt zu einer verminderten Belastungsfähigkeit, so daß sich Menschen schon bei geringen Anlässen überfordert fühlen: «Im Grunde genommen empfinde ich immer Stress und Spannung.»

Die häufige länger andauernde Alarmierung der Körpervorgänge

Körperliche Veränderungen 55

und ihr Andauern auch in Zeiten geringer Belastung wirken sich ungünstig aus. Es können eintreten:

▷ *Anhaltende erhöhte Muskelspannung und höherer allgemeiner Muskeltonus* mit gewissen Schmerzen besonders im Rücken-, Schulter- und Nackenbereich, mit der Folge mangelnder Durchblutung, auch im Kopfbereich.
▷ *Anhaltende flache Kurz-Atmung.*
▷ *Anhaltend höherer Blutdruck.*
▷ *Anhaltendes Ungleichgewicht der Neurotransmitterstoffe im Gehirn.*
▷ *Anhaltendes hormonales Ungleichgewicht*, mit der Folge einer gewissen Dauer-Erregung, Schlafstörungen u. a. Ein Lehrer: «Wenn es in der Schule schwierige Situationen gibt oder wenn ich größere Veranstaltungen vorbereiten muß, kann ich auch nach der Dienstzeit oft noch nicht abschalten. Mich beeinträchtigen diese Belastungen sehr, auch in der Freizeit; ich leide dann an Schlafstörungen, Nervosität und Zittern der Hände.»
▷ *Größere Neigung zu Kopfschmerzen* durch Veränderung der Gefäßweite und Durchblutung. «Ich werde nervös durch das Geschrei und das Gezanke meiner zwei kleinen Kinder und reagiere mit Kopf- und Nackenschmerzen», sagt eine 23jährige Mutter.
▷ *Änderung – Schwächung des Immunsystems* und damit erhöhte Anfälligkeit für Infektionen.

Was fördert das Andauern körperlicher Stress-Vorgänge? Nicht bei jedem Menschen kommt es bei längeren Stress-Belastungen zu chronischen Muskelspannungen, erhöhtem Blutdruck usw. Die Gründe:

Es sind noch weitere Faktoren bedeutsam, ob die durch Stress-Belastungen ausgelösten Vorgänge chronisch werden, insbesondere: ▷ Die jeweilige Körperkonstitution eines Menschen, mit seiner größeren oder geringeren Anfälligkeit von bestimmten Organen. ▷ Das Ausmaß eines beeinträchtigenden oder gesunden Lebensstiles, zum Beispiel das Ausmaß von körperlicher Bewegung, gesunder oder ungesunder Ernährung, von Alkohol, Nikotin u. a. ▷ Das Ausmaß von Erholung, Entspannung, positiven und unterstützenden Erfahrungen. – Einzelheiten, etwa wie es zu anhaltenden Muskelverspannungen kommt, finden Sie in dem Kapitel Ent-Spannung.

Beispiele zur Auswirkung von chronisch gewordenen körperlichen Stress-Vorgängen. Mannigfache psycho-vegetative Körperbeschwerden werden durch die körperlichen Stress-Vorgänge mitbedingt, so Kopfschmerzen, Rückenschmerzen, Schlafschwierigkeiten (über die bereits mehr als ein Drittel der Zwölf- bis Siebzehnjährigen des öfteren klagt).

Ärzte, Schwestern und Pfleger auf bayerischen Krankenstationen für Krebskranke empfanden deutliche seelische Belastungen, siehe S. 30. Auffallend war ein enger Zusammenhang zwischen diesen seelischen Belastungen und körperlichen Symptomen: 90 Prozent der Ärzte klagten über Müdigkeit, etwa die Hälfte über Wirbelsäulenprobleme, 40 Prozent über Kopfschmerzen sowie 30 Prozent über Magen-, Darm- und Herzbeschwerden. Mehr als 80 Prozent der Schwestern litten unter Schmerzzuständen der Wirbelsäule, fühlten sich häufig erschöpft, müde und leicht reizbar (193).

Der Arzt Dr. Baar, Präsident des Bundesverbandes der Deutschen Schmerzhilfe, nimmt an, daß in der Bundesrepublik 1,8 Millionen Menschen an chronischen Kopfschmerzen leiden. Stress sei die Hauptursache dafür, neben einer Unverträglichkeit von bestimmten Nahrungsmitteln oder der Dauereinnahme von Schmerzmitteln. Auf die Frage, was man tun kann, antwortet Dr. Baar: «Sich mehr entspannen – und die Lebensweise ändern!» (8; 9)

Unnötige seelische Belastungen durch Unkenntnis körperlicher Stress-Vorgänge

Viele Menschen sind irritiert und machen sich sorgenvolle Gedanken über die körperlichen Folgen von Stress-Belastungen, über häufige Kopfschmerzen, Schlafbeeinträchtigungen, Kreislaufbeschwerden, leichte Erschöpfbarkeit, Muskelverspannungen, verminderte Leistungsfähigkeit.

Manche glauben, diese Symptome seien ein Ausdruck einer beginnenden Erkrankung, etwa bei Magen-Darm-Beschwerden einer Krebserkrankung. Beim Arzt erfahren sie häufig, daß keine organischen Befunde vorliegen.

Etliche schreiben die körperlichen Beeinträchtigungen äußeren Situationen ihres Lebens zu, etwa daß eine neubegonnene Berufsarbeit für sie zu schwierig und ihre Leistungsfähigkeit zu gering sei; oder sie schreiben die Beeinträchtigungen ungünstigen klimatischen Verhältnissen und Schadstoffkonzentrationen in der Luft zu.

Andere nehmen an, daß die körperlichen Symptome die Folge verdrängter, seit langem im sogenannten Unbewußten schwelender Konflikte seien, denen sie machtlos gegenüberständen. Nur Fachleute könnten diese unbewußten Probleme in einer längeren Analyse beseitigen, die oft bis in die Kindheit zurückreichen würde. Bei sorgenvollem Grübeln fallen ihnen dann auch Situationen in der Kindheit ein, die sie möglicherweise ignoriert haben und die schuld an den jetzigen Beschwerden sein könnten. Sie suchen nach Bestätigungen für ihre Theorie. Sie schätzen sich selbst als eher instabil, «neurotisch» und inkompetent ein. Das führt zu weiteren seelischen Belastungen.

Eine entscheidende Hilfe ist: Menschen haben Kenntnis von den körperlichen Folgen der Stress-Belastungen. Sie wissen: *Diese Körpervorgänge sind biologische Reaktionen bei belastenden Situationen, eine Überaktivierung des Sympathischen Nervensystems mit seinen körperlichen Folgen.* Das nimmt diesen Vorgängen das Rätselhafte und Bedrohliche. Sie erfahren, oft für sie überraschend: Bei einem regelmäßigen Ent-Spannungs-Training und Verminderung ihrer Stress-Belastungen verringern sich die Symptome nach einiger Zeit, und bei vielen fallen sie schließlich fort.

Häufige Stress-Belastungen *können* körperliche Erkrankungen fördern

Körperliche Erkrankungen werden wesentlich bedingt durch unsere ererbte körperliche Konstitution, durch Schwachstellen in unseren Organen, durch schädigende Einflüsse wie Giftstoffe oder Viren sowie durch die Art unseres Lebensstiles, zum Beispiel Ernährung. *Stress-Belastungen können ein weiterer Risikofaktor sein*. Ich möchte dies an einigen verbreiteten Erkrankungen aufzeigen:

Herz-Kreislauf-Erkrankungen. Bei der Bewertung von Ereignissen als bedrohlich werden Hormone (zum Beispiel Adrenalin) ins Blut gegeben. Die Muskulatur wird gespannter, der Blutdruck steigt, die Blutfettwerte (Cholesterin) erhöhen sich, das Herz schlägt schneller und stärker, die Blutgerinnung erhöht sich. Bei häufigem Ärger, Mißtrauen, Feindseligkeit oder Ängsten vor Niederlagen ist das häufig der Fall.

Bei Vorhandensein von weiteren Risikofaktoren (Rauchen, fettreiche Ernährung, wenig Bewegung, Alkohol) kommt es im Verlauf der Zeit insbesondere durch den hohen Blutdruck zu kleinen Schädigungen an der Innenauskleidung der Arterien (Adern), den Herz-Kranz-Gefäßen. An diesen Stellen lagern sich Blutfette und andere Stoffe ab und führen allmählich zur Verengung der Arterien. Durch die Verengungen und die erhöhte Muskelspannung in den Arterien steigt der Blutdruck; weitere Verengungen und Ablagerungen erfolgen. Durch Verkrampfungen der Herzarterien treten Blutverklumpungen in den Gefäßen ein, gefördert durch die erhöhte Blutgerinnung. Die Sauerstoffversorgung des Herzens wird beeinträchtigt. Insgesamt: eine sogenannte Arteriosklerose ist eingetreten.

Jedoch ist diese körperliche Schädigung durch Stress-Belastungen und durch einen ungünstigen Lebensstil auch änderbar. Der amerikanische Medizin-Professor Dean Ornish wies nach: Bei einem umfassenden Verhaltens-Programm – Entspannung, Stressverminderung, Bewegungstraining, sehr wenig Fett, kein Fleisch, Gruppengespräche u. a. – bilden sich die Verengungen der Herzkranzgefäße ohne Operation und Medikamente zurück, s. S. 325.

Polyarthritis (Rheuma) ist eine millionenfach verbreitete Erkrankung. Stress-Belastungen mit ihren körperlichen Folgen können bei diesen Gelenkentzündungen *ein* fördernder, auslösender oder aufrechterhaltender Faktor sein. Eine Selbstdarstellung des international bekannten Herz-Chirurgen Prof. Christiaan Barnard veranschaulicht: Seelische Belastungen, die Bewertung von Ereignissen als bedrohlich und beeinträchtigend, verschlimmern diese organische Erkrankung. Und diese eintretende Verschlimmerung der Erkrankung belastet wiederum vermehrt seelisch:

«Durch meine ersten Herztransplantations-Operationen wurde ich international bekannt... Man sollte annehmen, daß dieses hektische Leben meine Arthritis verschlimmert hätte. Merkwürdigerweise war dem jedoch nicht so – zunächst besserte sie sich sogar. Dann setzten die Anfälle jedoch wieder ein, besonders in Stresszeiten – und von da an sollte es so bleiben. Ich habe zum Beispiel festgestellt, daß sich die Arthritis in meinen Fingern am Abend nach einer schwierigen Operation eklatant verschlimmerte, und genauso ist es, wenn ich unter besonderer seelischer Anspannung stehe. Und dann, eines Tages, eröffnete Barbara mir, daß sie einen jüngeren, aktiveren Mann kennengelernt habe und sich von mir scheiden lassen wolle... Für mich brach mit der Scheidung eine Welt zusammen... Ich hatte das Gefühl, ein hoffnungsloser Fall zu sein – körperlich, seelisch, sexuell... Ich erinnere mich noch, daß meine Fuß- und Handgelenke regelmäßig in einer Entzündung aufflammten, wenn es im Zuge der Scheidung zu scharfen Auseinandersetzungen zwischen Barbara und mir kam. In solchen Momenten fühlte ich mich dann wie ein doppelter Verlierer – unglücklich und krank zugleich.» (12, S. 186ff)

Parodontose, eine Gebißerkrankung mit Lockerung der Zähne, *kann* durch die körperlichen Folgen von Stress-Belastungen gefördert werden. Dem Außenstehenden mag dies zunächst unmöglich erscheinen. Amerikanische Zahnärzte stellten bei Personen zwischen 20 und 40 Jahren mit sehr aktiver Berufstätigkeit fest: Sie bissen häufig die Zähne zusammen. Dies, und besonders das Zähneknirschen nachts im Schlaf, führte zu einer allmählichen Lockerung der Zähne und zu Zahnbetterkrankungen. Ferner überlasteten sie durch das Zusammenbeißen das Kiefergelenk. Die Überaktivität der Kiefermuskeln förderte Spannungsschmerzen im Nacken-, Hals- und Kopfbereich.

Schlafstörungen werden oft nur mit Medikamenten behandelt. Erst allmählich wird gesehen: Sie hängen häufig mit Stress-Belastungen zusammen. Viele Menschen mit seelischen Belastungen sind in einem gewissen Dauererregungszustand, grübeln häufig, auch nach dem Zubettgehen. Grübeln, d. h. die Vorstellung von bedrohlichen, angsterregenden Situationen, löst die Aktivierung des Sympathischen Nervensystems in ähnlicher und z. T. stärkerer Weise aus, als dies in einer realen Bedrohungssituation der Fall ist. Es ist naheliegend, daß diese Aktivierung des Sympathischen Nervensystems mit der Freisetzung von Hormonen wie Adrenalin, mit Muskelspannungen, flacherer Atmung u. a. m. eine Entspannung und ein Einschlafen stark behindert. So ergab sich auch in Untersuchungen (155): Schlechte Schläfer hatten im Vergleich zu guten Schläfern deutlich mehr seelische Belastungen, ferner bewältigten sie die Schwierigkeiten in ungünstigerer Form und spürten mehr Gefühle von Hilflosigkeit.

Falsche Vermutungen über Zusammenhänge zwischen Stress und körperlichen Erkrankungen

Stress ist *ein* Risikofaktor bei der Entstehung *einiger* körperlicher Erkrankungen. Jedoch ist es unzulässig, dies auf andere Erkrankungen zu übertragen, ohne daß eine solche Vermutung hinreichend geprüft wurde. So gibt es bis heute keinen schlüssigen Untersuchungsbefund, daß Stress bei der Verursachung von Krebserkrankungen ein bedeutsamer Faktor sei, siehe S. 351. Ja, Professor Selye, der Begründer der Stress-Forschung auf körperlichem Gebiet, war der Auffassung, daß durch allgemeinen Stress das Wachstum einiger Krebsformen gehemmt würde, und zwar durch die entzündungshemmenden Hormone (173, S. 242).

Körperliche Erkrankungen haben seelische Stress-Belastungen *zur Folge*

Schwere körperliche Erkrankungen, zum Beispiel eine Krebserkrankung, führen zu größeren Einschnitten in der Lebensführung der Erkrankten, zu Krankenhausaufenthalten, Unterbrechung der Arbeit, Behandlung mit unbekannten, z. T. schmerzhaften Prozeduren, Ungewißheiten über den Fortgang der Erkrankung oder eine Heilung. *Diese seelischen Belastungen sind die seelischen Folgen der Erkrankung.* So haben zum Beispiel krebserkrankte Frauen und Männer mehr Stress-Belastungen, Depressivität und seelische Beeinträchtigungen, verglichen mit einer ähnlichen Gruppe gesunder Personen. Dies sind die seelischen Folgen der Erkrankung, denn es konnte nachgewiesen werden, daß Personen vor der Diagnose ihrer Erkrankung nicht diese seelischen Beeinträchtigungen hatten, siehe Seite 352.

Hoffnungsvoll ist: Gerade diese Belastungen können durch geeignete psycho-soziale Unterstützungen und die Selbsthilfe des Erkrankten deutlich vermindert werden. Dadurch erhöht sich die seelische Lebensqualität.

Der amerikanische Medizinprofessor David Spiegel führte ein umfassendes psycho-soziales Programm mit Frauen durch, deren Brustkrebs bereits Tochtergeschwülste (Metastasen) aufwies. Das Programm dauerte ein Jahr und beinhaltete Gruppengespräche, Anleitung zur körperlichen Entspannung, psychologische Hilfen für den Umgang mit Schmerzen, gegenseitige soziale Unterstützung, Hilfen für die Auseinandersetzung mit Sterben und Tod, Einhaltung von Diät. Im Vergleich zu einer Gruppe krebserkrankter Frauen *ohne* dieses psycho-soziale Programm zeigten die Frauen eine deutliche Verbesserung ihrer Lebensqualität und eine um 19 Monate längere Überlebenszeit in den nächsten zehn Jahren. Die längere Überlebenszeit ist wahrscheinlich auf die Befähigung der Frauen zu einem geänderten Verhalten zurückzuführen, etwa sich weniger hängenzulassen, Diäten einzuhalten, Nikotin, Alkohol und andere schädigende Stoffe zu meiden, sich mehr zu bewegen sowie aktiver zu sein (176).

Auch bei Aids-Kranken scheinen sich gute psycho-soziale Gruppenprogramme als hilfreich zu erweisen, indem sie zu einem geänderten Verhalten, zur Verminderung von Stress-Belastungen, Depression und Einsamkeit führen, ferner die soziale Unterstützung durch andere sowie aktive Bewältigungsstrategien fördern. Dies führt insgesamt zu einer begrenzten Verbesserung körperlicher Vorgänge, verglichen mit Infizierten ohne Teilnahme an einem derartigen Programm.

Zusammenfassung

Bewertungen und Einschätzungen von Ereignissen als bedrohlich und beeinträchtigend lösen nicht nur Stress-Gefühle aus, sondern auch vielfältige körperliche Veränderungen: eine Veränderung des hormonalen Gleichgewichts, Erhöhung von Blutdruck, Blutfetten sowie Blutzukker, erhöhte Muskelspannung, schneller Puls u. a.

Diese körperlichen Vorgänge sind die natürliche biologische Alarm-Reaktion auf wahrgenommene oder vorgestellte Bedrohungen unseres Wohlbefindens. Sie ermöglichten unseren Vorfahren gegenüber Gegnern oder wilden Tieren wirksameren Kampf oder Flucht.

Die körperlichen Veränderungen bei Stress haben – neben den Gefühlen – Einfluß auf andere seelische Vorgänge, zum Beispiel Einengung der Wahrnehmung, Ausrichtung auf das Gefahrvolle, Ungünstige und Negative, schnell ablaufende Gedanken, Erschwerung ruhiger Konzentration u. a.

Eine Kenntnis dieser Vorgänge hilft uns, die körperlichen Symptome und seelischen Erscheinungen in Belastungssituationen besser zu verstehen, sie nicht etwa als eine Folge verdrängter sogenannter unbewußter seelischer Konflikte zu sehen. Zugleich geben sie uns eine tiefere Einsicht in die Notwendigkeit und Wirkungsweise von Stress-Verminderung, etwa von regelmäßigem Entspannungstraining.

Bei häufigen Stress-Belastungen können diese körperlichen Vorgänge chronisch werden, zum Beispiel zu andauernden Rückenverspannungen führen, zu andauerndem hormonalen Ungleichgewicht, zu einem Dauererregungszustand, zu erhöhtem Blutdruck u. a.

Chronisch gewordene körperliche Stress-Vorgänge sind ferner *ein* Risikofaktor bei manchen körperlichen Erkrankungen, zum Beispiel bei Herz-Kreislauf-Erkrankungen. Jedoch: Bei manchen anderen Erkrankungen ist Stress kein nachgewiesener Risikofaktor bei der Entstehung, zum Beispiel bei Krebserkrankungen.

Dagegen haben schwere körperliche Erkrankungen – wie auch immer entstanden – deutliche Stress-Belastungen zur *Folge*, etwa durch Schmerzen, durch die Einschränkung des Wohlbefindens, der Berufs- und Freizeitmöglichkeiten oder durch die Wahrscheinlichkeit des Sterbens. Eine Stress-Verminderung durch angemessene psycho-soziale Unterstützung sowie durch Selbsthilfe führt zu einer erheblichen Besserung der Lebensqualität und zu einer begrenzten Besserung körperlicher Funktionen.

▼ Seelische Erkrankungen und Stress-Belastungen

Seelische Erkrankungen werden meist durch mehrere Faktoren bedingt: psychologische Vorgänge, körperliche Vorgänge und Umwelt-Bedingungen. Diese Faktoren stehen zueinander in Wechselwirkung, beeinflussen sich häufig gegenseitig.

Stress-Belastungen sind ein Teilfaktor der psychologischen Vorgänge.

Zur Bedeutung von Stress-Belastungen bei seelischen Erkrankungen

Häufiger Alltags-Stress sowie schwerer Lebens-Stress können die Entwicklung seelischer Erkrankungen fördern, sie auslösen oder aufrechterhalten. Wie geschieht das?

Immer, wenn jemand sich selbst oder Ereignisse und Personen seiner Umwelt stark negativ-bedrohlich einschätzt-bewertet, dann ist dies eine deutliche Stress-Belastung. Hierbei wird das Sympathische Nervensystem aktiviert, und es kommt zu Änderungen körperlicher Vorgänge, besonders zu Änderungen im hormonalen Gleichgewicht. *Diese körperlichen Veränderungen bei Stress-Belastungen beeinflussen nun auch die biochemischen Stoffwechselvorgänge des Gehirns.* Manche Beeinflussungen können wir auch spüren: Unsere Gedanken «rasen», wir grübeln und haben sorgenvolle Gedanken, unsere Wahrnehmung und unser Denken sind eingeengt. Im Zustand erhöhter Erregung, Empfindsamkeit und Unruhe können wir uns schlecht konzentrieren und nachdenken.

Ist nun der biochemische Stoffwechsel im Gehirn auch noch durch andere Vorgänge beeinträchtigt, so durch genetische Besonderheiten oder durch Mangelzustände, dann sind Stress-Belastungen mit ihren körperlichen Folge-Vorgängen ein deutlich verstärkender Faktor und können seelische Erkrankungen in der Entwicklung fördern oder auslösen.

Einige Befunde zum Zusammenhang von Stress und seelischen Erkrankungen

Sind Stress-Belastungen ein Faktor in der Förderung seelischer Erkrankungen, dann müßten Personen mit seelischen Erkrankungen gehäuft Alltags-Stress und deutliche seelische Belastungen aufweisen, und zwar auch vor der Erkrankung. Dies ist in der Tat der Fall:

Fast alle Patienten mit Depressionen und stärkeren seelischen Befindlichkeitsstörungen bewerten sich selbst ungünstig (haben ein ungünstiges Selbstbild und eine geringe Selbstwirksamkeit). Diese ungünstige Selbstbewertung ist fast immer mit deutlichen Stress-Belastungen verbunden. So weisen auch Personen mit hohen Werten in Depressivität mehr Alltagsprobleme sowie größere Stress-Belastungen auf (135). – Meist besteht die negative Selbstbewertung schon etliche Zeit vor der seelischen Erkrankung.

Gemäß einer umfangreichen britischen Untersuchung erfolgten bei Männern sowie Frauen mit einer Scheidung/Trennung prozentual deutlich mehr Einweisungen in eine psychiatrische Klinik als bei Verwitweten, Alleinstehenden oder Verheirateten.

Bei mehreren hundert Patienten mit starken Ängsten und/oder Panik-Attacken (Attacken mit Herzrasen, Herzschmerzen, Schweißausbrüchen, Schwindelgefühlen und Todesängsten) ergab sich in deutschen und amerikanischen Untersuchungen: In den Monaten oder Wochen vor dem Auftreten der seelischen Erkrankung gab es im Leben der Patienten starke Stress-Belastungen, so Partnerschaftsprobleme, Tod oder schwere Erkrankung eines nahen Angehörigen, Trennung-Scheidung, Probleme am Arbeitsplatz, Verlust des Arbeitsplatzes, Übernahme neuartiger Verantwortung, Prüfungssituationen sowie operative Eingriffe, ferner starken Kaffee- oder Alkoholgenuß.

Hinzu kommt bei den Angst-Panik-Attacken folgendes: Die meisten Personen sehen die körperlichen Symptome der Angstattacke als eine Erkrankung an, die plötzlich auftritt und die sie überhaupt nicht beeinflussen können. Diese Bewertung führt zu Erwartungsängsten und damit zu einer weiteren starken seelischen Belastung. Den meisten ist unbekannt, daß die körperlichen Symptome eine Folge der Überaktivität des Sympathischen Nervensystems bei der bedrohlichen Bewertung von Situationen sind, insbesondere der schnellen Atmung mit einem Überangebot an Sauerstoff im Gehirn, s. S. 288.

Stress: Ein Faktor auch bei der Aufrechterhaltung seelischer Erkrankungen

Sind seelische Erkrankungen wie Depression, Psychose, Angstzustände u. a. eingetreten, so haben sie intensive *Stress-Belastungen zur Folge*. Diese Stress-Belastungen führen – neben den unangenehmen Gefühlen – zu körperlichen Vorgängen, so Veränderung des hormonalen Gleichgewichts u. a. Hierdurch werden die Stoffwechselvorgänge, die bei einer seelischen Erkrankung sehr bedeutsam sind, zusätzlich ungünstig beeinflußt. *So werden seelische Erkrankungen durch die körperlichen Folge-Vorgänge von Stress-Belastungen aufrechterhalten und z. T. verstärkt.*

Daß seelische Erkrankungen Stress-Belastungen zur Folge haben, ist leicht einzusehen. Stellen wir uns vor, wir wären seelisch erkrankt, würden fremde Stimmen in uns hören, würden uns ohne Grund traurig, leer oder apathisch fühlen, wir hätten Angst vor engerem Kontakt mit anderen Menschen, würden uns selbst ablehnen. Wohl jeder von uns würde derartige Gedanken und Gefühle, ferner häufiges Grübeln, Schlaflosigkeit und körperliche Erschöpfung als sehr belastend empfinden. Wir hätten auch größere Schwierigkeiten, die üblichen Alltagssituationen zu bewältigen, wir wären leichter entmutigt, würden uns eher als Versager fühlen. Hinzu kommen noch die Zustände von innerer Unruhe und Erregung als Folge veränderter biochemischer Vorgänge. So ist es naheliegend, daß Menschen bei seelischen Erkrankungen starke Stress-Belastungen erleben.

Dies waren einige Befunde über Stress-Belastungen, die als Folge seelischer Erkrankungen auftreten. Sie tragen mit ihren körperlichen Vorgängen (zum Beispiel Adrenalin, Cortison) zum Andauern seelischer Erkrankungen bei.

Als Beispiel für die starken Stress-Belastungen bei seelischen Erkrankungen gebe ich die Äußerungen einer etwa 45jährigen Lehrerin wieder, wegen Depressionen seit einiger Zeit in ärztlicher Behandlung:
«Die Arbeit in der Schule ist zur ständigen Belastung geworden. Ich habe Angst vor jedem Schultag – morgendliche Übelkeit, das Gefühl, nicht aus dem Haus gehen zu können, oftmals Kopfschmerzen. Ich habe Angst vor allem bei Leistungen, die zu erbringen sind. Ich habe in allem eine große Unsicherheit. Ich habe Angst, etwas zu vergessen und zu versäumen, ich habe Angst vor Versa-

gen. Ich spüre dauernd eine innere Anspannung, Hetze. Ich werde mit den Arbeiten meist nie fertig, bin aber völlig erschöpft, ausgepumpt. Alles wird zum Problem. Ich habe das Gefühl, es nicht schaffen zu können. Vieles bringt mich aus der Fassung: mein klares Denken setzt dann aus.

Ich lebe ständig in Spannung. Meine schwarzen Gedanken kreisen häufig, meist sehe ich nur die negativen Seiten.

Ich habe ständig Minderwertigkeitsgefühle und Unzufriedenheit mit mir selbst. Ich habe kein Selbstwertgefühl; ich beziehe alles auf mich, bin sehr verletzlich.»

Einige wissenschaftliche Befunde

Personen, die wegen Depressionen in psychiatrischer Behandlung waren, hatten im Vergleich zu gesunden Personen deutlich mehr alltägliche Stress-Belastungen, mehr Schwierigkeiten bei der Arbeit sowie in den Beziehungen zur Familie. Ferner hatten sie weniger unterstützende zwischenmenschliche Beziehungen und bewältigten ihre Schwierigkeiten in einer wenig günstigen Art (24; 115; 59; 100). –

Personen mit einer sogenannten Neurose (Angstzuständen) hatten ein deutlich größeres Ausmaß an Spannung und Erregung, stündlich festgestellt über den Verlauf von einer Woche, im Vergleich mit gesunden Personen (188).

Bei depressiven Personen fand sich ein deutlich erhöhtes Ausmaß des CRH-Hormons über den Tagesverlauf und während des Schlafes, verglichen mit gesunden Personen. Dieses Hormon wird auch bei Stress-Vorgängen aktiviert. Wurde es (freiwilligen) Versuchspersonen eingespritzt, dann bewirkte es Ängste.

Zusammenfassend: Es ist offensichtlich, daß Stress-Belastungen *ein* bedeutsamer Risikofaktor bei der Entwicklung, Auslösung und Aufrechterhaltung von seelischen Erkrankungen sind. Sie wirken sich auf biochemische Vorgänge des Gehirns ungünstig aus, sie können Alkohol- und Tablettenabhängigkeit fördern (da hierdurch die seelisch-körperlichen Spannungen des Stress-Erlebens erträglicher werden) und sie können zum Beispiel durch erhöhte Reizbarkeit und Aggressivität soziale Beziehungen beeinträchtigen.

Ein Überblick zur Bedeutung weiterer Faktoren bei seelischen Erkrankungen-Störungen

Depressionen, schwere Angstbeeinträchtigungen, Psychosen und Schizophrenien entwickeln sich meist aus dem Zusammentreffen mehrerer Faktoren und ihrer gegenseitigen Wirkung aufeinander. Es ist eine multi-faktorielle Verursachung. Ich möchte diese Vorgänge kurz schildern, da viele Menschen durch die Unklarheit der Vorgänge bei seelischen Erkrankungen beunruhigt sind:

Psychologische Vorgänge

Folgende Vorgänge stellen für seelische Erkrankungen ein Risiko dar:
▷ Eine negative Bewertung-Einschätzung der eigenen Person sowie wichtiger Teile der Umwelt. ▷ Häufiges sorgenvolles Grübeln und negative Selbstgespräche. ▷ Ein Übermaß der Zuwendung zu inneren Vorgängen im Zustand von Belastung und Angst. ▷ Geringe Erfahrungen und Fähigkeiten im sozialen Umgang mit anderen. ▷ Geringe Kontrolle über eine befriedigende Gestaltung wichtiger Lebensbereiche. ▷ Wenig Kontrolle über schädigende Verhaltensgewohnheiten, etwa im Umgang mit Alkohol und Medikamenten. ▷ Unangemessene Bewältigungsformen bei Schwierigkeiten und Belastungen.

Es ist offensichtlich, daß Stress-Vorgänge stark in diesen psychologischen Risikofaktoren enthalten sind, zum Beispiel die negative Bewertung der eigenen Person sowie von Umweltsituationen, sorgenvolles Grübeln u. a.

Die psychologischen Risiko-Vorgänge werden beeinflußt durch ungünstige biochemische Stoffwechselvorgänge, durch Erfahrungen der bisherigen Lebensgeschichte und erlernte Verhaltensgewohnheiten. Die beiden letzteren werden wiederum mitbeeinflußt durch Umweltbedingungen. Und: Ungünstige Verhaltensgewohnheiten, zum Beispiel geringe körperliche Bewegung, geringe mentale Aktivität oder unangemessene Ernährung, können wiederum Stoffwechselvorgänge des Gehirns beeinflussen.

Biochemische Stoffwechselvorgänge des Körpers

Abweichungen vom Normalzustand des Stoffwechsels, besonders im Gehirn, erweisen sich zunehmend als wichtiger Faktor bei seelischen Erkrankungen. Zum Beispiel wurden bei depressiven Personen – im

Vergleich zu gesunden Personen – Mangelerscheinungen im Stoffwechsel gefunden, an bestimmten Vitaminen, Mineralien, und besonders ein Mangel des Neurotransmitter-Stoffes Serotonin im Gehirn.

Abweichende Stoffwechselvorgänge im Gehirn können bedingt sein durch:

▷ Die genetische Körper-Konstitution. Abweichungen im körperlichen Erbgut führen zu einer anderen Struktur oder Funktionsweise von Organen, so des Gehirns, und wirken sich so auf das Seelische aus. – Diese Auswirkung genetischer Faktoren ist zahlreich belegt. Tritt zum Beispiel bei einem eineiigen (erbgleichen) Zwilling eine Depression auf, so erkrankt mit 50- bis 80prozentiger Wahrscheinlichkeit auch der andere Zwilling. Bei erbmäßig verschiedenen Zwillingen beträgt diese Wahrscheinlichkeit nur 15 Prozent.

▷ Viren können die Zellstruktur und damit Funktionen im Gehirn ändern. So fand man in England: 1. Schizophrene Patienten wurden auffallend häufig in den Monaten Januar bis Mai geboren. 2. Eine wichtige Phase der Hirnreifung bei den Ungeborenen fällt in die Winterzeit, wenn die Grippe grassiert. 3. Mütter psychotischer Patienten waren in der Schwangerschaft signifikant häufiger an einer Virusinfektion erkrankt als Mütter gesunder Personen. 4. Patienten mit Schizophrenie wurden häufiger im Anschluß an Influenza-Epidemien geboren.

▷ Giftige Umweltsubstanzen können den für das Seelische bedeutsamen Stoffwechsel beeinträchtigen. So ergab sich bei Arbeitern einer deutschen Chemiefabrik, die Pflanzenvernichtungsmittel herstellte, ein Anstieg der Häufigkeit des Freitodes sowie neurologischer und seelischer Funktionsstörungen. Mit Zunahme der Intensität der Dioxin-Einwirkung am Arbeitsplatz stieg die Freitodrate signifikant an, ferner nahm die Zahl der Unfälle drastisch zu (4).

▷ Ungünstige Lebensweise, etwa ungünstige Ernährung, kann bei Vorliegen anderer Faktoren *ein* Faktor bei seelischen Erkrankungen sein. Ein Beispiel: Je größer das Ausmaß der Mangelernährung bei Patienten mit schweren Eßstörungen war, desto höher waren ihre Depressionswerte. Die mangelhafte Ernährung veränderte die Verarbeitung des Hormons Noradrenalin im Nervensystem, was zur erheblichen Verschlechterung der Stimmung führt. Ferner: Magersüchtige Frauen vermieden «dickmachende» Nahrungsmittel und führten ihrem Körper wenig Kohlehydrate zu. Der Mangel an Kohlehydraten jedoch beeinträchtigt die Bildung von Serotonin; hierdurch kommt es zur Stimmungsverschlechterung. Die Patienten waren um so depressiver, je weniger Kohlehydrate sie zu sich nahmen! Dies ist das Ergebnis einer Untersuchung von Dr. Laessle am Max-Planck-Institut für Psychiatrie in München.

Umweltbedingungen

Ungünstige soziale Umweltbedingungen sind ein Risikofaktor bei seelischen Erkrankungen, zum Beispiel: ▷ Konflikte in der Partnerschaft und das Fehlen einer vertrauensvollen Beziehung zum Partner. ▷ Ein familiäres Klima von Gereiztheit, Kritik, Nörgeln und leichter Übererregbarkeit (70). ▷ Die Betreuung mehrerer kleiner Kinder im Haushalt bei Frauen sowie mangelnde außerhäusliche Tätigkeit. ▷ Mangelnde soziale Unterstützung besonders bei Alleinlebenden, geringe soziale Hilfsquellen. ▷ Arbeitslosigkeit, Mangel an materiellen Hilfsquellen. ▷ Ungünstige Wohnverhältnisse, beeinträchtigende Lebensumgebung u. a.

Wie wirken diese Umweltbelastungen auf das Seelische und Körperliche? Im wesentlichen dadurch: ▷ Sie führen zu Stress-Belastungen, so zum Beispiel Konflikte in der Partnerschaft und häufige Streitigkeiten in der Familie. ▷ Sie beeinflussen das Verhalten. So können sehr ungünstige Wohnverhältnisse und beeinträchtigende Lebens-Umgebungen einen ungesunden Lebensstil sowie Alkohol- und Drogenkonsum fördern. ▷ Soziale Isolierung zum Beispiel bei älteren alleinlebenden Menschen ist, besonders bei Gehbehinderungen, ein Risikofaktor für Depressivität.

Zur Therapie seelischer Erkrankungen

Wie wir sahen, sind seelische Erkrankungen-Störungen meist eine Folge des Zusammenwirkens seelischer, biochemischer und sozialer Risiko-Vorgänge. Deshalb ergibt sich häufig die Notwendigkeit einer Therapie in allen drei Bereichen, eine Kombinations-Therapie. Zumal bei dem komplizierten Geschehen oft kaum zu ermitteln ist, welche der vielen seelischen, sozialen und körperlichen Bedingungen in welcher Weise zu der seelischen Erkrankung beigetragen haben und beitragen. Die Auffassung, seelische Erkrankungen seien nur seelisch bedingt und seien nur seelisch zu therapieren, oder sie seien *nur* körperlich bedingt und *nur* medikamentös behandelbar, ist im Schwinden begriffen. Dies führt zunehmend zu einem person-zentrierten Vorgehen: alle Möglichkeiten in Betracht zu ziehen und dem Betroffenen anzubieten, die seine seelischen Beeinträchtigungen, biochemischen Abweichungen sowie ungünstigen Umweltbedingungen vermindern, ohne bedeutsame Nebenwirkungen. So ist also eine komplexe Kombinations-Therapie sinnvoll. Ich möchte einen kurzen Überblick über die Möglichkeiten geben:

Psychologische Therapie

Glücklicherweise ist eine Einengung auf *eine* psychotherapeutische Schulrichtung im Schwinden begriffen, auch ein Praktizieren von Psychotherapie-Methoden, die zwar schon länger bestehen, aber wissenschaftlich wenig geprüft sowie zugleich zeitlich und materiell unökonomisch sind, wie dies Prof. Grawe von der Universität Bern überzeugend nachwies (67). – Psychologisch-therapeutische Möglichkeiten sind:

▷ *Stressverminderung* ermöglicht ein Neu-Lernen von Bewertungen-Gedanken zu Umweltsituationen und zur eigenen Person, das Lernen von Ent-Spannungsformen sowie von zielorientierten Handlungen zur stressfreieren Situations-Gestaltung.

▷ *Psychologische Beratung* von seelisch Erkrankten und ihren Angehörigen erweist sich zunehmend als hilfreich. Ängste und Stress-Belastungen aufgrund von Unkenntnis werden vermindert. Verständliche Informationen mit anschließenden Gruppengesprächen können Patienten nachweislich zu einem angemesseneren Verhalten und Lebensstil bewegen.

▷ *Gesprächspsychotherapie*, einzeln und in Gruppen, ermöglicht eine Minderung von Ängsten, eine Klärung von Erfahrungen und Einstellungen sowie eine Neubewertung der eigenen Person.

▷ *Verhaltenstherapie* ermöglicht eine deutliche Änderung des Verhaltens durch gezielte Anleitung zum Lernen neuer Verhaltensformen, besonders in schwierigen Alltags-Situationen.

Psycho-soziale Hilfen zur Änderung ungünstiger Umweltbedingungen

Hier bemühen sich Sozialarbeiter, Psychologen und Ärzte, belastende soziale Situationen zu ändern, zum Beispiel durch Minderung der Spannung zwischen den Familienangehörigen, Förderung ihres Unterstützungsverhaltens, Vereinfachung belastender Situationen sowie Klärung und Änderung schwieriger Berufssituationen.

Biochemisch-pharmakologische Therapie

In früheren Jahrzehnten war sie gekennzeichnet durch Dämpfung und Beruhigung von Ängsten und Erregungszuständen, mit oft belastenden Nebenwirkungen. Dank neuerer Forschungen treten heute Medikamente in den Vordergrund, die Mangel- oder Überflußzustände des neuronalen Stoffwechsels besonders im Gehirn und des hormonalen Geschehens beeinflussen und normalisieren. Etwa Medikamente, die bei Depressionen die Verfügbarkeit des Neurotransmitters Serotonin im Gehirn erhöhen (sog. Serotonin-Wiederaufnahme-Hemmer) oder die bei leichten bis mittleren Depressionen erhebliche Besserungen ohne wesentliche Nebenwirkungen bringen, zum Beispiel Hypericum (Johanniskraut-Extrakt). Auch Vitamine in hohen unschädlichen Dosen sowie Mineralien erwiesen sich als wirksam, wenn auch oft nur in begrenztem Ausmaß, s. S. 335 f.

Auch weitere Behandlungsmöglichkeiten zur Beeinflussung des Stoffwechsels sind möglich. In manchen psychiatrischen Praxen und Kliniken werden besonders in den Wintermonaten depressive Patienten an mehreren Tagen mit starkem Licht bestrahlt (43; 201). Diese Lichttherapie führte zu einer Verminderung der Depression. Man nimmt an, daß über das Sehzentrum Hormonänderungen erfolgen und der Stoffwechsel im Gehirn beeinflußt wird. – Auch Schlafentzug wirkte sich günstig auf Depressionen aus.

Die wechselseitige Beeinflussung der therapeutischen Hilfen

Die therapeutischen Hilfen im Bereich seelischer Vorgänge, sozialer Umweltbedingungen und neuro-chemischer Stoffwechselvorgänge ergänzen und beeinflussen sich gegenseitig. So kann eine seelische Entlastung durch Stress-Verminderung und durch Psychotherapie biochemische Vorgänge günstig beeinflussen sowie auch durch angemesseneres Bewältigungsverhalten zu geringeren Belastungen in der sozialen Umwelt führen. Und: Günstigere soziale Umweltbedingungen, zum Beispiel erhebliche Verminderung der Konflikte in der Partnerschaft, führen zu günstigeren seelischen und auch neurochemischen Vorgängen. Ferner: Bei schweren seelischen Erkrankungen ermöglichen Beeinflussungen des Hirnstoffwechsels durch *geeignete* Medikamente die Bereitschaft und Arbeitsfähigkeit der Patienten zur Stressverminderung und Psychotherapie.

Im Vergangenen habe ich einen Überblick über die Entwicklung und

Therapie seelischer Erkrankungen gegeben sowie über die Bedeutung der Stress-Verminderung hierbei. Ein Einblick in die Vorgänge der Entstehung und Minderung seelischer Erkrankungen kann Ängste vor unerklärlichen Vorgängen sowie falsche und schädliche Erklärungen vermindern. Und: Die Betroffenen sind aufgeschlossener für die verschiedenen therapeutischen Hilfen.

Was können wir tun?

**Unsere Möglichkeiten zur Verminderung
von Stress**

Wie können wir unsere Stress-Belastungen und inneren Schwierigkeiten besser bewältigen? Welche Arten des Verhaltens und Erlebens sind hilfreich?

Glücklicherweise haben wir seit einigen Jahren durch amerikanische und deutsche Untersuchungen hierüber eingehende Kenntnisse. Tausende von Menschen wurden untersucht: Menschen mit Alltagsstress, Menschen in seelischen Krisen sowie in schwierigen Berufssituationen, Menschen mit schwerem Lebensstress, Menschen, die schwere Verluste erlitten hatten, Krebserkrankte, depressive und sog. neurotische Personen sowie alte Menschen.

Und es wurde festgestellt: Wie verhalten sich Personen, die mit Alltagsstress und schwerem Lebensstress recht gut fertig werden? Was empfanden diese Menschen als hilfreich? Und was als beeinträchtigend? Und wie verhalten sich diejenigen, die von den Schwierigkeiten überwältigt werden?

So haben wir grundlegende Kenntnisse über hilfreiches Bewältigungsverhalten. Darunter versteht man Aktivitäten und Bemühungen, um mit äußeren und/oder inneren Anforderungen fertig zu werden, die das seelische Wohlbefinden und die körperliche Gesundheit bedrohen bzw. beeinträchtigen und die die eigenen Fähigkeiten zu überfordern scheinen.

**Drei Bereiche der Bewältigung von
Stress-Belastungen**

Die vielfältigen hilfreichen Bewältigungsformen, die sich in Untersuchungen herauskristallisierten, können derart geordnet werden:

74 Was können wir tun?

Stress-Verminderung durch förderliche Gedanken, Bewertungen, Vorstellungen, Einstellungen (S. 119 ff)

Hier ist das Entscheidende: Wir lernen, Situationen und Personen unserer Umwelt sowie uns selbst weniger negativ zu bewerten, in anderer Bedeutung zu sehen, eine andere Einstellung zu ihnen zu bekommen. Dadurch ändern sich unmittelbar unsere Gefühle, unsere Körpervorgänge und unser Verhalten. Wichtige Möglichkeiten hierzu sind:

Sorgenvolles Grübeln und negative Selbstgespräche vermindern.
 Aktivitäten zur Erleichterung förderlicher mentaler (gedanklicher) Vorgänge, zum Beispiel Gespräche mit verständnisvollen Mitmenschen, positive Erfahrungen und Tätigkeiten, Aufgaben und Ziele u. a.
 Förderliche mentale Inhalte bevorzugt in das Bewußtsein zu lassen.
 Förderliche Einstellungen beim Wahrnehmen, Denken und Bewerten zu lernen, zum Beispiel das Wesentliche zu sehen, anderen zu vergeben.

Diese Änderung unserer Gedanken, Bewertungen, Einstellungen, also unserer mentalen Vorgänge, ist oft *die* entscheidende Möglichkeit zur Stress-Verminderung. Ich habe sie in diesem Buch an zweiter Stelle dargestellt, nach Stress-Bewältigung durch Änderung äußerer Umstände-Situationen. Wenn Sie es aber möchten, lesen Sie das Kapitel über die Änderung der mentalen Vorgänge zuerst.

Zielorientierte Handlungen zur stressfreien Gestaltung von äußeren Situationen (S. 87 ff)

Hier ist unser Verhalten auf äußere Quellen und Umstände der Stress-Belastungen gerichtet. Das Ziel ist, durch unser Verhalten die jeweilige Situation so zu ändern, daß wir weniger Stress-Belastungen spüren, zum Beispiel durch:

Planung von Zeit und Vorhaben
Suche nach sachlicher Information, Hilfe und Unterstützung
Lernen durch Erfahrung und Übung
Situations-Klärung
Belastendes Verhalten unterlassen
Stress-Minderung in sozialen Beziehungen
Stress-Minderung am Arbeitsplatz
Änderung belastender Umweltsituationen

Stress-Verminderung durch körperlich-seelische Ent-Spannung

Durch regelmäßige Ent-Spannungsübungen sowie Bewegungstraining können wir unsere Erregtheit und Gespanntheit vermindern (S. 259 ff). Unser Organismus reagiert in schwierigen Situationen allmählich mit weniger körperlicher Alarmierung. Vor und in Belastungssituationen sind wir weniger erregt; nach den Belastungen können wir uns körperlich-seelisch schneller erholen. Unsere seelisch-körperliche Belastbarkeit wird größer.

Aufgrund der geringeren körperlichen Alarmierung und seelischen Erregung bewerten wir ferner uns selbst sowie schwierige Situationen günstiger, weniger bedrohlich.

Sodann: Durch eine angemessene Ernährung können wir uns viele körperliche und damit seelische Belastungen ersparen. Eine Ergänzung der Ernährung durch Vitamine, Mineralien und Spurelemente wirkt den nachteiligen Mangelerscheinungen des Stoffwechsels, die im Zusammenhang mit Stress-Belastungen auftreten, entgegen.

Die gegenseitige Förderung der drei Bewältigungsformen

Wenn wir uns in *einer* Bewältigungsform ändern, so werden dadurch die anderen beiden Bewältigungsformen häufig erleichtert. Bewerten wir zum Beispiel uns oder eine schwierige Umweltsituation weniger ungünstig, dann reagieren wir entspannter, und unsere Handlungen sind angemessener.

Werden wir durch regelmäßige Entspannungsübungen und Bewegungstraining körperlich-seelisch entspannter und belastbarer, dann nehmen wir Umweltsituationen weniger bedrohlich wahr, können angemessener handeln und sehen aufgrund dieser Erfahrungen die Situation in einer günstigeren Bedeutung.

Oder wir ändern die äußeren Umstände von Stress-Belastungen, gestalten die Situationen stressfreier. Dann können wir besser handeln und erleben weniger Mißerfolg. Wir machen günstigere Erfahrungen. Diese wirken sich auf eine günstigere Bewertung von uns und der Situation aus; ferner bleiben wir entspannter.

So ist es meist günstig, wenn wir zur Minderung deutlicher Stress-

Belastungen uns in allen drei Bewältigungsformen ändern. Bei einer lebensbedrohenden Erkrankung zum Beispiel ist es wichtig, die Krankheit anzunehmen, also uns und unsere Gesundheit neu zu bewerten und uns nicht mit grübelnden negativen Gedanken zusätzlich zu belasten. Entspannungsübungen können uns helfen, weniger stresshaft und gelassener auf die vielen Schwierigkeiten zu reagieren, die die Krankheit als Folge mit sich bringt. Und Umgestaltungen von Situationen können hilfreich sein bei Verminderung der Belastungen.

Häufig werden Stress-Belastungen multikausal bedingt, d. h. durch mehrere Ursachen; etwa durch unsere Person, durch mangelnde Fertigkeiten und unzureichendes Wissen, durch körperliche Übererregbarkeit und durch mannigfache Schwierigkeiten der Situation selbst. Auch deshalb ist es günstig, wenn wir uns in allen drei Bereichen um eine Minderung der Belastungen und um einen anderen Lebensstil bemühen.

In einem Schaubild auf Seite 77 habe ich die belastenden Vorgänge bei Stress und die drei Bereiche der Bewältigung dargestellt.

Einige Gedanken zu den Stress-Bewältigungsformen

▷ Die Stress-Bewältigungsformen können wir überwiegend täglich im Alltag selbst praktizieren. Es ist eine Selbsthilfe. Andere Menschen können uns dabei sehr helfen. Es kann uns jedoch niemand abnehmen, an unserer Stelle Entspannung zu lernen oder unsere mentalen Einstellungen zu ändern.

▷ Stress-Bewältigung bedeutet nicht, keinen Stress und keine Belastung mehr zu erleben. In welcher Häufigkeit und Schwere wir Stress-Belastungen in unserem Leben begegnen, hängt auch von schicksalhaften Bedingungen ab, die nicht in unsere Hand gegeben sind, so von unserer genetischen Erbveranlagung, von Qualitäten der Eltern, des Partners, der mitmenschlichen Umwelt, von der Art der Arbeit u. a. Das Ziel der Stress-Bewältigungsformen ist es, unter den gegebenen Umständen möglichst wenig Stress-Belastungen zu erleben und bald zu einem Zustand des Wohlbefindens zurückzufinden. So ergab sich auch:

Für die seelische und teilweise körperliche Gesundheit ist die Art, wie jemand Stress bewältigt, wichtiger als die Häufigkeit und Schwierigkeit von Belastungssituationen, mit denen er konfrontiert wird.

Was können wir tun? 77

Drei Bereiche der Stress-Bewältigung

Belastender Stress-Zustand		**Förderliche Bewältigung**
Bewertungen – Gedanken		
Negative Gedanken und Bewertungen über uns und die Umwelt Sorgenvolles Grübeln	=	Förderliche mentale Vorgänge, Neu- und Umbewertung, Sehen anderer Bedeutungen, Weniger negative Gedanken, positive Ziele
Körpervorgänge		
Alarmierung des Sympathischen Nervensystems, Körperspannungen, Hormonale Veränderungen	=	Ent-Spannung, Normalisierung des Sympath. Nervensystems Hormonales Gleichgewicht
Verhalten		
Emot. Reagieren (zum Beispiel Schimpfen), Aggression, Risikoverhalten, Flucht, Resignation, Selbstmitleid	=	Situationen stressfreier gestalten Zielorientiertes Handeln

▷ Stress-Bewältigungsformen sind keine Charaktereigenschaften, sondern Formen des Verhaltens, des Denkens, Fühlens und Reagierens. *Sie sind lernbar*. Es wird also nicht vorausgesetzt, daß ein Mensch sich in seiner Persönlichkeit ändert, sondern daß er sich darum bemüht, durch Lernen sein Verhalten zu ändern. Dadurch ändern sich dann unser Lebensstil und einzelne Persönlichkeitsbereiche.

78 Was können wir tun?

▷ Diese lernbaren Bewältigungsformen des Verhaltens, Denkens und Fühlens sind *hilfreich bei der Stress-Verminderung, bei der Erholung nach starkem Stress, der Vorbeugung von Stress sowie der Förderung der seelisch-körperlichen Belastbarkeit und Leistungsfähigkeit.* Sie sind auch zusätzlich hilfreich bei einer Psychotherapie.

Die Bereitschaft, sich zu ändern und neues Verhalten zu lernen

Dies ist sehr wichtig zur Stress-Verminderung und für ein angemesseneres Bewältigungsverhalten. Folgendes wurde als förderlich erfahren:

Die Einsicht, daß wir selbst uns viele Stress-Belastungen, Ärger und Unwohlsein zufügen. Bei manchen ist dies ein Schlüsselerlebnis für ihre Entscheidung, mehr für sich zu tun. Eine Teilnehmerin nach einem Seminar zur Stress-Verminderung: «Es war für mich eine enorme Erkenntnis, daß es nicht Ereignisse und Personen sind, die Ärger, Stress und Angst in mir schaffen, sondern daß *ich* es bin. Von mir hängt es ab, wie *ich* die Ereignisse und Personen sehe und bewerte. Bisher war ich zu leicht bereit, die Ursachen von negativen Erlebnissen in die Außenwelt hineinzulegen. Und oft erwartete ich von der Außenwelt mein Glück. Aber mir ist jetzt klar, daß es entscheidend an mir liegt.» – Ein Mann: «Ich habe gemerkt, daß *ich* mir meine belastenden Gefühle und meinen Stress überwiegend selbst mache. Mir ist auch klargeworden, daß ich wählen kann, ob ich weiterhin diese Belastungen erlebe oder nicht.»

Mit dieser Auffassung, daß wir uns unsere Belastungen wesentlich selbst schaffen, und mit der Bewußtheit, daß wir *wählen* können, geht die Bereitschaft einher, uns verantwortlich dafür zu fühlen, wie wir mit uns umgehen, welche Gefühle wir erleben. «Ich habe etwas sehr Wichtiges gelernt, nämlich, daß *ich* dafür verantwortlich bin, welche Gefühle ich habe, wie es mir geht, und nicht die anderen.» – «Mir ist jetzt klar, *ich* bestimme weitgehend mein gefühlsmäßiges Leben, und ich bin dafür verantwortlich. Für mich war entscheidend, daß es wichtig ist, für mich selbst zu sorgen.» – «Ich habe mir nach so langer Zeit des Aushaltens und vieler Tiefs einen Ruck gegeben und jetzt mein Leben selbst in die Hand genommen.»

«Der Satz ‹Sei dein eigener Coach›, sei dein eigener Erzieher, hat mich nicht mehr losgelassen. Es hat mich fasziniert, daß es an mir liegt, daß ich etwas tun und beeinflussen kann, wie ich mich fühle. Ich bin den Gefühlen nicht mehr hilflos ausgeliefert.» Ein amerikanischer Spitzensportler im Tennis sagte nach viel Verzweiflung, Ärger und Selbstmitleid nach einigen Niederlagen: «Ich wußte plötzlich, daß es nichts nützt, auf die guten Dinge im Leben zu hoffen. Du mußt dafür sorgen, daß sie passieren. Ich habe dann auf dem Trainingsplatz so hart wie noch nie in meinem Leben gearbeitet. Ich habe eine neue Einstellung bekommen – als Mensch und als Tennisspieler.»

Die Erfahrung, etwas zur Änderung der ungünstigen Gefühle zu tun, stärkt unsere Auffassung von unserer eigenen Wirksamkeit. Die sog. Selbst-Wirksamkeit ist die Erfahrung und Erwartung, am eigenen Zustand etwas Positives bewirken zu können. Wir sehen uns nicht als «Opfer» ungünstiger Bedingungen. Wir erwarten weniger, daß nur ein medizinischer oder psychologischer Experte unser Verhalten und unsere Gefühle ändert. Wir sehen deutlicher unsere Aufgabe. Wir werden aktiv. Und Aktivität ist ein sehr gutes seelisches «Medikament» gegen Depression, Grübeln und Verzweiflung. Das Gefühl und die Erfahrung, mehr über uns selbst bestimmen zu können, führen uns aus der Opferrolle zu einem Handelnden, zu einem «Täter». Die Erfahrung und der Glaube, den Beschwerden nicht ausgeliefert zu sein, und die Erwartung, den eigenen Zustand zumindest etwas positiv verändern zu können, sind von großer psychotherapeutischer Bedeutung. *Wir erfahren, daß wir unser Schicksal mitgestalten können* – eine sehr wertvolle Erfahrung. Sie entschädigt uns für die Anstrengungen und Bemühungen beim Lernen von neuem Verhalten.

Etliche werden erst dann motiviert, mehr für sich zu tun, wenn ihre seelischen Belastungen so beeinträchtigend geworden sind, daß sie sie kaum mehr ertragen können. Ich hoffe jedoch, daß mehr und mehr Menschen lernen, früher für sich zu sorgen. Viele von uns werden in den künftigen Jahrzehnten Krisen durchmachen. Je mehr wir gelernt haben, Schwierigkeiten zu bewältigen und für uns angemessen zu sorgen, um so eher sind wir auf sie vorbereitet. Die kleinen alltäglichen Stress-Situationen können wir als Probefälle des Lernens ansehen und an ihnen prüfen, inwieweit wir fähig sind, mit gefühlsmäßigen Belastungen fertig zu werden. Wir lernen gleichsam schwimmen, bevor wir in die Tiefe kommen.

Anfangsschwierigkeiten durch alte Gewohnheiten

Vielleicht wird es Ihnen trotz Ihres Wunsches zunächst schwerfallen, regelmäßig Entspannungsübungen zu machen, weniger zu grübeln, schwierige Situationen zu vereinfachen sowie sich selbst und die Ereignisse der Umwelt in anderer Bedeutung zu sehen. Manchmal zweifeln dann Menschen an sich selbst, sehen sich oder ihre Persönlichkeit als unfähig und resignieren: «Es geht nicht!», «Man kann nichts machen.»

Dabei sind diese Anfangsschwierigkeiten verständlich, ja natürlich: Unsere bisherige Art, zu denken, zu reagieren und zu handeln, ist uns in Monaten und Jahren zur festen Gewohnheit geworden. Und Gewohnheiten haben die Tendenz, zu überdauern. Wissenskenntnisse darüber, was gut für uns ist, welche Schritte wir zu gehen haben, um uns weniger zu belasten, sind wichtig. Aber Wissen allein reicht oft nicht aus, um alte Gewohnheiten des Denkens, Fühlens und Verhaltens zu ändern.

So ist es notwendig, daß wir uns jeden Tag neu ermutigen, daß wir uns jeden Tag für gesundheitsförderliche Handlungen neu entscheiden, daß wir uns bewußt werden: Die alten Gewohnheiten ändern sich oft erst durch viele Erfahrungen und Bemühungen. Durch die anfänglich mühsame Aktivität bauen wir allmählich *neue Gewohnheiten* der Bewältigung von Belastungen auf und erfahren zunehmend weniger Schwierigkeiten. Ein Beispiel: Wenn wir beim Skilanglauf in einer alten Spur laufen, dann empfinden wir es als schwierig, davon abzuweichen und uns eine neue Spur zu bahnen. Bisherige Gewohnheiten sind gleichsam eingefahrene Spuren. Für eine neue Spur müssen wir mehr Energie aufwenden, auch wenn sie ein günstigerer Weg ist als die alte Spur. Erst durch häufigeres Benutzen wird die neue Spur leichter.

Kleine Schritte des Lernens

Fangen Sie mit kleinen Schritten an, Ihr Verhalten zu ändern. Wählen Sie Schritte und Ziele, die Sie gut erreichen können. Kleine Schritte sind besser, als nichts zu tun oder als große unerreichbare Ziele anzustreben.

Wichtig sind Schritte auf kleine realistische Ziele hin. Eine Frau, die nach dem Tod ihres Mannes depressiv wurde, lebte in einer Wohnung, in der es nach ihren Angaben «chaotisch» aussah. Sie beschloß dann, jeden Tag einen halben Quadratmeter ihrer Wohnung aufzuräumen. Sie begann an Stellen, wo das Aufräumen besonders sichtbar wurde. Durch diese kleinen Schritte verschaffte sie sich kleine Erfolgserlebnisse, statt durch zu hohe, nicht erreichbare Ziele enttäuscht und mutlos zu werden. – Ein Mann, 38 Jahre: «Ich habe erfahren, daß die kleinen Schritte die wirksameren sind. Bei früheren Versuchen habe ich mir zu hohe Ansprüche gesetzt, alles sollte bei mir anders werden, ich wollte perfekt werden. Ich habe gar nichts verwirklicht, oder es hielt nur für kurze Zeit an. Jetzt konzentriere ich mich auf die Veränderung von wichtigen ‹Kleinigkeiten›.»

Mit kleinen Schritten überfordern wir uns nicht, kommen nicht in Stress-Belastung. Ein Mann: «Es ist meine Erfahrung, daß bei mir die Lösung großer Probleme oft durch viele kleine Schritte erfolgt.»

Durch kleine Schritte werden die Schwierigkeiten bei der Änderung von Gewohnheiten geringer. Und allmählich werden die kleinen Schritte, zum Beispiel uns einmal täglich zehn Minuten zu entspannen, zur Gewohnheit, fallen uns leichter. Wir beziehen mehr Kraft durch sie, als wir hineingeben. Wir werden dann fähiger zu einer zweiten Entspannungsübung am Tag, zu einem kurzen Bewegungstraining oder zu einer kleinen Änderung unserer Ernährung.

Besonders zu Beginn ist es wichtig, kleine Schritte und Ziele zu wählen, die für *Sie* leicht und geeignet sind, die für *Sie* am besten gangbar sind. Was für den einen gut geeignet ist, kann für den anderen zu schwer oder ungeeignet sein. Es ist wichtig, daß *Sie* herausfinden, wo und wie *Sie* am leichtesten Schritte tun können. – Kleine regelmäßige Schritte und günstige Erfahrungen widerlegen auch unsere Furcht: Werde ich es wirklich schaffen?

Betrachten Sie die Möglichkeiten dieses Buches als Anregungen, wie Sie förderlicher mit Ihren Belastungen umgehen können, nicht als Anforderung, nicht als ein Sollen oder Müssen.

Wie bei jedem schwierigen Weg erleiden wir Rückschläge. Eine Frau: «Natürlich falle ich auch hin und wieder noch auf die Nase, klar. Und dann merke ich den Unterschied zu früher: Daß ich mich dann nicht hinsetze und traurig bin, weil ich gefallen bin und nicht laufen kann. Sondern ich habe den Mut, es wieder zu versuchen und mir helfen zu lassen.»

Für mich persönlich ist ferner folgende Einsicht wichtig: Ich habe mich von dem Gedanken frei gemacht, je das Ziel zu erreichen, an dem meine Bemühungen fortfallen. So wie ein Sportler täglich für seine Kondition arbeitet, so ist es notwendig, daß ich täglich für meine seelisch-körperliche Gesundheit sorge.

Flexibel sein, ausprobieren, aus Erfahrungen lernen

Es kann sein, daß Sie Schritte gewählt haben, die sich als ungeeignet oder als zu schwer erwiesen haben. Wichtig ist, daß Sie aus Erfahrungen und Fehlschlägen lernen. Eine Bewältigungsform ist in einer Situation günstig, in einer anderen aber nicht. Sind wir unflexibel und halten wir starr an einer einmal gewählten Bewältigungsform fest, so bereiten wir uns Belastungen.

Entscheiden Sie sich nicht einseitig und dogmatisch für bestimmte Bewältigungsformen, zum Beispiel nur für Selbstbehauptung oder nur für Anpassung, nur für verstandesmäßiges oder nur für gefühlsmäßiges Handeln. Wichtig sind oft eine ausgeglichene Balance zwischen den Extremen, etwa zwischen innen und außen, und ein Reagieren, wie es für die jeweilige Situation angemessen ist.

Hier noch eine Anregung, die ich bei meinem Kollegen Professor Heinz Berbalk lernte: Wenn wir in häufiger vorkommenden Stress-Situationen zu einem neuen Verhalten und Reagieren kommen wollen, so sind *Ausprobieren und Experimentieren hilfreich*. Dadurch erhalten wir etwas mehr Abstand zu der Situation, haben so etwas wie Interesse und Neugier, was sich entwickeln wird, sind nicht so ernst und starr auf die Situation fixiert, sondern etwas lockerer und kreativer. So kann der Vorschlag «Sieh das Ganze als ein Experiment an» recht hilfreich sein, er kann uns die Verbissenheit nehmen. Wir fühlen uns weniger als Opfer in der Situation, sondern eher als Täter, als Experimentator.

Auch aus den Erfahrungen anderer können wir lernen, etwa daß sie trotz schwerer zeitweiliger Belastungen ein sinnerfülltes Leben führten. So haben mich die folgenden Aussagen von zwei Nobelpreisträgern sehr beeindruckt; sie mögen zeigen, daß auch sie große Belastungen hatten und wir mit den unsrigen nicht allein sind.

Albert Einstein als Student in einem Brief an seine Schwester: «Am meisten drückt mich natürlich das Unglück meiner armen Eltern. Ferner schmerzt es mich tief, daß ich als erwachsener Mensch untätig zusehen muß, ohne auch nur das geringste machen zu können. Ich bin ja nichts als eine Last für meine Angehörigen. ...Es wäre wirklich besser, wenn ich gar nicht lebte. Einzig der Gedanke, daß ich immer alles getan habe, was mir meine kleinen Kräfte erlaubten, und daß ich mir jahrein, jahraus auch nicht einmal ein Vergnügen, eine Zerstreuung erlaube, außer die, welche mir das Studium bietet, hält mich noch aufrecht und muß mich manchmal vor Verzweiflung schützen» (54, S. 15).

Albert Schweitzer in einem Brief: «Meiner Frau geht es nicht gut. Sie hat Mühe, sich an das Klima zu gewöhnen. Wie schwere Sorgen trage ich da ständig mit mir herum, ohne sie auszusprechen. Manchmal wundere ich mich, daß ich überhaupt noch arbeiten kann.» (168, S. 103)

Weitere hilfreiche Gelegenheiten des Lernens

Unsere Bewertungen, unser gefühlsmäßiges Reagieren und unser Verhalten können nur wir selbst ändern. Aber Anregungen von außen, Unterstützung und praktische Hilfe können beim Lernen sehr erleichternd sein:

▷ Informationen über Möglichkeiten und Wege sind wichtig. Diesem Zweck dient auch dieses Buch. Es stellt Formen der Bewältigung von Belastungen dar, die sich bei vielen als günstig für ihre seelische Gesundheit erwiesen haben. – Wahrscheinlich werden Sie feststellen, daß Ihnen manches Hilfreiche, das Sie in einem Buch lesen, nach einiger Zeit wieder «verlorengeht». Auch mir geht dies so. Des öfteren schreiben mir Besucher nach Vorträgen und Seminaren, daß sie meine Bücher oder Tonkassetten mehrere Male gehört oder gelesen hätten. Auch ich habe auf meinem Nachttisch Bücher, in denen ich immer wieder lese, damit mir Wesentliches nicht verlorengeht, die mir Mut geben, mich bestätigen und anregen.

Offensichtlich ist das notwendig. So schreibt Albert Einstein: «Bei den Angelegenheiten des lebendigen Daseins und Handelns... genügt eine einmalige Erkenntnis nicht; diese muß vielmehr unausgesetzt neu belebt und neu erkämpft werden, wenn sie nicht verlorengehen soll. Sie gleicht einem Standbild aus Marmor, das in der Wüste steht und beständig vom wandernden Sand verschüttet zu werden droht.» (52, S. 21)

Bücher informieren uns über mögliche Schritte und falsche Wege. Sie allein jedoch reichen meist nicht aus. Wichtig sind:

84 Was können wir tun?

▷ Kurse in Volkshochschulen, Gesundheitszentren und psychologischen Praxen können uns beim Lernen und Üben helfen, etwa Gruppenangebote für verschiedene Entspannungsformen.
▷ Stress-Verminderungsseminare helfen, Schwierigkeiten und Belastungen besser zu bewältigen. Durch das gemeinsame Lernen und durch das Sprechen über die eigenen Erfahrungen erhalten wir Unterstützung und Hilfe.
▷ Ein Facharzt biologischer Orientierung kann Ihnen bei möglichen Mangelzuständen des Stoffwechsels helfen, die sich auf das Seelische beeinträchtigend auswirken, s. S. 334 ff.
▷ In Selbsthilfegruppen und Psychologischen Gruppen können wir über unsere Erfahrungen, Schwierigkeiten und Erfolge sprechen, uns mit anderen Menschen austauschen, Gemeinsamkeiten erfahren, von den Erfahrungen anderer lernen. Ich hoffe, daß die Kapitel dieses Buches eine gute Möglichkeit sind, in kleinen Gruppen über Schritte der Bewältigung von Belastungen zu sprechen.
▷ Vielleicht fühlen Sie sich für alle diese Möglichkeiten zu schwach; es fällt Ihnen noch zu schwer, die Selbstdisziplin aufzubringen. Dann sind für Sie die Hilfe und die begleitende Unterstützung durch einen Psychologen wichtig. Psychologen können Ihnen durch Verhaltensberatung, Gespräche, Verhaltenstherapie und Stress-Verminderungsübungen helfen, sich selbst günstiger zu sehen, mehr Selbstvertrauen zu empfinden und erste praktische Schritte der Entspannung und Stress-Verminderung zu vollziehen. Eine gute, auf die gegenwärtigen Schwierigkeiten gerichtete Psychotherapie kann Sie befähigen, sich selbst mehr zu helfen, Kraft für die vielen Schritte zu haben, den Lebensstil zu ändern, entspannter und stressfreier zu leben.

Am Ende dieses Kapitels möchte ich Ihnen vorschlagen, die nachfolgenden Fragen stichwortartig zu beantworten. Entweder hier im Buch oder auf einem Zettel. In unseren Stress-Seminaren empfinden die Teilnehmer dies als hilfreich. Vollständig werden Sie dies erst nach dem Lesen der weiteren Kapitel dieses Buches ausfüllen können. Ich schlage Ihnen vor, es jetzt trotzdem zu tun und dann später zu ergänzen:

Meine Stress-Belastungen

I. Wo habe ich Stress in meinem Leben? Was belastet mich? Womit belaste ich mich selbst?

II. W i e möchte ich mich verhalten und reagieren? W a s will ich ändern?

III. Was werde ich tun? Was will ich lernen?

▽ Situationen stressfreier gestalten

Lösungsorientierte Aktivitäten

Stress-Belastungen werden wesentlich dadurch bedingt, daß wir ein Ereignis, eine Situation als ungünstig und bedrohlich einschätzen – bewerten. Jedoch: Auch die Art der Situation kann mit bedeutsam sein.

Deshalb ist es erleichternd, wenn wir bei beruflichen oder privaten Stress-Belastungen die äußeren Umstände oder Teile davon durch unser Handeln günstig verändern, neben der Änderung unserer Bewertungen-Gedanken.

Allerdings tun wir das häufig nicht. Wir reagieren meist gefühlsmäßig: Wir ärgern uns, schimpfen, geben anderen die Schuld, klagen an, grübeln, bemitleiden uns selbst. Gemäß Untersuchungsergebnissen reagieren Menschen bei Stress-Belastungen, bei Depressionen und Angstzuständen überwiegend emotional, im Vergleich zum seelisch gesunden Zustand.

Dies hängt damit zusammen: Nehmen wir eine Situation oder ein Ereignis in der Umwelt oder bei uns selbst als bedrohlich wahr, dann werden dadurch körperliche Veränderungen ausgelöst: Das hormonale Gleichgewicht wird verändert, mehr Adrenalin wird ausgeschüttet u. a. Dies führt auch zu einer Änderung seelischer Vorgänge: Einengung unserer Wahrnehmung auf das Beeinträchtigende-Bedrohliche, geringer Überblick über die Gesamtsituation, Erschwerung-Blockierung von Denkvorgängen. Die Situation wird oft als negativ, kaum änderbar angesehen. So fühlen sich Menschen hilflos, sind eher verwirrt. Sie sind weniger fähig oder bereit, ziel- und lösungsorientiert zu handeln.

Was erleichtert eine stressfreiere Umgestaltung von Belastungs-Situationen?

▷ *Eine entspanntere, angstfreiere Wahrnehmung-Bewertung der Situation* und damit verbunden ein weniger stressvoll-ängstliches Reagieren. Dies erreichen wir durch: 1. Gespräche mit anderen über die Situation und über Lösungsmöglichkeiten. 2. Normalisierung der alarmierten Körpervorgänge durch Entspannung; hierdurch wird der Erregungszustand vermindert und das hormonale Gleichgewicht wiederhergestellt. Die Entspannung vermindert beeinträchtigende Gefühle, zum Beispiel Ängste sowie Denkblockaden. Wir sehen die Situation weniger starr, aus mehr Distanz. Wir werden hierdurch handlungsfähiger. Ein gewisser zeitlicher Abstand fördert dies zusätzlich.
▷ *In Lösungen denken ist hilfreich.* «Was kann ich tun, damit die Situation weniger belastend wird?» – «Was kann ich das nächste Mal besser machen?» Häufig jedoch denken wir in Problemen, bedingt durch die körperlichen Stress-Vorgänge und unsere Gewohnheiten. Wir grübeln viel darüber, was so belastend ist, wer schuld ist, wie es gekommen ist. Besser ist es, uns damit zu beschäftigen: Was können wir tun? Wir beschäftigen uns dann auch weniger damit, was wir nicht haben, was wir nicht können. Das Denken in Lösungen wird sehr erleichtert, wenn wir entspannter sind und die Situation und uns selbst in anderer Bedeutung sehen.
▷ *Schritte aktiven Handelns* bringen uns Lösungen näher. Sie vermindern auch Selbstmitleid, Wehleidigkeit, Gefühle der Hilflosigkeit. Die Energien, die wir bei Zorn, Wut und Ärger aufwenden und die uns stark belasten, sind gut eingesetzt beim aktiven Handeln.

Zupackendes Handeln ist hilfreich. Wenn es jedoch verbunden ist mit Ärger, Zorn und Wut, dann kann es unangemessen sein, etwa zu radikal für andere Menschen und für uns; es kann uns zu Handlungen bringen, die wir nachher bedauern. Ein amerikanischer Arzt, dessen Stress-Seminar ich in den USA besuchte, gab den Teilnehmern die Empfehlung: «Was du auch tust – tue es mit Liebe.»

Im folgenden stelle ich Möglichkeiten der stressmindernden Umgestaltung von Situationen durch lösungsorientiertes Verhalten dar, die uns Befragte mitteilten:

▼ Planung von Zeit und Vorhaben

Mangelhafte Zeitplanung ist eine Quelle von Spannungen, Hetze und unbefriedigenden Erfahrungen. «Mein Fehler liegt darin, daß ich mich immer wieder durch Hetze und Zeitstress in ein inneres Chaos bringe und mich unter Druck setze.» Auf die Frage, was sie tun könnten, um künftig Stress mehr zu vermeiden, nannten 40 Prozent unserer Befragten besseres Planen (157). Durch eine bessere Zeiteinteilung sowie bessere Planung von Tätigkeiten können wir uns viel Stress ersparen, sowohl bei kürzeren Vorhaben – beim Einkaufen oder beim Arztbesuch – als auch bei der Planung des ganzen Tages oder längerfristiger Vorhaben.

«Ich will es jetzt für die Zukunft lernen», sagt eine Frau. «Ich muß es mir einfach angewöhnen, sorgfältiger zu planen, vor allem rechtzeitig zu beginnen. So hatte ich mir gestern Besuch eingeladen und mit den Vorbereitungen zu spät angefangen. Ich fühlte mich sehr hektisch und hatte ein ganz ungutes Körpergefühl.»

Eine Frau: «Früher fiel mir die Organisation des Haushaltes so schwer. Ich wollte alles zur gleichen Zeit machen. Natürlich gelang mir das nicht. Und das Ergebnis waren Ermüdung und Ärger. Heute ist das anders; heute kann ich besser planen. Die mit der Zeit gesammelten Erfahrungen und die Klärung dieser Erfahrungen haben mir sehr dabei geholfen. Ich habe viel ausprobiert und auch erfahrene Hausfrauen bei ihrer Arbeit beobachtet.»

Gesichtspunkte zur Zeitplanung

▷ *Ein Tagesplan* für den nächsten Tag – am Ende des vorangehenden Arbeitstags aufgestellt – führt bei vielen zur Verminderung von Zeitknappheit und Hetze, gibt für den Tag mehr innere Ordnung und Halt. Die Ziele und Aufgaben für den nächsten Tag sind festgelegt. Das ergibt eine gewisse Klarheit und Beruhigung abends, im Unterbewußtsein während des Schlafes und morgens nach dem Aufstehen.

▷ Manche machten bei der Tagesplanung zuerst eine Liste mit allem, was sie tun mußten oder tun wollten. Danach stellten sie eine *Rangordnung des Wesentlichen* her. «Ich habe meinen Stress und meine Eile sehr vermindert, indem ich sortiere: Was ist wichtig? Was kann ich weglassen?» – «Ich befinde mich heute selten im Stress, denn ich habe meinen Zeitplan reduziert. Ich überlege mir: Welche Dinge sind am anderen Tag am wichtigsten? Und worauf kann ich verzichten? So beseitige ich viel Unwesentliches.» – «Ich verzichte bewußt auf Unternehmungen, wenn ich merke, daß ich mich damit überfordern würde.» – Die produktivsten Stunden des Tages wurden oft für die wichtigsten Aufgaben eingesetzt. – Kleinere unangenehme Aufgaben wurden manchmal vor Aktivitäten gesetzt, die als erfreulich empfunden wurden; so verringert sich die Gefahr des Hinauszögerns und Vermeidens.
▷ *Zeit für kürzere entspannende Übergänge* zwischen zwei Tätigkeiten oder Situationen vorsehen, für Umstellung und Entspannung. «Wenn ich sehr belastet bin, dann plane ich jetzt zwischendurch Pausen ein; ich versuche den Tag trotzdem zu genießen. Denn nicht die einzelnen Termine sind unangenehm, sondern ihre starke Häufung, so daß ich in Hetze gerate. Wenn ich so besser geplant habe, gehe ich positiver und lockerer an den Tag heran.»
▷ *Zeit für persönliche Bedürfnisse* mit einplanen. «Ich teile mir bewußt die Zeit so ein, daß ich täglich eine Stunde das tun kann, was mir gerade Spaß macht.» – «Früher habe ich mich mit beruflicher Arbeit so eingedeckt, daß mir kaum Zeit für mich selbst blieb. Jetzt plane ich von vornherein ‹Leer-Freizeiten› für mich ein, auch für meine sportliche Betätigung. Ich tue täglich etwas, was mir Freude bereitet.»
▷ *Eine größere Aufgabe in kleinere Teilabschnitte aufteilen* und planen. Ein Student: «Bei der Prüfungsvorbereitung habe ich den zu lernenden Stoff in Monats-, Wochen- und Tagespläne aufgeteilt. Ferner gab es extra Sicherheitsspannen für Unvorhergesehenes. Diesen Plan habe ich mit anderen besprochen, ob er realistisch ist, ob ich damit meine Ziele erreichen kann. Mein Tagesplan enthielt, daß ich jeden Tag zwei Seiten an meiner Arbeit schreibe, drei Stunden lese und eine Stunde Zeit für Entspannungsübungen und Sport habe.» Eine 34jährige Frau, die sich durch einen Umzug und die vollständige Renovierung der neuen Wohnung in großen Stress gebracht und unter starken inneren Druck gesetzt hatte, schreibt: «Heute würde ich mir vorher

einen Plan anfertigen, der die großen Schritte zu bestimmten Zeiten festlegt. Damit wäre mir eine bessere Organisation möglich, und ich könnte mir damit vor allem innere Ruhe geben.»

▷ *Zeitliche Planung soll uns Stress ersparen*, unser Leben erleichtern, soll Hilfe und stützende Orientierung sein, aber nicht neuen Stress schaffen. Verplanen wir uns zu sehr, planen wir auch im Urlaub vieles genau, dann engen wir uns ein. Hilfreich ist, daß wir uns von Einzelheiten des Planes oder an bestimmten Tagen überhaupt vom Planen lösen können, wenn wir uns dabei wohler fühlen. Eine Frau: «Früher habe ich stur alles durchgezogen, jeden Termin meines Planes eingehalten. Ich bin dann den Tag schon mit einer recht negativen Haltung angegangen, fühlte mich dem Plan ausgeliefert. Heute gelingt es mir eher, mir Freiraum zu schaffen. Das heißt, auch einen Termin ausfallen zu lassen, etwa wenn ich spüre, ich bekomme hinterher durch die Belastung eine Migräne.»

▼ Suche nach Information, Hilfe und Unterstützung

Informationssuche ist bei der Bewältigung von Stress-Belastungen sehr hilfreich. So äußerten Krebserkrankte: «Ich tausche mit anderen Patienten Erfahrungen über die Erkrankung aus.» – «Ich informierte mich im Gespräch mit anderen über meine Erkrankung und mögliche Behandlung.» – «Ich hole über die verschiedenen Heil- oder Behandlungsmethoden Informationen ein.» – «Ich suche in Büchern und Zeitschriften nach Informationen über meine Erkrankung.»

Informationssuche ist hilfreich zum Beispiel beim Beginn einer neuen Arbeitstätigkeit, beim Wechsel des Wohnortes, bei der Weiterbildung oder dem Wunsch, im Beruf oder Privatleben belastende Situationen stressfreier zu gestalten. Informationen geben uns Hinweise für Veränderungsmöglichkeiten einer Situation durch unser Handeln. Oft führen sie auch dazu, daß wir ruhiger und gelassener werden; die Situation scheint uns nicht mehr so unbekannt, angsterregend, sondern überschaubarer, kontrollierbarer.

Bei Gesprächen, die wir zur Informationssuche führen, ist hilfreich: ▷ Wesentliche Fragen stellen. ▷ Gut zuhören. ▷ Rückfragen stellen, wenn etwas unklar ist. – Ferner: Verständlich gestaltete Bücher und Broschüren erleichtern die Informationssuche.

Allerdings werden die günstigen Möglichkeiten der Informationssuche von manchen wenig genutzt: ▷ Sie sind zu schüchtern und wagen es nur schwer, andere um Rat zu fragen, zum Beispiel bei persönlichen und beruflichen Unklarheiten. ▷ Eine innere Einstellung ist erforderlich, daß wir die Situation wirklich stressmindernd gestalten möchten. ▷ Ein wesentlicher Grund, sich nicht intensiv um vielfältige Informationen zu bemühen, ist des öfteren: Manche fürchten, durch genauere Informationen – zum Beispiel bei einer Erkrankung – würden ihre Ängste zunehmen, sie würden belastet durch das Wissen, was alles auf sie zukommen kann, was sie tun müßten, aber nicht schaffen könnten. Und diese Gefühle suchen sie zu meiden. Hier sind Gespräche mit anderen, etwa in Selbsthilfegruppen, förderlich.

Unterstützung und Hilfe erbitten. Die stressfreie Gestaltung einer schwierigen Situation wird sehr erleichtert, wenn wir andere um Hilfe, Unterstützung und Anleitung bitten, wenn wir menschlichen Beistand suchen. – Wir dürfen jedoch nicht voraussetzen, daß Menschen, auch die uns nahestehen, unsere Gedanken lesen können und wissen «müßten», daß wir Hilfe brauchen. So ist es wichtig, unsere Schüchternheit zu überwinden, andere zu fragen und zu bitten. Als Schlimmstes kann uns passieren, daß wir in einzelnen Fällen Hilfe nicht erhalten. Aber häufig werden wir Unterstützung und Anregung bekommen. Ja, manche Menschen werden froh sein, daß sie die Chance erhalten, zu helfen.

▼ Lernen durch Erfahrung und Übung

Eine neue wichtige Situation, die wir erst wenig kennen – ein Berufsanfang, eine neue Arbeit, der erste Flug, die erste Autofahrt allein in der Großstadt nach der Fahrprüfung –, schätzen wir häufig als schwierig ein, fühlen uns wenig sicher und kompetent; wir erleben Spannung, Ängstlichkeit und Stress-Belastung. Ist uns jedoch die Situation durch etliche Erfahrungen geläufig, dann schätzen wir sie von vornherein als leichter ein, bewältigen sie angemessener, fühlen uns weniger belastet, weniger ängstlich und beunruhigt. 90 Prozent unserer Befragten nannten Situationen, die für sie früher sehr stressbeladen waren, mit denen sie heute recht unbelastet umgehen. Dazu trugen Erfahrung, erworbene Routine und Lernen aus früheren Situationen bei (157).

Leider ist uns in schwierigen Situationen unseres Lebens dieses Wissen um die Bedeutung der Erfahrung wenig gegenwärtig. Zu leicht schreiben wir die Schwierigkeiten bei einer neuen Situation uns selbst zu, unserer Unfähigkeit, oder wir überschätzen die Situation in grotesker Weise. – Was können wir tun?

▷ Uns häufig klarmachen: Es ist normal, daß wir in einer neuen wichtigen Situation bei geringer Erfahrung eher erregt und ängstlich sind, sie als schwierig einschätzen. Wir machen uns bewußt und sagen es uns häufig, daß mit zunehmender Erfahrung die meisten Situationen viel leichter zu bewältigen sind. Wir dürfen die Ängste und empfundenen Schwierigkeiten nicht zu sehr auf uns beziehen, auf mangelnde eigene Fähigkeiten.

Eine 35jährige Frau: «Heute kann ich Situationen auf Ämtern, zum Beispiel beim Arbeitsamt oder bei der Vorführung meines Autos beim TÜV, aufgrund vieler Erfahrungen gelassener und mit viel weniger Spannungen hinnehmen. Ich bin jetzt selbstsicherer durch die Erfahrungen geworden, und sie belasten mich lange nicht mehr so stark wie beim ersten Mal.» Aufgrund unserer Erfahrungen bewerten wir Situationen als weniger schwierig und bedrohlich, empfinden weniger Erregung und Angst und können angemessener handeln. «Früher war ich in vielen Stress-Situationen sehr nervös», schreibt ein Mann. «Und es gab viele solcher Situationen in meinem Leben. Aber diejenigen, die häufig wiederkehren und die mir vertraut sind, die ich kenne, die erlebe ich heute ganz anders.»

▷ Wenn wir in einer Situation ungünstige Erfahrungen machen, einen Fehlschlag erleiden, so ist hilfreich: ▷ Was kann ich für die Zukunft daraus lernen? Was will und werde ich das nächste Mal besser machen? Ein derartiges lösungs- und handlungsorientiertes Denken vermeidet das Verweilen in negativen Gedanken und Gefühlen, läßt uns aus dem Fehlschlag lernen. Wir arbeiten nicht gegen Fehler, sondern *für Ziele* und für Verbesserungen. Wir sehen nach vorne, was zu tun ist, und nicht nach hinten auf den Fehlschlag.

▷ Wir geben uns – anstelle negativer Selbstgespräche, Selbst-Anschuldigungen und Selbstmitleid – positive Selbstinstruktionen, wie dies etwa Leistungssportler tun: «Ich werde mich bemühen!» – «Ich will es besser machen!» – «Ich werde das nächste Mal aufmerksamer und nicht so ängstlich sein.»

▷ Wir lernen, indem wir andere Menschen in schwierigen Situationen beobachten. Wie bewältigen andere Menschen Schwierigkeiten? Wie verhalten sie sich? – So lerne ich zum Beispiel immer wieder von manchen Taxi- oder Busfahrern, wie sie schwierige Verkehrssituationen gelassen meistern.

▷ Wir können uns absichtlich in schwierige Situationen begeben, um mehr Erfahrungen zu machen und zu lernen. «Zuweilen begebe ich mich freiwillig und ganz bewußt in schwierige Stress-Situationen. Die Erfahrung, wie der Ablauf in der Situation ist, nimmt mir einen Teil der Ängste. Jeder ‹Erfolg›, den ich bei der Bewältigung der Situation erzielen kann, richtet mich unglaublich auf. Mißerfolge suche ich nicht überzubewerten. Auf die Dauer bringt mir das auch weniger Angst vor manchen Spannungssituationen.» So meldete ich mich während meines Studiums am Ende jedes Semesters bei ein bis zwei Professoren zur Zwischenprüfung an, obwohl ich dies wegen eines Stipendiums nicht nötig hatte. Aber ich machte hierbei wertvolle Erfahrungen über die Prüfungssituation und die Prüfer; ich wurde vertrauter mit der Situation und selbstsicherer.

▷ Wir machen uns klar, daß wir bei einer schwierigen Situation nicht nur die Situation bewältigen, sondern dabei auch lernen und uns persönlich entwickeln. Unsere Ängstlichkeit vermindert sich, unser Selbstvertrauen wird größer, wir sehen uns selbst als wirksamer. Und mit mehr Selbstvertrauen und der Erfahrung, kompetenter und wirksamer zu sein, können wir weitere Situationen unseres Lebens besser bewältigen. Offenbar ist das Bewältigen von belastenden Situationen etwas, das zu unserer Reifung und Fortentwicklung beitragen kann: «Die Situationen des Zusammenkommens mit anderen Menschen erlebe ich heute als viel angstfreier als früher, weil ich durch Erfahrung sicherer geworden bin.» Eine junge Frau, die mit ihrem neuen Auto nach ihrer Führerscheinprüfung im Osterverkehr eine längere Fahrt machen mußte und dabei Ängste, Aufregung und körperliche Beschwerden empfand, schreibt: «Aus diesem Erlebnis habe ich gelernt, meine Probleme allein zu meistern, meine Angst zu überwinden. Dadurch werde ich selbstsicherer, kann mich besser behaupten.»

▷ Wir erinnern uns häufig daran, auch vor schwierigen Situationen, was wir schon an Schwierigem in unserem Leben bewältigten. Eine 24jährige Frau: «Wenn ich heute kritisiert werde, weil ich manchmal noch vor Problemen wegrenne, dann kann ich das heute besser aushalten und habe heute nicht mehr dieses Bloß-weg-hier-Gefühl. Ich erkläre mir diese Veränderung dadurch, daß ich schon oft in dieser Situation gewesen bin und dabei lernte, konstruktiv mit meinen Schwierigkeiten umzugehen.»

Ein 26jähriger Mann: «Ich habe in den letzten Jahren in vielen Situationen eine Menge lernen können. Früher haben mich diese Situationen sehr beunruhigt, und ich habe vieles überhaupt nicht genießen können. Im Laufe der Zeit habe ich gelernt, daß ich Situationen besser bestehe; ich bin gelassener geworden. Ich weiß jetzt, daß ich aus den Situationen lerne. Früher wollte ich das nicht, deswegen erlebte ich immer wieder Schwierigkeiten. Mit diesen vielen Erfahrungen und dieser Betrachtungsweise kann ich heute ganz anders in schwierigen Situationen stehen. Die Schwere und die Last sind weitgehend verschwunden, ich kann unbelasteter, offener und flexibler reagieren. Und wenn es wirklich sehr schwierig wird, dann habe ich erfahren, daß ich meist einen Ausweg gefunden habe, sei es direkt durch mich oder durch andere Menschen.»

▼ Situations-Klärung

Wir können unsere Stress-Belastungen deutlich vermindern, indem wir die belastende Situation *durch sachliches Denken klären* und kreativ nach Handlungsmöglichkeiten suchen. Danach wählen wir eine oder mehrere geeignete Handlungen aus und ändern die Situation durch unser Handeln so, daß wir weniger belastet werden. – Eine Frau nach einem Stress-Verminderungs-Seminar: «Mir ist damals zum erstenmal der Wert von gedanklicher Durchdringung der Situation und entsprechender Planung aufgegangen.» Durch dieses Vorgehen – die Situationsklärung und unser Handeln – vermindern wir auch nutzloses Klagen, Selbstmitleid, Ängste und Unsicherheit.

Das praktische Vorgehen: Wir schreiben unsere Gedanken zur Situation und die Lösungsmöglichkeiten auf einen Bogen Papier. Durch das Niederschreiben gewinnen wir mehr Abstand, werden ruhiger und können besser urteilen. Es kommt nicht darauf an, daß die Darstellung perfekt ist. Machen Sie es in der Kürze, die Ihnen liegt, auch in Stichworten, etwa in folgender Art (s. S. 98):

Es ist erstaunlich, wie sich unsere Ratlosigkeit und Ängste durch die nüchterne Klärung der Situation und die Sammlung von Lösungs- und Handlungsmöglichkeiten vermindern.

Hilfreich ist zusätzlich: ▷ Die Situationsklärung zusammen mit einem Freund/einer Freundin machen oder nach der Anfertigung darüber mit ihr/ihm sprechen. Oder Sie tragen Ihre Problemklärung in einer Gesprächsgruppe, einer Selbsthilfegruppe vor. Das Aussprechen Ihrer Gedanken und Planungen erleichtert die Klärung. Sie erhalten Anregungen und Bestätigungen für Ihr Handeln. ▷ Machen wir diese Situationsklärung des öfteren schon bei kleinen Belastungen, so sind wir vorbereiteter und mehr in Übung für die Klärung schwieriger Situationen. ▷ Die Einstellung ist wichtig: Die meisten belastenden Situationen lassen sich etwas abändern. Oder wir können unser Verhalten in diesen Situationen durch Lernen verändern. Die Belastungssituationen können so zu Lernsituationen werden. ▷ Sie können diese Situa-

Die Situation, die Schwierigkeit, das Problem

Schreiben Sie bitte nüchtern, sachlich, kurz. Ist es eine umfangreiche Situation, nehmen Sie Teile davon.

Was will ich erreichen? Was ist mein Ziel? Was wünsche ich?

Schreiben Sie realistische Wünsche, erreichbare Ziele nieder.

Welche Möglichkeiten der Verbesserung, der Abänderung der Situation gibt es? Was ist hilfreich für mich?

Wie kann ich die Situation abändern? Wie kann ich die Belastungen vermindern? Wo kann ich Hilfe und Unterstützung erbitten? Schreiben Sie alles hin, was Ihnen einfällt.

Bewertung der Möglichkeiten

Welche Vorteile haben die einzelnen Möglichkeiten? Welche Nachteile?

Auswahl und Entscheidung für die aussichtsreichsten Möglichkeiten

Wann werde ich was tun?

Sie legen den Zeitplan für die praktische Ausführung fest.

tionsklärung einem Familienmitglied oder jemandem aus Ihrem Bekanntenkreis bei Schwierigkeiten anbieten. Sie helfen ihm/ihr damit; und Sie selbst werden sicherer in diesem Vorgehen.

Beispiele für ent-lastende Situationsänderungen

Außenstehenden erscheinen sie oft selbstverständlich. Dennoch sahen die Betroffenen zuvor nicht diese Möglichkeiten, waren noch nicht bereit dazu. Einige Beispiele von Teilnehmern unserer Stress-Verminderungs-Seminare:

Vereinfachung des Lebensstiles: Überlastete Frauen und Männer entdeckten bei genauerer Klärung vieles, was zu einer befriedigenden Lebensführung unnötig und belastend war. So gewannen sie Zeit, auch für andere Möglichkeiten, die sie als befriedigender empfanden. Ein Lebensstil der «freiwilligen Einfachheit» macht unser Leben weniger kompliziert, gibt uns mehr Freiheit.

Überlastete Kranken- und Pflegeschwestern baten zur Erledigung mancher Arbeiten ehrenamtliche Helfer und zur Mitarbeit bereite Angehörige der Kranken.

Beruflich überlastete Personen gaben Aufgaben ab, delegierten Arbeiten.

Manche verschafften sich Entlastung durch Reduzierung ihrer Arbeitszeit um 25 oder 50 Prozent, wenn ihnen das finanziell möglich war oder sie es durch Einschränkung ihres Konsumverhaltens ausgleichen konnten.

Berufstätige Mütter verringerten ihre Belastungen und Spannungen durch Vereinfachung der Hausarbeit, etwa durch Verzicht auf die Bereitung eines umfangreichen Mittagessens am Sonntag.

Lehrer erleben im Unterricht häufig Stress-Belastungen. Sie verminderten sie durch Änderungen der Unterrichtssituation im Klassenzimmer. Das mühsame Rechtschreibtraining zum Beispiel wurde durch ein Einzeltraining der Schüler mit Tonkassetten und Kopfhörer während des Unterrichts ersetzt. – Lehrer verwendeten im Unterricht gut verständliche Skripten oder Lehrbücher, mit anschließender Kleingruppenarbeit der Schüler. So verminderten sie den Frontalunterricht, der mit viel Anspannung verbunden war und häufig zu Unruhe der Schüler führte. – Eine gegenseitige gelegentliche Hospitation von Lehrer/Innen trug dazu bei, daß ihnen Fehler im Unterricht bewußter wurden und sie Anregungen durch Kolleginnen erhielten.

Derartige Situationsänderungen setzen meist eine Änderung persönlicher Einstellungen voraus. Eine 28jährige Frau: «Ich war – und ich bin es teilweise noch – ein Perfektionist, und das hat mich unheimlich viel Kraft gekostet. Jetzt habe ich einige Änderungen eingeleitet; ich möchte in Zukunft auf die Perfektion verzichten und hoffe, daß dadurch mein Leben etwas leichter und unkomplizierter wird.» Lehrer etwa müssen bei der Verminderung ihres Frontalunterrichts auf ihren Anspruch verzichten, den Unterricht in jeder Minute zu dirigieren und ausschließlicher Wissensvermittler zu sein. Krankenschwestern müssen offen für die Mithilfe von anderen sein und sie nicht als Einschränkung oder Konkurrenz empfinden.

Noch einige Beispiele dafür, daß sich bei geeigneten Einstellungen viele Situationen und Schwierigkeiten durch äußerlich «belanglos» erscheinende Änderungen vermindern:

Ein Student, der unter Konzentrationsschwierigkeiten leidet und dem es sehr schwerfällt, allein zu arbeiten: «Ich verabrede mich jetzt mit anderen zu schwierigen Arbeiten. Dann steht jemand zu einer bestimmten Uhrzeit auf der Matte vor der Tür, und ich habe keine Ausflüchte mehr vor mir selbst.»

In unseren Seminaren zur Bewältigung der Trennung vom Partner stand immer wieder im Vordergrund die große Belastung des gelegentlichen Treffens mit dem ehemaligen Partner zur Regelung von Fragen, die die Kinder oder finanziellen Verhältnisse betreffen. So hatten Frauen Angst, ihrem Mann zu sagen, daß das Geld nicht ausreicht; sie grübelten längere Zeit darüber, machten sich Sorgen. Wenn sie den ehemaligen Partner anriefen, hatten sie oft nicht den Mut, ihm deutlich ihre Wünsche und Forderungen zu sagen. Bei Problemklärungen kamen viele darauf, dem Partner diese schriftlich mitzuteilen und ein Treffen zur weiteren Klärung auszumachen.

Vielen bereitete es Schwierigkeiten, wenn der ehemalige Partner in die Wohnung kam. Vereinbarungen der Treffen an einem anderen Ort, etwa einem Restaurant, wurden als wesentlich weniger belastend empfunden. – Eine Frau wartete bei den 14tägigen Terminen ihres ehemaligen Mannes zum Besuch der Kinder häufig vergebens in ihrer Wohnung. Sie wurde wütend, wenn sie unnötig gewartet hatte. Nach der Situationsklärung schrieb sie ihm einen Brief, er solle ihr am Morgen des Tages den Besuch telefonisch mitteilen, andernfalls würde er vergeblich kommen. – Eine andere Frau, die von ihrem Mann verlassen worden war, berichtete nach der Problemklärung, daß sie den Stuhl aus dem Wohnzimmer gestellt habe, auf dem ihr Mann immer saß, wodurch sie an ihn und die damit zusammenhängenden Schmerzen der Trennung häufig erinnert wurde.

Unterstützung durch einen Berater oder Psychologen bei der Problemklärung

Obwohl die oben genannten Problemklärungen und entlastenden Änderungen von Stress-Situationen einfach aussehen, gelingen sie manchen zunächst schwer. Ihre Wahrnehmung und ihr Denken ist durch Stress eingeengt, sie sind entmutigt und können sich zu keiner Aktivität aufraffen. Ein oder einige Klärungsgespräche bei einem guten Berater können dies ändern; sie fördern Mut, Hoffnung und eine breitere, realistischere Wahrnehmung. Gute Beratungsgespräche können manchmal eine Psychotherapie ersetzen.

Vor einiger Zeit kam ein Student zu mir, entmutigt und niedergeschlagen. Trotz vieler langer Bemühungen und einer Psychotherapie war es ihm nicht gelungen, seine Examensarbeit fertigzustellen. Ich bat ihn, seine Arbeitssituation näher zu beschreiben. Er fühlte sich einsam; da er allein wohnte, grübelte er häufig, führte negative Selbstgespräche. Fast immer, wenn er sich an den Arbeitstisch setzte, nahmen seine Nervosität, Unsicherheit und Depressivität schnell zu. Oft flüchtete er dann ins Bett. An manchen Tagen stand er erst mittags auf.

Ich erinnerte mich, daß es mir während meiner Studienzeit beim Lernen langweiliger Inhalte sehr geholfen hatte, in der Universitätsbücherei zu arbeiten. Die Anwesenheit anderer, die das gleiche taten, regte mich an, und ich konnte weniger ausweichen. Ich schlug dem Studenten vor, in einem unbenutzten kleinen Zimmer des Instituts täglich regelmäßig zu arbeiten. Er nahm den Vorschlag an. Nachdem er zehn Wochen später seine Arbeit fertiggestellt hatte, bat ich ihn, etwas von seinen Erfahrungen aufzuschreiben. Einige Auszüge daraus: «Ich fühlte mich im Institut nicht mehr einsam und isoliert; meist bestand die Möglichkeit, auf den Flur hinauszutreten und mit jemandem etwas zu reden. Schon das Wissen, daß andere Menschen da waren, beruhigte mich. Ich konnte die Unlustgefühle leichter überwinden, ich fand schneller zur Arbeit zurück. Die Ablenkungsmöglichkeiten waren geringer; ich mußte nicht soviel Anstrengung aufwenden, um mich bei der Arbeit zu halten. Meine Angstgefühle wurden nicht übermächtig. Die Mahlzeiten mittags und abends in der Studentenmensa brachten Regelmäßigkeiten in meinen Ablauf. Auf der Fahrt morgens zur Universität hatte ich das Gefühl, wie die anderen Leute in der U-Bahn zu einer richtigen Arbeit zu fahren, einen geregelten Tagesablauf zu haben. Und abends konnte ich besser abschalten, da ich das mir Mögliche an der Universität erledigt hatte.»

Ungünstige Situationen vermeiden belastendes Verhalten unterlassen

Hierdurch können wir uns unangenehme Stress-Gefühle ersparen. Etwa indem wir Verkehrswege mit möglichen Staus vermeiden, lärmvolle Gegenden, rauchige laute Lokale, überfüllte Urlaubsgebiete, ungünstige Einkaufszeiten oder andere Situationen, in denen wir uns beeinträchtigt fühlen und bei denen wir nachher bedauern, sie nicht gemieden zu haben. – Hierzu gehört auch das Unterlassen von vorschnellen Handlungen, wenn es längerfristigen Zielen oder sozialethischen Auffassungen entgegensteht.

Je bewußter und entspannter wir leben, je deutlicher wir spüren, wodurch und wie wir uns in einer Situation beeinträchtigt fühlen und was wir eigentlich möchten, um so eher werden wir nach einigen ungünstigen Erfahrungen fähig, uns derartige Belastungen zu ersparen. Hilfreich sind Informationen über Alternativen, die wir etwa durch Gespräche, durch Bücher oder andere Medien erhalten.

Dieses Vermeiden von Situationen und Menschen hat allerdings auch Grenzen: 1. Manche belastenden Situationen können wir kaum meiden; die Folgen sind zu nachteilig. Einige müssen zu bestimmter Zeit überfüllte Verkehrsmittel benutzen, Kinder können der Schulsituation nicht ausweichen. Sind wir schwer erkrankt, kommen wir an einem Krankenhausaufenthalt nicht vorbei. Viele können den Arbeitsplatz nicht oder nur unter größeren Nachteilen wechseln. Dann ist es notwendig, die belastende Situation sowie unsere gefühlsmäßigen Reaktionen darauf zu ändern oder zu anderen Bewertungen-Einstellungen zu kommen, so daß wir entspannter reagieren. 2. Auch wenn ein Wechsel des Arbeitsplatzes oder für Kinder ein Wechsel der Schule möglich ist: Die Auswirkungen sind dann begrenzt, wenn wir selbst die Quelle der Schwierigkeiten in uns tragen. Dann können Schwierigkeiten am neuen Arbeitsplatz oder in der neuen Schule in ähnlicher Form wieder auftauchen. Es ist somit wichtig, daß wir uns vor einem Wechsel darüber klar sind, wieweit wir durch unser Verhalten an den Schwierigkeiten beteiligt sind.

▼ Soziale Beziehungen stressfreier gestalten

Durch Angehörige der Familie, Freunde, Bekannte, Arbeitskollegen erhalten wir seelischen Halt, Hilfe, Unterstützung und Informationen. Ein hilfreiches soziales Netz ist ein deutlicher Schutz gegen Stress-Belastungen. Wir können dank der Unterstützung durch Mitmenschen Schwierigkeiten unseres Lebens besser bewältigen. Gute verständnisvolle Freunde leisten in schwierigen Situationen psychotherapeutische Hilfe durch Gespräche und seelische Unterstützung. Gibt es im Beruf unter Teamkollegen wirkliche Kooperation, so sind Stress-Belastungen und Ängste bei der Arbeit wesentlich geringer. Gute soziale Kontakte stärken die Widerstandskräfte eines Menschen. Das Gefühl, geschätzt, unterstützt und geliebt zu werden, ist wesentlich für unsere seelisch-körperliche Lebensqualität.

Auf der anderen Seite: ein Teil unserer Stress-Belastungen im Alltag ergibt sich im Zusammensein mit anderen, mit Angehörigen der Familie, Freunden, Bekannten, Arbeitskollegen. In diesen sozialen Beziehungen sind wir selbst ein wichtiger Faktor. Es liegt des öfteren mit an uns, ob wir befriedigende soziale Beziehungen oder Stress, Unzufriedenheit und Streit haben. So ist es naheliegend, uns um ein angemessenes Verhalten in zwischenmenschlichen Beziehungen zu bemühen, unsere soziale Kompetenz mehr zu entwickeln.

Wir können uns dazu in drei Bereichen verbessern: ▷ Mehr Entspanntheit-Gelassenheit in schwierigen sozialen Situationen. ▷ Andere mentale Einstellungen und Gedanken gegenüber Menschen lernen. Mehr das Positive bei ihnen sehen, das Negative nicht überbewerten. ▷ Wir verhalten uns bei Begegnungen mit anderen psychologisch angemessener. Das letztere möchte ich kurz darstellen:

Welches Verhalten ist stressmindernd und hilfreich bei Begegnungen mit anderen?

Der amerikanische Psychologe Carl Rogers wies vor 50 Jahren als erster nach: Eine hilfreiche Begegnung zwischen Menschen ist wesentlich durch drei Verhaltens-Einstellungen charakterisiert:

▷ *Einfühlung und Verstehen der Erlebniswelt des anderen* und Berücksichtigung des Verstandenen im eigenen Verhalten. – Beeinträchtigend dagegen ist: Die Erlebniswelt des anderen – Gefühle, Gedanken und Motive – werden in einer Begegnung nicht wahrgenommen, vernachlässigt, nicht berücksichtigt.

▷ *Achtungsvolles, warmes und sorgendes Verhalten* gegenüber einem anderen, zum Beispiel Anerkennung und Respektierung der Person, Unterstützung. Dagegen sind beeinträchtigend negative Bewertungen, Mißachtung, mangelnde Unterstützung.

▷ *Aufrichtigkeit-Ehrlichkeit in der Beziehung*; also nicht heucheln, lügen, dem anderen mit einer Fassade begegnen. Aufrichtigkeit bedeutet aber nicht, daß wir einem anderen alles sagen, was wir denken und fühlen. Sondern daß wir in einfühlsamer achtungsvoller Form dem anderen gegenüber das zum Ausdruck bringen, was für ihn und uns wichtig ist oder die Beziehung belastet. –

Diese drei Haltungen erwiesen sich in zahlreichen Untersuchungen von Carl Rogers (146) und anderen Forschern zum Beispiel an der Universität Hamburg als entscheidend förderlich in vielen zwischenmenschlichen Beziehungen. Wenn Psychotherapeuten, Lehrer, Partner, Eltern oder Freunde sich in dieser Weise verhielten und auch so von ihren Klienten, Schülern, Partnern usw. wahrgenommen wurden, dann fühlten sich die anderen in der Beziehung wohl, lernten persönlich und fachlich mehr und entwickelten sich seelisch weiter (182; 183).

Der deutsche Psychologe Dr. Mario Fox (61, 62) stellte bei über 200 Personen fest: Personen in Partnerschaft und Ehe, die sich gegenseitig als achtungsvoll-sorgend, einfühlsam-verständnisvoll sowie aufrichtig wahrnahmen, waren deutlich zufrieden mit ihrer Partnerschaft und hatten seltener Streit. Ferner: Wurde der Partner als achtungsvoll-einfühlsam, aufrichtig und nicht-einengend wahrgenommen, dann war die Stress-Belastung in der Partnerschaft gering. Der Partner wurde dann als hilfreich bei der Stress-Verminderung außerhalb und innerhalb der Partnerschaft erfahren (124).

Praktische Hilfen zur Verbesserung sozialer Beziehungen

Um uns wichtige seelische Kraftquellen zu erhalten und Stress zu vermeiden, ist es sinnvoll, unsere soziale Kompetenz in Beziehungen zu verbessern sowie einfühlsamer, achtungsvoll-sorgender und aufrichtiger anderen Menschen zu begegnen. Einige Hinweise:

▷ Das Taschenbuch «Miteinander reden» des Hamburger Psychologie-Professors Friedemann Schulz v. Thun (160), in einer halben Million Exemplaren verbreitet, half vielen, Wissen und Einsicht über die Art des Miteinander-Redens im Umgang mit anderen zu gewinnen. Gewiß brauchen wir für die Auswirkung im praktischen Verhalten noch viel tägliches Lernen. Jedoch ist das Buch eine gute Möglichkeit, bei uns und anderen wahrzunehmen, was wir ungeschickt und falsch machen und wie wir unser Verhalten ändern können.

▷ Seminare mit Verhaltenstrainings, etwa an Volkshochschulen, sind bei häufigen Belastungen in privaten oder beruflichen Beziehungen förderlich, ein anderes Verhalten in schwierigen Situationen zu lernen. Das gilt etwa für Personen mit Partnerschwierigkeiten, für Eltern im Umgang mit ihren Kindern, für Führungskräfte im Umgang mit Mitarbeitern oder für Lehrer im Umgang mit Schülern. Gewiß wird hier ein Verhalten gleichsam angelernt. Aber es kann uns belastende Konflikte ersparen oder vermindern; denn viele von uns haben im Umgang mit anderen Schwächen oder Lücken.

▷ Die Teilnahme an Gesprächsgruppen, die nach der Art des amerikanischen Psychologen Carl Rogers (183) geleitet werden, gibt die praktische Möglichkeit, das Erleben anderer Menschen einfühlsamer zu verstehen und ihnen achtungsvoll und aufrichtig zu begegnen.

Weitere Gesichtspunkte für stressfreiere soziale Beziehungen

▷ *Eigene Gefühle mitteilen*, ohne den anderen zu beschuldigen oder zu werten, ist eine günstige Möglichkeit bei zwischenmenschlichen Belastungen, andere über unseren Zustand zu informieren und trotz gefühlsmäßiger Schwierigkeiten aufrichtig und einfühlsam zu sein. Also etwa zu sagen: «Ich fühle mich sehr belastet», «Ich möchte ein entspannteres Klima». Eine 22jährige Frau: «Bei negativen Gefühlen möchte ich mein Gegenüber nicht beschimpfen, kritisieren oder beleidigt sein, sondern sagen: ‹Ich fühle mich gekränkt, das schmerzt mich.›» Hier haben wir große Möglichkeiten. Je frühzeitiger wir unsere belastenden Gefühle ausdrücken, um so weniger stauen sie sich an, um so weniger explodieren wir schließlich mit Vorwürfen und Anschuldigungen. Eine Frau: «Der Streit mit meinem Freund entsteht oft, weil sich vorher bei mir schon einiges angestaut hat oder bei ihm. Ich wünsche von uns beiden, daß wir möglichst frühzeitig unseren Ärger oder das, was uns belastet, äußern können und uns dann darüber zusammensetzen, als daß wir es verschleppen, und dann explodiert es. Wir brauchten es gar nicht mehr zu einem Streit kommen zu lassen.»

▷ *Durch Klarheit in Äußerungen und Mitteilungen* anderen gegenüber können wir Belastungen vermindern. «Wenn wir klar sagen, was wir meinen, vermeiden wir sehr viel unnötigen Stress», sagte der Arzt Dr. Duskin in einem Seminar, das ich in den USA besuchte. «So oft kommt Stress wegen mangelnder Klarheit in unserer Kommunikation auf. Viele von euch haben die Erfahrung gemacht, daß ihr jemand etwas mitgeteilt habt, und dann kam ein Mißverständnis auf. Und zwar deshalb, weil ihr euch unsicher wart, was ihr eigentlich genau mitteilen wolltet. Indem wir Rückfragen stellen, können wir häufig die Klarheit der Kommunikation fördern.» Zur Klarheit unseres Ausdrucks tragen eine größere Bewußtheit der Gegenwart sowie Entspannung bei. Vielleicht fürchten manche, durch Klarheit andere zu verletzen. Dies können wir durch Einfühlung in ihre Lage vermeiden. Ebenfalls in den Bereich der Klarheit der Kommunikation fällt, daß wir in Stress-Situationen anderen sagen, wenn wir uns überfordert fühlen.

▷ *Andere Menschen zu ändern* ist ein häufiges Bemühen, die eigenen Belastungen zu vermindern. Eltern suchen ihre Kinder zu ändern, um weniger Spannungen und Beeinträchtigungen zu empfinden. Lehrer mühen sich, ihre Schüler zu ändern. In der Partnerschaft sucht des öfteren ein Partner den anderen zu ändern. Und erwachsene Kinder suchen ihre Eltern zu ändern und umgekehrt.

Manchmal gelingt dies und führt zu mehr Befriedigung und Entlastung. Wahrscheinlich sind frühzeitige Äußerungen und Informationen über das eigene gefühlsmäßige Befinden – ohne Wertung und Vorwurf geäußert – die günstigste Möglichkeit, andere Personen zu einer Änderung zu bewegen, so daß wir weniger belastet werden.

Aber diese Bemühungen, andere zu ändern, sind oft begrenzt: Der andere ändert sich nicht, sei es, weil er dies nicht möchte, sei es, weil wir zu vorwurfsvoll und ungeduldig sind. Sind unsere Änderungsbemühungen zu konfrontativ und gehen sie mit starken Beschuldigungen oder gar Aggressionen einher, dann verschlechtern sich die Beziehungen eher, und die Belastungen nehmen zu.

Ändern sich die anderen nicht, aber möchten wir auch nicht den Kontakt mit ihnen abbrechen – etwa in der Beziehung erwachsener Kinder zu ihren Eltern –, möchten wir die Fürsorge für andere nicht aufgeben und uns nicht mit Schuldgefühlen belasten, so bleibt uns nur die eine Möglichkeit: unsere Bewertungen, Einstellungen und Erwartungen dem andern gegenüber zu ändern und damit auch unser gefühlsmäßiges Reagieren und unser Verhalten. Also etwa Vergangenes loszulassen, Verletzungen zu vergeben, die Realität zu akzeptieren.

▷ Zeitweiliges oder andauerndes Vermeiden von belastenden zwischenmenschlichen Beziehungen und damit eine Trennung von anderen können notwendig werden, wenn unsere seelische Gesundheit und Lebensqualität im Zusammenleben mit anderen erheblich beeinträchtigt werden, wenn es keine Gegenseitigkeit von Respekt und Fürsorge gibt und wir keine Änderung der Beziehung erreichen können. Wichtig ist, daß wir im Gespräch mit Freunden, einer Selbsthilfegruppe oder einem Psychologen klären, welche Erleichterung und welche Nachteile uns eine Trennung von einem Menschen bringt und welchen Anteil wir an den Schwierigkeiten hatten, so daß wir für zukünftige Beziehungen lernen können.

▷ Der Umgang mit Ärger, Wut und Aggression, der für die Minderung von Stress-Belastungen in zwischenmenschlichen Situationen wichtig ist, ist in einem eigenen Kapitel dargestellt, s. S. 341.

▼ Stress-Minderung am Arbeitsplatz

Einen größeren Teil unserer Lebenszeit verbringen wir am Arbeitsplatz, im Betrieb, bei einer Institution oder Behörde. Bei vielen Arbeitenden treten hierbei Stress-Belastungen auf. Dadurch werden ihre seelische Lebensqualität und körperliche Gesundheit beeinträchtigt, ferner das soziale Klima und die Produktivität des Betriebes.

Nach Angaben der Weltgesundheitsorganisation klagen etwa 30 bis 50 Prozent der Arbeitnehmer weltweit über psychische Stress-Belastungen bei der Arbeit, die häufig zu Schlaflosigkeit, Depressivität und als Spätfolge zu Herz-Kreislauf-Erkrankungen und Bluthochdruck führen können.

So klagte jeder zweite Lkw-Fahrer in Nordrhein-Westfalen über Erschöpfungs- und Ermüdungserscheinungen; jeder dritte litt an Nervosität, Schlafstörungen und Konzentrationsschwäche. Zwei Drittel gaben Rückenbeschwerden sowie Schmerzen im Schulter- und Nackenbereich an. Bei arbeitsmedizinischen Untersuchungen an Autobahnrastplätzen wiesen 27 Prozent besorgniserregende EKG-Befunde auf, 50 Prozent litten unter stressbedingten Magen-Darm-Beschwerden. – Viele klagten über starken Termindruck, unter dem sie arbeiteten. 80 Prozent aller Lkw-Unfälle in Nordrhein-Westfalen sind auf «menschliches Versagen» zurückzuführen, insbesondere auf Übermüdung (3).

Lärm am Arbeitsplatz ist nach Untersuchungen des Bundesumweltamtes der zweitwichtigste Risikofaktor – nach Rauchen – bei Herzinfarkten.

Mehr als die Hälfte aller Lehrer in Schulen fühlt sich im Unterricht häufig belastet, über 80 Prozent fühlen sich abgespannt und erschöpft, wenn sie von der Schule nach Hause kommen. Jeder zweite hatte in seiner Klasse Schüler, die ihn maßlos reizten. Jeder dritte hatte Angst vor Schülern (16).

Zunehmend mehr *Betriebe und Institutionen* fühlen sich deshalb verantwortlich für die Verminderungen von Stress-Belastungen am Arbeitsplatz, aus Sorge um die Gesundheit der Arbeitenden sowie aus ökonomischen Gründen (Produktivitätsminderung sowie erhöhte Kosten durch Arbeitsausfall, Unzufriedenheit bei der Arbeit, Störungen der Kooperation am Arbeitsplatz sowie ungünstiges Betriebsklima). Hoher Stress am Arbeitsplatz zum Beispiel in Krankenhäusern führt zu häufigerem Arbeitsausfall sowie Wechsel des Arbeitsplatzes.

Aber auch *der einzelne* hat für sich selbst und mit Rücksicht auf die Gemeinschaft eine Verantwortung, seine seelisch-körperliche Gesundheit nicht unnötig zu gefährden, Krankheiten zu vermindern und eine Früh-Invalidität zu vermeiden. –

Das Ausmaß der Stress-Belastung am Arbeitsplatz und im Privatbereich hängt häufig miteinander zusammen, wie Professor Brengelmann vom Max-Planck-Institut in München feststellte (27). Menschen mit wenig Stress am Arbeitsplatz haben häufig auch weniger Stress im privaten Lebensbereich; und Menschen mit hohem Stress bei der Arbeit empfinden auch häufiger Belastungen im privaten Bereich.

Das ist vermutlich durch folgendes bedingt: ▷ Menschen mit günstigen oder ungünstigen Bewältigungsformen bei Belastungen verwirklichen diese sowohl im Betrieb als auch zu Hause in der Freizeit. ▷ Personen mit sehr starker Belastung im privaten Bereich, etwa bei der Trennung einer Partnerschaft, sind als Folge auch am Arbeitsplatz weniger belastbar. ▷ Und Menschen mit sehr starker Belastung am Arbeitsplatz, großer Eile und Hetze, Unsicherheit, Überforderung «nehmen» gleichsam diese Belastungen mit nach Hause und reagieren dort weniger gelassen und günstig.

So ist es sinnvoll, daß sich die Betriebsleitung *und* der einzelne bemühen, Stress-Belastungen am Arbeitsplatz zu vermindern, ihre Gesundheit zu fördern.

Möglichkeiten der Stress-Verminderung und Gesundheitsförderung

Es gibt etliche Ansätze in Betrieben, die in wissenschaftlichen Untersuchungen auf ihre Wirksamkeit überprüft wurden. Manche Möglichkeiten setzen mehr bei der einzelnen Person und ihrer Änderung an, andere wiederum mehr bei der Organisation des Betriebes. Sie streben sämtlich an: ▷ Verbesserung der bereits gefährdeten seelisch-körperlichen Gesundheit ▷ Hilfe bei der Erhaltung der Gesundheit ▷ Anregung und Unterstützung zur Aufnahme psycho-therapeutischer Maßnahmen bei ausgedehntem Kontrollverlust bei einzelnen. Derartige psychotherapeutische Interventionen zu einem frühen Zeitpunkt können dem einzelnen, aber auch den Team-Kollegen/innen Leidenswege ersparen.

Die Möglichkeiten zur seelisch-körperlichen Gesundheitsförderung am Arbeitsplatz lassen sich in die gleichen drei Bereiche gliedern, die auch dem einzelnen zur Stress-Verminderung zur Verfügung stehen. Ein größerer Teil von ihnen hat sich in empirischen Überprüfungen als wirksam erwiesen. Sie führen zugleich zu einer wesentlich größeren Zufriedenheit der Arbeitenden.

Äußere Arbeitsbedingungen stressfreier gestalten

Der Schwerpunkt liegt hier in organisatorischen Veränderungen durch die Betriebsleitung. Es können folgende Möglichkeiten sein:

▷ *Minderung oder Ausschaltung äußerer «Stressoren»*, von Lärm, Geruch, schlechter Luft, Schmutz und Häßlichkeit der Arbeitsstätte. In manchen Betrieben wurden etwa die Träger der Transportbänder und die Schaltgehäuse violett gestrichen, daneben herrschen freundliche helle Grautöne vor. Manche Betriebe bemühen sich, die Außenfront oder Innenhöfe zu begrünen.

▷ *Aufklärende Information* über Stress-Belastungen, über die Auswirkung auf körperliche und seelische Vorgänge sowie Möglichkeiten der Änderung. So werden die einzelnen angeregt, betriebliche Maßnahmen eher zu akzeptieren und Stress nicht als gegeben hinzunehmen. Auch werden Mißverständnisse vermieden. Es kann klargestellt werden, daß meist nicht die Arbeit krank macht, sondern die *Einstellung* des Arbeitenden zur Arbeit. Anstrengung-Bemühen ohne Qual-Stress ist meist nicht gesundheitsschädigend; dagegen sind Anstrengung und Qual-Stress beeinträchtigend.

▷ *Minderung von Überforderung* am Arbeitsplatz durch zu hohen Zeitdruck aufgrund mangelnder Organisation, Überlastung durch häufige Notfälle oder mangelnde fachliche Kompetenz. – Vereinbarung flexibler Arbeitszeit. – Erkennen von *Unter*forderung mit ihren beeinträchtigenden Auswirkungen.

▷ *Förderung von Gruppenarbeit*, insbesondere in Produktionsbetrieben, Verminderung stark hierarchischer Führungsstrukturen, mehr Mitbeteiligung an Planung der Arbeit, Gruppenprämie statt Einzelakkord. Stress-Belastungen wirken sich häufig um so ungünstiger aus, je weniger die Arbeitenden eine Kontrolle über ihre Tätigkeit haben, also in der Regel, je weiter unten sie in der Hierarchie stehen. Eine Untersuchung in einem deutschen Bundesland über Gruppenarbeit der Industrie ergab: nur 2 Prozent konnten ihre individuellen Arbeitsaufgaben weitgehend selbst gestalten; 7 Prozent arbeiteten in selbständigen Gruppen. Die anderen arbeiteten «mehr oder weniger wie zu Henry Fords Zeiten». Jedoch zunehmend mehr Betriebe fördern die Gruppenarbeit; die Gruppen organisieren sich selbst, bearbeiten komplette Aufträge und haben die Verantwortung für Qualität und Termine. Somit wird die Arbeit zu einem Teil «ihre» Arbeit. Das bedeutet mehr Sinn und Zufriedenheit und somit weniger Stress.

▷ Verbesserung der zwischenmenschlichen Beziehungen und des Betriebsklimas. Ein freundliches, hilfsbereites Betriebsklima vermindert enorm die Stress-Belastungen und fördert stark die Zufriedenheit am Arbeitsplatz. Dagegen: Autoritäres Führungsverhalten der Vorarbeiter oder Abteilungsleiter, Konflikte der Arbeitenden mit ihnen sowie Konflikte der Arbeitenden untereinander, ja Ausgrenzung einzelner oder körperlich Behinderter, «Psycho-Terror» und Intrigen am Arbeitsplatz haben deutlich ungünstige seelisch-körperliche Folgen, führen zu Krankheitsausfällen.

«Für mich ist es sehr erleichternd, in einem guten hilfreichen Team zu arbeiten. Es gibt mir ein sehr befriedigendes Gefühl. Unterstützend und hilfreich für mich sind Kollegen, die auch die Geduld aufbringen, mir zuzuhören, wenn irgend etwas nicht klappt. Es ist beruhigend, wenn ich von vornherein weiß, daß ich mit angenehmen Kollegen die Schicht bestreiten muß.»

Eine Krankenschwester: «Seit wir jetzt eine neue Stationsleitung haben, sind die ganze Atmosphäre und die Zusammenarbeit besser geworden. Ich glaube, daß das für uns Schwestern sehr wichtig ist.»

Eine Altenpflegerin: «Wenn unser Teamzusammenhalt klappt, gehe ich eigentlich gerne zur Arbeit, auch wenn uns die Arbeit manchmal stinkt. Gute Zusammenarbeit ist hilfreich, sonst wird der Beruf zum Alptraum.»

Für die Verbesserung des Betriebsklimas sind etliche Maßnahmen hilfreich: eine Verbesserung der sozialen Kompetenz und des Führungsstils von Vorarbeitern und Abteilungsleitern, ein Training, bei anderen besser Stress zu erkennen und zu mindern, Förderung von Fähigkeiten zur Konfliktschlichtung, psychologisch-therapeutische Interventionen bei einzelnen, die Arbeitsunzufriedenheit und ein schlechtes Klima herbeiführen.

Förderung von Entspannungsformen

Hier liegt das Schwergewicht auf dem einzelnen. Es ist notwendig, daß sie/er sich der Bedeutung von Entspannung bewußt ist und regelmäßig trainiert. Angebote der verschiedenen Entspannungsformen schon während der Ausbildungszeit, während oder im Anschluß an die Dienstzeit, Verfügbarkeit von Entspannungskassetten sowie Angebote und Trainingsmöglichkeiten in körperlicher Fitneß sind wesentlich. Jedoch wird die Notwendigkeit erst selten gesehen: Viele deutsche Universitäten zum Beispiel haben in Instituten und Hörsaalgebäuden keine Fitnessgeräte, etwa in den Kellerräumen, obwohl manche Firmen Geräte stiften würden. Auch gibt es selten Räume, in die sich Studenten zur Entspannung oder Meditation zurückziehen könnten, auch keine Anleitung zur Entspannung etwa in einem großen Hörsaal.

Stress-Verminderung am Arbeitsplatz durch günstige mentale Vorgänge

▷ Sinn in der Arbeitstätigkeit, im Betrieb und in den Produkten zu sehen bedeutet geringere Anfälligkeit für seelisch-körperliche Stress-Belastungen und größere Leistungsfähigkeit. Sich selbst als Teil eines Betriebes zu sehen und das Arbeitsgeschehen zu akzeptieren, zu bejahen, verhindert innere Kündigung, «Burn-Out» und Resignation, die eigene Tätigkeit als sinn- und wirkungslos anzusehen. Sinnförderung in Betrieben kann etwa erfolgen: durch transparente Information der Arbeitenden über Betriebsvorgänge durch Betriebszeitungen, Schwarze Bretter und wöchentliche Besprechungen, durch Gewinn- und Kapitalbeteiligung; so hat der Bertelsmann-Betrieb vor 25 Jahren eine Gewinn- und Kapitalbeteiligung eingeführt und seitdem eine Milliarde Mark an die Belegschaft verteilt. Günstig sind alle Maßnahmen, durch die der Arbeitende spürt, daß er/sie dem Betrieb auch als Mensch von Wert ist, daß die Sorge nicht nur seiner Arbeitskraft gilt. Durch geeignete Maßnahmen kann ein Solidaritätsgefühl entstehen, etwa als eine große Fluggesellschaft bei bedrohlichen Verlustzahlen beschloß, daß auch der gesamte Vorstand seine eigenen Bezüge beachtlich verminderte, nicht nur die Gehälter der Angestellten. Wenn ein Gefühl entsteht, daß «alle an einem Strang ziehen», dann bedeutet das einen enormen Gewinn für den einzelnen und für die Arbeitsmoral des Betriebes.

▷ Philosophisch-ethische Wertauffassungen sind bedeutsam, eine Firmen-Philosophie, wie sie einzelne Firmen haben. Hier sind die menschliche Sorge für die Mitarbeiter festgeschrieben sowie der Dienst am Kunden. Darin kann auch festgelegt werden, daß neben der fachlichen Kompetenz charakterliche Eigenschaften für den Betrieb bedeutsam sind: das Denken für das Gemeinwohl, Zurückstellen von Egoismus und Rücksichtslosigkeit. Wenn Vorstand und Management diese ethische Firmen-Philosophie konkret in ihrem Handeln und in ihren Maßnahmen zeigen, dann hat das eine enorme Auswirkung auf die Wertauffassungen und Arbeitsmoral der Arbeitenden.

▷ Qualitätskontrollen der Arbeitsproduktivität können wichtig sein. Einmal entsprechend der Wertauffassung, dem Kunden zu dienen, zum anderen um die Produktivität des Betriebes zu erhalten oder zu vergrößern. Sie sind auch günstig an Arbeitsplätzen, an denen die Produktivität wenig offensichtlich ist, so zum Beispiel bei manchen Bereichen im Öffentlichen Dienst. Interessanterweise klagten Beamte und Angestellte des Öffentlichen Dienstes mehr über Stress-Belastungen als Arbeitende in Gewerbe, Handel oder Industrie. Wird die eigene Arbeit nicht täglich deutlich unter dem Gesichtspunkt angemessener Produktivität gesehen, so kann es zu einer *Über*schätzung der eigenen Arbeit und eigenen Belastungen kommen. Schon kleinere Anforderungen werden dann als Stress eingeschätzt. Qualitätskontrollen auch in öffentlichen Verwaltungen ermöglichen dem einzelnen eine realere Betrachtung: «Was bekomme ich von der Gemeinschaft?» Und: «Was gebe ich der Gemeinschaft?»

Trainingsprogramme zur Stress-Verminderung und Gesundheitsförderung im Betrieb

Hier werden den Arbeitenden Möglichkeiten geboten, betriebliche Belastungssituationen stressfreier zu gestalten, Entspannungsformen sowie förderliche mentale Einstellungen zu lernen. Ich möchte eine wegweisende Untersuchung des Psychologie-Professors Berbalk von der Universität Hamburg anführen (19):

In einem deutschen Betrieb, der hochwertige Schreib- und Zeichengeräte herstellt, wurde ungelernten Arbeiterinnen aus der Fertigung und aus dem Versand, Durchschnittsalter 39 Jahre, mit deutlichen seelisch-körperlichen Belastungen, ein Trainingsprogramm angeboten. Es dauerte wöchentlich drei Stunden während der Arbeitszeit, neun Wochen lang. Es bestand aus progressiver Muskelentspannung, Einsatz der Entspannung in Stress-Situationen, Selbstbeobachtung bei Belastungssituationen, Entwicklung und Erprobung alternativer Stress-Bewältigungsformen, Vorstellungen im entspannten Zustand zur Bewältigung zurückliegender sowie bevorstehender Stress-Situationen, Stärkung des Selbstvertrauens durch Erprobung von neuem Verhalten im Rollenspiel, Entwicklung kurz- und langfristiger Änderungsstrategien.

Die Ergebnisse, verglichen mit einer Warte-Gruppe: Die Arbeiterinnen zeigten in psychologischen Tests größere Selbstzufriedenheit, größere Leistungsorientierung, geringere Erregbarkeit, Verminderung emotionaler Labilität sowie gemäß ärztlicher Untersuchung Verminderung körperlicher Beschwerden wie Erschöpfung, Magen-Herz-Beschwerden und bessere Immunabwehr aufgrund der Laborwerte. Das Programm wurde von den Teilnehmerinnen sehr gut akzeptiert; es kam zu einer größeren Nachfrage auch durch andere Betriebsangehörige.

Zusammengefaßt: Die berufliche Arbeitssituation bringt für viele Arbeitende schwierige Situationen mit sich, die zu Stress-Belastungen mit Gefährdung der seelisch-körperlichen Gesundheit führen können, ferner die Produktivität des Betriebes und das Arbeitsklima beeinträchtigen. Jedoch: Es gibt praktikable Möglichkeiten und Trainingsprogramme, die die Arbeitenden in Betrieben zu einer erheblichen Verminderung von Stress-Belastungen befähigen.

Was mich dabei fasziniert, sind Erfahrungen der Psychologie-Professoren Tusch aus Innsbruck und Crisand aus Ludwigshafen:

Arbeiterinnen und Arbeiter sowie Vorarbeiter, die vermutlich niemals mit psychologisch-therapeutischen Möglichkeiten in Kontakt gekommen wären, erfahren hier zugleich eine bedeutsame Förderung in ihrem Lebensstil. Die vermehrte Fähigkeit zu einem angemessenen Verhalten im Betrieb bei Belastungen und in sozialen Beziehungen verbessert auch den Umgang dieser Personen in der Partnerschaft und gegenüber ihren Kindern; ihre Sinn- und Wertauffassungen werden gefördert. So führen Stress-Verminderung und Gesundheitsförderung im Betrieb auch zu einer Förderung der persönlichen Entwicklung!

▼ Zur Änderung von Umweltbelastungen

Manche Belastungen in unserem täglichen Leben werden mitverursacht durch die Lebensumwelt. So fühlen sich ca. 75 Prozent der Bevölkerung in Großstädten durch den Verkehrslärm deutlich belästigt.

Die Lärmbelastung in Wohngebieten wurde durch das Bundesgesundheitsamt bei mehreren tausend Menschen an stark befahrenen Straßen untersucht: In den Schlafenden wurden verstärkt Stress-Hormone ausgeschüttet, der Blutdruck stieg. Kinder hatten häufiger Konzentrations- und Lernbehinderungen. Atemwegserkrankungen aufgrund der Schadstoffe waren häufiger. – Das lärmbedingte Herzinfarktrisiko ist wesentlich größer als das asbestbedingte Lungenkrebsrisiko, betont das Bundesgesundheitsamt. Trotzdem wurde mehr für die Asbestsanierung als für die Lärmminderung ausgegeben. – Die volkswirtschaftlichen Folgekosten bei Herz-/Kreislauferkrankungen allein durch *Arbeits*lärm betragen jährlich 2,5 Milliarden DM.

Weitere Umweltbelastungen sind: mangelnde Freizeitmöglichkeiten für Kinder, fehlende Kindergartenplätze, Häßlichkeit von Wohnkomplexen und industriellen Arbeitsstätten, Verschmutzung der Umwelt, geringe Gesundheitsförderung am Arbeitsplatz, Benachteiligung von Frauen im Beruf, allgemein unfreundliches zwischenmenschliches Klima, Zunahme von Aggression und Kriminalität, Beeinflussung von Jugendlichen durch ungeeignete Fernsehsendungen sowie durch Werbung für Konsumgüter, Nikotin und Alkohol. Viele Menschen, besonders mit niedrigem Einkommen und in ungünstigen Wohngegenden, fühlen sich diesen Belastungen machtlos ausgeliefert. Einiges können wir zwar auch in diesen Situationen für uns selbst allein tun, aber doch nur begrenzt.

Notwendig sind, damit wir nicht zu sehr geschädigt werden: engagierte Aktivitäten zusammen mit anderen in Gruppen, Parteien und in der Öffentlichkeit zur Änderung dieser Umweltbelastungen, für ein förderliches seelisches Umfeld. Das mindert zugleich das Gefühl von Machtlosigkeit und Resignation, besonders dann, wenn die Aktivitäten sinnvoll und angemessen geplant sind. Allerdings: Die positiven

Auswirkungen intensiver Bemühungen treten oft erst nach einiger Zeit ein. So können manche die Früchte ihrer Bemühungen selbst kaum ernten. Jedoch ist das Gefühl, etwas Sinnvolles zur Abwendung von Schäden bei Mitmenschen zu tun oder getan zu haben, ent-lastend.

250000 Kinder und Jugendliche bis zu 16 Jahren sind in Deutschland alkoholabhängig, ferner 2,5 Millionen Erwachsene. Das bedeutet eine starke seelische Belastung der übrigen Familienmitglieder. Etwa 2000 Menschen sterben jährlich bei alkoholbedingten Unfällen im Straßenverkehr, mehr als 50000 werden hierbei verletzt. Ein Faktor ist hierbei die Werbung für Alkohol und für die Droge Nikotin. Ein Engagement gegen diese schädliche Werbung in der Umwelt, etwa durch Verbände der Erzieher, Ärzte oder in Parteigremien, kann uns das Gefühl geben, diese Schädigungen nicht hilflos und inaktiv hinzunehmen.

Förderliche Gedanken – Bewertungen – Vorstellungen

Die «Macht» gedanklicher (mentaler) Vorgänge über unsere Gesundheit

Unser Bewußtsein ist meist erfüllt von einem andauernden Strom von Gedanken, Wahrnehmungen, Bewertungen und Vorstellungen.

Diese mentalen Vorgänge beeinflussen deutlich, ▷ was wir fühlen, ▷ wie wir uns verhalten, ▷ wie unsere körperlichen Vorgänge verlaufen. Je nach der Art der mentalen Vorgänge sind die Einflüsse förderlich, neutral oder ungünstig für unsere seelisch-körperliche Gesundheit.

Förderlich ist die Auswirkung mentaler Vorgänge, wenn wir Positives, Günstiges in unserer Umwelt und bei uns selbst wahrnehmen und denken, wenn wir Ereignisse und unsere Tätigkeiten als sinnvoll-befriedigend erleben, wenn wir Gedanken und Erinnerungen etwa der positiven Zuwendung, der Liebe, der Freude oder des Erfolges haben. Dann erleben wir überwiegend angenehme Gefühle, keine Ängste-Erregung-Spannung; unser Verhalten ist gelöster und freier; unsere körperlichen Vorgänge sind nicht beeinträchtigt; wir empfinden weniger Schmerzen und Erschöpfung, unser Schlaf ist erholsamer.

Die «Macht» mentaler Vorgänge auf Körperliches zeigt sich zum Beispiel, wenn Patienten eine Leer-Tablette (Placebo) gegeben wird. Sind die Patienten der Überzeugung, daß diese Tablette gut, hilfreich und heilsam für sie sein wird, dann treten bei manchen Erkrankungen von Patienten eine Zeitlang günstige körperliche Vorgänge ein.

Ungünstig ist die Auswirkung mentaler Vorgänge überwiegend bei seelischen Stress-Belastungen: Wir nehmen in der Umwelt oder bei uns selbst etwas als beeinträchtigend-bedrohlich wahr, wir bewerten Ereignisse und Maßnahmen anderer als verletzend, zurücksetzend oder ungerecht, wir fürchten um unsere Gesundheit oder die eines Angehörigen, wir erleben Disharmonie bei engen Freunden, wir können unsere Ziele nicht erreichen, fühlen uns überfordert, erwarten Nachteiliges für die Zukunft. Die Folgen dieser Gedanken sind: ▷ Wir spüren Gefühle von Spannung, Angst, Ärger, Unsicherheit, Sinnlosigkeit u. a. ▷ Unser Verhalten ist weniger gelöst-flexibel. ▷ Unsere Körpervorgänge werden durch die Aktivierung des Sympathischen Nervensystems ungünstig beeinflußt (Erhöhung von Puls, Blutdruck, Muskelspannungen und Veränderung des hormonalen Gleichgewichtes). Unser Schlaf ist eher unruhig, weniger erholsam; wir haben mehr belastende Träume.

Diese ungünstige «Macht» der Gedanken, Bewertungen und Vorstellungen zeigt sich etwa bei manchen Patienten mit einem Herzinfarkt oder mit einer Krebserkrankung: Häufig machen sie sich ängstliche sorgenvolle Gedanken über den weiteren Verlauf der Erkrankung und das, was an Unangenehmem auf sie zukommen könnte. Hierdurch herrschen häufig bei ihnen angstvolle beeinträchtigende Gefühle vor. Gemäß Untersuchungen wird ihre Lebensqualität mehr durch diese ängstlichen unangenehmen Gefühle beeinträchtigt als durch die körperlichen Symptome der Erkrankung.

Stress-Verminderung durch Änderung mentaler Vorgänge

Die «Macht» von Gedanken, Bewertungen und Vorstellungen kann eine wesentliche Hilfe für unsere seelisch-körperliche Gesundheit sein, wenn wir uns selbst und die Umwelt förderlich oder neutral bewerten können statt beeinträchtigend und belastend. Dann ändert sich unser Fühlen, unser Verhalten und unsere körperliche Gesundheit in günstiger Weise. Dies wurde in vielen Untersuchungen bestätigt. Sehr vereinfacht ausgedrückt: *Es ist wesentlich, was ein Mensch über sich und die Umwelt denkt.*

Die Änderung unserer Gedanken, Bewertungen und Sichtweisen ist oft die einzige verbleibende Möglichkeit. Manche Gegebenheiten und Ereignisse in unserem Leben können wir kaum ändern. Etwa wenn wir mit schwierigen Kollegen zusammenarbeiten müssen, wenn wir von einer Krankheit betroffen werden oder wenn wir gar den Partner durch den Tod verlieren. Wir können voller Wut und Verzweiflung dagegen ankämpfen, aber dies vergrößert nur unser Leid. Und auch das Ignorieren oder Unterdrücken von belastenden Gedanken und Gefühlen ist bei langfristigen Belastungen nachteilig.

So bleibt uns häufig nur die Möglichkeit: unsere Bewußtseinsinhalte, unsere Gedanken, Einstellungen und Vorstellungen zu ändern. Das heißt, das Geschehen anders zu bewerten, in anderer Bedeutung zu sehen. Eine Frau: «Das einzige, was ich tun kann, ist, daß ich meine Einstellungen zu dem ändere, was mich so schwer betroffen hat. Der Beginn hierzu war für mich die Erkenntnis, daß die Einschätzung von Ereignissen meine Gefühle bestimmt.»

Weniger negative, belastende, bedrohliche Gedanken und Vorstellungen zu haben bedeutet nicht, Schwierigkeiten oder Gefahren zu «verdrängen», zu ignorieren. Sondern auch bei förderlichen Gedanken nehmen wir Schwierigkeiten von Situationen durchaus wahr. Wir ziehen die Konsequenz für unser zukünftiges Verhalten, bereiten uns vor. Aber wir steigern uns nicht durch negative Überbewertung und sorgenvolles Grübeln in lähmende Ängste und Spannungen hinein und beeinträchtigen hierdurch unser Verhalten und unsern Körper. Gedanken, Vorstellungen und Bewertungen sollen unsere Handlungen und unser Verhalten fördern und stützen, unsere Leistungsfähigkeit verbessern, statt sie zu beeinträchtigen und zu lähmen.

So sind auch positive Einstellungen und Gedanken für Sportler, zum Beispiel Abfahrtsläufer oder Skispringer, entscheidend. Durch negative Gedanken, angstvolle Vorstellungen und Grübeln werden sie in ihrer Leistungsfähigkeit stark beeinträchtigt. Der Satz der Sportpsychologie: «Siege finden weitgehend im Kopf statt» charakterisiert das. Diese positive mentale Einstellung bedeutet jedoch nicht, daß Sportler die Schwierigkeiten und Gefahren einer Skipiste verkennen, ihre Konkurrenten unrealistisch einschätzen und sich nicht intensiv auf schwierige Situationen durch häufiges Training vorbereiten.

Die Auswirkung günstiger sowie ungünstiger mentaler Vorgänge auf Körper, Gefühle und Verhalten ist in der folgenden Skizze veranschaulicht:

122 Förderliche Gedanken

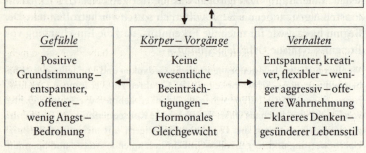

Förderliche mentale Vorgänge und Auswirkungen

Gedanken – Bewertungen – Vorstellungen

Die eigene Person und Situationen der Umwelt werden als günstig, neutral oder herausfordernd gesehen. – Eigene Tätigkeiten werden häufig als sinnvoll erlebt. – Bei Belastungen werden die auch vorhandenen förderlichen Aspekte gesehen u. a.

Gefühle
Positive Grundstimmung – entspannter, offener – wenig Angst – Bedrohung

Körper – Vorgänge
Keine wesentliche Beeinträchtigungen – Hormonales Gleichgewicht

Verhalten
Entspannter, kreativer, flexibler – weniger aggressiv – offenere Wahrnehmung – klareres Denken – gesünderer Lebensstil

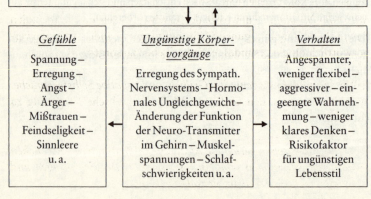

Beeinträchtigende mentale Vorgänge und Auswirkungen

Die eigene Person und Situationen der Umwelt werden als beeinträchtigend-bedrohlich gesehen. – Häufige negative, mißtrauische, feindselige Gedanken. – Sorgenvolles Grübeln und negative Selbstgespräche. – Vermehrte Zuwendung zu dem Ungünstigen in Wahrnehmung, Denken und Erinnerung. – Auffassung, das eigene Leben nicht sinnvoll gestalten zu können u. a.

Gefühle
Spannung – Erregung – Angst – Ärger – Mißtrauen – Feindseligkeit – Sinnleere u. a.

Ungünstige Körpervorgänge
Erregung des Sympath. Nervensystems – Hormonales Ungleichgewicht – Änderung der Funktion der Neuro-Transmitter im Gehirn – Muskelspannungen – Schlafschwierigkeiten u. a.

Verhalten
Angespannter, weniger flexibel – aggressiver – eingeengte Wahrnehmung – weniger klares Denken – Risikofaktor für ungünstigen Lebensstil

Wie können wir unsere mentalen Vorgänge günstig beeinflussen?

Durch stetes Bemühen können wir es lernen, mehr Frau/Herr unserer Gedanken, Vorstellungen und Bewertungen zu werden und zu bleiben, unser Bewußtsein mit mehr förderlichen Inhalten zu füllen. Ein gewisses Bemühen ist notwendig; denn die ungünstigen belastenden Gedanken und Vorstellungen sind des öfteren recht fest in uns «verankert». Warum ist das so?

▷ Viele belastende Gedanken über uns und die Umwelt haben wir schon mehrere hundertmal gedacht, etwa «Ich werde es nicht schaffen», «Ich habe Angst vor Hunden» usw. So haben sie in unserem Gedächtnis eine gewisse «Wichtigkeit». Auch manche Formen des Denkens und Bewertens werden durch ihre große Häufigkeit zur Gewohnheit. Etwa die Ereignisse in der Umwelt und bei uns selbst eher pessimistisch zu sehen, ungünstig-negativ. «Ich neige dazu, an allem nur das Schlechte zu sehen, immer nur die Gefahren zu sehen, die auf mich zukommen könnten.» Andere haben es gelernt, kleine Mißgeschicke zu «Katastrophen» aufzubauen oder sich selbst überwiegend mit Menschen zu vergleichen, denen es äußerlich gesehen besser geht.

▷ Die belastenden Gedanken und Vorstellungen, die in das Bewußtsein treten, sind verbunden mit der Aktivierung des Sympathischen Nervensystems, also mit der Alarmierung von Körpervorgängen und mit Gefühlen der Spannung, Erregung und Ängsten. Deshalb vergessen wir diese Gedanken und Bewertungen oder Erfahrungen nur schwer. Und: Durch die Aktivierung des Sympathischen Nervensystems ist unser Bewußtsein automatisch auf Bedrohliches-Belastendes eingeengt; ein ruhiges Nachdenken ist erschwert und damit auch eine Änderung der belastenden Gedanken und Erinnerungen.

Was können wir tun, um trotz der Erschwerungen unsere mentalen Bewußtseins-Vorgänge günstig zu beeinflussen, zu ändern? Und so verantwortlich für ein gesundes seelisches Leben zu sorgen?

I. *Wir vermindern sorgenvolles Grübeln und negative Selbstgespräche.* Wir bemühen uns, den Gedanken-Müll, die seelische Vergiftung zu ent-sorgen.

II. *Durch nach außen gerichtete Aktivitäten und durch das Aufsuchen förderlicher Situationen schaffen wir uns günstige Erfahrungen und Bedingungen für förderliche mentale Vorgänge.*

III. *Wir bemühen uns, förderliche Inhalte – Gedanken, Bilder, Vorstellungen – vorrangig unserem Bewußtsein zuzulassen.* Etwa indem wir uns Positivem-Gutem in der Umwelt und bei uns verstärkt zuwenden und es erinnern, indem wir uns um Sinn-Erfahrungen und seelischen Halt bemühen, um spirituell-religiös-philosophische Auffassungen. Anders ausgedrückt: Wir bemühen uns, unserem Bewußtsein mehr «Vollwert-Gedanken» zuzuführen und nicht Gedanken-Sperrmüll.

IV. *Wir lernen, mit unserem willentlichen Bemühen bestimmte Formen unseres Denkens-Bewertens in unserem Bewußtsein zu fördern,* zum Beispiel mehr das Wesentliche zu sehen, andere und uns weniger zu richten-beurteilen, Schwierigkeiten als Herausforderung zu sehen u. a. –

Diese Möglichkeiten habe ich im folgenden zusammengestellt, aus den Erfahrungen von mehreren hundert Befragten sowie aus wissenschaftlichen Untersuchungen über mentale Vorgänge bei seelischer Gesundheit und seelischer Erkrankung. Die Befunde stehen in Übereinstimmung mit manchen Erfahrungs- und Lebensweisheiten von Generationen sowie manchen Botschaften der religiösen, spirituellen und philosophischen Menschheitslehrer.

▽△ Sorgenvolles Grübeln und negative Selbstgespräche vermindern

Durch kaum eine andere seelische Aktivität beeinträchtigen wir unsere Lebensqualität und seelische Gesundheit so deutlich wie durch sorgenvolle negative Selbstgespräche. Häufige intensive negative Selbstgespräche sind auch ein Risikofaktor bei der Entwicklung, Auslösung und Aufrechterhaltung von seelischen Erkrankungen (Depressionen, Psychosen). Jugendliche, Erwachsene und ältere Menschen, die viel grübelten und negative Selbstgespräche führten, waren häufiger in ihrer seelischen Gesundheit beeinträchtigt und depressiv (140; 82, 14). Sie unternahmen zugleich weniger Problem-Löse-Aktivitäten zur Bewältigung ihrer Schwierigkeiten (24). Dieser Zusammenhang zwischen häufigem sorgenvollem Grübeln und seelischen Beeinträchtigungen ist meist wechselseitig: Fühlen wir uns seelisch beeinträchtigt, neigen wir stärker zum Grübeln. Und Grübeln wiederum vermehrt die seelischen Beeinträchtigungen.

Was ist sorgenvolles Grübeln?

Es ist ein intensives Denken, Vorstellen und Fantasieren über schwierige bedrohliche Situationen und über Schwierigkeiten bei uns selbst. Belastendes, Bedrohliches der Vergangenheit, Gegenwart oder Zukunft sind im Zentrum unseres Bewußtseins. Das sorgenvolle Grübeln wiederholt sich meist mehrmals am Tag; manchmal stundenlang; und über Tage oder Wochen hindurch. Vielen fällt es schwer, von diesem sorgenvollen Grübeln abzulassen.

Anlässe für das Grübeln sind häufig: Wir stehen vor einem Ereignis, das wir als schwierig oder bedrohlich für uns bewerten und über das wir keine Kontrolle zu haben glauben – eine unbekannte Situation, eine wichtige ärztliche Diagnose, Unklarheit über unseren Arbeitsplatz oder über die Beziehung eines nahen Menschen zu uns, Unsicherheit, ob wir einer Situation gewachsen sein werden. «Wenn ich eine ungewisse schwierige Situation vor mir habe, beunruhigt mich das und läßt mich immer wieder überlegen und grübeln, was wohl hinter dieser unangenehmen Situation steckt und wie das Ganze für mich aussehen kann.» Wir machen uns Gedanken über die Zukunft, fürchten Nachteile zu erleiden, unsere Ziele nicht zu erreichen.

Auch *nach* belastenden Situationen, etwa wenn wir von jemand verletzt, abgewiesen oder gedemütigt wurden, wenn wir versagten oder Ärger und Angst empfanden, wenn wir von der Erkrankung eines Angehörigen erfuhren, dann beschäftigen wir uns in Gedanken lange damit, oft auch abends vor dem Einschlafen. Oder es werden uns versäumte Gelegenheiten bewußt, «Hätte ich doch nur...». Wir haben ein «schlechtes Gewissen», quälende Gedanken, machen uns Vorwürfe, «Wie konnte ich bloß...». Wir spüren Schuldgefühle.

Beim sorgenvollen Grübeln bleiben sich die Gedanken häufig ähnlich und kehren wieder. Wir drehen uns im Kreis mit unserem Denken.

«Wenn ich psychisch angeknackst bin, dann ist mein Bewußtsein voll von Gedankenfetzen, die keinen Anfang und kein Ende haben, die manchmal aufeinander aufbauen, aber auch völlig zusammenhanglos sind. Es ist ein ständiges Kreisen von Gedanken und Vorstellungen. Nach einiger Zeit fängt der Teufelskreis wieder an, mit den gleichen Elementen, nur in anderer Reihenfolge. Manchmal folgen die Gedanken wahnsinnig schnell aufeinander, ganz kurz und ohne jeden Übergang.»

Unsere Aufmerksamkeit ist voll auf unsere Belastungen, Schwächen, Ängste und Fehler gerichtet. Wir stellen uns in Frage, wir zweifeln an uns. Eine Frau, 23: «Während der Pubertät habe ich sehr häufig gegrübelt, fast immer, wenn ich allein war. Ich war so verletzlich. ‹Wer liebt mich?› – ‹Werde ich akzeptiert?› – ‹Wie muß ich mich benehmen, damit ich akzeptiert werde?› – ‹Mich liebt keiner!› Ich habe die Umwelt dafür verantwortlich gemacht, für alles, für mein Grübeln, für meine Unfähigkeit, selbst etwas zu tun, für meine Flucht vor den Dingen, die ich eigentlich tun müßte. Ich war voller Selbstmitleid; manchmal wieder voller Selbsthaß und dann wieder voller Haßgefühle auf die Personen, über die ich grübelte.» –

Während der letzten Zeit der Krebserkrankung meiner Lebenspartnerin Anne-Marie wachte ich des öfteren nachts auf und grübelte, wie es wohl weitergehen würde, was sich verschlimmern könnte, ob ich fähig sein würde, ihr in den letzten Tagen während ihres Sterbens zu Hause bei der Verminderung der Schmerzen angemessen zu helfen. Ich bemerkte, daß meine Befürchtungen und Ängste durch das Grübeln größer wurden. Das bevorstehende Ereignis erschien in der Dunkelheit der Nacht besonders bedrohlich. Ich habe mich dann immer energisch bemühen müssen, von diesem Grübeln wegzukommen, etwa meine Aufmerksamkeit voll auf meinen Atem zu richten, mich zu entspannen, um wieder einzuschlafen. Eine eindringliche Erfahrung für mich war: Die reale Situation war dann nie so schwierig, wie ich es mir zuvor in sorgenvollen Gedanken vorgestellt hatte. In der realen Situation konnte ich aktiv handeln; beim Grübeln stellte ich mir immer nur vor und malte mir aus, was an Schwierigem auf mich zukam, ohne handeln zu können.

Der Unterschied zwischen Grübeln und Nachdenken. Beim Nachdenken sind wir meist ziel- und aufgabenorientiert. Unsere Gedanken sind oft sachbezogen, nach außen gerichtet, auf die Umwelt, auf andere Menschen, auf unser Verhalten ihnen gegenüber. Wir bereiten uns mit dem Nachdenken auf eine Situation vor, rüsten uns. Ferner: Wir fühlen uns meist nicht erregt und in Stress-Spannung; unser Sympathisches Nervensystem ist nicht alarmiert.

Dagegen ist dies beim Grübeln der Fall. Hier sind wir auch – biologisch bedingt – überwiegend auf das Negative, Bedrohliche eingeschränkt. Wenn Sie bemerken, «Ich denke längere Zeit immer wieder dieselben Gedanken», «Ich bin innerlich erregt, habe ungünstige Gefühle und beschäftige mich häufig mit meinen Schwächen oder mit dem Bedrohlichen in der Umwelt», dann ist es sorgenvolles Grübeln.

Wenn Sie dagegen nachdenken oder sich klären, dann werden Sie bei sich feststellen: ‹Ich plane, wie ich mich verhalten werde›, ‹Ich überlege, wie ich der Situation besser begegnen kann›, ‹Ich bemühe und suche Lösungen, aber ich bin nicht ängstlich-erregt-pessimistisch›.

Auf Spaziergängen oder in Pausen denke ich oft nach, führe Selbstgespräche. Ich beschäftige mich gedanklich mit meiner Arbeit, etwa was ich besser machen kann. Das ist manchmal auch anstrengend, führt teilweise zu Muskelspannungen, besonders, wenn ich körperlich erschöpft bin. Entscheidend aber ist: Ich beschäftige mich mit etwas, das gleichsam außerhalb von mir liegt, das ich durch mein Handeln verbessern kann, das ich tun möchte. Ich empfinde keine Bedrohung oder keine Erregung durch das Nachdenken.

Der amerikanische Lebensberater Carnegie: «Wir müssen uns über unsere Probleme Gedanken machen, aber keine Sorgen. Was ist der Unterschied? Wenn ich in New York über eine verkehrsreiche Kreuzung gehe, mache ich mir Gedanken über das, was ich tue, aber ich bin nicht besorgt. Sich Gedanken machen bedeutet zu erkennen, wo das Problem liegt, und dann ruhig etwas zu unternehmen, um es aus der Welt zu schaffen. Sich Sorgen machen heißt, sich verzweifelt und hoffnungslos im Kreis zu drehen.» (34, S. 128)

Negative Selbstgespräche: Hier sprechen wir im stillen negative Gedanken, Bewertungen und Beurteilungen über uns, über die Umwelt und andere Menschen: «Ich schaffe es nicht.» – «Immer passiert *mir* das, ich bin ein richtiger Pechvogel.» – «So wie ich immer versagt habe, werde ich auch hier versagen.» – «Ich darf keinem Menschen trauen.» – «Die anderen sind gemein.» – «Bei mir geht immer alles schief.» – «Ich habe eben kein Talent.» – «Ich kann es nicht, ich bin zu schüchtern.» – «Niemand kümmert sich um mich.» – «Ich hasse meinen Beruf.»

Selbstgespräche zu führen ist etwas Natürliches. Die meisten sprechen lautlos öfter zu sich selbst, führen einen inneren Dialog mit sich. Das erleichtert manchmal auch das Denken und Handeln. Entscheidend ist der Inhalt: Bei negativen Selbstgesprächen äußern wir häufig negative Urteile über uns selbst oder die Umwelt, wir kritisieren uns selbst, verurteilen uns und andere. Häufig sind es abwertende, ablehnende und resignative Urteile. Wir sind meist in ungünstiger Stimmung dabei.

Die Auswirkungen sorgenvollen Grübelns und negativer Selbstgespräche

Das häufige gedankliche und bildliche Vorstellen bedrohlicher Ereignisse sowie abwertende Aussagen über uns sind gleichsam ein intensives *negatives mentales Training*. Es ist beeinträchtigend für unser seelisch-körperliches Befinden:

▷ Unser Sympathisches Nervensystem wird alarmiert: Muskelspannungen, Beschleunigung von Atmung und Puls, hormonales Ungleichgewicht u. a. treten ein. Da wir uns bei sorgenvollem Grübeln meist nicht körperlich betätigen oder etwas aktiv unternehmen, hat diese körperliche Alarmierung ungünstige Folgen. «Nach einiger Zeit des Grübelns fühle ich mich körperlich sehr mitgenommen, Muskelverspannungen im Rücken, Kopfschmerzen, verspannter Körper.» Der Hamburger Psychologie-Professor Berbalk stellte fest: Wenn sich Untersuchungspersonen im Gespräch bedrohliche Alltagssituationen vorstellten, dann stieg ihr Blutdruck stärker an als in den entsprechenden realen Situationen.

▷ Wir erleben belastende ängstliche Gefühle. Eine Frau, 32: «Eine ungewisse Situation beunruhigt mich immer schon vorher. Meist versuche ich dann, im verbissenen Alleingang meine Probleme durch Grübeln und Brüten darüber zu lösen. Je mehr ich das aber tue, um so mehr gerate ich in einen Strudel von Gefühlen, die fast über mir zusammenschlagen. Ich fühle mich dann als ein Spielball von Ängsten und zwanghaften Reaktionen, die ich kaum noch beeinflussen kann.»

▷ Unser Wahrnehmen und Denken werden durch die körperlichen Stress-Vorgänge beeinträchtigt, eingeengt wie bei einem Blick durch einen Tunnel und ausgerichtet auf Negativ-Bedrohliches, besonders durch das hormonale Ungleichgewicht und die dadurch geänderte Funktion der Neurotransmitter im Gehirn:

Durch die körperliche Alarmierung werden unsere Gedanken immer schneller, fangen gleichsam an zu galoppieren. Wir haben «verrückte Gedanken», unkontrollierte abwegige Einfälle. Wir haben den Eindruck, diese chaotische Flut von Gedanken nicht anhalten zu können. Des öfteren teilten mir Menschen nach Vorträgen mit, sie hätten die intensiven Grübelgedanken, die sie fast zwanghaft erlebten, als erste Anzeichen des Wahnsinns gesehen. Die Befürchtung, verrückt zu werden, löste wiederum neue Ängste, zum Teil Panik aus, besonders weil sie keine Möglichkeit sahen, das Grübeln abzustellen, sondern sich ausgeliefert fühlten. Eine 50jährige Frau: «Ich dachte, wahnsinnig zu werden. Ich dachte, jetzt wirst du verrückt mit diesen andauernden Gedanken, ohne daß ich das irgendwie abstellen konnte, was mich innerlich auffraß. Ich war wie in einer tiefen Grube versunken in meinen Gedanken und Vorstellungen.»

▷ Die abwertenden Urteile bei den negativen Selbstgesprächen – «Ich kann das nicht!», «Ich bin ein Versager!» – haben ungünstige Gefühle in uns zur Folge und beeinträchtigen unser Verhalten. Ferner: Die häufigen abwertenden Gedanken und Urteile über uns verfestigen sich, sie treten hierdurch häufiger in das Bewußtsein.

▷ Durch die ängstliche Erregung sowie durch unsere eingeengte Wahrnehmung kommen wir zu falschen Auffassungen und Schlüssen. Wir überbewerten Ereignisse. Wir verlieren die Tatsachen aus den Augen (66). Wir verrennen uns, zumal wir keine Außenanregungen, Rückmeldungen oder Korrekturen von anderen erhalten, wie etwa bei Gesprächen, um aus unseren kreisenden Gedanken herauszukommen. Wir machen keine Erfahrungen durch Handlungen. Oft steigern wir uns in die Befürchtungen hinein. Durch die eingeengte Wahrnehmung haben wir keinen Überblick über die vielen anderen Aspekte der Situation. Wir betrachten uns und die Situation gleichsam mit Scheuklappen. Wir erwarten und befürchten das Ungünstigste. So wird die Realität immer mehr verzerrt; wir entfernen uns zunehmend von einer «Lösung» der Schwierigkeiten.

▷ Wir kommen auf ausgefallene Erklärungsversuche, wie wir in die Schwierigkeiten hineingerieten, etwa daß andere Menschen schuld daran seien. Unsere Gedanken über die Verursachung oder unsere Auffassungen über den möglichen Ausgang von befürchteten Ereignissen können sich durch andauerndes Grübeln so sehr festigen, daß sie uns kaum mehr loslassen und wir sie als real ansehen. Aus unseren Gedanken der Minderwertigkeit und Unzulänglichkeit für eine Situation schließen wir, minderwertig und unzulänglich zu *sein*. So sehen wir im Zustand sorgenden Grübelns, in der Eskalation unserer Gedanken, eine verzerrte Gedanken-Wirklichkeit – und halten sie für die Realität.

Eine Frau: «Bis zum Stress-Seminar litt ich unter eigenartigen, psychosomatisch bedingten Schmerzen. Dann kam das Grübeln über die Ursachen; dann kamen Ängste, dann kamen größerer Schmerz und schließlich starke Angst, wirklich ernstlich krank zu sein, Krebs zu haben. Aber nach dem Seminar wurde mir an den Beispielen bewußt, daß *ich* es war, die sich da hineinsteigerte. Durch die Befürchtungen und Vorstellungen schaffte ich mir meine eigenen Schmerzen. Es klingt unwahrscheinlich, aber meine Schmerzen sind jetzt vergangen.» –

«Allmählich glaubst du, daß die Dinge *wirklich* so schlimm sind, wie du dir es einbildest», schreibt der amerikanische Psychologe Burns: «Betrachtest du deine Vergangenheit, dann fallen dir nur all die üblen Dinge ein, die dir widerfahren sind. Wenn du versuchst, dir deine Zukunft auszumalen, siehst du nichts als Leere, endlose Probleme und

Seelenqualen. Aufgrund dieser trostlosen Aussicht entsteht ein Gefühl von Hoffnungslosigkeit. Dein Denken wird von einer durchdringenden Negativität beherrscht. Du nimmst dich selbst und die ganze Welt in düsteren schwermütigen Farbtönen wahr.» (31, S. 24)

▷ Grübeln vermindert unsere Fähigkeit, mit gegenwärtigen oder zukünftigen Schwierigkeiten besser umzugehen. «Das viele Grübeln und meine Selbstzweifel führen zu negativen Erwartungen, und das lähmt meine Gefühle in der Situation und meine ganze Aktivität.» Auch unsere Alltagsverrichtungen werden beeinträchtigt. Wir sind mit unserer Aufmerksamkeit nicht voll bei unseren Handlungen in der Gegenwart, sondern bei unseren grübelnden Gedanken. Wir sind «geistesabwesend». Bei beruflichen oder häuslichen Tätigkeiten machen wir mehr Fehler und erleben so mehr Stress. «Wenn ich grüble, dann kann es geschehen, daß ich mich völlig verliere», schreibt eine Frau. «Ich lese das gar nicht, was ich in der Hand habe; ich höre nicht, wenn mich jemand anspricht. Ich bin so eingesponnen in meine Gedanken, daß ich das, was um mich herum vorgeht, gar nicht richtig wahrnehme. Alle Kraft geht in das Grübeln.»

▷ Grübeln erschwert das Einschlafen, fördert Schlafschwierigkeiten. Personen mit depressiven Verstimmungen und Schlafschwierigkeiten haben mehr ängstliches Grübeln (76). Leider werden bei Schlafschwierigkeiten häufig nur Medikamente verordnet, ohne daß die Patienten über die Auswirkungen des Grübelns und Möglichkeiten der Verminderung informiert werden.

▷ Häufiges intensives Grübeln beeinträchtigt nicht nur die seelische Gesundheit, sondern auch die körperliche Gesundung: Unfallpatienten einer chirurgischen Klinik sowie Patienten mit chronischem Rheuma, die mehr grübelten und häufig darüber nachdachten, warum gerade sie der Unfall, die Krankheit getroffen habe, fühlten sich unwohler, hatten eine ungünstigere Genesung, eine längere Verweildauer im Krankenhaus und konnten Krankheit und Unfall weniger günstig bewältigen (147; 15; 2).

Verminderung von Grübeln und negativen Selbstgesprächen

Einsicht in die schädlichen Auswirkungen durch Informationen

Das ist ein erster Schritt. «Mir ist klargeworden, daß ich bei einem Stimmungstief aufhören muß zu grübeln, da ich doch nur Gedanken anstelle, die nicht zutreffen, sondern mich belasten.» – «Ich bin mir jetzt bewußt, daß ich oft in meinen grübelnden Gedanken nur das Negative betrachte und das Positive übersehe.» Allmählich sehen Menschen deutlicher, was sie sich durch ihr Grübeln antun, wie sehr sie sich damit belasten. «Ich will meine unbegründeten grübelnden Angstgedanken mehr vermindern, um offener zu werden für das, was ‹Leben› ist.»

Etliche haben noch die Auffassung, sie könnten ihre Schwierigkeiten durch Grübeln lösen, würden so mit dem belastenden Ereignis besser fertig. «Ich muß mich doch durch meine Schwierigkeiten hindurcharbeiten, ich muß grübeln», sagt ein Mann. Durch dieses sorgenvolle Grübeln rutschen wir jedoch tiefer in die «Grube» hinein. Es kommt zu einer Zunahme seelischer Beeinträchtigungen. Natürlich ist es naheliegend, daß wir in Gedanken nach Möglichkeiten suchen, die Belastung doch noch zu beeinflussen oder abzuändern. Wenn wir uns jedoch in einem angespannten bedrohten Stress-Zustand befinden und unser Körper alarmiert ist, dann sind unsere mentalen Vorgänge stark eingeschränkt, wir bewegen uns mit unseren negativen Gedanken im Kreis. Wir erschöpfen uns im Ausmalen der ungünstigen Aspekte der Situation. *Negative Gedanken und Vorstellungen hundertfach im Bewußtsein zu haben ist kein «Verarbeiten», sondern selbstzerstörend.*

Für manchen ist die Einsicht zunächst schwer, daß Grübeln so schädigend ist. Eine 42jährige Frau in einem Brief: «Ich habe mich negativen Gedanken immer sehr geöffnet. Denn beim Zurückdrängen negativer Gedanken und Gefühle dachte ich: ‹Das ist wie das Ausschalten eines Radios, bei dem mir das Programm nicht paßt.› Auch Bücher über den Wert positiver Gedanken haben bei mir nur trotzige Gegenwehr wachgerufen. Bei Ihrem Seminar konnte ich ohne mißtrauischen Widerstand zuhören und schließlich annehmen, daß es nicht sinnvoll ist, grübelnde Gedanken und die dadurch erzeugten Gefühle als gegeben hinzunehmen. Bisher war ich immer der Auffassung, daß gerade die negativen Gedanken einen Sinn haben, und betrachtete sie als Rätsel, die gelöst werden mußten. Aber es stimmt schon, es ist ein Kreisdenken. Es ähnelt einer Sucht, es führt zur Eskalierung, es kommt dabei verdammt wenig heraus. Man wühlt im Dreck; ich hatte so große Schwierigkeiten, danach alles zu verarbeiten, von einer Änderung des Verhaltens ganz zu schweigen. Mir war das bisher nicht klar.»

Eine Verminderung sorgenvoller negativer Gedanken und Selbstgespräche ist *keine Verdrängung*, keine Unterdrückung von Gefühlen, die sich schädlich auswirken kann. Jedoch ist dieses manchen nicht bekannt. Eine Frau schrieb mir: «Nach dem Seminar vor einigen Wochen habe ich versucht, nicht mehr so zu grübeln, meine Probleme gelassener zu sehen. Dabei hat sich des öfteren bewahrheitet: Alles ist halb so schlimm. Aber eines beschäftigt mich noch immer: ‹Ist das nicht ein Verdrängen? Man soll doch spontan auftauchende Gefühle, auch wenn sie voller Angst sind, nicht blockieren?›» Hier sind sachliche Informationen wichtig: *Wir* produzieren unsere ungünstigen Gefühle, *wir* rufen sie hervor, durch unsere negativen sorgenden Gedanken und Vorstellungen. Vermindern wir diese Gedanken-Vorstellungen, die wir meist schon hundertfach oder gar tausendfach im Bewußtsein hatten, so erleben wir weniger ungünstige Gefühle, ohne sie irgendwie zu unterdrücken. Wenn Sie negative Gedanken oder Vorstellungen schon mindestens fünfzig- oder hundertmal im Bewußtsein hatten, dann bedeutet eine Änderung oder Verminderung dieser Gedanken kein «Verdrängen», sondern eine Verminderung der seelisch-körperlichen Selbstzerstörung.

Diese Informationen über grübelnde Selbstgespräche führen zu erleichternden Einsichten. Eine Seminarteilnehmerin: «Als Frau glaubte ich, ein ‹Gefühlsmensch› zu sein. Und so war ich immer sehr meinen Gefühlen hingegeben und ihnen dementsprechend ausgeliefert. Irgendwann erkannte ich, daß meinen Gefühlen Gedanken vorausgingen, daß die Gedanken diese Gefühle erzeugen. Mir wurde klar, daß es Gedanken sind, von denen ich mich beherrschen lasse. Und je deutlicher es mir wurde, daß ich einen freien Willen habe, desto mehr setzte ich nun meinen Willen ein, um meine Gedanken zu steuern. Bald lernte ich, daß es darauf ankommt, die unguten Gedanken zu erkennen und sie zu stoppen. Denn sobald ich diese Gedanken häufig zulasse, vermehren sie sich schnell. Ich glaube, die Menschen unterschätzen die Macht dieser Gedanken. Sie erkennen nicht, daß wir mit Gedanken sehr verantwortungsbewußt umgehen müssen.»

Grübel-Stop

Immer wenn wir uns beim Grübeln und negativen Selbstgesprächen ertappen, sagen wir uns: «Stop!» Oder: «Stop mit dem Grübeln!» Das ist eine wirksame Möglichkeit. Wenn wir allein sind, sagen wir diesen Stop am besten laut zu uns, etwa auch, indem wir die Hand zur Faust machen und nach unten führen. Eine Psychologin machte zusätzlich folgendes: «Immer wenn ich mir stop sage, sehe ich zugleich deutlich ein Stopschild wie auf der Straße vor mir.»

In Zeiten von seelischen Belastungen werden wir uns dieses Stop-Zeichen häufig geben müssen. Es ist gut, dabei nicht ärgerlich zu werden, uns zu verurteilen oder dagegen anzukämpfen. Wir können uns sogar etwas freuen, daß wir uns des Grübelns, Klagens und Dramatisierens bewußt geworden sind, bemerkt haben, wie beeinträchtigend wir mit uns umgehen.

Wir können gleichsam zu uns sagen: «Aha, ich habe wieder über diese vergangene verletzende Situation nachgedacht. Aber damit belaste ich mich zu sehr!» Es ist kein Ankämpfen gegen das Grübeln, sondern ein möglichst aufmerksames distanziertes Beachten dessen, was in uns geschieht. Bei einer solchen Haltung gehen die Gedanken schneller vorbei.

Eine Frau schrieb mir einige Zeit nach einem Vortrag: «Das ‹Stop mit dem Grübeln› hat mir sehr geholfen, es ist tatsächlich wirksam. Ich bin augenblicklich auf solche ‹Krücken› angewiesen. Denn bisher fühlte ich mich wie eine Fliege im Spinnennetz, die sich der Spinne völlig ausgeliefert sieht. Angst und Hoffnungslosigkeit beherrschen mich beim Grübeln.»

Auch bei Sportlern ist das Stoppen belastender negativer Gedanken wichtig. Ein Tennisspieler der Weltklasse: «Wenn der Ball gespielt wird, auch nach einem verlorenen Punkt, erlaube ich mir keine negativen Gedanken.»

Durch positive Gedanken den Grübel-Stop unterstützen

Unmittelbar nach dem Grübel-Stop denken wir etwas Positives, zum Beispiel: «Ich will es schaffen», «Ich werde mir Mühe geben». Eine Frau: «Für mich war die Einsicht sehr wichtig, daß es gut ist, an Positives zu denken. Ich denke jetzt nach dem Grübeln bewußt an schöne Erlebnisse.»

Schon vor langer Zeit praktizierten Mönche folgendes: Sobald ein negativer Gedanke in ihr Bewußtsein trat, dachten sie gleich danach einen positiven Gedanken. Am Anfang werden wir uns um positive Gedanken bemühen müssen; allmählich fällt es uns dann leichter. Wenn es uns schwerfällt, etwas zu finden: Der Gedanke braucht dem negativen nicht genau entgegengesetzt oder irgend etwas «Großes» zu sein. Auf den negativen Gedanken «Ich schaffe es nicht, ich werde versagen» können wir zu uns sagen: «Ich bin ein friedlicher Mensch», «Ich habe genug zu essen und eine gemütliche Wohnung». Oder wir denken etwas Schönes, das wir in unserer Umwelt sehen: «Da hinten, dieser große Baum ist schön.» – «Wie kreativ die Kinder auf diesem Spielplatz spielen.»

Ähnliches mache ich manchmal, wenn ich bei einem Gang in der Natur über schwierige berufliche Aufgaben nachdenke. Dieses aufgabenbezogene Nachdenken ist im Vergleich zum selbstbezogenen sorgenvollen Grübeln nicht schädlich. Aber ich merke, daß ich hierdurch zuwenig in der Gegenwart lebe und die Natur wenig beachte. So rede ich zu mir selbst über die Schönheit in der Umwelt und verdeutliche sie mir. Ich bin dann aufmerksamer nach außen orientiert. Manchmal stelle ich mir auch vor, daß ich einem blinden Menschen die Schönheit der Umgebung bei einem Spaziergang oder einer Bahnfahrt beschreibe.

«Allmählich lerne ich es», sagt ein Mann, «meinem Bewußtsein mehr von dieser gedanklichen Vollwertkost zuzuführen.» – Ein Hinweis: Die Kraft, die «Macht» der negativen Gedanken auf unser Fühlen und Verhalten besteht z. T. darin, daß wir sie Hunderte von Malen gedacht haben. Eine größere Häufigkeit ist ebenfalls wichtig, damit sich die «Macht» positiver Gedanken förderlich auswirkt.

Förderliche Aktivitäten nach dem Grübel-Stop

Manche Menschen schaffen es, die sorgenvolle gedankliche Weiterbeschäftigung mit dem Willen zu beenden, sich von dem belastenden Ereignis zu distanzieren, «abzuschalten». «Wenn ich ungelöste Probleme habe», sagt eine 60jährige Frau, «und ich habe keinen verständnisvollen Gesprächspartner und nichts anderes ist möglich, dann suche ich, nicht daran zu denken, es abzuschütteln.»

Vielen aber gelingt das nur schwer. Was können sie tun? Von unseren Befragten wurden kurze Aktivitäten als hilfreich genannt, die zu einer äußeren Unterbrechung der sorgenvollen Gedanken führten. Eine Frau: «Wenn ich bemerke, daß ich bei meiner Schreibtischarbeit über meine Sorgen grübele, stehe ich mit den Worten ‹Stop mit dem Grübeln› auf und bewege mich im Zimmer. Danach bin ich konzentrierter bei meiner Arbeit.»

Manche führten eine Tätigkeit mit mehr Achtsamkeit und Bewußtheit aus. «Ich gebe mir jetzt öfter bei der Hausarbeit einen ‹Grübel-Stop›. Wenn ich danach meine alltäglichen Verrichtungen bewußter und konzentrierter mache, das vermindert mein Grübeln.» – Wenn wir nicht äußerlich aktiv sein können, etwa bei einer Bahnfahrt, können wir unsere Aufmerksamkeit auf unseren Atem richten und eine Atem-Entspannung durchführen. Hierdurch wird die Aktivität des Sympathischen Nervensystems vermindert und damit auch unsere seelische Spannung und Unruhe.

Ferner wurden uns von Befragten genannt: ▷ Singen («Beim Singen gehe ich ganz auf, ich kann mich und meine Probleme wirklich vergessen»). ▷ Das Wiederholen gleicher Worte in einem Rhythmus. ▷ Das Sprechen von Gedichten. ▷ Religiös-spirituelle Rituale. ▷ Beten.

Grübel-Stop vor dem Einschlafen

Da wir hier mit wenig Außenreizen und ohne Tätigkeit im Bett liegen, ist ein Grübel-Stop besonders wichtig. Zusätzlich ist folgendes hilfreich: ▷ Lenken wir die Achtsamkeit auf unsere Atmung, schwinden die grübelnden Gedanken eher. Wir achten bewußt darauf, wie die Luft durch die Nase ein- und ausströmt, wie sich der Bauch hebt und senkt. Zusätzlich begleiten wir den Atem durch das Denken der Worte «Ein» und «Aus» oder von Zahlen, s. S. 290. Sind wir erfahren in der Atem-Entspannung, dann ist die Wirkung bedeutsam.

▷ Wir können auch unsere Aufmerksamkeit auf Erfahrungen des Tages lenken, die befriedigend und schön waren. «Ich denke an all die Dinge, die an dem Tag trotz der schmerzhaften Belastungen angenehm und schön gewesen waren. Ich bin dann oft erstaunt, wieviel dabei herauskommt: wie mir beim Duschen das warme Wasser freundlich über die Haut lief, daß die Sonne durch das Fenster schien, daß ich gemütlich gefrühstückt hatte usw. Es sind keine Sensationen. Aber mir wird deutlich, wie gut ich es auch an diesem Tag hatte und daß es eigentlich heute keinen Grund für finsteres Brüten gibt.»

▷ Wenn es uns nicht gelingt, von den sorgenvollen Gedanken wegzukommen, dann sind das Verlassen des Bettes und äußere Aktivität notwendig. Der Preis, den das sorgenvolle Grübeln von unserer seelisch-körperlichen Gesundheit erfordert, ist sonst zu groß. Wir tun etwa das, was wir schon lange tun wollten, wozu wir aber keine Zeit hatten: einen Brief schreiben, Blumen gießen, schöne Musik hören. «Wenn ich das Grübeln vor dem Einschlafen nicht zum Aufhören bringen kann», schreibt eine Frau, «dann stehe ich kurz entschlossen auf und mache etwas, wozu ich sonst keine Zeit hatte. Das kann sehr Verschiedenes sein: Ich schreibe meine Gedanken auf, ich lese ein interessantes Buch, ich mache eine Entspannungsübung. Oder ich schreibe Briefe. Ja, manchmal mache ich Hausarbeit oder Bügeln.» Durch unsere Aktivität beruhigen wir uns und werden müder.

Wesentlich ist, den verminderten Schlaf nicht negativ zu bewerten und uns Sorgen zu machen, wir bekämen zuwenig Schlaf und wären deshalb am nächsten Tag nicht leistungsfähig. Ein oder zwei Stunden weniger Schlaf, die wir mit derartigen Aktivitäten verbringen, wirken sich weit weniger schädigend aus als eine halbe Stunde sorgenvolles Grübeln.

Ablenkung und engagierte Aktivität

Wenn unseren Befragten ein inneres Abschalten oder eine Unterbrechung durch Aktivität nicht gelang oder nicht ausreichte, dann empfanden sie Ablenkung als eine hilfreiche Möglichkeit, die sorgenvolle Gedankenflut zum Aufhören zu bringen. Es ist wahrscheinlich nicht die ideale Form der Bewältigung von belastenden Erfahrungen und grübelnden Gedanken. Aber wenn im Bewußtsein Ängste und ein chaotischer Wirbel von Gedanken und Gefühlen vorherrschen, dann kann eine starke Zuwendung zum eigenen Innenleben schädigend sein. Eine Zuwendung zu «äußeren» Aktivitäten und Geschehnissen ist dann hilfreich; dadurch wird die Gefahr gemindert, daß sich Menschen durch längeres Grübeln seelisch-körperlich stark beeinträchtigen oder zu Alkohol und Beruhigungstabletten greifen. Eine Frau: «Bei meinen Belastungen in der Partnerschaft und im Beruf habe ich früher meine Sorgen, meine Schwächen und Fehler zu sehr unter die Lupe genommen, mich dauernd mit meinem Innenleben beschäftigt. Ich glaube, ich habe jetzt wieder ein ausgewogenes Maß der

Zuwendung nach innen zu mir und nach außen zur Umwelt gefunden.»

Untersuchungen bestätigen die günstigen Auswirkungen von kurz- und mittelfristiger Ablenkung bei der Bewältigung von Stress-Belastungen:

Eine Zusammenfassung von 26 Untersuchungen über die seelische Bewältigung von kurzzeitigem Stress ergab: Ein Weglenken der Aufmerksamkeit vom Stress-Ereignis und den eigenen gefühlsmäßigen Vorgängen führte zu geringerer körperlicher Belastung und Erregung als die Zuwendung der Aufmerksamkeit zum Stress-Ereignis und den eigenen Reaktionen (116).

Jüngere Menschen etwa, die Lebenskrisen günstig bewältigt hatten, neigten mehr zu Ablenkung und Ignorierung; während Personen, die mit ihrer Aufmerksamkeit und ihren Gefühlen gegenüber dem Stress der Lebenskrisen sehr geöffnet waren, Krisen schlechter bewältigten (153).

Seelisch gesunde Personen neigten weniger zu gedanklicher Weiterbeschäftigung mit Stress-Ereignissen, weniger zu Selbstbemitleidung und Selbstbeschuldigung als Personen mit psychoneurotischen und depressiven Beeinträchtigungen (27).

Ältere alleinstehende Frauen, die seelisch gesund waren, beschäftigten sich gedanklich weniger mit belastenden Alltagsproblemen, spielten die persönliche Wichtigkeit der Probleme eher herunter und fanden sich leichter mit dem Unabänderlichen ab als Frauen ähnlichen Alters mit seelischen Beeinträchtigungen (14). Ja, kürzlich ist von einer amerikanischen Psychologin als *ein* Erklärungsfaktor für die größere Häufigkeit der Depressionen bei Frauen die Annahme geäußert worden: Männer sind aktiver, indem sie sich ablenken, was ihre Verstimmung vermindert. Frauen reagieren passiver, indem sie über ihren depressiven Zustand und seine Ursachen grübelnd nachsinnen und so die depressive Stimmung vermehren (120).

Eine andauernde Ablenkung ist dagegen bei einer anhaltenden r e a l e n Bedrohung und Belastung eher ungünstig (116). Denn dies verhindert die Auseinandersetzung mit dem belastenden Ereignis und – etwa bei einer schweren Erkrankung – notwendige vorsorgliche Handlungen; es ist dann eher ein Fliehen vor der Realität und somit nachteilig.

Bei Drogensüchtigen mit der Gefahr der Aids-Infizierung ergab sich: Viele wollten die Gefahren nicht zur Kenntnis nehmen, ignorierten die Möglichkeiten einer Infizierung. Sie lebten so, als ob die Gefahr nicht bestünde. Die Ignorierung und Weglenkung reduzierten die Angst – aber auch die notwendigen Schutzhandlungen und eine angemessene Bewältigung (86).

Anfängliche Ablenkung-Ignorierung und eine darauffolgende Auseinandersetzung mit dem bedrohlichen Ereignis können günstig sein: Bei manchen Patienten, die die Diagnose einer schweren Erkrankung mitgeteilt erhielten oder die einen Herzinfarkt erlitten hatten, war ein anfängliches Ignorieren-Wegschieben günstig und beruhigend. Nach einiger Zeit waren ein Zulassen der Gedanken, das Arbeiten an einer angemessenen Bewältigung und die Inangriffnahme von vorbeugenden Handlungen wichtig. Ist das erfolgt, dann kann durchaus wieder ein gewisses Maß an Nicht-Beschäftigung hilfreich sein.

So konnten diejenigen Patienten mit ihrer Rheumaerkrankung besser umgehen und empfanden weniger Schmerzen und Stress, die weniger grübelten, weniger über die möglichen Ursachen der Erkrankung nachdachten, sich weniger Schuld an der Erkrankung gaben, sich mehr ablenkten und die ihre Erkrankung annehmen konnten. Das war jedoch keine oberflächliche Einstellung zur Erkrankung: Zugleich sahen diese Patienten ihre Krankheit eher als Aufgabe an, die ihnen das Leben gestellt hatte, achteten mehr auf gesunde Bewegung und Ernährung sowie Verminderung von Stress (15).

Engagierte Aktivitäten

«Ich muß mich intensiv mit etwas beschäftigen und meinen Kopf richtig anstrengen, um von meinem Grübeln wegzukommen», sagt ein Mann; «passiv vor dem Fernseher sitzen reicht nicht aus.» Bei einem Engagement in «äußere» Aktivitäten überdecken die neuen Eindrücke und Erfahrungen gleichsam die Gedanken über das belastende Ereignis, lassen es mehr in den Hintergrund treten; die beeinträchtigenden Gefühle werden schwächer. Unsere Befragten nannten folgende Aktivitäten: das Aufsuchen von Freunden oder Bekannten, einen Besuch im Kino, in der Sauna oder im Fitness-Center, eine kleine Reise, einen «Tapetenwechsel», körperliche Bewegung, Sport, langsames Laufen oder Spiele.

Oft verhelfen uns schon einige Stunden engagierter Aktivität dazu, mehr Kraft und Zuversicht zu verspüren, das belastende Ereignis als weniger bedrohlich und bedeutsam anzusehen und mehr Distanz zu haben. Mit dem zeitlichen Abstand ändert sich die Bewertung.

Engagierte *Arbeit* kann uns bei der Ablenkung anhaltender Belastungen helfen, so bei Trennung oder Verlust des Partners, bei einer lebensbedrohenden Krankheit, bei Einsamkeit oder Neigung zu depressiven Stimmungen. Ein Mann, 32: «Das geregelte Berufsleben und die Kontakte zu Kollegen halfen mir jeden Tag aufs neue, nicht in dieses endlose Grübeln und die Untergangsstimmung über die Trennung von meiner Frau zu verfallen.» – «Sehr positiv war es, daß ich mich nach dem Verlust meines Partners recht gut durch Arbeit ablenken konnte», schreibt eine Frau.

Albert Schweitzer, Nobelpreisträger und Arzt mit jahrzehntelanger Arbeit im Urwald-Hospital: «Pessimistisch bin ich darin, daß ich das nach unseren Begriffen Sinnlose des Weltgeschehens in seiner ganzen Schwere erlebe. Nur in ganz seltenen Augenblicken bin ich meines Daseins wirklich froh geworden. Ich konnte nicht anders als alles Weh, das ich um mich herum sah, dauernd miterleben... So sehr mich das Elend in der Welt beschäftigte, so verlor ich mich doch nie in Grübeln darüber, sondern hielt mich an den Gedanken, daß es jedem von uns verliehen sei, etwas von diesem Elend zum Aufhören zu bringen» (166, S. 162).

Möglichkeiten der Ent-Sorgung

Gespräche mit einfühlsamen Menschen – einem Freund/Freundin, der Telefonseelsorge oder dem Mitarbeiter einer Psychologischen Beratungsstelle – vermindern sorgenvolle grübelnde Selbstgespräche. Durch das Aussprechen unserer sorgenvollen Gedanken einem Gesprächspartner gegenüber, der uns nicht bewertet, ändern sich unsere Gedanken; wir werden fähiger, uns Lösungsmöglichkeiten zuzuwenden und sie im Gespräch zu klären. Eine Frau: «Gespräche mit einfühlsamen Menschen habe ich als sehr hilfreich und klärend bei meinen seelischen Schwierigkeiten empfunden.» Eine Kindergärtnerin: «Wenn ich Schwierigkeiten am Tag gehabt habe, klingen bei mir die Gefühle lange nicht ab; oft verfolgen mich die Probleme bis in die Nacht hinein. Dann hilft mir das Gespräch mit meinem Partner, der ein starkes Einfühlungsvermögen besitzt.»

Setzen wir uns mit unseren belastenden Gedanken im Gespräch auseinander, dann ist das deutlich verschieden von sorgenvollen Selbstgesprächen, die wir allein führen. Im Gespräch mit anderen empfinden wir eine gewisse Geborgenheit und werden entspannter. Durch das Aussprechen verlieren unsere Gedanken und Urteile das Überwertige und Panikartige. Es ist kein Kreisdenken, kein Eskalieren in der Vorstellung, kein Stehenbleiben bei Schuldzuweisungen an uns und andere. Wir sind näher an der Realität.

In Gesprächen können wir auch praktische Unterstützung erhalten. Eine Krankenschwester: «Eine junge Kollegin kam vor einiger Zeit zu mir, sehr belastet und in ihrem Leben gefährdet. Tagelang hat sie gegrübelt und sich immer mehr in eine Gewißheit hineingesteigert, daß ‹niemand sie leiden möge und alles keinen Sinn habe›. Vor allem nachts, wo sie häufig nicht mehr schlafen konnte, habe sie immer diesen Impuls gehabt, sich wegzuwerfen, auszulöschen. Nach etlichen Gesprächen habe ich dann ihre Aufmerksamkeit auf angenehme Dinge gerichtet. Ich habe mit ihr daran gearbeitet, was ihr im Leben denn Freude macht, zum Beispiel ein Spaziergang durch den Park, Mopedfahren, ein heißes Bad usw. Dies haben wir auf kleine Kärtchen geschrieben. Jedesmal, wenn sie zu Hause mit dem Grübeln anfing, mußte sie ein Kärtchen ziehen und das Gezogene sich zur Liebe tun. Wir haben dann auch besprochen, daß sie vor dem Einschlafen den Tag in Gedanken noch mal passieren läßt und sich die guten Höhepunkte des Tages gut einprägt, so daß sie sie am folgenden Morgen niederschreiben und mir mitbringen konnte.»

Tagebuch schreiben kann bei der Ent-Sorgung belastender Geschehnisse und bei einer Neubewertung helfen. «Ich habe angefangen, täglich Tagebuch zu schreiben, und nehme da auch die Ereignisse und Gedanken hinein, die für mich belastend sind. Vieles wird mir oft während des Schreibens klar, und mir wird leichter. Danach merke ich häufig, daß dieses Ereignis nicht so wichtig ist, und es zieht mich dann auch nicht mehr so herunter.»

Das Aufschreiben unserer Sorgen vermindert das Grübeln und fördert unsere Handlungsbereitschaft. Sehr hilfreich ist folgendes:

Auf ein Blatt schreiben wir in Stichworten unsere Belastungen-Sorgen, unsere Ziele, die Möglichkeiten der Veränderung und welche konkreten Schritte wir tun werden. Ein derartiger Klärungsbogen ist nachgewiesenermaßen deutlich ent-lastend. Durch das Aufschreiben distanzieren wir uns mehr von den grübelnden Gedanken. Wir betrachten sie nüchterner und sehen häufig neue Gesichtspunkte.

Was mich belastet – worüber ich mir Sorgen mache

Was ist mein Ziel?

Welche Möglichkeiten des Änderns gibt es?

Was kann ich tun?
Mein Denken und Fühlen zu ändern
Die Situation, Personen und Bedingungen zu ändern

Was werde ich wann tun?

Das gemeinsame Erarbeiten mit einem Freund oder Gesprächspartner ist erleichtend. – Günstig ist: Wir verwenden diesen Problem-Klärungsbogen zunächst bei kleineren Schwierigkeiten-Sorgen; wir sind dann fähiger für die Klärung und Verminderung größerer Sorgen. –

Eine weitere Möglichkeit der Ent-Sorgung ist: Wir schreiben oben auf ein Blatt:
«*Was kann ich noch an der belastenden Situation, dem Problem ändern oder tun?*»
Auf den unteren Teil des Blattes schreiben wir:
«*Was kann ich nicht mehr ändern?*» – «*Was muß ich lernen, als Realität anzunehmen?*»
Das Blatt können wir in unsere Wohnung hängen oder bei uns tragen. Wenn wir wieder anfangen zu grübeln, sehen wir auf das Blatt und fragen uns: «Hast du irgendwelche neuen Gedanken? Stehen sie noch nicht auf dem Papier?» Meist stellen wir dann fest: Das, worüber wir grübeln, haben wir schon aufgeschrieben. Ein Mann: «Ich dramatisiere dann meine Schwierigkeiten nicht mehr so und kaue nicht mehr so lange grübelnd darauf herum.»

Aktivitäten zur Erleichterung positiver mentaler Vorgänge

Für die Minderung belastender Gedanken, Bewertungen und Vorstellungen ist es hilfreich, Situationen aufzusuchen und Tätigkeiten auszuführen, die unsere Gedanken und Gefühle positiv beeinflussen. Hierdurch kommt es zwangsläufig zu einer gewissen Änderung negativen Denkens-Bewertens. Mit dem Willen direkt die ungünstigen mentalen Vorgänge zu ändern ist meist zu schwer.

Die nachfolgenden Möglichkeiten sind wichtige Hilfen. Gemäß einer Befragung geben sie vielen von uns seelischen Halt und Sinn, fördern unsere seelische Gesundheit (143; 44):

▷ Gespräche mit verständnisvollen Mitmenschen
▷ Entspannung und mentales Training
▷ Förderliche soziale Kontakte und Beziehungen
▷ Positive Erfahrungen und Tätigkeiten
▷ Aufgaben und Ziele
▷ Lernen von anderen, Konfrontation mit anderen Schicksalen
▷ Engagiertes soziales Helfen.

▼ Gespräche mit verständnisvollen Mitmenschen

In mehreren Untersuchungen fragten wir Personen, was sie bei seelischen Schwierigkeiten als hilfreich empfunden hätten, bei Stress-Belastungen, Ängsten, sorgenvollem Grübeln, Gewissensproblemen, Schuldgefühlen und schweren Schicksalsschlägen. 60 bis 80 Prozent der Befragten nannten als hilfreich: Gespräche mit verständnisvollen Mitmenschen, mit Freunden, dem Partner, Kollegen, Mitgliedern einer Selbsthilfegruppe, der Telefonseelsorge u. a.

«Wenn ich Kontakt mit anderen Leuten habe und über mich rede, dann kommen mir andere Gedanken. Mit Menschen reden bedeutet für mich, andere Gesichtspunkte zu finden; es ist viel fruchtbarer, als allein zu grübeln.»

Eine Frau, 37, nach der Trennung ihrer 14jährigen Ehe: «Es war für mich wichtig, daß ich mit Freunden über meine Probleme, über Wut und meinen Haß reden konnte. Auch wenn mir im Grunde genommen niemand helfen und mir meine Entscheidung abnehmen konnte, war es hilfreich, darüber zu sprechen.»

Eine Frau, deren Neugeborenes starb: «Das einzige, was mir half, waren die Gespräche mit Freunden und vor allem mit meinem Mann. Ich bekam Mut und Kraft dadurch, daß ich merkte, ich werde verstanden; dadurch, daß ich wußte, ich bin nicht allein auf der Welt.»

Dagegen wurde es von den Befragten als erschwerend angegeben, wenn sie nicht über ihre Belastungen hatten sprechen können, weil sie keinen Gesprächspartner hatten oder sich nicht zu äußern vermochten: «Daß ich mich mit niemandem, der mein absolutes Vertrauen besaß, über die Ereignisse, die mich durch die betriebliche Änderung getroffen hatten, austauschen konnte.»

Was ist wichtig, damit Gespräche als hilfreich und wirksam erfahren werden? Aus über 30jähriger Praxis und Forschung in der Gesprächspsychotherapie des amerikanischen Psychologen Carl Rogers kann ich hierzu Stellung nehmen (146; 183):

1. Der Gesprächspartner hört uns zu; er läßt uns unsere Belastungen aussprechen.

Das ist besonders *nach* schwierigen Situationen deutlich hilfreich. *Vor* einem schwierigen Ereignis (zum Beispiel einer Prüfung oder Operation) ist das Sprechen über Bewältigungs- und Handlungsmöglichkeiten oder über neutrale Themen sinnvoll.

2. Sie/er ist warm, zugewandt, respektiert-achtet uns, ist aufrichtig.
3. Sie ist einfühlsam und verständnisvoll, d. h., sie bemüht sich intensiv, unsere Gedanken und Gefühle zu verstehen, ohne zu bewerten, zu urteilen. Sie bemüht sich, unsere Welt mit unseren Augen zu sehen, stellt sich gleichsam «in unsere Schuhe». Oft versteht sie mehr, als wir unbeholfen ausdrücken konnten.
4. Sie teilt uns das mit, was sie von unseren Gedanken und Gefühlen – von unseren mentalen Inhalten – verstanden hat, ohne Bewertung und Beurteilung.
5. Sie dirigiert-lenkt uns nicht, interpretiert uns nicht, drängt uns nicht ihre Bewertungen, Maßstäbe und Auffassungen auf.
6. Nach einiger Zeit gibt sie uns hilfreiche Informationen über Hilfen und Bewältigungsmöglichkeiten. Sie hilft uns, aktiv nach Lösungen zu suchen.
7. Sie motiviert uns, Lösungsmöglichkeiten konkret anzugehen.

Wie wirken sich hilfreiche Gespräche auf seelische Vorgänge aus?
Was geschieht in uns während und nach derartigen Gesprächen? ▷ Wir fühlen uns trotz unserer Schwächen und Fehler aufrichtig geachtet-respektiert sowie in unserem Erleben tief verstanden. Das sind wichtige positive Gefühlserfahrungen. Sie sind gegensätzlich zu unseren Ängsten, unserer Hoffnungs- und Mutlosigkeit, dem Gefühl des Alleinseins. Sie bewirken eine seelisch-körperliche Ent-Spannung, nachweisbar durch medizinische Meßwerte während des Gesprächs sowie im Erleben. Diese seelisch-körperlichen Entspannungsvorgänge mindern negative Gefühle und Gedanken. «Es gibt einige Menschen, wenn ich mit denen spreche, fühle ich mich sehr entspannt. Diese Gespräche sind wertfrei, ich werde nicht verletzt.»
▷ Durch das Aussprechen der belastenden Gedanken, Vorstellungen und Bewertungen werden diese «greifbarer». Im Gegensatz zu den sich

überstürzenden und immer wiederholenden Grübel-Gedanken teilen wir dem Gesprächspartner relativ geordnet und langsam unser Erleben mit. Ein Mann, 38: «Situationen, die bei mir Ängste auslösen, seelische Überforderungen oder Kritik, die mich verletzt, bespreche ich mit meinen Freunden, um die Realität wieder zu sehen, die mir in diesen Belastungssituationen meist verlorengeht.»

▷ Aus dem Mund unseres Gesprächspartners hören wir in distanzierter Weise das, was wir äußerten. Zusammen mit den positiven Erfahrungen des Geachtetwerdens und Verstandenfühlens, der positiven Beziehung zum Gesprächspartner sowie der Angstminderung sehen wir allmählich das belastende Geschehen in etwas anderer Bedeutung und Sichtweise; irrationale (unvernünftige) Gedanken vermindern sich. Unsere Wahrnehmungen von den Schwierigkeiten und von uns selbst werden weniger einseitig und verzerrt. Die Blockierungen des Denkens werden geringer. Wir können uns selbst und die Schwierigkeiten besser klären.

Eine Frau: «Ich finde es sehr wichtig, daß ich mich ausspreche, daß ich über meine Schwierigkeiten rede. Denn in schwierigen Situationen bin ich immer wie gelähmt, bin so verkrampft, daß ich überhaupt nichts tun kann. Dann vergrabe ich mich so richtig in mir selbst. Aber wenn ich darüber sprechen kann, dann sehe ich klarer. Ich bin nicht mehr so blind. Erst wenn ich Gefühle ausgesprochen habe, bin ich in der Lage, mich mit ihnen auseinanderzusetzen. Vorher bin ich einfach ganz von diesen Gefühlen bestimmt, sie verhindern ein Weiterdenken.»

«Was mir auch geholfen hat, war, daß ich die Geschichte unserer Beziehung und Trennung Unbeteiligten erzählte. Dabei wurde mir manches klarer. Ich konnte dann alles aus einer gewissen Distanz sehen. Und ich habe erkannt, daß viele unangenehme Aspekte der Beziehung und Trennung in mir begründet sind.»

▷ Wir können uns und die Belastungen mehr akzeptieren, kämpfen weniger gegen sie an; so haben wir mehr Kraft für Änderungen. Eine Mutter und Lehrerin, 32: «Durch Gespräche kann ich besser die Realität akzeptieren, das, was ich nicht ändern kann; und ich bekämpfe dann die Umstände und andere Menschen nicht so.»

▷ Rückmeldungen vom Gesprächspartner über uns und unser Verhalten, in einer einfühlsamen achtungsvollen Form geäußert, helfen, uns selbst realistischer zu sehen.

▷ Nach dem Aussprechen unserer Belastungen können wir hilfreiche Informationen vom Gesprächspartner zur besseren Bewältigung der Schwierigkeiten eher annehmen.

In Gruppengesprächen ist zusätzlich hilfreich: ▷ Wir erfahren, daß nicht nur wir Schwierigkeiten haben, sondern auch andere. ▷ Wir werden durch die anderen angeregt, uns zu öffnen und über uns zu sprechen. ▷ Wir werden von mehreren Personen geachtet und angenommen, trotz unserer Schwierigkeiten. ▷ Wir erhalten Einblicke, wie andere ihre Schwierigkeiten bewältigen; ferner Anregungen und Rückmeldungen, wie andere unsere Schwierigkeiten sehen. ▷ Wir können anderen bei der Bewältigung ihrer Schwierigkeiten helfen. –

Stand kein geeigneter Gesprächspartner zur Verfügung oder wünschten die Belasteten kein Gespräch, dann wurde das Niederschreiben von belastenden Gedanken und Gefühlen in einem Tagebuch oder Brief als hilfreich empfunden. Nach dem Niederschreiben sehen wir unsere Belastungen etwas distanzierter; die denkende Auseinandersetzung mit den Schwierigkeiten wird leichter. Eine Frau: «Ich habe dann meiner Freundin einen vier Seiten langen Brief geschrieben, alles herausgebracht, was so furchtbar war an dieser Trennung von meinem Partner. Danach fühlte ich mich besser, ich sah alles ein Stück weiter weg.»

▼ Entspannung und mentales Training

Entspannung erleichtert mentale Vorgänge

Haben wir negative Gedanken, fühlen wir uns seelisch beeinträchtigt oder verletzt, grübeln wir über ein schwieriges Ereignis, empfinden wir Ärger, Feindseligkeit oder Wut, dann können wir dies mit dem Willen allein schwer ändern. Denn die negativen Gedanken alarmieren das Sympathische Nervensystem; und so sind wir überwiegend auf das Bedrohliche und Nachteilige in unserer Umwelt und bei uns selbst gerichtet; intensive Gefühle von Erregung, Ärger oder Angst behindern unser Denken.

Durch eine Entspannung unserer Muskeln oder Normalisierung der Atmung jedoch können wir das Sympathische Nervensystem mit den aktivierten Körpervorgängen (zum Beispiel hormonales Ungleichgewicht, Steigerung von Puls, Blutdruck und Muskelspannung) wieder normalisieren. Dadurch treten zugleich in unserem Bewußtsein mehr Ruhe und Ordnung ein, negative Gedanken vermindern sich, so daß positive Gedanken und Vorstellungen mehr Zutritt ins Bewußtsein haben. Diese vermehrte Ruhe in und nach der Entspannung ist auch mit Geräten meßbar, zum Beispiel treten mehr Alpha-Wellen im Gehirn auf, kennzeichnend für Ruhe.

Im körperlich ent-spannten Zustand, im Normalzustand des Sympathischen Nervensystems, ist es fast unmöglich, feindselige, wütende oder ärgerliche Gefühle und Gedanken zu haben.

Ferner: Durch häufiges Entspannungs- und Bewegungstraining (s. S. 266 f) werden wir bei Belastungen weniger erregt; entstandene Erregungen klingen schneller ab. Negative mentale Vorgänge treten vermindert auf.

Verstärkung positiver Gedanken und Vorstellungen im Entspannungs-Zustand

Am Ende einer Entspannungsübung – Atem- oder Muskelentspannung oder Yoga-Übungen – können wir uns positive Gedanken, Vorstellungen oder Erfahrungen ins Bewußtsein bringen. Wir stellen uns etwa eine schöne erfreuliche Situation vor, die wir erlebten, mit den Einzelheiten der Farben, Geräusche und unseren Empfindungen. Wir sehen uns selbst in dieser Situation, etwa im Sommer entspannt und gesund an einem Strand, im Garten, auf einer Bergwanderung. Oder wir sehen uns auf einem Spaziergang zusammen mit unserem Lebensgefährten oder Freunden; wir sehen uns bei einer erfolgreichen Tätigkeit oder wie wir Schwierigkeiten erfolgreich bewältigen. Wir erleben in der Vorstellung gleichsam die Situation noch einmal, mitsamt unseren damaligen positiven Gefühlen der Freude und Harmonie. Oder wir rufen uns positive Gedanken in Erinnerung, Gedanken, die uns ermutigen, uns seelisch Halt geben. Oder wir denken an einen verstorbenen Angehörigen oder Freund, dem wir in Liebe verbunden sind.

Was wird dadurch bewirkt? ▷ Im entspannten körperlich-seelischen Zustand ist unser Bewußtsein geöffneter und bereiter für diese positiven Gedanken und Vorstellungen, sie sind deutlicher. Wir sind weniger abgelenkt, sind konzentrierter. Die positiven Bilder und Gedanken entsprechen dem positiven entspannten Körper- und Bewußtseinszustand, werden leichter aufgenommen und nicht durch negative Gefühle oder Gedanken gestört. ▷ Die Gedanken und Bilder erhalten gleichsam eine positive Veränderung, durch den positiven Zustand der Entspannung. Die Gedanken und Bilder «verankern» sich tiefer in unserem Gedächtnis. Lassen wir sie später wieder ins Bewußtsein treten, lösen sie positivere Gefühle in uns aus als vorher. ▷ Die positiven Bilder und Gedanken im entspannten Zustand wirken sich günstig auf unsere Körpervorgänge aus. Das Umgekehrte kennen wir: Bei negativen Gedanken, Bildern und Vorstellungen sind Körpervorgänge beeinträchtigt.

So also ist das aktive bildhafte und gedankliche Vorstellen im entspannten Zustand eine wirksame Möglichkeit zur Förderung günstiger mentaler Vorgänge und unserer Gesundheit.

152 Erleichterung mentaler Vorgänge

Mit bildhaften Vorstellungen im entspannten Zustand können wir auch *körperliche Vorgänge direkt günstig beeinflussen*. Wir stellen uns im entspannten Zustand Heilungsvorgänge in unserem Körper anschaulich vor. Also etwa bei einem schmerzenden Knie die bessere Durchblutung und Schmerzfreiheit oder die Kühlung eines erkrankten Organs; bei Kopfschmerzen eine bessere Durchblutung des Nackens, eine Kühlung der Stirn und ein Aufhören der Schmerzen. Dies wirkt sich erleichternd auf körperliche Vorgänge aus. Etwas Ähnliches kennen wir aus dem Alltag: Stellen wir uns im hungrigen Zustand etwas Schönes zum Essen vor, dann werden Verdauungsvorgänge in Gang gesetzt, «das Wasser läuft uns im Mund zusammen».

Bildliche Vorstellungen im entspannten Zustand können auch während eines längeren Krankenlagers hilfreich sein. Stellen wir uns die Leichtigkeit des Bewegens und Lebens, die wir vor der Erkrankung hatten, häufiger vor, so kann die körperliche Erkrankung oder Behinderung das Bild, das wir von unserem Körper haben, nicht so stark beeinträchtigen. Wir werden dann nach der Erkrankung schneller wieder beweglich.

Der amerikanische Arzt Simonton hat eine Übung bei Krebserkrankungen empfohlen. Auch meine verstorbene Frau Anne-Marie hat sie durchgeführt. Sie entspannte sich etwa zehn Minuten, sah dann vor ihrem geistigen Auge die erkrankten Körperteile, so die Krebs-Metastasen. Dann stellte sie sich vor, wie die weißen Blutkörperchen auftauchten, die Krebszellen erkannten und verminderten. – Die Behauptung des Arztes, daß hierdurch die körperliche Krebserkrankung geheilt oder wesentlich gemindert werden könne, hat sich nicht bestätigt und zu Enttäuschungen bei Patienten geführt. Bei gewisser Abwandlung kann die Übung dennoch hilfreich sein: Menschen verlieren hierdurch die Angst vor krebsartigen Zellen in ihrem Körper und vor der Krankheit. Sie lernen, sie mehr zu akzeptieren und sich trotz der Krebszellen seelisch wohl zu fühlen.

Mentales Training

Vorbereitung auf schwierige Situationen im entspannten Zustand

Vor schwierigen ungewohnten Situationen ist unser Bewußtsein häufig von belastenden Gedanken erfüllt; wir zweifeln an unseren Fähigkeiten, grübeln über die Gefahren, Schwierigkeiten und möglichen Fehlschläge, besonders wenn die Situation für uns bedeutsam ist und wir wenig Erfahrung mit ihr haben. Hier ist das mentale Training eine hilfreiche Möglichkeit. Es ist das Gegenteil zum negativen mentalen Training, zum häufigen grübelnden Denken an Schwierigkeiten und mögliches Versagen, wodurch unsere Leistungsfähigkeit in der Situation eingeschränkt wird.

So ist vor einer schwierigen Aufgabe oder Situation, die wir in der Realität nicht üben können, das Lernen der Bewältigung in der Vorstellung hilfreich. Im entspannten Zustand haben wir kaum Ängste und Blockaden. Wir können uns eher so verhalten, wie wir es möchten. Und je öfter wir uns das günstige Bewältigungsverhalten im entspannten Zustand vorstellen, um so stärker ist es in unserem Bewußtsein und in nichtbewußten Vorgängen «verankert»; und wirkt sich auf unser Verhalten und Denken aus.

Eine Frau: «Bei solchem Training im entspannten Zustand nehme ich die Gefühle der schwierigen Situation wahr, ohne daß ich mich ihnen ausgeliefert fühle, ohne daß sie mich beherrschen, ohne Stress. So komme ich zu einer neuen Einstellung zu der Situation und meinen Gefühlen; und kann mich dann in der gedanklichen Vorstellung so verhalten, wie ich es gerne möchte, zum Beispiel entspannt mit anderen Menschen umgehen, bei schwierigen Situationen innerlich Abstand halten. So lerne ich, mich von den Gefühlen zu befreien, die mich in der Realität überwältigen wollen. Ich brauche sie nicht mehr in Schach zu halten, sie zu unterdrücken oder zu vermeiden. Sondern ich werde freier in meinem Verhalten in schwierigen Situationen, besonders Menschen gegenüber.»

Für Sportler zur Erreichung guter Leistungen ist das mentale Training heute unerläßlich. 60–90 Prozent des Erfolges großer Athleten werden auf mentale Faktoren zurückgeführt (203).

Wahrscheinlich haben Sie sich schon öfter beim Fernsehen gewundert, wie Hundert-Meter-Läufer, Turmspringer oder Skiläufer zu einem bestimmten Zeitpunkt Höchstleistungen vollbringen können, ungeachtet der langen Anreise, Unterbringung in einer fremden Umgebung, langer Wartezeiten sowie der Unruhe mit Fernsehkameras und Zuschauern. Ohne häufiges mentales Training würden sie bei diesen Belastungen keine günstigen Leistungen vollbringen können. Manche Athleten verwenden ebensoviel Zeit auf mentales Training wie auf das direkte körperliche Training.

Im beruflichen Bereich wird mentales Training zur Förderung der Leistungsfähigkeit zunehmend eingesetzt. Der amerikanische Psychologe Arnold Lazarus zum Beispiel berichtet von einem bekannten Chirurgen, der vor einem neuen chirurgischen Vorgehen, bei dem er wenig Erfahrung hat, sich in seinem Stuhl zurücksetzt, die Augen schließt und in seiner Vorstellung jeden einzelnen Schritt der Operation durchgeht. Hat er bei einem Schritt Schwierigkeiten, dann ist er der Auffassung, daß er auch Schwierigkeiten im Operationsraum damit haben wird. So konsultiert er ein entsprechendes Buch, einen erfahrenen Kollegen oder ein Videoband, bis er den Handlungsschritt in der Vorstellung korrekt ausführen kann (203).

Auch in der Verhaltenstherapie werden Vorstellungsübungen im entspannten Zustand erfolgreich eingesetzt. Hierdurch werden Ängste und sorgenvolles Grübeln vor schwigen Situationen vermindert. In der Situation selbst ist das Verhalten durch weniger belastende Gefühle und klareres Denken angemessener.

Meine Frau und Dr. Marlies Lohmann führten vor einigen Jahren eine Untersuchung zur Angstverminderung und besseren Bewältigung von Sterben und Tod durch (102). Personen stellten sich im entspannten Zustand vor, wie der Arzt ihnen die Diagnose ihrer baldigen Lebensbeendigung mitteilt, daß sich ihr Gesundheitszustand verschlechtert, wie sie die letzten Lebenswochen verbringen und ferner, wie sich ihre Seele vom Körper löst. Diese Vorstellungsübung im entspannten Zustand führte bei den Teilnehmern zu einer deutlichen Verminderung der Ängste vor Sterben und Tod. Diejenigen, die danach sterbende Angehörige oder Patienten begleitet hatten, sagten bei einer späteren Befragung, die Vorbereitung in der Vorstellung habe ihnen sehr geholfen.

Zur Praxis des mentalen Trainings

▷ Wir werden uns darüber klar: Wie wollen wir uns in der schwierigen Situation angemessen verhalten? Wie wollen wir etwa das schwierige Gespräch mit jemandem führen? Etwa in einer ruhigen bestimmten Art, ohne größere Erregung. – Unsere Vorstellungen von unserem Verhalten und Ziel sollten deutlich sowie realistisch im Bereich des Möglichen liegen.

Zum bildhaften Vorstellen eines angemessenen Verhaltens können wir zuvor auch das günstige Verhalten anderer Menschen heranziehen. So verbesserten Spitzen-Basketballspielerinnen ihre Leistung, wenn sie sich im entspannten Zustand ihr gutes Spielverhalten in schwierigen Situationen vorstellten. Noch erfolgreicher jedoch war: Sie sahen zuerst einen Film, wie Experten-Spielerinnen hervorragende Würfe machten. Danach stellten sie sich im entspannten Zustand vor, wie sie selbst derartige perfekte Würfe machten.

Eine andere Möglichkeit: Wir sprechen mit anderen Menschen darüber, wie wir uns günstig in der schwierigen Situation verhalten können, oder wir erinnern oder beobachten das Verhalten, wie andere in derartigen Situationen handeln. Wir können auch zusammen mit einem Freund oder einem Psychologen ein Rollenspiel durchführen, in dem wir eine schwierige Situation bewältigen.

Unser Freund kann auch unsere Rolle einnehmen; wir sehen dann, wie er die Situation bewältigt.

▷ Wir setzen uns bequem in einen Stuhl, mit guter Stützung des Rückens, und entspannen uns ca. 4–10 Minuten lang (Atem- oder Muskelentspannung). Sodann stellen wir uns bei geschlossenen Augen die Situation von Beginn an Schritt für Schritt vor, möglichst deutlich, mit konkreten Gedanken und Worten unser gewünschtes Verhalten begleitend, etwa: «Jetzt tue ich dies», «Ich wende mich jetzt dem anderen zu», «Ich bin ruhig» usw. Zum Schluß sehen wir uns am Ziel.

Können wir uns während der Übung nicht vorstellen, wie wir angemessen in der Situation handeln, oder tauchen Ängste und Blockaden auf, dann unterbrechen wir die Vorstellungsübung. Entweder war unsere Entspannung nicht ausreichend, oder wir haben ein Verhalten gewählt, das noch zu schwierig für uns ist. Wir korrigieren dies dann.

▷ Dieses Vorstellen der Situation und unseres Verhaltens mit begleitenden positiven Selbstgesprächen und Ermutigungen üben wir wiederholt im entspannten Zustand ein. Je mehr wir üben, um so sicherer und angstfreier ist unser Verhalten in der realen Situation.

Ergänzende Möglichkeiten. ▷ Wir stellen uns gelegentlich vor, wir sind am Ziel der Bewältigung der schwierigen Situation. Wir fühlen die Befriedigung und Erleichterung. Das erhöht unsere Motivation und Leistungsbereitschaft.

Viele Schwierigkeiten meiner beruflichen Tätigkeit «übe» ich des öfteren Tage oder auch Wochen zuvor in einer Kurzform, etwa bei einem gelösten Spaziergang oder morgens unter der Dusche. Es kommt mir hierbei nicht so sehr auf die Perfektion der Vorstellung an, sondern daß ich durch ein wiederholtes kurzes Vorstellen und Durchdenken mein Verhalten in der Situation im Gedächtnis «verankere». Ich habe den Eindruck, daß dies meine Leistungsfähigkeit fördert.

▷ Wir erinnern die erfolgreiche Bewältigung *vergangener* schwieriger Situationen und sehen uns selbst dabei vor unserem geistigen Auge, etwa wie wir in der Situation trotz größerer Schwierigkeiten angemessen handelten.

▷ Bei schwer überschaubaren Situationen können wir auch mehrere verschiedene Verhaltensmöglichkeiten trainieren, so daß wir je nach der Situation verschiedene Formen der Bewältigung bereit haben.

156 Erleichterung mentaler Vorgänge

▷ Lehrer können mit Schülern in der Schulklasse mental trainieren. Schüler stellen sich nach einer kurzen Entspannung von 2–4 Minuten die Bewältigung einer schwierigen Arbeitssituation vor, etwa eine Klassenarbeit. Durch ein solches Training Tage oder Wochen vorher werden bessere Leistungen möglich, bei geringerem Einsatz von Arbeit und Belastung! Zugleich lernen Schüler etwas Wesentliches für ihr späteres Leben!

Informationen und Hilfen für das mentale Training:
▷ Arnold Lazarus, «Innenbilder: Imagination in der Therapie und als Selbsthilfe», 1980. München: Pfeiffer. – Zur mentalen Vorstellung des eigenen Sterbens: Anne-Marie und Reinhard Tausch, «Sanftes Sterben», 5. Aufl. 1995. Reinbek: Rowohlt-Taschenbuch.

▼ Förderliche soziale Kontakte und Beziehungen

Soziale Kontakte zu Menschen, die wir mögen und die uns mögen, sind wesentlich für einen günstigen mentalen Bewußtseinszustand, für die seelische und auch körperliche Gesundheit. Das harmonische Zusammensein mit Familienangehörigen, mit Freunden, auch das Denken an Menschen, die wir gern haben, ergaben sich in einer Untersuchung als wichtigster Bereich erfreulicher Erfahrungen und Tätigkeiten. «Das Treffen mit lieben Freunden ist etwas, was ich sehr mag und was ich als vollkommen stress-frei erlebe.» – «Schöne ruhige Spaziergänge oder Abende mit ein oder zwei guten Freunden, weg von allem Normalen, von täglichen Pflichten, das ist etwas sehr Entspannendes für mich.»

Gute soziale Beziehungen mit Familienangehörigen, Freunden, Kollegen und Bekannten wurden am häufigsten als sinnerfüllend im Alltag sowie förderlich für den seelischen Halt angegeben – von 65 Prozent der Befragten (143)!

In einer Untersuchung, bei der Menschen auf ihr Leben zurückblickten (179), sagten viele: Menschliche Begegnungen seien für sie die bedeutungsvollsten und bereicherndsten Erfahrungen gewesen. «Das, was wirklich in meinem Leben zählt, woran ich Freude und Erfüllung finde, sind meine Beziehungen zu Menschen; zu Menschen, die ich gern habe und die mich lieben.» – «Es ist für mich wichtig, intensive Nähe zu Menschen zu erleben, und selber zu vermitteln, daß ich andere liebe. Zugleich habe ich gemerkt, das ist etwas, was ich immer zurückgestellt habe und was ich jetzt anders machen möchte.»

Manchen bereiten das Zusammensein und Spielen mit Kindern viel Freude; hier können sie sich spontan und natürlich geben. Einsame oder alte Menschen empfinden das Zusehen auf dem Kinderspielplatz als anregend und positiv.

Gute menschliche Kontakte mindern Belastung, Bitterkeit und Ängste. Menschen stehen schwierige Zeiten weitaus besser durch und haben eine höhere Lebenserwartung, wenn sie ein zuverlässiges Netz von Freunden, Verwandten und Bekannten haben oder sich in Selbsthilfegruppen engagieren. Warum ist das so?

158 Erleichterung mentaler Vorgänge

▷ In den sozialen Beziehungen machen wir positive Erfahrungen, z. B. erfahren wir Beachtung, Zuwendung, Zuneigung, Ablenkung von sorgenvollem Grübeln und Verminderung der Einsamkeit.
▷ Gute soziale Kontakte geben die Möglichkeit zu Gesprächen; das Aussprechen persönlicher Erfahrungen sowie ein Austausch persönlicher Gedanken unterstützen und erleichtern uns. Wir können uns selbst klären. Wir bekommen Anregungen von anderen für Handlungsmöglichkeiten und lernen ihre Erfahrungen und Meinungen kennen. «In meinem Leben sind Menschen bedeutungsvoll, mit denen ich gute und hilfreiche Gespräche geführt habe.» Zugleich bekommen wir durch Gespräche Einblick in das seelische Leben anderer, wenn wir zuhören können. Das erweitert unser Bewußtsein. Eine Frau: «Ich habe bei meiner Arbeit an mir selbst nicht von gelehrten Büchern und Theorien am meisten gelernt, sondern aus dem zwischenmenschlichen Kontakt und den Gesprächen mit Menschen meiner unmittelbaren Umgebung.»
▷ Wir können für andere hilfreich werden. Durch dieses gegenseitige Geben und auch Nehmen, durch das gemeinsame Teilen von Schwierigkeiten und Nöten entstehen Verbundenheit und Nähe.
▷ In Krisenzeiten erhalten wir durch gute soziale Beziehungen Hilfe, Unterstützung und Trost. Für manche war bei der Erkrankung in der Familie die Mithilfe von Nachbarn, Freunden und Mitmenschen im Haushalt oder bei der Betreuung der Kinder hilfreich, für andere war es die Möglichkeit, über belastende Erfahrungen zu reden und sich dabei verstanden zu fühlen; für wieder andere war es hilfreich, einfach in den Arm genommen zu werden und das Mitgefühl anderer zu spüren.

Eine 38jährige Frau, die nach dem Tod ihrer Mutter und einem eigenen Unfall in eine schwere seelische Krise kam: «Etwa ein Jahr nach dem Tod meiner Mutter fühlte ich mich vollkommen hilflos, ohne Antrieb, abgrundtief traurig. In den Nächten konnte ich nicht schlafen. Meine Herzbeschwerden führten zu akuten Angstzuständen. Was mir half, waren neben meinen religiösen Einstellungen und Gebeten vor allem Menschen, die mich auf dem Weg der Krise begleiteten, besonders meine Schwester und mein Mann. Er war, als ich nach dem Krankenhaus wieder nach Hause kam, fast immer für mich da. Er hat auch weitgehend unsere beiden Töchter versorgt. Ein lieber Mensch war meine Nachbarin. Sie kam täglich, war einfach da und half. Mit meiner Schwester versuchte ich durch viele Aussprachen alles aufzuarbeiten.» Ein Jahr später sagt sie: «Inzwischen habe ich wieder mehr innere Freude und Freiheit... Heute würde ich schneller um Hilfe, um seelische Hilfe bitten. Ich kann heute eher sagen: ‹Ich kann nicht mehr›, ‹Ich brauche Hilfe›. Ich hatte nie darüber nachgedacht, wie wichtig solche Kontakte in und außerhalb der Familie sind.»

Die hilfreiche Unterstützung, die ein 25jähriger von anderen bekam, beschreibt er so: «Während der Trennung von meiner Partnerin kam ich in eine Krise hinein. Ich fürchtete, völlig fallengelassen zu werden. Meine Partnerin hatte einen anderen und wollte mich nicht mehr. Ich sah eine katastrophale Entwicklung auf mich zukommen, konnte aber nichts dagegen tun. Was geholfen hat, war vor allem, daß mich meine Schwester und deren Freundeskreis aufgenommen haben. Dort wurde ich entschieden unterstützt. Ich konnte Wut und Vorwürfe, die ich in mir hatte, aussprechen. Ich wurde ernst genommen. Und allmählich sah ich manches deutlicher. In der Krise ist es gut zu wissen, daß hilfreiche Menschen da sind.

Selbsthilfegruppen sind für diejenigen, die keine oder nur wenige Familienangehörige, Verwandte und Freunde haben, hilfreich. Hier treffen sich Menschen mit ähnlichen Belastungen, mit dem Wunsch, sich gegenseitig zu helfen. Die Teilnehmer machen die Erfahrung, sie sind nicht allein mit ihren Belastungen, sie erfahren Verständnis und Angenommensein. Sie lernen gemeinsam mit anderen Formen der Bewältigung ihrer Schwierigkeiten. Sie erhalten Hilfe, und sie geben Hilfe.

Was können wir tun, um zwischenmenschliche Beziehungen, diese Quelle seelischer Kraft, mehr zu erschließen und zu nutzen? In unseren Befragungen ergab sich folgendes:

▷ Möglichst unmittelbar, offen und vertrauensvoll auf andere Menschen zugehen, statt zurückhaltend zu warten, bis diese auf uns zugehen, schafft mehr Kontakt mit anderen. «Das Lächeln, das du aussendest, kehrt zu dir zurück», sagt ein chinesisches Sprichwort. Albert Schweitzer: «Ich hatte das Glück, in meiner Jugend einigen Menschen zu begegnen, die sich, bei aller Achtung der geltenden gesellschaftlichen Formen, ihre Unmittelbarkeit bewahrt hatten. Als ich sah, was sie Menschen damit gaben, bekam ich Mut, selber zu versuchen, so natürlich und herzlich zu sein, wie ich es empfand» (170, S. 43).

▷ Keine übertriebenen Ansprüche und Erwartungen stellen. Eine alleinlebende ältere Frau: «Es ist für mich wichtig, überhaupt mehr unter Menschen zu gehen, auch wenn sie oft meinen Interessen und Wünschen nicht entsprechen.»

▷ Anderen Menschen engagiert helfen (siehe Seite 177).
▷ Manche wählten ihren Arbeitsplatz auch unter dem Gesichtspunkt des sozialen Kontaktes.
▷ Einsame Menschen benötigen besonders soziale Kontakte. Oft fällt es ihnen schwer, Kontakte aufzunehmen oder zu halten. Hier können psychologische Gesprächsgruppen hilfreich sein, Gefühle von Minderwertigkeit und Scheuheit zu vermindern; sie können lernen, sich mehr zu öffnen, ihre Gefühle freier zu äußern, Kontakt und Nähe zu erfahren und auszuhalten. Diese psychologischen oder psychotherapeutischen Gruppen sind kein Dauerersatz für Freundschaft und hilfreiche Mitmenschen, abgesehen von einzelnen, die darüber hinaus in Kontakt bleiben. Aber sie sind gleichsam ein Start, aus der Isolierung herauszukommen und sich etwa Selbsthilfegruppen anzuschließen.

Ehe und Partnerschaft

Sie sind häufig eine Quelle von großer Harmonie, Unterstützung, Glück und seelischer Befriedigung. Liebe in einer Partnerschaft/Ehe zu geben und zu empfangen ist etwas sehr Erfüllendes, Bereicherndes. Zärtlichkeit, Körperkontakt und sexuelles Zusammensein mit einer geliebten Person wurden in unserer Untersuchung von vielen als Quelle positiver Gefühle genannt.

Jedoch war das nicht bei allen so: Manche äußerten, daß selbst sexuelle Kontakte für sie voller Stress waren; etwa weil sie sich unter Leistungsdruck stellten, weil sie arbeitsmäßig zu belastet waren oder ihnen künftige schwere Belastungen bevorstanden, weil die Partner unterschiedliche Wünsche hatten oder weil es seelische Schwierigkeiten zwischen ihnen gab. Eine dauerhaft erfüllte sexuelle Beziehung setzt wahrscheinlich gegenseitige Harmonie, gegenseitiges tiefes Verstehen, Respekt und Fürsorge füreinander voraus (61).

Bei manchen ferner geht eine liebende Beziehung nach einiger Zeit in Stress-Belastung und Trennung über. Eine Quelle hierfür können irreführende Auffassungen, Gedanken und Vorstellungen über Ehe/Partnerschaft und Liebe sein. Die amerikanische Beraterin Robin Norwood hat dies gut dargestellt: «Ich habe in all den Jahren gelernt, daß Liebe nicht das ist, was ich immer dafür gehalten habe, und daß sie paradoxerweise das ist, was ich immer zu ‹zahm› fand, um es für Liebe halten zu können. Das Wort ‹Liebe› wird für viele stark aufgeladene Zustände, Gefühle und Erfahrungen benutzt, die in Wirklichkeit das verkörpern, was Liebe *nicht* ist. Lust, Leidenschaft, Eifersucht, Leiden, Angst, Aufregung, Gier, Verführung, Hoffnung, Unterwerfung, Selbstaufgabe... sind zum Beispiel einige Erregungszustände, die meistens aufgeputzt und als Liebe verkleidet werden. Je überwältigender die Erfahrung für uns war, desto überzeugter haben wir diese Empfindungen als Liebe bezeichnet. Die allgemeine Meinung geht in die Richtung, daß der Mensch, der am meisten aufgewühlt wird, auch am stärksten liebt. Umgekehrt neigen wir zu der Überzeugung, daß der Mensch, der am meisten mit sich in Frieden lebt, wahrscheinlich überhaupt nicht liebt.

Heute glaube ich, daß das Gegenteil stimmt. Die Liebe zu einem Menschen ist nicht zwanghaft, sondern gelassen. Es gibt keine Verzweiflung, kein Getriebensein, und nur ein Mensch, der bereit, fähig und geübt darin ist, sich selbst ganz zu lieben und anzunehmen, ist dazu in der Lage. Die Fähigkeit, einen anderen Menschen zu lieben, erwächst aus einem vollen Herzen, nicht aus einem leeren.

Wesentlich für ihr Sprießen ist eine Atmosphäre von gegenseitigem Vertrauen und Respekt. Wenn diese beiden Elemente fehlen, können viele der aufwühlenden Zustände Wurzeln schlagen und wachsen, die fälschlich Liebe genannt werden und eher Besessenheit sind, aber nicht Liebe.

Außer den grundsätzlichen Bedingungen wie gegenseitiges Vertrauen und gegenseitiger Respekt braucht die Liebe auch die Verwurzelung in gemeinsamen Interessen, Werten und Zielen, um blühen zu können. Weil wir unsere Werte niemals einem anderen Menschen zuliebe ändern und Interessen und Ziele unmöglich über Jahre hinaus begeistert verfolgen können, wenn das Engagement nicht echt ist, kann Liebe nicht wirklich wachsen, wenn wir versuchen, die Übereinstimmung mit einem anderen Menschen vorzutäuschen. Die Wurzeln der Beziehung sind dann einfach zu flach... Und schließlich braucht Liebe ein Klima von Intimität, um ihre höchsten Dimensionen entfalten zu können. Wer darauf hinarbeitet, muß sich dafür einsetzen, dieses Klima immer wieder herzustellen und ständig zu erneuern... Intimität erfordert, daß wir verletzlich werden... und zulassen, als der Mensch erkannt zu werden, der wir wirklich sind» (123, S. 311 f).

▼ Positive Erfahrungen und Tätigkeiten

Sie haben für unseren mentalen Bewußtheitszustand und unsere seelische Gesundheit eine große Bedeutung, wurden von der Mehrzahl der Befragten als sinnerfüllend und wichtig für den inneren Halt angegeben (44; 143).

«Wann fühlen Sie sich weitgehend frei von Belastungen und Stress?» fragten wir in einer Untersuchung (157). Fast 90 Prozent der Befragten nannten positiv erlebte Erfahrungen und Tätigkeiten, zum Beispiel: gemütlich mit Freunden oder einem vertrauten Menschen zusammensein; eine schöne Unternehmung starten; ein Spaziergang in der Natur; ein Picknick am Stadtrand; in der Sonne, in der Badewanne liegen; Musik hören; ein schönes Buch lesen; ins Theater oder Kino gehen; Yoga, Meditation oder Atemübungen machen; malen, zeichnen oder modellieren; Frühstück am Sonntag; einen Abend allein zu Hause sein; Briefe schreiben; in der Wohnung ohne Zwang herumkramen.

Während und nach freudvollen Erfahrungen und Gedanken sind wir seelisch und körperlich funktionsfähiger. Wir haben mehr Hoffnung und Kraft. Wir bewerten uns und die Umwelt günstiger.

So ergab sich in Untersuchungen ein Zusammenhang von häufigen erfreulichen Tätigkeiten und Erlebnissen mit einer günstigen gefühlsmäßigen Grundstimmung. Depressive Personen dagegen engagierten sich weniger in derartigen Aktivitäten und machten weit weniger freudvolle Erfahrungen.

Im folgenden möchte ich einige Bereiche von erfreulichen Erfahrungen und Tätigkeiten darstellen, die sich in Untersuchungen ergaben (97):

Aufenthalt in Natur und Stille

Als positiv, als seelische Kraftquelle und seelischer Halt wurden Spaziergänge, Wanderungen und Aufenthalte in der Natur, das Erfahren von Stille, das Sehen und Erleben einer schönen Landschaft genannt.

«Ich freue mich täglich an der Natur. Am Sonnenschein, am Regen, am Nebel, am Schnee.» – «Ich liege am Strand in der Sonne, mache die Augen zu und träume oder schaue auf das Wasser. Ich habe das ganz intensive Gefühl, zu leben und Schönes zu empfinden.»

In der Stille der Natur kommen wir mehr zu uns selbst; das Wesentliche des Lebens wird uns bewußter.

«Wenn ich in der Natur mit mir allein bin und Zeit habe, das erlebe ich als vollkommen streßfrei. Ich bin dann stark genug, auch von meinen eigenen Erwartungen an mich abzulassen.» – «Ich suche in der Natur allein zu sein, und das ist angenehm für mich, um zu mir selbst zu finden. Ich will mich in der Natur sammeln, besinnen auf das, was wohltut.» – «Wenn ich mir die Sterne angucke und die Wolken betrachte, dann ist das für mich schöner als Konversation mit Leuten zu machen, die ganz andere Interessen haben.»

Für kranke Menschen können ein Aufenthalt in der Natur und in der Stille, das Sichfreuen an den kleinen Dingen des Lebens erfüllend und kraftgebend sein. Vor einigen Wochen bekam ich einen Brief von einer Frau, die an Lähmungen der Beine erkrankt ist:

«Manchmal, wenn ich traurig oder ungeduldig oder voller Schmerzen bin, gehe ich auf den Balkon und betrachte dort meine Sonnenblume, ihre Blüten. Für mich sind es manchmal die kleinsten Dinge, die noch groß genug sind, um aus ihnen Anlaß zur Freude, Dankbarkeit, Geduld zu holen. Und momentan brauche ich Geduld, bis sich meine Wirbelsäule von einem entzündlichen Schub erholt hat.»

Haustiere

Hunde, Katzen, Fische, Vögel wirken sich auf die gefühlsmäßige Stimmung und sogar auf die körperliche Gesundheit von Menschen aus. Für Alleinstehende oder Ältere in sozialer Isolierung sind Haustiere häufig Partner. Sie können das Tier streicheln, mit ihm reden, für es sorgen.

Die Einführung von Katzen in einem Altenheim führte zu größerer Empfänglichkeit der Bewohner für die Umgebung, für die Mitbewohner und Pflegerinnen. Die Anwesenheit der Tiere schuf eine gemütliche häusliche Atmosphäre im Altenheim; sie führte zu mehr Freude und Zufriedenheit bei den alten Menschen. Durch die Tiere kamen die Heimbewohner häufiger in Kontakt zu anderen. Teilweise wurden die Tiere als Partner angesehen, für die gern gesorgt wurde (20, S. 71).

Eine Untersuchung über Hunde im Altenheim führte zu ähnlichen Ergebnissen. Die Kontaktfreudigkeit und Lebensgrundstimmung nahmen nach der Aufnahme eines Hundes zu. Personen, die häufigen Kontakt mit dem Tier hatten, zeigten mehr Offenheit im zwischenmenschlichen Bereich, mehr Lächeln, Berührungen und Gespräche. Ferner: Bekamen ältere Menschen einen Wellensittich in ihr Zimmer, so entwickelten sie gegenüber dem Tier eine für die Untersucher überraschende Anhänglichkeit. Die neue Tierbeziehung förderte eine ausführlichere Unterhaltung mit anderen Menschen. Das sonst im Mittelpunkt stehende Gesprächsthema, die eigene Erkrankung, wurde durch den ständigen Umgang mit dem Wellensittich stark zurückgedrängt (20, S. 73 f).

Hoffentlich berücksichtigen die Leitungen von Altenheimen diese Befunde und gestatten es den Bewohnern, beim Einzug ihr Haustier mitzubringen.

Der Bonner Psychologie-Professor Bergler hat die vielen positiven Erfahrungen beim Zusammenleben mit einem Hund in einem Buch zusammengestellt (20). Auch bei Kindern ergaben sich günstige Auswirkungen. Das Zusammenleben eines Kindes mit einem Hund fördert sein Einfühlungsvermögen in das Tier sowie eine verantwortliche Fürsorge. Ferner: Kinder erhalten von Tieren Zuneigung, Anerkennung, Trost. Ich bedaure es heute, daß unsere Kinder ohne Hund aufwuchsen und sie diese wichtigen Erfahrungen nicht machen konnten.

Günstige Auswirkungen wurden auch bei kranken Menschen festgestellt: So hatten Patienten nach einem Herzanfall eine günstigere Prognose, wenn sie zu Hause ein Schoßtier hielten oder Zierfisch-Liebhaber waren. Vermutlich wird durch die Tiere auch der Lebenswille kranker Menschen gefördert. Und: Wenn Menschen mit ihrem liebgewordenen Hund in Kontakt treten, ihn streicheln und liebkosen, dann schlägt ihr Herz nachweislich langsamer, der Blutdruck sinkt (20, S. 60 f).

Manche Ärzte, Psychologen und Heimleitungen berücksichtigen diese Befunde schon. In einer amerikanischen Nervenklinik gingen die Zahl der Selbstmordversuche und der Verbrauch an Beruhigungsmitteln deutlich zurück, wenn den Patienten Schoßtiere anvertraut wurden.

Weitere befriedigende Aktivitäten und Erfahrungen

Musikhören oder Musizieren wurde häufig als stressfrei und entspannend bezeichnet. «Wenn ich nach Hause komme und niemand da ist, dann lege ich mir klassische Musik auf. Ich tanze dann und fühle mich sehr wohl.»

Eine Altenpflegerin, 34: «Ich singe in einem Chor mit, wo ich sehr viel Stress abbauen kann. Wenn ich nach dem Wochenenddienst, das sind zweimal zwölf Stunden, im Chor gesungen habe, fühle ich mich sehr entspannt und ausgeglichen. Ich bin dann zwar trotzdem noch müde, aber ich fühle mich richtig entstresst. Manchmal spiele ich auch Klavier, wo ich meinen Stress gut verarbeiten kann.»

Singen wirkt deutlich stressmindernd über die Normalisierung der Atmung und vermindert die Erregung des Sympathischen Nervensystems.

Auf viele wirkt Musik tröstlich. «Wenn ich die Matthäus-Passion höre, dann fühle ich mich innerlich befreit und geläutert... Wenn in einem besonders ergreifenden Augenblick Musik erklingt, dann kann dies unglaubliche Wirkungen haben. Heute weiß ich, daß sie die tiefsten Gefühle zum Ausdruck bringen und wecken kann», schreibt der Künstler Yehudi Menuhin (109, S. 62).

Im kreativen Gestalten, etwa im Malen, fanden andere Entspannung und Befriedigung. «Ich habe den ganzen freien Tag gemalt, und es war so schön.» – «Wenn ich eine schwierige oder traurige Stimmung in einem Bild ausdrücke, das bringt mir ein Stück Distanz; ich versinke dann nicht so darin.»

Das Lesen von Büchern, die den Interessen und Wünschen von Menschen entsprechen, wurde als wichtige entspannende Freizeitaktivität genannt.

Je nach ihrem Inhalt haben Bücher unterschiedliche Auswirkungen: Sie können uns in Spannung versetzen oder uns zum Lachen bringen; sie geben uns seelische Nahrung und inneren Halt; wir können uns mit unserem Leben sowie mit den Erfahrungen anderer auseinandersetzen; sie erinnern uns an frühere Erfahrungen. Ferner: Bücher und Zeitschriften können uns ablenken, etwa von Sorgen, erlittenen Kränkungen, schmerzlichen Erlebnissen.

Tun, was im Moment Freude und Spaß bringt. Sich an keinen Termin, keine Planung gebunden zu fühlen vermittelt ein Gefühl der Freiheit, etwas tun zu können, aber nicht tun zu müssen. Die Möglichkeit, sich gleichsam dem Strom und den Einfällen des Lebens und der eigenen Person zu öffnen und entsprechend dem spontanen Einfall frei entscheiden und etwas unternehmen zu können, das wird als positiv erlebt. «Ich versuche die Wochenenden nach Möglichkeit nicht zu verplanen und laß alles auf mich zukommen.» Ein anderer Mann: «Als vollkommen stressfrei empfinde ich Situationen, wo ich das Gefühl habe, nichts zu müssen, aber jederzeit zu können, mich mit schönen angenehmen Dingen zu beschäftigen.» Diese spontanen angenehmen Tätigkeiten waren für jeden einzelnen verschieden und auch unterschiedlich an verschiedenen Tagen.

Spiele können uns beleben, unsere Spontaneität und unsere Kreativität fördern. Sie lassen uns Sorgen, Verbissenheit und Belastungen eher vergessen. Vorausgesetzt, wir tragen Verkrampfungen und Verbissenheit nicht in das Spiel hinein.

Lachen und Humor. Der amerikanische Medizinautor Norman Cousins beschrieb, wie er sich bei einer schweren Erkrankung viele Videokassetten ansah, die mit ihrer Komik Lachen und Humor hervorriefen (40). Wenn auch seine Auffassung, daß hierdurch seine schwere Krankheit geheilt wurde, fraglich ist: zunehmend mehren sich Informationen, daß Ärzte in amerikanischen Kliniken ihren Patienten Humor und Witze «verschreiben». In einigen Krankenhäusern wurden «Lachzimmer» eingerichtet, in denen sich Patienten lustige Videofilme ansehen oder Witze vorlesen lassen können.

Warum sind Lachen und Humor so förderlich? Seelisch löst Humor in uns Heiterkeit, Freude und Optimismus aus. Das angenehme Gefühl lenkt uns von seelischen Belastungen ab. Ferner: Können wir eine schwierige Situation humorvoll betrachten oder einen Witz darüber annehmen, dann sehen wir das Problem aus einem wohlwollenderen Blickwinkel; unsere Sichtweise ändert sich, das Problem relativiert sich. Wir verstricken uns weniger in die Schwierigkeiten hinein, sehen eher neue Aspekte.

Die körperlichen Auswirkungen von Lachen und Humor hat der französische Arzt Rubinstein beschrieben (149): Nach einer anfänglichen Anregung des Kreislaufs verlangsamt sich der Herzrhythmus, normalisiert sich die Atmung, erniedrigt sich der Blutdruck; es tritt eine deutliche Entspannung der Muskeln ein. Durch das Lachen wird zunächst eine große Anzahl von Muskeln aktiviert und anschließend entspannt, so die Gesichtsmuskeln oder die Kaumuskeln, die häufig bei ängstlichen Personen verspannt sind, die Atemmuskeln bis hin zur Muskulatur des Unterleibs. Die Entspannung der glatten Muskulatur führt zu einer Verminderung des arteriellen Drucks. Ferner: Bei Personen, die einen Videofilm gesehen hatten, der zum Lachen reizte, waren die Stress-Hormone Adrenalin und Cortisol deutlich niedriger als bei Kontrollpersonen, die nicht zum Lachen gebracht worden waren.

Schmerzen werden geringer durch die Weglenkung der Aufmerksamkeit; ein lachender Mensch schenkt seinen Schmerzen weniger Beachtung; danach kehrt der Schmerz oft nicht mehr mit der gleichen Intensität zurück. Das hängt auch mit der Entspannung der Muskulatur zusammen. Denn Schmerzen führen häufig zu Muskelspannungen und diese wiederum zu weiteren Schmerzen.

Wenn wir also etwas Humorvolles erleben oder produzieren und wenn wir lachen, dann können wir gewiß sein, daß wir damit uns und anderen eine körperlich-seelische Wohltat zukommen lassen. Ein amerikanischer Arzt, dessen Stress-Seminar ich besuchte, sagte, er verschreibe manchen Patienten, am Tag fünf- oder zehnmal zu lachen. Ich fand das damals etwas einfältig. Heute weiß ich, daß es eine sinnvolle Verschreibung ist.

Schritte zu positiven Erfahrungen und Tätigkeiten

▷ Wir machen uns die Bedeutung freudvoller Erfahrungen und Tätigkeiten für unsere Gedanken- und Gefühlswelt sowie unsere Lebensqualität deutlicher bewußt.

▷ Wir suchen herauszufinden: Was macht mir Freude? Wozu habe ich einen besonders günstigen Zugang? In welchen Situationen oder bei welchen Tätigkeiten mache ich befriedigende Erfahrungen? Was könnte mir guttun? Was ist für mich seelisch aufbauend? – Es ist wichtig, daß jede/r herausfindet, was sie/er als positiv erfährt. Für einen ist ein Theater- oder Konzertbesuch entspannend und schön, für den andern ist dies eher stressvoll oder langweilig. Für den einen ist Gymnastik wohltuend, für den anderen eher quälend, er hat mehr Freude an einer Wanderung.

▷ Wir stellen eine Liste der Tätigkeiten zusammen, die wir gern tun. Und planen einiges davon in unseren schriftlichen Tagesplan ein. Wir vermindern äußere Hindernisse, reservieren uns mehr Zeit für erfreuliche Erfahrungen und Aktivitäten, setzen zeitliche Prioritäten dafür. Wir können auch Prioritäten in unseren finanziellen Ausgaben setzen. Indem wir weniger Geld für Prestigeobjekte, Kleider oder Möbel ausgeben, haben wir mehr finanzielle Möglichkeiten für die gewünschten Erfahrungen und Tätigkeiten.

▷ Wir ändern die Einstellungen, die freudvolle Erfahrungen einschränken. Personen etwa mit intensivem beruflichem Engagement sind vermutlich häufiger beeinträchtigt, sich den Schönheiten des Lebens, etwa der Natur, zu öffnen. Eine starke Ziel- und Zukunftsausrichtung im eigenen Handeln schränkt das beschauliche Erleben von Schönheit ein.

So wurde der amerikanische Schauspieler Dustin Hoffman (77) gefragt, ob es stimme, daß das Leben ihn nur als mögliches Material für einen Film interessiere. Hoffman: «Ja. Und das deprimiert mich. Ich saß einmal mit meiner ersten Frau und unserer dreijährigen Tochter bei Sonnenuntergang am Strand. Meine Frau hielt das Kind in den Armen, ich saß etwas abseits, und als die Sonne das Wasser berührte, drehte sie sich um und sagte: ‹Ist das nicht wunderschön?› Ich sagte: ‹Ja.› Und ertappte mich dabei, das Bild im Kameraausschnitt zu sehen, mit ihr im Vordergrund, mich selber distanzierend. Man fühlt sich nicht gut dabei.»

▷ Sind wir in vielen Situationen unseres Lebens entspannter und gewinnen eine andere Einstellung zu ihnen, so erleben wir weniger Stress, bewerten sie weniger ungünstig: manches, was derzeit noch belastend für uns ist, kann sogar eine positive Erfahrung darstellen. Denken wir etwa daran, daß Erfahrungen und Tätigkeiten, die manche von uns als belastend und stressvoll wahrnehmen, von anderen als erfreulich und positiv empfunden werden.

▷ *Was können Menschen tun, die sich in seelischen Schwierigkeiten – in einem depressiven Tief – befinden* und die kaum die Kraft aufbringen für erfreuliche Tätigkeiten und Erfahrungen? Gerade für sie sind positive Erfahrungen so wichtig, damit sich ihr Grundgefühl ändern kann: ▷ Anregungen, Gespräche und Hilfsangebote von Bekannten,

Freunden oder Mitgliedern einer therapeutischen Gruppe sind hilfreich.

▷ In einer Gesprächsgruppe fragte mich einmal ein Mann: «Was tust du, wenn du down (deprimiert) bist?» Aus dieser Frage ergab sich ein sehr anregendes Gespräch; jeder berichtete, was er bei Schwierigkeiten als hilfreich erfahren hatte.

Wenn Sie also mit Freunden oder aufgeschlossenen Mitmenschen zusammen sind, können Sie darüber sprechen: «Was hilft mir, wenn es mir seelisch nicht gutgeht?», «Was macht mir Freude, was ist entspannend und erholsam für mich?» – «Was hat mir in den letzten Tagen Spaß gemacht?» – «Wie kann ich diese Erfahrungen und Tätigkeiten vermehren?» – Sie werden erstaunt sein, welch intensives Gespräch sich daraus entwickelt und wie viele Anregungen die einzelnen daraus entnehmen.

Eine Lehrerin stellte ihren Zehnjährigen die Frage: «Was tut ihr, wenn ihr einmal traurig seid?» Viele Schüler äußerten ihre Erfahrungen, zum Beispiel: «Ich spiele Mundharmonika», «Ich fahre mit dem Skateboard», «Ich lese etwas Lustiges», «Ich spiele mit unserer Katze». Es ergab sich ein gutes Klassengespräch darüber.

▷ Eine hilfreiche Möglichkeit sind einige Gespräche bei einem qualifizierten psychologischen Berater. Sie können dem einzelnen helfen, herauszufinden, was ihr/ihm Freude und Entspannung bringt, wie der Zugang dazu ist. Der Berater kann den Klienten ermutigen und stärken, die ersten Schritte tun. Weitere Aussprachen mit dem Berater darüber, was jemand in der Woche unternommen hat, was ihr/ihm gelang, was ihr/ihm Schwierigkeiten machte, können sinnvoll sein. Hilfreich auch, die freudvollen Aktivitäten jeden Tag in ein Heft einzutragen.

▼ Aufgaben und Ziele

Setzen wir uns Ziele und engagieren uns in Aufgaben, die wir als sinnvoll oder als notwendig ansehen, dann ist dies eine sehr hilfreiche Möglichkeit, unseren Bewußtseinszustand bei belastenden Gedanken, Unzufriedenheit oder depressiver Verstimmtheit zu ändern.

Aufgaben und Ziele bringen mehr Ordnung in das Chaos der Gedanken in unserem Bewußtsein; es ist dann mehr ausgerichtet auf die Tätigkeiten zur Erreichung der Ziele und Erledigung der Aufgaben. Unsere Tageszeit und ihr Ablauf sind strukturierter, unser Verhalten zielgerichteter. Unsere Kräfte sind gleichsam gesammelt; wir haben mehr Kontrolle über uns. Und wir sind abgelenkt von grübelnder sorgenvoller Selbstzuwendung. Durch die Arbeit an den Aufgaben und die Annäherung an die Ziele erhalten wir Bestätigung; wir nehmen uns als wirksamer wahr. Wir fühlen uns wohler.

In einer Befragung erwiesen sich Aufgaben und Ziele als wesentlich für die Sinnerfüllung und den seelischen Halt im Alltag (44; 143). «Bei Aufgaben und Anforderungen, die ich an mich selbst stelle oder die an mich gestellt werden, fühle ich Sinn in meinem Alltag.» – «Wenn ich handeln kann, das gibt mir Sinn in meinem Tagesablauf.» Sinnerfüllung war gegensätzlich zu seelischer Beeinträchtigung (143). – So ist es auch verständlich, daß Mütter mit einer beruflichen Teilzeitbeschäftigung weniger depressiv waren als Frauen, die «nur» ihre Kinder zu Hause betreuten (139).

Wenn zugleich durch die Aufgaben und Ziele anderen Menschen geholfen wird, dann erfahren wir noch unmittelbarer, daß unsere Tätigkeit sinn- und wertvoll ist. «Wenn ich für andere etwas tue und dabei das Gefühl habe, gebraucht zu werden, oder wenn ich meine Kinder großziehe, sie beschütze und sorge, daß sie gesund werden, dann spüre ich Sinn in meinem Leben.» – «Ich spüre Sinn in meinem Alltag, wenn ich mich für die Rechte von Menschen und Tieren einsetze, wenn ich meinen Mitmenschen helfe und wenn ich andere unterstütze und Auswege aus ihren Schwierigkeiten finde.»

Durch das aktive Handeln bei Aufgaben und Zielen können wir somit unseren Bewußtseinszustand günstig beeinflussen. Ohne Ziele und Aufgaben dagegen besteht eine Gefahr, daß das Leben eher sinnlos oder chaotisch erscheint. Wenig mit Sinn erfüllte Menschen waren seelisch mehr beeinträchtigt (143).

Auch kleine Aufgaben und Ziele sind seelisch hilfreich. In der Verhaltenstherapie vereinbaren Therapeut und Patient häufig sog. Hausaufgaben, zur Überwindung seelischer Schwierigkeiten, Ängste und Depressionen. Es sind kleine Übungs- und Arbeitssituationen, die die Patienten bis zur nächsten Therapiestunde ausführen. Diese «Hausaufgaben» fördern das Lernen neuen Verhaltens. Meine Erfahrung ist, daß sie zugleich den Patienten mehr seelischen Halt und durch kleine Erfolgserlebnisse mehr Selbstvertrauen und Sinnerfüllung geben.

Es ist klar, daß die Ziele und Aufgaben unseren Kräften und Möglichkeiten angemessen sind. So waren Mütter, die neben der Betreuung ihrer Kinder eine Vollzeitbeschäftigung hatten, depressiver als Mütter mit Teilzeitbeschäftigung.

Günstig ist auch, das Erreichen von bestimmten Zielen nicht als Maßstab für unseren persönlichen Wert zu nehmen. Entscheidend sind unsere Tätigkeit, unser Einsatz und unsere Befriedigung sowie die Verminderung von Sinnlosigkeit in unserem Leben.

Festlegung von Aufgaben und Zielen

In unseren Seminaren zur Stressverminderung bitten wir häufig die Teilnehmer, ihre Ziele und Aufgaben auf einem Blatt festzulegen, s. folgende Seite.

Bei vielen lagen Ziele und Aufgaben in folgenden Bereichen: Ausbildung und Erweiterung der beruflichen Fähigkeiten, Freizeitgestaltung, Verbesserung des Lebensstiles und der seelischen Gesundheit (etwa weniger verletzbar zu werden, seelisch mehr zu wachsen, soziale Beziehungen zu verbessern, den Partner oder die Kinder mehr zu fördern), Tätigkeiten zur Verbesserung der körperlichen Gesundheit wie Joggen, Sport treiben, Ausübung einer ehrenamtlichen helfenden Tätigkeit u. a.

172 Erleichterung mentaler Vorgänge

Wichtig: ▷ Die Ziele sind realistisch, grundsätzlich erreichbar. ▷ Wir sind bereit, uns zu engagieren. ▷ Je konkreter und deutlicher die Ziele in Gedanken, Vorstellungen und Bildern im Bewußtsein präsent sind, um so motivierter sind wir, um so weniger mühevoll empfinden wir den Weg dahin.

Meine Ziele und Aufgaben

▷ **Für diese Woche:** ....

   Meine Schritte und Tätigkeiten hierzu: ....

▷ **Für die nächsten vier Wochen:** ....

   Meine Schritte und Tätigkeiten hierzu: ....

▷ **Für dieses Jahr:** ....

   Meine Schritte und Tätigkeiten hierzu: ....

▼ Von anderen lernen

Vor etlichen Jahren fuhr ich in der Großstadt mit einem Taxi. Die Straßen waren voll, es gab Staus und mißliche Situationen. Die ruhige Gelassenheit des Taxifahrers beeindruckte mich sehr; im Kontrast dazu verspürte ich Ungeduld, Spannungen und leichten Ärger. Wenn ich heute in einer fremden Großstadt mit dem Auto fahre und in schwierigen Verkehrssituationen unruhig und ungeduldig werde, taucht meist vor meinem geistigen Auge das Bild dieses damaligen Taxifahrers auf, und ich werde ruhiger.

Die Wahrnehmung, wie andere Menschen sich in schwierigen Situationen verhalten und sie bewältigen, das sog. *Wahrnehmungs-Lernen*, beeinflußt gemäß vielen Untersuchungen wesentlich das Verhalten von Menschen.

Dieses Lernen können Sie bei sich fördern: Wenn Sie im Alltag, in Ihrem Beruf oder Ihrer Freizeit Menschen sehen, die sich in schwierigen Situationen so verhalten, wie Sie es gerne möchten, und wenn Sie davon beeindruckt sind: *Machen Sie eine «mentale Fotografie»* von ihr/ihm. Speichern Sie dieses Bild in Ihrem Kopf. Und rufen Sie es sich vor Ihr geistiges Auge, wenn Sie in Schwierigkeiten sind, um sich davon anregen zu lassen, um zu lernen. Ich habe heute ein ganzes Archiv von inneren Bildern in meinem Kopf, die mir öfter ins Bewußtsein kommen, zum Beispiel: die konzentrierte Arbeitsgenauigkeit des Piloten – die Bewältigung von Armut, Hunger und Tod bei Menschen in Somalia, die ich im Fernsehen sehe – die Krankenschwester, die tatkräftig und in positiver Stimmung ihre Arbeit in einem Hospiz für Sterbende verrichtet – den Tischler, der zügig, aber ohne Übereilung mit großer Genauigkeit ein Stück bearbeitet – den Straßenarbeiter, dessen Arbeit viel schwerer und belastender als die meinige ist.

Ich habe sehr viel für meinen Beruf und Lebensstil dadurch gelernt, daß ich sah, wie andere sich verhielten, und daß ich diese Bilder in Erinnerung behielt. So ist die Art, wie ich wissenschaftlich arbeite und denke, wesentlich durch einige meiner früheren Professoren beeinflußt: sehr intensiv arbeitende Personen, offen, bescheiden, Wissenschaftlichkeit nicht durch häufigen Gebrauch von Fremdworten vortäuschend, bemüht, den Studierenden das Lernen zu erleichtern und ihnen Denken zu ermöglichen.

Der Fernsehmoderator Frank Elstner, der im Auftrag des Deutschen Fernsehens viele naturwissenschaftliche Nobelpreisträger an ihrem Arbeitsplatz interviewte, berichtet: «Die beglückende Erfahrung meiner Gespräche mit diesen weisen Menschen hat mir persönlich in schwierigen Zeiten auf eine Weise geholfen, die ich nie für möglich hielt.» Was beeindruckte ihn, und was war hilfreich für ihn? «Es gab bei allen diese große Begeisterungsfähigkeit, immer neue Fragen zu stellen, immer neue Gebiete des Wissens zu erschließen. ... Und dann die wichtigste Fähigkeit der Nobelpreisträger: Sie sind von ihrem weltweiten Ruhm nicht geblendet. Und sie können wirklich noch zuhören.» Von dem Schweizer Professor Reichstein, 95 Jahre alt, der das Vitamin C und das Hormon Cortison erforschte, berichtet er: «Ich war überrascht von der Bescheidenheit dieses Mannes, von seinem einfachen Lebensstil. Wenn ich mir gleichzeitig vorstelle, wie aufwendig dagegen all die Manager leben, die seine Erfindungen und Ideen millionenfach vermarkten, habe ich gleichwohl meine Zweifel, ob sie deshalb auch glücklichere Menschen sind.»

Zu meinen mentalen Lern-Bildern gehören auch Personen, die mir nur in Büchern begegneten. So sehe ich manchmal, wenn ich von der Arbeit erschöpft bin, das Bild des Albert Schweitzer vor mir, der mit 90 Jahren noch im Urwald unermüdlich tätig war. Oder ich denke an Martin Gray, der in seinen Büchern beschreibt, wie er als 14jähriger im Ghetto von Warschau kämpfte, aus dem Konzentrationslager Treblinka floh, in dem seine Familie umkam, wie er als Auswanderer in Amerika zu Reichtum gelangte, heiratete, sich in Frankreich niederließ und sich nach dem plötzlichen Tod von seiner Frau und seinen vier Kindern in Frankreich bemühte, sinnvoll weiterzuleben. – Ja, und wenn mir manchmal das Joggen schwerfällt und ich lieber einen Spaziergang machen möchte, sehe ich das Bild des joggenden amerikanischen Präsidenten Clinton vor mir und fühle mich ermutigt.

Manche meiner Bilder bestehen aus «Negativ-Bildern»: Es sind Personen mit einem Verhalten, das ich für mich nicht wünsche und das ich nicht lernen möchte. Bilder, die mich mahnen, hier auf mich aufzupassen. Etwa Bilder früherer autoritärer Schullehrer, Bilder von militärischen Führern von großem Starrsinn und geistiger Begrenztheit, Bilder von Professoren mit großem Bedürfnis nach Prestige und Beachtung, Bilder von Personen mit starker Verhaftung an Luxus, Konsum und Materielles sowie geringer sozialer Verantwortung.

Lernen durch die Begegnung mit anderen Schicksalen

Hierdurch wird es uns möglich, unser Leben und unsere Schwierigkeiten in einer anderen Bedeutung zu sehen, anders zu bewerten.

Vor Jahren leiteten meine Frau Anne-Marie und ich 14 Gruppengespräche im Fernsehen. In den meisten Gruppen war jemand, der durch Lähmung, fortschreitende Muskelerkrankung, Krebserkrankung oder Blindheit behindert war. Wir wollten diesen Menschen eine Chance geben, gehört zu werden. Bald wurde uns jedoch klar, daß die Teilnehmer und wir durch die Begegnung die Chance erhielten, viel von ihnen zu lernen. Denn sie hatten gelernt, schwere Lebensereignisse und große Belastungen zu bewältigen. Wir kamen zu einer anderen Einschätzung unserer Schwierigkeiten.

Die große Kraft der Bewältigung bei Behinderten wurde auch in Untersuchungen festgestellt. So wurden 100 schwerbehinderte Personen im Alter von 40 bis 73 befragt, die vor 20 Jahren durch einen Unfall eine schwere Wirbelsäulenverletzung erlitten hatten. Sie waren überwiegend verheiratet, hatten Kinder. Ihre allgemeine Lebenszufriedenheit und ihr seelisches Wohlbefinden waren nur wenig geringer als bei nichtbehinderten Erwachsenen. 64 Prozent waren überzeugt, daß der Unfall und die Behinderung auch eine positive Bedeutung für ihr Leben und für ihre persönliche Entwicklung hätten, zum Beispiel bessere Selbstwahrnehmung, Veränderung ihrer Werte. Etliche meinten, sie wären eigentlich viel besser dran als die meisten Nicht-Behinderten; sie konzentrierten sich besonders auf Eigenschaften, die ihnen erhalten geblieben waren und die ihnen günstig erschienen. So schätzten sie sich einfühlsamer für die Bedürfnisse anderer ein, mit besseren Beziehungen zu ihren Mitmenschen (162).

Durch persönliche Begegnung, durch Besuchs- und Hilfsaktionen in Krankenhäusern, Pflege- und Behindertenheimen, durch Fernsehsendungen über hungernde Menschen in Afrika oder durch Bücher können wir uns mit Menschen, die schwere schicksalhafte Belastungen tragen, konfrontieren. Wir können bei ihnen Möglichkeiten des Umgangs und der Bewältigung von schweren Belastungen erfahren und z. T. mit-

176 Erleichterung mentaler Vorgänge

erleben. Wir können uns daran erinnern, wenn wir selbst in schwierigen Situationen sind. Eine krebskranke Frau schreibt mir: «Letzten Monat mußte ich ins Krankenhaus, wegen Niereninfektion und hohen Fiebers. Ich war ziemlich am Ende meiner Kräfte. Ich habe oft an Ihre Frau Anne-Marie gedacht, an den Film, den ich von ihr gesehen habe und an die Worte ihres Buches. Das hat mir Mut und Kraft gegeben. So sind mir ungeahnte Kräfte zu Hilfe gekommen, den jeweiligen Augenblick zu bewältigen.»

So können wir lernen, eigene Belastungen und Schwierigkeiten anders zu bewerten, in anderer Bedeutung zu sehen. «Diese Erfahrung mit Karl, mit seiner schweren Muskellähmung, hat mir gezeigt, wie relativ unbedeutend meine Probleme sind, viel kleiner und leichter zu ertragen.» – «Für mich war die wichtigste Erkenntnis, daß offensichtlich viele Menschen mit belastenden Gefühlen zu kämpfen haben. Denn gerade in negativen Phasen fühle ich mich allein und glaube, allen andern gehe es gut.» Wir kommen zu einer anderen Sichtweise unserer Schwierigkeiten. «Mir ist klargeworden», schreibt eine Frau nach Besuchen in einer psychiatrischen Klinik, «daß meine Probleme, mit meinen Launen, Verstimmungen und meinem Ärger nicht fertig zu werden, lächerlich sind im Vergleich zu den Schwierigkeiten anderer Menschen, ihren Ängsten und Depressionen.»

▼ Engagiertes soziales Helfen

Freiwillige soziale Hilfe ist förderlich für die Hilfesuchenden. Aber daß sie auch förderlich für die Hilfegebenden ist, ist weniger bekannt. Helfen ist eine wesentliche Quelle der Sinnerfahrung für viele Menschen. Zehntausende sind freiwillig tätig, in der Nachbarschaftshilfe, in Krankenwachen, bei Besuchen von Altenheimen, in religiösen Hilfsgruppen, in der Telefonseelsorge, in der Begleitung Sterbender, im Einsatz für Menschen der Dritten Welt, oft neben ihrer Hilfe für Kinder und ältere Angehörige ihrer Familie.

Die Auswirkungen auf die Helfenden

▷ In einer Untersuchung von mehreren hundert amerikanischen Frauen, die regelmäßig karitativ tätig waren, ergaben sich erstaunliche Auswirkungen: Über zwei Drittel berichteten von eindeutigen, auch körperlich spürbaren Empfindungen beim Helfen: Hochgefühl, Stärke, Energie, ruhiger werden, weniger Depressionen. Bei einem Viertel hielt dieses Hochgefühl den ganzen Tag an. Bei den meisten kam dieses Hochgefühl in abgeschwächter Form wieder, wenn sie sich an die Situation des Helfens erinnerten. Körperlich-seelische Beschwerden und Schmerzen gingen durch die helfende Tätigkeit zurück. «Wer sich die Zeit nimmt, anderen zu helfen, der schützt sein eigenes Wohlbefinden» (103). Diese positiven Auswirkungen entstanden nicht, wenn nur Geld gespendet wurde, also kein direkter persönlicher Kontakt beim Hilfegeben bestand, oder wenn jemand zur Hilfeleistung gezwungen wurde, es also keine freiwillige Leistung war.

▷ Soziale Hilfstätigkeit führt zu der unmittelbar gespürten Erfahrung: «Ich werde gebraucht», «Ich bin hilfreich und wichtig für andere», «Ich vermindere Leid». Diese Erfahrungen fördern die Selbstachtung, das Selbstwertgefühl und die Überzeugung der eigenen Wirksamkeit.

▷ «Für andere Menschen etwas tun» wurde von über 50 Prozent unserer Befragten als sinngebend und sinnvoll in ihrem Leben angegeben (143; 184). Für viele war es die wichtigste Sinnquelle. «Wenn ich anderen Menschen helfe, sie tröste, ihnen ihr Schicksal erleichtere, dann spüre ich: Mein Leben hier hat einen Sinn.» Sinnerfahrungen sind wichtig für unsere seelische und körperliche Gesundheit; empfundene Sinnlosigkeit dagegen ist deutlich beeinträchtigend (156). Albert Schweitzer: «Das Mitleiden und Mithelfen... gibt deinem Leben den einzigen Sinn, den es haben kann, und macht es wertvoll... Das wenige, das du tun kannst, ist viel – wenn du nur irgendwo Schmerz und Weh und Angst von einem Wesen nimmst, sei es ein Mensch, sei es irgendeine Kreatur. Leben erhalten ist das einzige Glück» (166, S. 36).

▷ Die helfende Tätigkeit führt zu einer deutlichen Änderung der gefühlsmäßigen Stimmung. «Ich habe die Erfahrung gemacht», schreibt eine 29jährige Frau, «daß mein soziales Engagement mir ein gutes Gefühl gibt. So ist der Satz ‹Geben heißt in Wirklichkeit bekommen› für mich mehr als ein Satz – er ist Realität! Zweimal in der Woche mache ich Besuchsdienst in einem Krankenhaus. Sehr häufig komme ich hinterher mit einem so beglückenden Gefühl heraus, daß ich meine, *ich* bin der Beschenkte. Und das auch, wenn ich unter der Last von viel Arbeit stehe und gestresst von der Arbeitsstelle ins Krankenhaus fahre.»

▷ Die Helfenden haben weniger Zeit zum Grübeln, zum Hochspielen von Kleinigkeiten. Die engagierte Hingabe für die Hilfsaktivitäten gibt dem Leben für Stunden, Tage oder Wochen eine Zielrichtung. Helfende arbeiten *für* etwas und kämpfen nicht gegen etwas. Sie sind weniger mit sich selbst beschäftigt, mit ihrem Ego, den Problemen ihrer Person, ihrem Prestige oder ihrer Karriere. Eine Frau im Hospizdienst: «Viele Menschen, besonders junge, sind soviel mit sich selbst beschäftigt, mit dem, was sie wollen, wünschen oder nicht haben. Alles das verliert sich, wenn ich einen Sterbenden begleite, freiwillig und mit Hingabe.»

▷ Die Helfenden erfahren eine Bestätigung ihrer Tätigkeit und ihrer Person. Eine junge Frau: «Nach dem Abitur habe ich ein Jahr im Krankenhaus gearbeitet, als Hilfskrankenschwester. Ich habe dabei so viele Bestätigungen bekommen. Mir halfen das Vertrauen in meine Arbeit, die Zuwendung und das Vertrauen der Patienten. Hinzu kam, daß ich erfuhr, ich kann arbeiten und kann notfalls materiell unabhängig von den Eltern oder anderen leben.»

▷ Helfende fühlen sich bei ihrer Arbeit in andere Menschen ein und

suchen sie zu verstehen. Dies vermindert die Zuwendung zu eigenen Schwierigkeiten, Ichbezogenheit, Depressivität, Feindseligkeit und Ängsten (41).
▷ Das Vertrauen in andere wird größer, und diese positive Einstellung wirkt belastungsmindernd (152). «Wenn ich mich für andere engagiere, dann fördert das meine Sympathie für sie und verringert meine Abneigung; ich fühle mich auch zufriedener und entspannter.»
▷ Engagierte helfende Tätigkeit fördert die Nähe zu Menschen. Eine Frau: «Ich sehe es als wichtig an, einen Behinderten oder einen, dem es schlechtgeht, dem ich Hoffnung oder Trost geben will, zu umarmen oder ihm zärtlich über den Rücken zu streichen. Eine solche Geste kann oft mehr bringen als ein Gespräch, obwohl das Miteinander-Reden auch wichtig ist. Leider mache ich immer wieder die Erfahrung, daß Menschen trotz vorhandener Sympathie die Nähe zu ihren Mitmenschen vermeiden, aufgrund von Berührungsängsten.»
▷ Wenn wir anderen helfen, dann sind ethisch-sozial-religiöse Werte keine abstrakten Worte. Sondern wir haben eine konkrete Beziehung zu ihnen sowie zur Gemeinschaft, der wir das meiste unserer Existenz verdanken.

Der Nobelpreisträger Albert Einstein: «Wir zehren alle von der Arbeit unserer Mitmenschen, und wir müssen ehrlich dafür bezahlen, nicht nur mit Arbeiten, die wir zu unserer inneren Befriedigung gewählt haben, sondern auch durch Arbeit, die der allgemeinen Meinung nach unseren Mitmenschen dient. Sonst wird man ein Parasit, was für bescheidene Ansprüche man auch haben mag» (54, S. 56). «Was ein Mensch für seine Gemeinschaft wert ist, hängt in erster Linie davon ab, inwieweit sein Fühlen, Denken und Handeln auf die Förderung des Daseins anderer Menschen gerichtet sind» (50, S. 11).

▷ Durch soziale Helferdienste werden wir seelisch belastbarer. Eine Frau, der das Arbeitsamt zwölf Jahre zuvor eine soziale Tätigkeit in einem Behindertenheim empfohlen hatte:

«Der erste Tag war nicht einfach. Ich kriegte eine Schürze um und wurde losgeschickt. Da kam ein behinderter Mann auf mich zu mit einem ganz deformierten Gesicht, um den Hals trug er viele Ketten, in den Händen viele Handtaschen, und er war so schrecklich häßlich. Da habe ich gedacht: Wenn die alle so sind, kannst du das nicht machen. Es war hart, am Anfang... Morgens waren die Betten eingekotet. Dann mußten wir schwere erwachsene Leute aus den Betten heben, die waren wie Schokoladenmenschen eingeschmiert. Das war schon grauslich. Aber daran gewöhnt man sich. Als ich so ungefähr vier Wochen auf dieser Abteilung war, dachte ich: ‹Mein Gott, hast du ein Glück gehabt, daß du gerade bei dieser Gruppe gelandet bist!›» (11).

Ein Mann, 23: «Als ich meinen Zivildienst antrat, hatte ich immer eine ablehnende Haltung gegenüber Kranken und alten Leuten. Ich versuchte, möglichst nichts mit ihnen zu tun zu haben. Heute, nach dreimonatiger Tätigkeit der Altenpflege im Bereich der Psychiatrie, glaube ich zum erstenmal, daß ich mein Leben halbwegs sinnvoll gestalte. Obwohl der Umgang mit psychisch Kranken oft ziemlich aufreibend ist, habe ich doch das schöne Gefühl, Menschen geholfen zu haben.»

So erhalten wir selber sehr viel, indem wir anderen helfen, ohne Erwartungen und ohne anderen Verpflichtungen aufzuerlegen. Die Aussage «Wenn Sie sich gut fühlen wollen, dann tun Sie Gutes» ist realistisch. Das ist gegensätzlich zu der Auffassung: «Wenn wir anderen etwas geben, haben wir selbst weniger.» – «Nimm dir, soviel du kannst.» «Wenn es hart auf hart geht, denke zuerst an dich selbst.»

Albert Schweitzer: «Schafft euch ein unscheinbares Nebenamt! Tut die Augen auf und sucht, wo ein Mensch ein bißchen Zeit, ein bißchen Teilnahme... ein bißchen Fürsorge braucht. Vielleicht ist es ein Einsamer, ein Verbitterter, ein Kranker..., dem du etwas sein kannst. Vielleicht ist's ein Greis, vielleicht ein Kind... Laß dich nicht abschrecken, wenn du warten oder experimentieren mußt. Auch auf Enttäuschungen sei gefaßt» (166, S. 36).

Viele Erfahrungen von helfenden Menschen sowie Anregungen für den Alltag finden Sie in dem Buch der amerikanischen Psychologen und Philosophen Ram Dass und Paul Boormann «Wie kann ich helfen?» (141).

Helfen im Beruf?

Personen aus sozialen Berufen – Krankenschwestern/Pfleger, Ärzte, Sozialarbeiter, Psychologen u. a. – helfen anderen berufsmäßig. Sie hatten gemäß einer Untersuchung die größte Sinnerfüllung in ihrem Alltagsleben, verglichen mit allen anderen Berufen (143).

Dieses große Privileg haben Berufstätige in Fabriken, Büros, Laboratorien oder Verkaufsstätten nicht. So helfen manche von ihnen ehrenamtlich neben ihrem Beruf.

Jedoch denke ich, daß diese Berufstätigen auch Möglichkeiten haben, anderen w ä h r e n d ihres Berufes zu helfen und die günstigen Auswirkungen einer helfenden Tätigkeit zu erfahren: ▷ Bei geeigneten seelischen Einstellungen können sie den anderen durch ihr Dasein helfen. Etwa indem sie freundlich, offen und hilfsbereit sind. Sie helfen so wesentlich mit, ein gutes Betriebsklima zu schaffen, das entscheidend zur Stressverminderung und seelischen Gesundheit der Mitarbeiter beiträgt.

▷ In etlichen Berufen ist die Einstellung möglich, die eigene Arbeit als Dienst am anderen zu sehen. Manche Handwerker oder Automechaniker verrichten ihre Arbeit mit dieser Haltung, anderen in Schwierigkeiten zu helfen. Das ist deutlich unterschiedlich zu denjenigen, die ihr Können zur Schau stellen, herablassend sind oder ihre Arbeit nörglerisch verrichten. Schalterbeamte etwa können ihre Tätigkeit unter der Bedeutung sehen, anderen zu helfen. Lehrer und Dozenten sehen sich nicht als Unterrichtsbeamte, sondern als Helfer der Schüler/Studenten, um ihnen das persönliche und fachliche Lernen zu erleichtern. Rückblickend denke ich, daß meine Frau und ich in unserer Forschungs- und Lehrtätigkeit wesentlich von dem Wunsch erfüllt waren, anderen damit zu helfen, und daß wir deshalb trotz mancher Belastungen die Arbeit als sehr sinnvoll empfanden.

▷ Schließlich: Sehen wir eine Partnerschaft oder den Umgang mit Kindern überwiegend unter dem Motiv, die/den anderen zu fördern und ihr/ihnen bei ihrem Weg zu helfen, dann werden unsere Beziehung zu ihnen sowie unser Leben sinnerfüllter sein.

▽▼ Förderliche mentale *Inhalte* des Bewußtseins

Was sollten wir bevorzugt in unser Bewußtsein einlassen, welchen Inhalten sollten wir uns bevorzugt zuwenden, die ein Gegengewicht gegen Stress, Belastung und Depressivität sind? Die uns seelischen Halt geben und mehr Sinnerfüllung? Was ist gleichsam «mentale Vollwertkost»? Wesentliches darüber habe ich in diesem Kapitel zusammengestellt.

Wichtig ist unser anhaltendes verantwortliches Bemühen, die günstigen Gedanken, Vorstellungen und Erinnerungen in uns zu fördern, sie «uns zu eigen zu machen» durch Nachdenken, Achtsamkeit, Vorträge, Lesen, Gespräche und Übungen. So wie ein Muskel nur durch häufige Betätigung kräftig und leistungsfähig wird und bleibt, so ist unsere fortlaufende Aktivität erforderlich, um förderliche haltgebende Inhalte vermehrt im Bewußtsein zu haben, besonders in schwierigen Situationen. Der Nobelpreisträger und Physiker Albert Einstein beschreibt diese Notwendigkeit der andauernden Arbeit an uns selbst so: «Hier genügt die einmalige Erkenntnis nicht; im Gegenteil, diese Erkenntnis muß beständig und unermüdlich erneuert werden, soll sie nicht verlorengehen. Sie gleicht einer Marmorstatue, die in der Wüste steht und ständig in Gefahr ist, vom Flugsand begraben zu werden. Fleißige Hände müssen sich unablässig rühren, damit der Marmor weiter in der Sonne schimmern kann» (53, S. 33 f).

▼ Bewußte Zuwendung zu Gutem

Wenden wir uns dem Guten, Förderlichen in der Umwelt und bei uns mehr zu, denken und erinnern wir es mehr und machen es uns bewußt, dann fördern wir positive mentale und gefühlsmäßige Inhalte in unserem Bewußtsein. Schönes, Positives, Harmonisches bei anderen Menschen und bei uns, in der Natur oder in menschlichen Produkten zu sehen, anzuerkennen und zu bewundern, fördert positive Gefühle, etwa Freude, Vertrauen, Hoffnung, Optimismus, Liebe und damit unser seelisches Wohlbefinden. Das ist gegensätzlich zu negativen Gedanken, zu Ärger, Pessimismus, Mißtrauen und Hoffnungslosigkeit.

Erfreuliches, Schönes, Positives bewußter wahrnehmen

Fast jeder von uns macht täglich einige Wahrnehmungen und Erfahrungen, die für ihn erfreulich sind. Es liegt an uns, sie intensiver, bewußter zu erleben und uns später des öfteren daran zu erinnern, statt uns Unangenehmem zuzuwenden, etwa dem, was uns fehlt.

Eine Frau schreibt, was ihr einige Zeit nach dem Tod ihres Mannes nach 43jähriger glücklicher Ehe half: «Manch ein einsamer Spaziergang durch Gottes schöne Natur gab mir Kraft für den neuen Tag... Jeden Tag, an dem ich gesund erwache, bin ich dankbar, daß ich sehen, hören und mich bewegen kann. Gesundheit ist für mich keine Selbstverständlichkeit, sondern immer wieder ein großes Geschenk. Ich suche alles Schöne im Leben und finde täglich etwas zum Freuen: Das kann am Morgen ein froher Gruß vom Nachbarn sein, ein Anruf meiner Kinder oder auch nur ein Sonnenstrahl auf meinem Frühstückstisch. Viele Menschen sehen das Gute und Schöne um sich herum erst, wenn es ihnen genommen wurde.»

Ein Rentner, 68 Jahre: «Viel schaffen kann ich körperlich nicht mehr. Aber ich sehe einen Sinn noch darin, nicht einseitig zu werden, nicht herumzumeckern, sondern in allem, was mir das Leben bringt, zu versuchen, das Beste daraus zu machen und für mich zu behalten. Ich bemühe mich, mit einem zufriedenen Lächeln einzuschlafen. Wenn ich den Tag überdenke, möchte ich mir sagen können, er hat mir etwas gebracht, etwas gegeben. Ich suche von anderen Menschen zu lernen. Ich versuche, mich auf andere einzustellen. Oft habe ich ein Glücksgefühl, wenn ich Aufgaben, die ich für schwer gehalten habe, schaffe.»

Gutes, Erfreuliches aufschreiben

Des öfteren vereinbare ich in der Psychotherapie mit depressiven Patienten, daß sie ein kleines Heft anlegen und dort täglich das Gute in Stichworten eintragen, das sie wahrnahmen, erlebten, erinnerten oder das sie für andere taten. Manche machten die Eintragungen auf der Rückfahrt von der Arbeit, andere abends vor dem Schlafengehen. Für jeden Tag ist eine Seite reserviert. «Ich habe heute keine körperlichen Schmerzen gehabt.» – «Eine Nachbarin hat mir freundlich zugewinkt.» – «Ich habe es fertiggebracht, heute zum Mittag nur wenig zu essen.» – «Hatte ein kurzes freundliches Gespräch mit einem Kollegen.» – «Am Vormittag fiel mir die Arbeit nicht schwer, ich habe gut weggeschafft.»

Tun wir das, so bemerken wir: Wir erleben doch auch Erfreuliches am Tage! Durch das Aufschreiben werden uns die positiven Erfahrungen bewußter. Allmählich wird daraus eine Haltung, das Gute mehr wahrzunehmen und zu beachten. Die Eintragungen mit dem Guten am Tage werden länger. – Das Aufschreiben dient zu unserer Information, was wir wahrnahmen, was wir taten. Nicht dazu, ein schlechtes Gewissen zu haben oder uns unter Druck zu setzen.

Manche nahmen auch das Aufzeichnungsbuch zur Hand, wenn sie sich mißmutig oder niedergeschlagen fühlten, und erinnerten sich an das Gute und Positive. Es half ihnen, Positives in ihrem Alltag weniger zu übersehen.

Für diejenigen, die im Zustand der Depressivität bei der Berufsarbeit kaum etwas Positives erleben, sind tägliche Eintragungen in einem kleinen Heft «*Lichtblicke bei meiner Arbeit*» günstig. Menschen, die bisher ihre Arbeit nur belastend fanden, nahmen jetzt kleine erfreuliche Ereignisse wahr: etwa die Begrüßung durch einen Mitarbeiter, ein Gespräch in einer kurzen Pause, die Vorfreude auf ein schönes Ereignis am

Abend schon während der Arbeit u. a. Zugleich wurden sie fähiger, sich mehr von diesen kurzen Lichtblicken während der Arbeitszeit zu schaffen, etwa freundlicher zu grüßen, andere mehr anzusprechen, anzulächeln, anderen zu helfen.

Eine weitere förderliche Möglichkeit ist ein kleines Buch mit Eintragungen: *«Was habe ich heute gelernt? Wo bin ich vorangekommen?»* Hier wenden wir uns bewußter den Erfahrungen zu, bei denen wir den Eindruck haben: Ich habe heute kleine Lernschritte gemacht, etwa in der Bedienung eines technischen Gerätes, in der Überwindung meiner Schüchternheit, in meinem Bemühen, mich vom Lärm der Umwelt, der Werbung, dem Fernsehgerät oder von unfreundlichen Menschen weniger beeinflussen zu lassen.

Diese Konzentration auf das Positiv-Gute bedeutet nicht: Wir übersehen oder ignorieren Fehler, Warnsignale oder die Schwierigkeiten in unserer Umwelt. Es ist kein realitätsfernes Wunschdenken und Fantasieren. Es ist einfach das Bemühen um konzentrierte Achtsamkeit auf das Gute-Positive, das wir in unserem Alltag bei uns und in der Umwelt wahrnehmen und tun können.

Unsere guten Seiten sehen

In belasteter und gedrückter Stimmung, verstrickt in Schwierigkeiten und Ängste, sehen wir kaum unsere guten Eigenschaften, unsere Stärken. Sondern unsere Wahrnehmung und unsere Gedanken sind – biologisch durch die körperlichen Vorgänge bei Stress bedingt – voll auf die Schwierigkeiten der Situation sowie unsere Unzulänglichkeiten und Belastungen gerichtet. So wie Menschen beim Ausbruch eines Feuers in einem panikartigen Zustand kaum die Tür finden, so nehmen wir in seelisch-belastenden Situationen kaum unsere positiven Seiten wahr. Die Folgen: In unserem Bewußtsein überwiegen ungünstige Gedanken und Gefühle, eine ungünstige Selbsteinschätzung, mangelndes Selbstvertrauen.

Deshalb ist es wichtig, die auch vorhandenen positiven Seiten von uns zu sehen. Möglichkeiten sind: ▷ Kleine Schritte des Handelns, die uns unseren Zielen näherbringen und uns Bestätigungen geben. ▷ Entspannungsübungen mit der Erfahrung, daß wir uns mit uns selbst wohl fühlen. ▷ Kontakte mit Freunden oder Personen, die uns annehmen, so daß wir uns selbst mehr annehmen können.

Eine weitere Möglichkeit ist: Wir lernen, unsere positiven Seiten mehr zu sehen, zu beachten. Allein oder in einer kleinen Gruppe entspannen wir uns, etwa durch eine kurze Atementspannung oder indem wir die Augen schließen und die Gedanken zur Ruhe kommen lassen. Danach stellen wir uns bei geschlossenen Augen vor:

Was ist auch Gutes, Positives, Förderliches an mir?

An meinem Verhalten? Bei dem, was ich tue? An meinen seelischen und körperlichen Eigenschaften? Wie ich mit mir selbst umgehe? Wie ich mit anderen umgehe? Wie ich denke? Wie ich fühle?

Lassen Sie sich etwa drei bis acht Minuten Zeit dafür. Sehen Sie die günstigen Eigenschaften und Fähigkeiten möglichst konkret vor Ihrem geistigen Auge. Werden Sie bitte nicht unruhig, wenn Ihnen am Anfang nur wenige oder keine günstigen Eigenschaften einfallen.

Danach schreiben Sie das, was Sie an Positivem bei sich gefunden haben, auf ein Blatt. Sind Sie in einer kleinen Gruppe, dann sprechen Sie anschließend über Ihre positiven Seiten. Durch die Äußerungen der anderen werden Sie angeregt, auch das Positive zu sehen, was Sie bei sich bisher übersahen.

Wahrscheinlich werden Sie erstaunt sein, was Sie schließlich doch an Gutem bei sich finden. Je entspannter wir vorher waren, um so mehr fällt uns meist ein. Und: Durch das Aufschreiben und Aussprechen festigen wir das, was wir an Positivem sehen. Im folgenden einige Auszüge, was Teilnehmer unserer Seminare bei sich fanden:

«Ich bin tierlieb, kann für ein Tier sorgen.» – «Ich bin vorsichtig beim Autofahren.» – «Ich brauche keinen Luxus.» – «Ich kann für mein Kind, für meinen Beruf und für mich sorgen. Ich gleite nicht ab.» – «Meistens bin ich offen und ehrlich.» – «Ich kann auf andere Menschen zugehen.» – «Ich kann anderen Menschen gut zuhören.» – «Heute kann ich auch mal großzügig sein, nachdem ich früher alles geplant habe, nichts dem Zufall überließ und pedantisch war.» – «Ich kann mich damit abfinden, wenig materielle Güter zu haben.» – «Ich reflektiere heute über mich und die Welt, und das war früher gar nicht.» – «Ich bin spontan.» – «Für mein Alter sehe ich ganz passabel aus.» – «Ich bin kontaktfreudig.» – «Ich habe einen Körper, der trotz meiner Behinderung gut leistungsfähig ist.» – «Ich mag meine Haare gern.» – «Trotz meiner 75 Jahre kann ich mich allein versorgen, falle niemandem zur Last und bin recht aktiv.» – «Ich bin zuverlässig.» – «Ich kann anderen sagen, wann es mir nicht gutgeht, und um Hilfe bitten.» – «Ich bin nicht oberflächlich.» – «Ich bin fleißig.»

Manche konnten auch in dem, was sie als Schwäche oder Fehler ansahen und womit sie des öfteren unzufrieden waren, eine gute Seite sehen. Ein schüchterner Mann: «Ich könnte nie jemandem Gewalt antun.» – «Ich belästige keinen Menschen.» – Ein einsamer Mensch: «Ich kann gut mit mir alleine sein.» – Eine ängstliche Frau: «Ich nehme viel Rücksicht auf Alte, Schwache und Kinder.»

So wird unser Blick erweitert auf das Positive, das auch in uns ist. Wir lernen uns realistischer zu sehen, ignorieren nicht mehr das Gute in uns. Es sind keine Illusionen, denen wir uns hingeben; wir suggerieren uns nichts, was nicht ist. Durch die realere Sichtweise von uns verbessert sich unser Selbstwertgefühl.

Positive Erfahrungen erinnern

Wir rufen uns positive Situationen in Erinnerung, etwa eine Begegnung mit Freunden, das Zusammensein mit der Familie, erfolgreiche Leistungen in schwierigen Situationen, eine Bergwanderung oder einen Aufenthalt am Meer. Wir suchen die Gefühle, die wir in dieser damaligen Situation hatten, bewußt zu spüren, die Freude, das Glück, den Frieden, das Hochgefühl. Hierdurch wird unser Bewußtsein mehr erfüllt mit erfreulichen Gedanken, Vorstellungen und Gefühlen. Manchmal werden diese positiven Erfahrungen länger zurückliegen; manche sind uns heute vielleicht nicht mehr möglich, weil sich vieles veränderte. Wichtig ist, kein Selbstmitleid aufkommen zu lassen und uns zu bedauern. Wir können dann aus den Erfahrungen Halt und seelische Kraft schöpfen.

Manche rufen sich häufig, ja überwiegend negative Erfahrungen und Situationen ins Bewußtsein, etwa was sie als Kinder entbehren mußten, was sie nicht hatten oder bekamen. Des öfteren ist es ein Wühlen im «seelischen Müll» vergangener Jahre und Jahrzehnte. Hierdurch «verdrängen» wir meist das Gute, das uns auch widerfahren ist.

Erinnerungen an positive vergangene Erfahrungen können uns auch ermutigen. So erfordern meine Arbeit mit Patienten und die wissenschaftliche Forschung genaue Sorgfalt, um andere nicht zu beeinträchtigen. Manchmal merke ich, daß diese große Vorsicht über Jahrzehnte auch in mein Freizeitleben hineinwirkt und mich teilweise einschränkt. Dann hilft es mir, Erfahrungen zu erinnern, in denen ich als Junge sehr ungebunden, frei, spontan, mutig und naiv handelte, unbekümmert herumtobte, etwas leichtsinnig war, ohne Schulaufgaben zur Schule ging. Derartige Erinnerungen erleichtern es mir, in meiner Freizeit unbekümmerter und gelöster zu sein.

Uns selbst und andere ermutigen

Wahrscheinlich wissen Sie aus dem Sport, wie bedeutsam ein Coach für Sportler ist, wie förderlich seine Ermutigungen für deren mentale Stärke und Leistungsfähigkeit sind. Wir können das auch bei uns selbst beobachten, bei einfachen Wettkämpfen in Sportvereinen. Auch wenn wir nicht ehrgeizig sind und in sportlichen Begegnungen wirklich ein Spiel sehen, spüren wir doch, daß wir bei Ermutigungen durch Zuschauer besser spielen oder laufen und daß wir uns mehr einsetzen.

In unserem Lebensalltag erhalten wir meist in einer befriedigenden Ehe-Partnerschaft-Familie Ermutigungen. Der Partner, die Kinder, Freunde und Bekannte sind unser «Coach».

Haben wir keinen Coach in unserem Lebensalltag, oder sind wir allein in einer schwierigen Situation, dann ist es eine wichtige Hilfe: *Sei Dir selbst ein guter Coach!* Sich selbst gut zureden, sich Mut zusprechen, läßt uns hoffnungsvoller, mutiger, leistungsfähiger werden und verhindert, daß wir negativ-pessimistisch denken und urteilen. Statt negativ zu uns zu sagen «Das schaffst Du nie», «Ich kann das nicht», «Ich habe Angst», geben wir uns positive Selbstaufforderungen, zum Beispiel ‹Halte durch›, ‹Die Situation hier ist nicht so schlimm wie damals, und die hast Du geschafft!›, ‹Halte aus, wirf nicht gleich die Flinte ins Korn›, ‹Wenn es nicht sein soll, Du wirst es auch verkraften!›, ‹Wenn ich genug lerne, werde ich es schaffen›.

Derartige realistische Ermutigungen sind etwas anderes als das «Positive Denken», das manchmal empfohlen wird. Bei manchen Menschen mag es bei sehr großen Belastungen vielleicht hilfreich sein. Jedoch ist dieses Vorgehen auch problematisch: 1. Die suggestiv antrainierten positiven Gedanken stehen im

Widerspruch zu den seelischen Gefühlen und Erfahrungen. «Meine bisherige Methode mit dem positiven Denken war nicht erfolgreich», sagt ein Mann. «Etwa bei dem Gedanken ‹Ich bin entspannt› oder ‹Mir geht es gut› kam mir immer die Antwort hoch: ‹Das stimmt nicht!› Wenn ich mir eingeredet habe: ‹Es geht mir immer besser›, war nachher die Enttäuschung um so größer, wenn es nicht klappte.» 2. Schematisch-positive Gedanken über uns und die Umwelt vermindern unsere Klarsicht, fördern irreale Einstellungen. Das, womit wir uns ermutigen, sollte nicht im Widerspruch zur Realität stehen.

Positiverer Umgang mit angstvollen Träumen

Wenn wir am Tag in seelischen Schwierigkeiten waren und uns starke Sorgen machten, dann träumten wir häufiger nachts; meist sind dann die Träume belastend, angstvoll.

Das ist biologisch verständlich: Nach Sorgen und Bedrohungen am Tage ist – ohne vorherige Entspannung – unser Sympathisches Nervensystem erregter, auch während des Schlafes. Dadurch sind wir auch im Schlaf ▷ eher auf das Bedrohlich-Negative ausgerichtet, ▷ wachsamer, haben weniger Tief-Schlaf. Für unsere Vorfahren war das wichtig: Bei Verfolgung durch Feinde zum Beispiel wurden sie in der Nacht bei Geräuschen schneller wach und kampffähig.

Heute brauchen wir kaum noch diese erhöhte Wachsamkeit gegenüber Feinden in der Nacht; wir brauchten eher einen erholsamen Tiefschlaf, ohne angstvolle Träume. Aber ohne wirkliche Ent-Spannung vor dem Einschlafen ist das schwer möglich.

Entscheidend ist nun, was wir mit den Träumen machen: Viele Menschen beschäftigen sich mit den bedrohlich belastenden Inhalten, denken auch am Tag darüber nach, grübeln, haben Ängste, woher die angstvollen Träume kommen, was sie bedeuten, was ihnen bevorsteht. Sie möchten gerne «hinter» die Träume sehen, was sie ihnen sagen und bedeuten. Dabei sehen die meisten nicht das verursachende biologische Geschehen, die Erregung des Sympathischen Nervensystems in der Nacht, aufgrund der vorangegangenen Belastung und mangelnden Entspannung vor dem Einschlafen. Ferner: Haben wir einen unangenehmen belastenden Traum, so wird während des Traumes das Sympathische Nervensystem weiter erregt und durch den Adrenalinstoß und die mangelnde körperliche Bewegung sowie das hormonale Ungleichgewicht unsere Spannung verstärkt. Bei Menschen mit Herz-Kreislauf-Beschwerden oder in größerem Alter ist dies sogar ein körperliches Risiko: Man stellte fest, daß Infarkte besonders während der frühen Morgenstunden eintraten, im Zusammenhang mit ängstlichen Träumen. – Somit ist es sinnvoll, weniger angstvoll-bedrohliche Träume zu erleben.

Eine wirkungsvolle Möglichkeit der Verminderung sind Ent-Spannungsübungen vor dem Schlafengehen, zum Beispiel Yoga-Übungen, Atem- oder Muskelentspannung. Und zusätzlich etwa die Erinnerung vor dem Einschlafen an erfreuliche Situationen, die wir am Tag erlebten.

Eine weitere Möglichkeit – früher von Indianern praktiziert – überprüfte eine amerikanische Psychologin (45). Bei ihr lernten Personen in drei Sitzungen, positive Erwartungen hinsichtlich des Inhalts ihrer nächtlichen Träume zu haben. Sie nahmen sich vor, im Traum als Handelnde die Situation besser zu beherrschen, aktiver mit den Schwierigkeiten umzugehen und die Probleme besser zu lösen. Jedoch wollten sie sich an die Träume am Morgen erinnern können, wobei sie einen eher angenehmen Inhalt hätten. Bei Nachbefragungen sechs Monate später berichteten die Teilnehmer mehr erfreuliche Träume als Personen ohne das Seminar oder mit einem anderen Seminarinhalt. Sie waren auch weniger ängstlich beim nächtlichen Erwachen unmittelbar nach den Träumen; sie grübelten weniger. Dagegen ignorierten sie ihre Träume nicht und sprachen in gleichem Ausmaß zu andern darüber wie vorher.

Was tun wir, wenn wir dennoch angstvolle Träume erleben sollten? Hier ist es hilfreich, sie nicht zu bewerten, sie auf dem biologischen Hintergrund der Erregung des Sympathischen Nervensystems zu sehen. Wir können uns auch fragen, was wir daraus für unser Verhalten in den nächsten Tagen lernen könnten, was wir mehr berücksichtigen müssen. Eine andere Möglichkeit ist: Träume als Produkte von Schaltfehlern unseres Gehirns anzusehen und loszulassen. Das ergibt sich aus den Untersuchungen und Auffassungen amerikanischer Forscher, etwa des Nobelpreisträgers für Biochemie, Francis Crick. Danach werden durch das Träumen falsche, überflüssige oder sinnlose Reize und Gedanken gelöscht. Der Organismus wird vor Reizüberflutung und Wahnbildern geschützt. Es ist gleichsam eine mentale Reinigung des

192 Förderliche mentale Inhalte

Gehirns, ohne tieferen Sinngehalt (108). Können wir dieser Auffassung zustimmen, dann erscheint es sinnvoll, uns durch entsprechende Einstellungen weniger über Träume zu ängstigen und zu belasten.

Dieser Umgang mit Träumen bezieht sich auf angstvolle wirre Träume in Zeiten der Belastung und größerer mentaler und körperlicher Erregung. Etwas anderes ist es bei nicht-angstvollen, nicht-belastenden Träumen. Es ist möglich, daß wir dadurch Anregungen und neue Betrachtungsgesichtspunkte erhalten. So ist bekannt, daß etwa Wissenschaftler nach sehr langer intensiver Beschäftigung mit komplizierten Sachverhalten nachts im Traum Lösungsmöglichkeiten vor sich sahen.

▼ Dankbarkeit bei der Wahrnehmung des Guten

Sehen wir deutlich das viele Gute, das uns in unserem Leben zuteil wurde und wird, ignorieren wir es nicht, und vor allem: Halten wir es nicht für selbstverständlich, dann ist damit ein positives Gefühl verbunden: Dankbarkeit.

Wie war mein Zugang hierzu? Vor etlichen Jahren machte ich folgende Erfahrung: Wegen Überfüllung der Universität war ich mit Arbeit sehr überlastet. Als ich eines Morgens in die Tiefgarage des Instituts fuhr, spürte ich im voraus die Last des Tages auf mir, besonders die lästigen und in meinen Augen unnötigen Verwaltungsaufgaben, und ich stöhnte innerlich. Aber da kam mir der Gedanke: Wie wäre es, wenn ich arbeitslos wäre? Wenn ich nicht diesen Arbeitsplatz und diese Aufgaben hätte? Oder wenn ich hier nicht mehr arbeiten dürfte? Diese Gedanken ließen mich meine Arbeit in anderer Bedeutung sehen; und so änderten sich auch meine Gefühle. Zwar fühlte ich mich nach wie vor körperlich und zeitlich beansprucht. Aber ich belastete mich nicht zusätzlich, indem ich mich beklagte und bedauerte. Ich sah jetzt mehr die guten Seiten meiner Tätigkeit und war dankbar dafür.

Einige Zeit später erkrankte meine Lebensgefährtin an Krebs. In einem Fernsehfilm nahm sie Stellung zu der Krankheit und zu der Art, wie sie damit umging. Auch wir als Familienmitglieder wurden gefragt. Ich sagte damals: Neben den Schmerzen und der Traurigkeit hätte ich auch ein intensives Gefühl der Dankbarkeit. Wir hätten 29 Jahre lang in einer sehr befriedigenden Partnerschaft zusammengelebt. Ich sähe dies als ein großes Geschenk an; es scheine mir undankbar, wenn ich verlangte oder forderte, daß diese Zeit unseres Zusammenlebens nie zu Ende gehen dürfe. – Auch jetzt, Jahre nach ihrem Tod, spüre ich häufig dieses Gefühl von Dankbarkeit, sie kennengelernt, mit ihr zusammengelebt zu haben, von ihr gefördert worden zu sein, und – daß ich sie fördern und ergänzen konnte. Ich bin sehr dankbar, daß ich diese 29 Jahre habe erleben können. Gewiß vermisse ich sie sehr; aber meine Schmerzen und Trauer haben eine andere Färbung, sie füllen mein Bewußtsein nicht so aus.

194 Förderliche mentale Inhalte

In den letzten Jahren wurde mir dann zunehmend die Wichtigkeit von Dankbarkeit bewußt. Ich fand dies auch in Befragungen von Menschen bestätigt. Das Wesentliche, was ich heute darüber weiß, möchte ich Ihnen mitteilen.

Wie kommt es zu dem Erleben von Dankbarkeit?

Widerfährt uns im Alltag etwas Gutes-Positives, dann haben wir angenehme Gefühle, empfinden Freude, Glück, ein Wohlgefühl.

Zum Spüren von Dankbarkeit tritt noch etwas hinzu: Wir sehen, daß wir etwas erhalten oder erhielten, worauf wir keinen Anspruch haben, das wir unerwartet und oft ohne unser Zutun erhalten.

Denken wir darüber nach und werden uns bewußt, was uns in unserem Leben an Gutem und Hilfreichem zuteil wurde und wird, was wir an Gutem und Schönem erleben und erlebten, und sind wir uns dabei bewußt, daß wir vieles gleichsam geschenkt bekommen, daß wir es nicht einfordern können: dann spüren wir Dankbarkeit. So sind uns unser Leben, unser Körper, unsere Gesundheit ohne unser Zutun geschenkt worden. Auch viele seelische Eigenschaften und etwa unsere Intelligenz sind – wie wir heute wissen – wesentlich durch unsere Erbanlagen mitbedingt. So wie wir für unsere Körpergröße oder Haarfarbe nichts können, so können wir nichts dafür, daß wir in diesem Jahrhundert in diesem Land geboren wurden, eine warme Wohnung haben und nicht in einem Land leben, wo Krieg, Armut und Unterdrückung herrschen. Wenn wir deutlich sehen, daß vieles von dem, was uns an Gutem widerfährt oder widerfuhr und vieles von dem, was uns an Schlechtem erspart bleibt, nicht unser Verdienst ist: bei dieser Einsicht spüren wir Dankbarkeit.

Sind wir uns nun sehr häufig, ja fast fortwährend bewußt, was wir an Gutem in unserem Leben erfuhren und erfahren, so ergibt sich Dankbarkeit gleichsam als ein Grunderleben: als ein gefühlsmäßiger Hintergrund für das, was unser Leben in der Vergangenheit ausmachte und was wir jetzt erleben. Empfinden wir diese Dankbarkeit gegenüber einem höheren Wesen, Gott oder der Schöpfung gegenüber, die unser Schicksal bestimmten, dann ist es zugleich ein spirituell-religiöses Gefühl.

Mancher könnte denken: Die Einstellung, daß das viele Gute in unserem Leben nicht unser Verdienst ist, und die Empfindung von Dankbarkeit seien eher bei Menschen mit Minderwertigkeitsgefühlen, Ängstlichkeit und «Beschränktheit» anzutreffen. Das ist aber nicht der Fall. Im folgenden lasse ich zwei Personen mit überragenden Leistungen für die Gemeinschaft zu Wort kommen; sie waren sich bewußt, daß ihr Leben nur durch die Hilfe vieler anderer Menschen möglich wurde:

Albert Einstein: Was ich von anderen bekommen habe

Der wohl größte Physiker dieses Jahrhunderts und Nobelpreisträger: «Jeden Tag denke ich unzählige Male daran, daß mein äußeres und inneres Leben auf der Arbeit der jetzigen und der schon verstorbenen Menschen beruht, daß ich mich anstrengen muß, um zu geben im gleichen Ausmaß, wie ich empfangen habe und noch empfange. Ich habe das Bedürfnis nach Genügsamkeit und habe oft das drückende Bewußtsein, mehr als nötig von der Arbeit meiner Mitmenschen zu beanspruchen» (50, S. 7).

Albert Schweitzer: Was andere Menschen mir gaben

Der Arzt, Philosoph, Theologe, Organist und Friedensnobelpreisträger: «Mir kommt es immer vor, als ob wir alle geistig von dem lebten, was uns Menschen in bedeutungsvollen Stunden unseres Lebens gegeben haben... Manchmal bekommen sie ihre Bedeutung für uns erst in der Erinnerung... Vieles, was an Sanftmut, Gütigkeit, Kraft zum Verzeihen, Wahrhaftigkeit, Treue, Ergebung in Leid unser geworden ist, verdanken wir Menschen, an denen wir solches erlebt haben» (166, S. 72 f).

Das Gute auch im Zustand von körperlich-seelischer Belastung sehen

Bei der Befragung von Personen mit körperlichen Behinderungen und von Krebspatienten ergab sich der zunächst erstaunliche Befund: Die meisten waren – nach einer anfänglichen Phase größerer Belastung – mit ihrem Leben zufrieden, teilweise zufriedener als vergleichbare gesunde Personen. Die Gründe: Die behinderten/erkrankten Menschen konnten ihre Erwartungen und Ansprüche mit den für sie realisierbaren Möglichkeiten abstimmen. Viele fanden einen neuen Sinn in ihrem Leben oder gaben ihrem Leben einen Sinn. Sie sahen mehr das Wesentliche im Leben, lebten bewußter. Ferner entwickelten sie mehr spirituell-religiöse Haltungen und waren dankbarer für «kleine» Schönheiten des Lebens, die von vielen als selbstverständlich hingenommen werden.

In den Briefen von Albert Schweitzer fiel mir auf, daß er trotz schwerer Belastungen häufig seine Dankbarkeit für das Gute im Leben äußert, oft als Dankbarkeit Gott gegenüber:

«Hätte ich nur einmal einen freien Tag, an dem ich endlich einmal genügend schlafen könnte, einen Tag, an dem ich mich ganz konzentrieren dürfte auf die Beendigung meines Buches, meine Musik treiben und in Muße Orgel spielen könnte, spazierengehen, träumen und lesen nur der Erholung wegen! Wann wird ein solcher Tag kommen? Wird er überhaupt kommen? Aber einstweilen danke ich Gott, der mir die Gesundheit und Kraft gegeben hat, dieses Leben durchzuführen, in einem so beschwerlichen Klima und in dauernder vielseitiger Inanspruchnahme» (168, S. 177).

Als 70jähriger schreibt er: «Jeden Tag empfinde ich mit großer Dankbarkeit zu Gott die Gnade, daß ich in diesen Jahren noch meine Aufgabe im afrikanischen Urwald erfüllen kann... Was die Arbeit in diesem Lande so schwer macht, das sind die schreckliche Hitze und das feuchte Klima... Ich genieße das außerordentliche Privileg, dieses Klima recht gut zu vertragen, wofür ich Gott täglich danke.» Und ein Brief an Pablo Casals: «Ich muß es als ein Privileg ansehen, daß ich mit 90 Jahren noch eine gute Gesundheit habe und fähig bin, meine Arbeit zu tun» (168, S. 167 u. 343).

Auch im folgenden äußerte er seine großen Belastungen, aber auch seine Dankbarkeit: «In meinem eigenen Dasein sind mir Sorge, Not und Traurigkeit zu Zeiten so reichlich beschieden gewesen, daß ich mit weniger starken Nerven darunter zusammengebrochen wäre. Schwer trage ich an der Last von Müdigkeit und Verantwortung, die seit Jahren ständig auf mir liegt. Von meinem Leben habe ich nicht viel für mich selber, nicht einmal die Stunden, die ich Frau und Kind widmen möchte. Als Gutes ist mir zuteil geworden, daß ich im Dienste der Barmherzigkeit stehen darf, daß mein Wirken Erfolg hat, daß ich viel Liebe und Güte von Menschen erfahre, daß ich treue Helfer habe... und daß ich alles, was mir an Glück widerfährt, auch als solches erkenne und als etwas hinnehme, für das ich Dankbarkeitsopfer darzubringen habe (166, S. 163f).

Die Äußerungen Albert Schweitzers machen deutlich: Auch bei starken seelisch-körperlichen Belastungen ist es möglich, das Gute im eigenen Leben zu sehen, mit der Einsicht, daß es ein Geschenk ist, ohne unser eigenes Verdienst, und mit dem Gefühl der Dankbarkeit.

Wie sich das Sehen des Guten und die empfundene Dankbarkeit auswirken

▷ Das Wahrnehmen und Nachdenken über das Gute in unserem Leben sowie das positive Gefühl der Dankbarkeit vermindern seelisch-körperliche Spannungen, Belastungen, depressive Stimmungen; sie lassen weniger Raum für Verbitterung, Schuldzuweisungen, Hadern mit dem Schicksal. Die Welt wird weniger negativ gesehen.

▷ Wir lernen, unser Leben realistischer zu sehen. Wir ignorieren oder verdrängen nicht das Positive unseres Lebens, sehen, daß wir von anderen geliebt und umsorgt worden sind, was wir oft als selbstverständlich hinnahmen. Wir werden uns bewußter, daß wir das meiste in unserem Leben nicht uns selbst, unserer Leistung zuschreiben können.

▷ Unser Selbstwertgefühl bessert sich. Wir sehen uns als eine Person, die es wert war und ist, von anderen so viel Gutes zu erhalten. Wenn ich deutlich sehe, was andere für mich getan haben, dann sehe ich zugleich, daß sie mich liebten, gern hatten. Das ist gegensätzlich zu der depressiven Auffassung: «Niemand liebt mich.»

▷ Unsere Vergangenheit kann nicht geändert werden. Gelingt es uns jedoch, die Ereignisse zu sehen, etwa was sie auch Gutes für uns hatten, so ändert sich der Einfluß der Vergangenheit auf uns. Und diese Änderung in unserer Sicht der Vergangenheit wirkt sich bedeutsam auf unser gegenwärtiges Erleben und Verhalten aus.

▷ Wenn ich sehe, wie sehr andere Menschen mir geholfen haben und helfen, dann verstärkt dies mein Gefühl der Zusammengehörigkeit und Verbundenheit mit ihnen. Wir kommen zu befriedigenderen zwischenmenschlichen Beziehungen, kritisieren weniger, neigen weniger zum Nörgeln und zu Vorwürfen.

▷ Empfinden wir häufig Dankbarkeit in vielen Momenten unseres Lebens, ja über unser Leben überhaupt, dann empfinden wir ein religiös-spirituelles Gefühl der Geborgenheit, der Gnade und des Geliebtseins. Das ist gegensätzlich zu dem Gefühl der Selbstherrlichkeit, der Betonung der eigenen Kompetenz und des Prestiges. Es macht uns bescheidener und demütiger. Und damit freier in der Wahrnehmung dessen, was wir wirklich sind.

▷ Sehen wir deutlich, welche Annehmlichkeiten wir haben, wieviel Gutes wir uns erfüllen können, etwa im Vergleich mit Millionen anderer

Menschen in Entwicklungsländern, welche Möglichkeiten an Nahrungsmitteln, Wohnung und Bildungsstätten wir haben, dann bekommen wir eine realistische Bewertung für die Konsum- und Luxusangebote in unserem Alltag. Wir werden realistischer gegenüber unseren eigenen Bedürfnissen.

▷ Durch die Einsicht, was wir alles an Gutem bekamen, fühlen wir eine größere soziale Verpflichtung, werden bereiter, soziale Dienste für andere zu leisten, ihnen zu helfen. Zugleich werden wir durch unser soziales Engagement für andere freier von Alltagssorgen und Belastungen. Dankbarkeit läßt uns an das Gute in der Welt glauben; und sie motiviert uns, Gutes zu tun.

▷ Wir sind weniger enttäuscht und verbittert, wenn wir nicht die Dankbarkeit anderer für unsere Handlungen erhalten.

Schwierigkeiten beim Sehen des Guten und der Empfindung von Dankbarkeit

▷ Wir halten das, was uns an Gutem und an Hilfe von anderen widerfährt, für selbstverständlich. Wir denken wenig darüber nach, wir machen uns nicht die Bedeutung klar, die die Handlungen anderer für unsere Entwicklung und unser Wohlbefinden haben. «Keiner von uns kann ohne Beschämung an das, was er so ohne Gefühl der Dankbarkeit in seiner Jugend hinnahm, zurückdenken», schreibt Albert Schweitzer (169, S. 159).

▷ Unsere Gedanken und unsere Aufmerksamkeit sind dem sehr zugewandt oder in dem gefangen, was wir nicht mehr oder noch nicht haben, wo uns etwas fehlt, was nicht günstig für uns ist. Unsere Sorgen geben den Blick nicht frei für das, was wir bekamen oder haben.

▷ Im Zustand von Depressivität, Ängsten, Verzweiflung oder Resignation ist es schwer, das Gute in unserem Leben deutlich zu sehen und Dankbarkeit zu empfinden. Biologisch bedingt sehen wir ja in diesen Zuständen überwiegend das Negative, und ungünstige belastende Gefühle füllen unser Bewußtsein aus. In einem seelisch gesünderen Zustand können wir eher das Gute in unserem Leben sehen und Dankbarkeit empfinden.

Eine Frau: «Heute hatte ich vor, aufzuschreiben, was ich an Gutem in meinem Leben sehe und wofür ich dankbar bin. Beim Nachdenken darüber stellte ich fest, gar keine Dankbarkeit zu spüren. Ich bin für nichts dankbar. Das Gefühl, nur zu kämpfen im Leben, ist so vorherrschend. In letzter Zeit geht es mir nämlich nicht gut. Und vieles in mir wehrt sich jetzt, dankbar zu sein. Wahrscheinlich wenn es wieder hellere Momente in meinem Leben gibt, dann werden die eher dafür geeignet sein.»

▷ Manche befürchten, durch das Sehen des Guten und ihre Dankbarkeit würden sie gegenüber anderen in Abhängigkeit geraten. Eine Frau, 42, in einem Gruppengespräch:

«Ihr meint, dafür müßte ich meiner Mutter dankbar sein, daß sie mich geboren hat, aufgezogen hat, während der Krankheit betreut hat? Das ist zuviel verlangt!» Einige Zeit später äußert sie: «Eigentlich ist ja Dankbarkeit ein schönes Gefühl, und ich sage mir, du müßtest es doch haben. Eigentlich möchte ich sie haben, aber auf der andern Seite will ich sie auch wieder nicht. Warum eigentlich?» Wiederum einige Zeit später äußert sie: «Dankbarkeit macht mir auch angst. Sie gibt eine gewisse Nähe, aber auch Abhängigkeit, und ich bin verletzbar.» – Der katholische Pater und Psychologe Steindl-Rast: «Es gibt etwas in uns, das sich bei der Vorstellung von Abhängigkeit sträubt. Wir wollen es allein schaffen... Wenn ich ein empfangenes Geschenk anerkenne, dann erkenne ich das Band an, das mich an den oder die Gebende bindet» (177, S. 17 f).

So möchten sich manche unabhängig und frei fühlen von anderen und lassen Gefühle der Dankbarkeit nicht zu. Durch das Nicht-wahrhaben-und-zulassen-Wollen können sie unfreier werden, belastet durch unklare Schuldgefühle, dem früheren Partner gegenüber, den Eltern, dem Hilfegebenden. – Andere mögen fürchten, sie könnten sich im Leben nicht mehr egoistisch durchsetzen, wenn Dankbarkeit eine Grundhaltung ihres Lebens wäre.

▷ Das, was wir an Gutem von jemand erhalten haben, kann durch andere ungünstige Erfahrungen mit ihm verdunkelt werden. Wir können oder möchten dann nicht die positiven Seiten sehen. Es ist schwer, einen anderen, etwa den Partner, der sich von einem getrennt hat, differenziert zu sehen. Also das zu sehen, was er/sie uns an Gutem getan hat, worin er/sie uns förderte; und auf der anderen Seite das zu sehen, worin er/sie uns beeinträchtigte, schädigte. Dann ist es für manche einfacher, den anderen überhaupt abzuwerten, auch das früher Positive. Aber dabei sind wir nicht realistisch, wir täuschen uns selbst. Durch die Abwehrhaltung verlieren wir seelische Kräfte.

▷ Erschwerend ist die Auffassung, wir *müßten* einem Menschen für alles dankbar sein und dürften daneben nicht auch unterschiedliche Auffassungen haben, uns von ihm abgrenzen, um in manchem nicht beeinträchtigt zu werden.

▷ Das Sehen des Guten im Leben und das Gefühl der Dankbarkeit werden eingeschränkt, wenn wir aus Formgründen und Höflichkeit anderen Dank sagen. «Anderen zu danken macht mir Stress.» Anderen Dank zu sagen nur aus Höflichkeit ist unecht und wird meist als belastend empfunden, im Gegensatz dazu, wenn wir Dankbarkeit *empfinden*.

▷ Manchmal verschieben wir das Aussprechen unserer Dankbarkeit anderen Menschen gegenüber. Wir meinen, wir können das bei anderer Gelegenheit mitteilen. Aber dann können wir diese Menschen nicht mehr erreichen, wir vergessen es oder sind zu bequem. Und es bleibt ein leichtes Schuldgefühl, etwas versäumt zu haben; so mögen manche Dankbarkeit mit einer gewissen Belastung verbinden. Vielleicht ist das Wissen erleichternd für uns, daß es vielen Menschen so geht. Albert Schweitzer:

«Blicke ich auf meine Jugend zurück, so bin ich vom Gedanken bewegt, wie vielen Menschen ich für das, was sie mir gaben und was sie mir waren, zu danken habe. Zugleich aber stellt sich das niederdrückende Bewußtsein ein, wie wenig ich jenen Menschen in meiner Jugend von diesem Dank wirklich erstattet habe. Wie viele von ihnen sind aus dem Leben geschieden, ohne daß ich ihnen ausgedrückt habe, was die Güte oder die Nachsicht, die ich von ihnen empfing, für mich bedeutete! Erschüttert habe ich manchmal auf Gräbern leise die Worte für mich gesagt, die mein Mund einst dem Lebenden hätte aussprechen sollen. Dabei glaube ich sagen zu können, daß ich nicht undankbar war» (166, S. 70).

Eine Psychotherapie, die die Wahrnehmung des Guten in unserem Leben und unsere Dankbarkeit fördert

In Japan wurde eine Psychotherapie, die sog. Naikan-Psychotherapie, entwickelt, von der ich beeindruckt bin. Ihr Ziel ist es, seelische Beeinträchtigungen dadurch wirksam zu mindern, daß die Patienten lernen, das Gute in ihrem Leben zu sehen (142). Seelisch beeinträchtigte Klienten werden durch einen vorsichtigen und zurückhaltenden Psychotherapeuten gebeten, darüber nachzudenken: 1. Was habe ich von anderen empfangen? 2. Was habe ich ihnen zurückgegeben? 3. Welchen Kummer habe ich ihnen bereitet? Zunächst über die Personen in ihrer Vergangenheit, dann in der Gegenwart. Ein Klient denkt etwa über seine Mutter nach. Er soll nicht herausfinden, daß seine Mutter ein idealer Mensch war. Sondern er denkt darüber nach, was er von ihr empfangen hat, was sie für ihn getan hat. Und: was er ihr angetan hat, was er ihr gegenüber nicht getan hat. Welche negativen Seiten sie in der Beziehung zu ihm auch gezeigt haben mag: der Klient hat sicher auch einiges Positive von ihr empfangen und war wahrscheinlich kein untadeliges Kind.

Das Ergebnis einer solchen Überprüfung sind oft eine neue Einsicht und Bewertung der Vergangenheit und Gegenwart. Manche Klienten lernen zum erstenmal, *ihr Leben mit nüchternen Blicken zu betrachten*. Sie kommen etwa zu der Einsicht, daß sie von anderen geliebt und umsorgt worden sind, was sie als selbstverständlich hinnahmen. Diese Naikan-Psychotherapie hat deutlich günstige Auswirkungen bei Menschen mit psychoneurotischen Beeinträchtigungen, psychosomatischen Erkrankungen, sozialen Schwierigkeiten, Suchtabhängigkeit sowie bei Personen in Haftanstalten. Sie wurde auch von Teilnehmern mit dem Wunsch nach persönlicher Weiterentwicklung als hilfreich empfunden.

Ein verkürztes therapeutisches Vorgehen von ca. 1½ Stunden haben wir für Teilnehmer von Seminaren entwickelt und in seiner Wirksamkeit überprüft:

Nach einer kurzen Einführung durch den Seminarleiter entspannen sich die Teilnehmer. Die Entspannung erleichtert es, das Positive-Gute zu erinnern und zu sehen. Dann denken die Teilnehmer ca. 10 Minuten nach, was ihnen in ihrem Leben an Gutem zuteil wurde und wird, was sie von anderen bekamen, wofür sie dankbar sind. Jeder Teilnehmer schreibt dann das von ihm Gefundene auf einen Zettel.

Anschließend äußern sich die Teilnehmer in kleinen Gruppen über das Positive-Gute in ihrem Leben. Sie lernen durch den gegenseitigen Erfahrungsaustausch.

Danach schreibt der Leiter auf Zuruf in Stichworten alles das an die Tafel, was von den Teilnehmern als gut und positiv in ihrem Leben gesehen wurde. Hierbei tritt eine große Fülle zutage. Den meisten wird bewußt, daß sie vieles von dem Guten in ihrem Leben nicht wahrnahmen, als selbstverständlich ansahen. Dieser Vorgang des Bewußtwerdens ist wichtig. Anschließend vervollständigt jeder Teilnehmer seine Liste über das Gute in seinem Leben. Ein Beispiel:

Eine Frau, deren Partner sich von ihr getrennt hatte und die sich dadurch sehr belastet fühlte, schrieb: «Ich bin dankbar, nie wirkliche Not kennengelernt zu haben. Ich bin dankbar, daß ich mich trotz eines Autounfalls mit drei Brüchen von neun Monaten wieder ohne Schmerzen bewegen kann. Ich bin dankbar zu leben und daß es zwei Kinder in meinem Leben gibt. Daß ich eine gute Ausbildung hatte, daß die ersten neun Ehejahre mit meinem Mann gut waren, daß ich seelisch und körperlich lieben konnte. Daß es Menschen gab, die wie aus dem Nichts auftauchten, an die ich mich wenden konnte und die mir halfen. Daß ich die Kraft habe, in schwierigen Situationen meines Lebens weiterzumachen. Daß ich in einer Umwelt lebe, wo es friedlich zugeht. Daß ich einen Beruf ausübe, wo ich Freude habe und wo ich etwas von mir an andere weitergeben kann. Und daß ich frei bin, Entscheidungen durch mich selbst zu fällen.»

▷ *Im Kreis von Freunden oder in einer Selbsthilfegruppe* können wir in verkürzter Form diese Übung machen. Wir denken in ruhiger entspannter Einstellung etwa fünf Minuten nach, wofür wir in unserem Leben dankbar sind. Anschließend erfolgt die Aussprache über das, was jeder erlebt hat.

Schritte, das Gute in unserem Leben mit Dankbarkeit zu sehen

▷ Wir werden uns der Bedeutung bewußt, die das Sehen des Guten in unserem Leben sowie Dankbarkeit für uns und unsere Mitmenschen haben können.

▷ Wir fragen uns öfter: Was wurde und wird mir Gutes zuteil? Was trugen und was tragen andere zu meinem Wohlbefinden bei? Was erlebte und erlebe ich Schönes? – Wenn wir es aufschreiben, wird es uns bewußter.

▷ Wir werden uns allmählich klar darüber, daß vieles von dem, was uns an Gutem widerfuhr und wir erhielten, nicht unser Verdienst ist, sondern schicksalhafte Fügung.

▷ Vor dem Einschlafen können wir uns öfter fragen: Wofür bin ich an diesem Tag dankbar? Oder wir fragen uns in einer Mittagspause: Was war schön an diesem Vormittag, wofür bin ich dankbar? Was empfand oder empfinde ich als schön? Häufig werden wir dabei gewahr, daß wir das Schöne und Gute durch unsere eigenen Einstellungen beeinträchtigen oder nicht bewußt wahrnehmen. Durch dieses häufige Nachdenken bekommen wir eine andere Einstellung unseren alltäglichen Erfahrungen gegenüber. Wir nehmen Gutes und Schönes als weniger selbstverständlich hin, auch unsere Gesundheit, daß wir reichlich zu essen haben, daß wir im Winter nicht zu frieren brauchen.

▷ Äußern wir unsere Empfindung der Dankbarkeit denen gegenüber, die uns Gutes zukommen ließen, dann wird dieses Gefühl in uns meist vertieft. Und die anderen erhalten mehr Kraft zu guten Handlungen und innere Befriedigung.

▷ *Handlungen* sind eine weitere Möglichkeit des Ausdrucks von Dankbarkeit.

Albert Schweitzer: «Dankbarkeit ist aber noch etwas mehr... Sie besteht darin, daß ich für alles, was ich Gutes empfangen habe, Gutes tue. Oft kannst du einem Menschen nicht vergelten, was er dir erwiesen, weil er nie in die Lage kommt, einen zu brauchen, vielleicht auch nicht mehr auf der Welt ist. Überhaupt kannst du für alle Barmherzigkeit, die dir geschieht, nicht immer bestimmten Menschen danken. Oft kennst du die nicht, von denen sie ausgeht... Darum, in der Art, wie dir Gutes widerfahren ist, tue Gutes zum Danke. Führe bei dir selbst Rechnung darüber, ob du den Betrag, den du an das Schicksal und an unbekannte Menschen schuldest, richtig begleichst» (169, S. 170f).

Wenn Sie sich in Zukunft mehr damit beschäftigen, das Gute in Ihrem Leben zu sehen und das zugehörige Gefühl von Dankbarkeit zu empfinden, wird es Ihnen vielleicht so gehen wie mir. Dadurch, daß ich mehrmals im Jahr bei Seminaren aufschreibe, was ich an Gutem in meinem Leben sehe und wofür ich dankbar bin, dadurch, daß ich mit vielen Menschen darüber spreche und mich damit auch wissenschaftlich beschäftige, erfahre ich das Erstaunliche: Ich bin für fast alles in meinem Leben dankbar.

Ich habe mich dann gefragt, wie das kommt; denn es gab in meinem Leben auch manches Belastende, Schwierige, Niederdrückende. Mir wurde dann klar, daß ich in den jeweiligen Belastungen jedoch auch das sehen kann, was mir Gutes dabei geschah. Etwa daß ich auf der Schule einzelne Lehrer hatte, die mich sehr unterstützten, während ich zur Mehrheit der autoritären Lehrer in starker Opposition mit vielen Schwierigkeiten stand. Oder daß ich fünf Jahre Krieg überleben durfte, daß mir nach einer schweren Verwundung bei Kriegsende ein amerikanischer jüdischer Militär-Chirurg das Leben rettete. Ich bin meinen Eltern dankbar, daß sie mich ertragen haben und mich zum Schulbesuch anhielten, obwohl das nicht einfach war. Ich bin dankbar, daß ich eine Arbeit habe, die zwar manchmal belastend ist, die mich aber erfüllt, für die ich mich engagieren kann und die ich als sozial sinnvoll empfinde. Ich bin für vieles einer überirdischen Macht oder Kraft für das dankbar, was mir an Gutem zuteil wurde und wird. Ich bin dankbar vielen Personen, von denen ich Gutes erfahre, ohne daß ich ihnen je begegnet bin, und die oft schon gestorben sind. So bin ich dankbar etwa dem Maler van Gogh, daß er trotz großer seelischer Qualen diese wunderbaren Bilder malte und ich sie bewundern und von ihnen berührt werden kann. Ich bin dankbar Komponisten wie Bach oder Vivaldi, daß ich dieser herrlichen Töne teilhaftig werden kann. Oder ich bin dankbar den vielen Menschen, die sich darum bemühten und teilweise dafür ihr Leben gaben, daß auch ich in persönlicher Freiheit leben darf.

Bei anhaltender bewußter Einsicht, wieviel Gutes uns angetan wurde und wieviel wir fortlaufend erfahren, ist Dankbarkeit gleichsam ein Begleiter unseres Lebens, ein stetiges Gefühl gegenüber Menschen, Ereignissen und dem Unerklärlichen.

▼ Spirituell-religiös-philosophische Auffassungen: mentale Hilfen in Lebensbelastungen

Auffassungen und Überzeugungen über ein höheres Wesen, über Gott, ferner darüber, warum wir auf der Erde sind, was hier unsere Aufgabe ist und wo wir hingehen, können wichtige mentale Inhalte unseres Bewußtseins sein. Diese Gedanken, Vorstellungen und Bilder beeinflussen unser alltägliches Verhalten, unser Fühlen und Denken.

Die empirische Psychologie hat diesen Bereich bislang häufig gemieden; wahrscheinlich deswegen, weil sie naturgemäß die Richtigkeit oder Falschheit verschiedener religiöser Auffassungen nicht prüfen oder «beweisen» kann. Im letzten Jahrzehnt jedoch haben Psychologen Beiträge dazu geleistet: Wie wirken sich religiös-spirituell-philosophische Auffassungen und Praktiken auf das Verhalten und Erleben von Menschen aus? Zwei Befunde etwa sind:
▷ Ein größerer Teil von Menschen empfindet religiös-spirituelle Auffassungen im Alltag als seelischen Halt gebend. In Deutschland gaben dies etwa 40 Prozent der Befragten an (143), in manchen anderen Ländern ist der Prozentsatz vermutlich höher.
▷ Personen, die einer Religionsgemeinschaft angehörten oder sich selbst als religiös-gläubig-spirituell bezeichneten, hatten größere Sinnerfüllung im Alltagsleben, geringere Beeinträchtigungen in seelischer Gesundheit (143), weniger kriminelles Verhalten und weniger Drogen-Alkoholabhängigkeit (158).

Dies sind allgemeine statistische Zusammenhänge, die die Wechselwirkungen nicht erfassen und Ausnahmen nivellieren. Jedoch ist die Annahme angemessen, daß sich religiös-philosophisch-spirituelle Auffassungen eher günstig auf das Verhalten und Erleben von Menschen auswirken. – Dabei wird in neueren Untersuchungen deutlich, daß die religiös-spirituellen Auffassungen von Menschen, auch wenn sie *einer* Religionsgemeinschaft angehören, sehr unterschiedlich sind.

206 Förderliche mentale Inhalte

Und: Diese Unterschiede in den religiösen Auffassungen haben unterschiedliche Auswirkungen auf das Erleben und Verhalten der Menschen (131):

Personen etwa, die sich die höhere Macht, Gott oder den Schöpfer als liebevoll-gütig-sorgend vorstellten, empfanden dieser höheren Macht gegenüber positive Gefühle, fühlten sich geborgen.

Personen dagegen, die sich die höhere Schöpferkraft, Gott, als streng, strafend oder abweisend vorstellten, empfanden in der Beziehung zu Gott eher Gefühle von Angst oder Furcht. Diese Personen waren zugleich häufiger seelisch beeinträchtigt, depressiv.

Dieser Zusammenhang kann so gesehen werden: Personen im Zustand von Depressivität beachten eher religiöse Unterweisungen oder Darstellungen über einen streng-strafenden Gott; und durch die Auffassung eines streng-strafenden Gottes kann sich ihr ungünstiger seelischer Zustand verstärken, etwa indem sie eine körperliche Erkrankung als Strafe Gottes für sich ansehen.

Ferner: Personen, die Gottesdienste deshalb besuchten, um Nachteile oder Bestrafung durch eine höhere Macht zu vermeiden und weil sie durch den Besuch Vorteile erlangen wollten, hatten weniger günstige Auswirkungen ihrer Religiosität als Personen, die Gottesdienste aus innerem Bedürfnis besuchten und Frieden in der Begegnung mit Gott finden wollten (158).

So gibt es also zwischen Art und Inhalten religiös-spiritueller Gedanken und Auffassungen sowie dem alltäglichen Verhalten und Erleben vielfältige Zusammenhänge und Auswirkungen. – Im folgenden möchte ich günstige Auswirkungen von religiös-spirituellen Lebensauffassungen durch Erfahrungsberichte einsichtig machen.

Die Auswirkungen religiöser Auffassungen bei schweren Belastungen

Personen, die sich als spirituell-religiös-gläubig bezeichnen, empfinden wahrscheinlich größere Geborgenheit und weniger Ängste bei schweren Belastungen; sie können das beeinträchtigende Geschehen eher annehmen. Vermutlich haben diese Personen überwiegend die Auffassung eines behütend-liebenden Gottes.

«Ich konnte und kann das Sterben meines ersten Kindes und meines Mannes trotz des großen Schmerzes akzeptieren, in dem festen Glauben, daß unser Leben und Sterben in Gottes Hand liegen», sagt eine 56jährige Ärztin. Der religiöse Glaube erleichterte es ihr und anderen, den Tod anzunehmen. Eine andere Frau: «Durch meine starke Liebe zu Gott und der Schöpfung habe ich nie Angst vor dem Tod gehabt, auch nicht, als vor einigen Jahren meine Freundin starb.» Eine durch Lähmungen schwerbehinderte Frau: «Mein religiöser Glaube beeinflußt stark meine Gefühlswelt. Das Gefühl, in Gott geborgen und von ihm getragen zu sein, gibt mir oft inneren Frieden.»

▷ Menschen mit religiös-spirituellen Auffassungen empfinden bei belastenden Ereignissen und Lebensschicksalen eher inneren Halt und Sinn, oder sie vertrauen darauf, daß ein Sinn dahintersteht, auch wenn sie ihn nicht erkennen können.

Ein Arzt: «Mir persönlich hat es sehr geholfen, daß ich meine Sorgen Gott gebe und daß ich weiß, daß ich geführt werde. Ich spüre, daß alles, was geschieht, einen Sinn hat, auch wenn ich ihn oft nicht sehe. Manchmal rede ich auch mit meinen Patienten darüber.» Menschen mit tiefem religiösem Glauben können eher ihr Schicksal annehmen, hadern weniger, empfinden weniger Bitterkeit.

Ein anderer Mann: «Mir hat jetzt vor der schweren Operation mein religiöses Eingebundensein sehr geholfen. Es gab mir immer Sinn und Halt im Leben. Und vor der Operation waren es die einfachen Gebete meiner Kindheit, die mir die Angst nahmen. Wissen Sie, ich hatte plötzlich überhaupt keine Angst mehr. Ich wußte mich geborgen in der Hand dessen, der der Ursprung meines Lebens ist.»

▷ Bei seelischen Beeinträchtigungen können religiöse Auffassungen für manche eine wesentliche Hilfe sein. Ich erfuhr davon durch Briefe und Äußerungen von Psychotherapie-Patienten aus Gruppengesprächen oder nach Vorträgen:

Eine 40jährige Frau mit schweren Depressionen, die in verschiedenen Psychotherapien nicht bedeutsam gemindert werden konnten, schrieb mir nach dem Besuch eines christlichen Seminars in einem Kloster: «Der Kurs hat das, was ich schon vorher über den Glauben dachte, in mir aktiviert. Ich fühle mich wesentlich ruhiger, gelassener und geborgener. Meine Beziehung zu Gott ist viel näher und erfahrbarer geworden. In meinem Beruf macht es sich so bemerkbar, daß ich geduldiger, ruhiger und liebevoller auf die Menschen eingehen kann. Schon mehrfach wurde mir mitgeteilt, daß ich innere Ruhe und Freude ausstrahle. Ich fühle mich auch gelassener in meiner Dienststelle, obwohl sich äußerlich wenig verändert hat. Ich glaube auch, daß ich mehr Verständnis für die Leiterin habe, unter der ich seelisch sehr gelitten habe.»

208 Förderliche mentale Inhalte

Dadurch, daß Menschen eine Beziehung spüren zu einem Wesen, das «über ihnen» ist und sie gleichsam begleitet, werden sie innerlich gelassener; sie kämpfen weniger gegen sich oder andere an, gegen etwas, was nicht zu ändern ist, werden in vielem bescheidener, was jedoch nicht Billigung oder Passivität bedeutet.

Ein Werkzeugmacher, 32 Jahre, verheiratet, ein Kind: «Es gab viele Enttäuschungen in meinem Leben, Erwartungen, die nicht in Erfüllung gingen. Ich wurde enttäuscht, und ich habe andere enttäuscht. Ich fragte nach dem Sinn des Lebens. Ich wollte wissen, was ich hier auf der Erde überhaupt soll und was geschieht, wenn ich sterbe... Durch Jesus hat mein Leben einen Sinn bekommen. Die Erfahrung, daß Gott alle Menschen liebt, daß auch ich geliebt werde, ist die größte und schönste meines Lebens... Mein Leben hat sich grundlegend geändert. Trotz aller Probleme, Schwierigkeiten und Nöte habe ich jetzt tiefen Frieden in meinem Herzen... Der Glaube hat mich schlagartig frei gemacht von der Bindung an Nikotin und Alkohol, ohne Kampf und Entzugserscheinungen. Ich bin froh, diesen Schritt zum Glauben getan zu haben. Mir wurde klar, daß man Frieden mit Gott braucht, um Frieden auf Erden zu haben.

Religiöser Glaube kann bewirken, daß Menschen sich von einem höheren Wesen, von Gott, von Jesus, behütet und geleitet fühlen. Ihre Ängste vermindern sich; sie erleben weniger Belastung, Verzweiflung und Hoffnungslosigkeit.

▷ Durch spirituell-religiöse Auffassungen erhalten Menschen seelische Kraft und die Fähigkeit, anderen in schwerem Leid zu helfen, ohne niedergedrückt zu werden. Christliche Schwestern etwa in Indien könnten ihren Dienst, Leprakranken oder Sterbenden in Elendsvierteln zu helfen, kaum ohne einen tiefen religiösen Glauben ausführen. Schwerem Leid zu begegnen und Kraft zum Helfen zu haben ist wahrscheinlich nur mit deutlichen religiösen, spirituellen und philosophischen Auffassungen möglich (141).

▷ Beten wurde von spirituell-gläubigen Personen häufig angegeben als eine Quelle für innere Ruhe, Geborgenheit, Klärung und Kraft, besonders bei schweren Belastungen. Ein Mann: «Was mich frei gemacht hat von der Angst, ist: Beten. Ich habe früher in Angst und Traurigkeit gelebt. Beten hat mich von der Depression weggebracht. Ich habe Frieden und Erlösung gefunden.»

Durch die Forschungen des Medizin-Professors Benson wissen wir: Beten hat – neben den spirituell-religiös-seelischen Auswirkungen – ähnliche körperliche Auswirkungen wie Meditation und Atementspannung, zum Beispiel Senkung des Blutdruckes, mehr Alpha-Wellen für Ruhe im Gehirn, s. S. 293 f.

Manche denken vielleicht, religiöse Auffassungen und Beten könnten eine Eigenheit von Menschen sein, die «nicht voll im Leben stehen». Hierzu Ghandi, einer der mutigsten und tatkräftigsten Politiker: «Das Beten hat mir Leben und Gesundheit bewahrt. Ohne dies wäre ich längst ins Irrenhaus gewandert. Aus meinem Leben ist euch bekannt, wieviel Bitterkeit mir zuteil geworden ist. Nur die Gebetsübung hat mich davor behütet, in Verzweiflung zu verfallen, und mir gestattet, allem gegenüber Fassung zu zeigen» (118, S. 108).

Ich möchte enden mit den Äußerungen eines Menschen in sehr großer Belastung: «Als meine Tochter ermordet wurde, spürte ich nur unerträglichen Schmerz. Ich konnte nicht mehr schlafen, nichts essen oder überhaupt etwas tun. Und dann betete ich zusammen mit einem Freund. Sehr plötzlich spürte ich Gottes Barmherzigkeit. Obwohl ich dieses wahnsinnige Durcheinander nicht verstehen konnte, hatte ich doch das Gefühl, daß es dahinter etwas gab, wodurch es an Bedeutung gewann. Der Schmerz ging danach nicht weg, aber er wurde erträglich» (141, S. 177).

Schwierigkeiten bei religiösen Glaubensauffassungen

Offensichtlich haben heute zunehmend mehr Menschen Schwierigkeiten beim religiösen Glauben. Der katholische Pater Lassalle: «Die Zahl derer, die das noch können (einen tiefen Glauben haben), nimmt beständig ab. Denn die begriffliche Darstellung der religiösen Wahrheiten reicht auch aufrichtigen Christen nicht mehr aus... Diese Beobachtung hat man bei vielen Religionen gemacht... Die Religion wurde organisiert. Aber der Geist starb, nur die Form blieb und wurde von denen, die durch sie lebten, mit Mühe aufrechterhalten.»

Einige Schwierigkeiten wurden in unseren Untersuchungen deutlich:
▷ In christlichen Kirchen wird Gott häufig anthropomorph –

menschenähnlich – dargestellt, in Predigten, Verlautbarungen, Büchern und auf Bildern. Jedoch: Etwa die Hälfte der Mitglieder christlicher Religionsgemeinschaften stellt sich Gott als nicht-persönliche Wesenheit vor (131). So haben viele Schwierigkeiten etwa bei Äußerungen wie «Der Vater im Himmel», «Gott sieht alles»; sie empfinden dies für sich als unangemessen.

Ebenfalls werden manche religiösen Überlieferungen auch heute von den Kirchen konkret, materiell-existierend dargestellt. Dies entsprach der Sprache und dem Weltbild vor zweitausend Jahren. Heute hat sich unsere Kenntnis von der Erde und dem Universum erweitert. So sehen viele diese alten sprachlichen Darstellungen als symbolischen Ausdruck für Geschehnisse (zum Beispiel den Ausdruck «Fegefeuer» als Läuterung), jedoch nicht als real-existierend.

▷ Religiöse Rituale, etwa bei Begräbnissen, empfinden manche als sehr hilfreich, andere aber als formal und beeinträchtigend (179).

▷ Viele Menschen können kirchliche Äußerungen wie «Gott leitet und behütet uns», «Gott lenkt die Geschicke aller Menschen» schwer verstehen angesichts von Millionen hungernder Kinder oder der Tötung von Millionen im Krieg. So gaben nur 17 Prozent der Befragten an, daß ihnen religiöse Auffassungen im Alltag Sinn geben würden; dagegen fanden ca. 40 Prozent in ihren religiösen Auffassungen inneren-seelischen Halt (143).

▷ Seit Jahrhunderten haben die Vertreter der Kirchen ihre ethischen Botschaften eher dogmatisch-autoritär verkündet; etwa verbunden mit der Androhung von Strafen nach dem Tod beim Nichteinhalten der Werte. In einer früher oft chaotischen Welt, der willkürlichen Gewalt von Fürsten und Kriegsherren, waren Drohungen der Kirche, für das Schädigen eines Menschen später im Himmel bestraft zu werden, vermutlich eine wichtige Abschreckung und ein Druck zu sozialerem Verhalten. Auch das Verbot der Arbeit an Sonntagen, die Enthaltsamkeit oder das Fasten zu bestimmten Zeiten waren zu damaliger Zeit schützende Regeln für die Menschen. Jedoch: Heute kann ihr Sinn bei dogmatisch-autoritärer Verkündigung schwerer eingesehen werden.

Anstelle häufiger Wiederholungen von Geboten und Strafandrohung bei Nichtbeachtung sowie häufigem Zitieren von Stellen eines zornigen strafenden Gottes wäre es heute hilfreicher und wirksamer, wenn die Kirchen Menschen konkret helfen würden, etwa in ihrer Fa-

milie keine Gewalt anzuwenden, im Alltag nicht zu stehlen u. a. Also eine Anleitung und Hilfe zu sozial-ethischem Verhalten (79).
▷ Die christliche Religion beinhaltet sowohl den Glauben an eine höhere Macht, an Gott, als auch ethische Botschaften für das befriedigende Zusammenleben der Menschen (nicht zu töten, nicht zu stehlen, nicht zu lügen u. a.). Manche finden in den ethischen Botschaften Halt und sehen sie als segensreich an; sie können aber dogmatische konkrete Glaubensaussagen über die Art der Existenz Gottes nicht annehmen. Andere wiederum finden in den Aussagen über Gott starken Halt und Geborgenheit.
▷ In der Vergangenheit wurden häufig die Unterschiede zwischen den verschiedenen Religionen und zwischen den verschiedenen christlichen Konfessionen betont. Das führte bei manchen zu Schwierigkeiten. Erst allmählich werden die Gemeinsamkeiten zwischen den verschiedenen religiösen Auffassungen und Kirchen gesehen. Der Dalai-Lama, das Oberhaupt der tibetischen Buddhisten: «Die Tatsache, daß es so viele verschiedene Möglichkeiten des Weges gibt, ist ein Reichtum. Da es so viele verschiedene Menschentypen mit unterschiedlichen Voraussetzungen und Neigungen gibt, sind die Unterschiede der Religionen hilfreich. Die Motivation in allen verschiedenen Systemen religiöser Praxis ist aber ähnlich – Liebe, Aufrichtigkeit, Ehrlichkeit. Der Lebensstil praktisch aller religiösen Menschen ist Genügsamkeit. Die Lehren über Toleranz, Liebe und heilende Hinwendung sind gleich» (29).

Verschiedene Zugänge zu religiös-spirituellen Auffassungen

Religiöse Empfindungen, Auffassungen und ethische Werte entwickeln sich bei vielen durch den Besuch der Gottesdienste in Kirchen und durch Gebete. Wodurch können Menschen noch religiös werden? Dem Göttlichen näherkommen? Was könnte die Botschaften der Religionsgründer erfahrbarer oder einsichtiger machen?
Folgende Möglichkeiten nannten unsere Befragten (131):
▷ Meditation, Kontemplation. ▷ Besuch von Vorträgen mit ethisch-religiösen Inhalten sowie das Lesen von Texten. ▷ Begegnung mit der Natur. ▷ Kenntnisnahme und Einsicht in religiöse Erfahrungen von

anderen. ▷ Kranken oder Behinderten helfen. ▷ Die Begleitung von Sterbenden. ▷ Denkende Einsicht in unsere Begrenztheit. ▷ Konfrontation mit existentiellen Lebensereignissen. ▷ Naturwissenschaftliche Einsichten. – Die letzten drei Möglichkeiten möchte ich im folgenden näher darstellen:

Einsicht in unsere Begrenztheit fördert religiöse Auffassungen

Zugang zum Religiösen, zur Existenz einer höheren Wirklichkeit können wir durch die Erkenntnis unserer menschlichen Begrenztheit gewinnen. Warum bin ich auf der Erde? Welche Bedeutung hat mein Hiersein? Warum gibt es mich und das Universum? Bei dem Bemühen, das Geschehen im Kosmos zu verstehen, in das wir hineingeboren wurden, werden wir mit dem Unerklärlichen konfrontiert; wir erfahren unsere eigene Begrenztheit. Wir Menschen können nur in Raum und Zeit denken. Wir können uns also keinen Anfang des Kosmos vorstellen und auch keine Ewigkeit, kein Geschehen ohne Ende.

Ebenfalls ist es uns nicht möglich, uns einen Kosmos ohne räumliche Grenzen vorzustellen. – Unsere Begrenztheit wird schon offenbar, wenn wir uns klarmachen, daß Farben nicht außerhalb von uns existieren. Die Gegenstände reflektieren das Licht in Form von elektromagnetischen Schwingungen oder Wellen. Die menschlichen Sinnesorgane und das Gehirn gestalten daraus Farben. Sie sind unser Produkt. Die Welt außer uns hat keine Farben.

Der Physiker und Nobelpreisträger Albert Einstein hat diese menschliche Begrenztheit so ausgedrückt: «Man hat als Mensch gerade soviel Verstand mitbekommen, daß man von seiner intellektuellen Ohnmacht dem Seienden gegenüber eine deutliche Vorstellung erlangen kann» (54, S. 47).

Konfrontation mit existentiellen Ereignissen und Entwicklung religiöser Auffassungen

Durch existentielle Erfahrungen – bei der Begleitung eines sterbenden Angehörigen, einem schweren Unfall oder einer Erkrankung – werden wir mit der Endlichkeit unseres Lebens konfrontiert. Wir erfahren, daß alles körperliche Leben in seiner bisherigen Form vergänglich ist. Die Einsicht in die Vergänglichkeit aller Dinge und Erscheinungen weist uns auf eine höhere Realität hin als die, die wir wahrnehmen können.

Derartige Erfahrungen, etwa auch die Erfahrung von Frauen bei der Geburt ihres Kindes, sind mit einem mystischen Gefühl verbunden, gleichsam an einem göttlichen Geschehen teilzuhaben. Wir bekommen eine Ahnung von dem kosmischen Geschehen, in das wir eingebettet sind. Der Physiker und Nobelpreisträger Heisenberg: «In all den Augenblicken, in denen uns die ‹andere Welt› begegnet, erwacht in unserem Bewußtsein ein Gefühl für jenen unendlichen Lebensprozeß, an dem wir eine kurze Zeitspanne teilnehmen und der sich an uns und über unser irdisches Dasein hinweg vollzieht» (75, S. 334).

Oft leben wir ja in einer Illusion von Sicherheit, Beständigkeit und Geborgenheit in unserer gewohnten Umgebung. Durch existentielle Erfahrungen werden wir gleichsam herausgerissen und bemerken, «daß wir wie Schiffbrüchige sind, die im offenen Meer auf einer elenden Planke balancieren und vergessen haben, woher sie kommen, und nicht wissen, wohin sie treiben» (Einstein, 54, S. 20). Können wir diese Erkenntnis unserer Vergänglichkeit und unserer Unwissenheit annehmen und uns dem unbekannten Geschehen anvertrauen, dann vermindern sich unsere Ängste, wir fühlen uns eingebettet in ein Geschehen, von dem wir ein kleiner Teil sind.

Unter den Äußerlichkeiten und Einflüssen des Alltags verblaßt oft diese geahnte und gefühlte Beziehung zu einer höheren Wirklichkeit. Manche suchen sich deshalb in Gedanken häufig mit der Vergänglichkeit des Lebens zu konfrontieren, um diese Beziehung lebendig zu halten.

Religiöse Auffassungen durch naturwissenschaftliche Einsichten

In den vergangenen zwei Jahrhunderten und teilweise auch heute noch ist die Auffassung verbreitet, daß wissenschaftliche Erkenntnis und religiöser Glaube unvereinbar seien. Wissenschaft trug in der Tat erheblich zur Verminderung von Aberglauben, zur Verminderung von Ängsten vor Eingriffen überirdischer Gewalten bei, zur Verminderung von Vorurteilen. Wissenschaft ermöglichte eine deutliche Verlängerung des Lebens von Menschen, und technische Leistungen führten zu erheblicher Verminderung von beeinträchtigenden Natureinwirkungen.

Die Auffassung jedoch, daß letztlich alles einer rationalen wissenschaftlichen Erklärung zugänglich sei, ist unzutreffend. Die moderne

214 Förderliche mentale Inhalte

Quanten-Physik «kam zu der überraschenden Schlußfolgerung, daß es eine objektivierbare Welt, also eine gegenständliche Realität, wie wir sie bei unserer objektiven Betrachtung als selbstverständlich voraussetzen, gar nicht ‹wirklich› gibt» (47, S. 12). Wir können keine von uns unabhängige Welt erkennen, sondern sehen sie immer nur durch die Brille unserer Sinnesempfindungen und der durch sie vermittelten Messungen. Die Quanten-Physik verdeutlichte, daß unser Wissen über die Welt nicht der «eigentlichen» oder «letzten» Wirklichkeit entspricht. Diese bleibt uns verschlossen.

Zugleich erweiterten sich unsere Kenntnisse vom Universum. So benötigte ein Lichtstrahl für die Strecke vom Mond bis zur Erde (ca. 300000 km) eine Sekunde. Der Abstand zu unserer Sonne beträgt acht Lichtminuten. Die meisten Sterne, die wir mit bloßem Auge erkennen können, befinden sich einige hundert Licht*jahre* von uns entfernt. In ihrer Größe gleichen sie etwa der Sonne. Die sichtbaren Sterne konzentrieren sich vor allem in einem Streifen, den wir Milchstraße nennen. Diese unsere Galaxis hat einen Durchmesser von ungefähr hunderttausend Lichtjahren, mit vielen Milliarden Sternen. Unsere Sonne ist ein gewöhnlicher Stern durchschnittlicher Größe am Rand eines der Spiralarme. Ferner: Unsere Galaxis ist nur eine von einigen hundert Milliarden Galaxien! Jede umfaßt einige hundert Milliarden Sterne (74).

Derartige naturwissenschaftliche Einsichten ändern uns mental; sie führen zur Bescheidenheit sowie zur Einsicht in die Begrenztheit unseres Seins, zur Ehrfurcht vor dem uns verschlossenen Geschehen. Der Physiker und Nobelpreisträger Max Planck: «Wie erbärmlich klein, wie ohnmächtig müssen wir Menschen uns vorkommen, wenn wir bedenken, daß die Erde, auf der wir leben, in dem schier unermeßlichen Weltall nur ein minimales Stäubchen, geradezu ein Nichts bedeutet» (134, S. 32).

Der Nobelpreisträger und Physiker Albert Einstein, der keinen persönlichen Gott annahm, äußerte: «Meine Religiosität besteht in einer demütigen Bewunderung des unendlich überlegenen Geistes, der sich in dem wenigen offenbart, was wir mit unserer schwachen und hinfälligen Vernunft von der Wirklichkeit zu erkennen vermögen» (54, S. 63). «Das Wissen um die Existenz des für uns Undurchdringlichen…, dieses Wissen und Fühlen machen wahre Religiosität aus; in diesem Sinn… gehöre ich zu den tief religiösen Menschen» (50, S. 10).

Diese kosmische Religiosität beschrieb er derart: «Das Individuum fühlt die Nichtigkeit menschlicher Wünsche und Ziele und die Erhabenheit und wunderbare Ordnung, welche sich in der Natur sowie in der Welt des Gedankens offenbart» (50, S. 16). «Ein religiöser Mensch ist also in dem Sinne fromm, daß er keinen Zweifel hegt an der Bedeutung und Erhabenheit jener überpersönlichen Gegenstände und Ziele, welche einer rationellen Begründung weder fähig noch bedürftig sind. Sie existieren für ihn mit derselben Notwendigkeit und Selbstverständlichkeit wie er selber. In diesem Sinne ist Religion das uralte Bemühen der Menschheit, sich dieser Werte und Ziele klar und vollständig bewußt zu werden und deren Wirkung beständig zu vertiefen und zu erweitern. Begreift man Religion und Naturwissenschaft in diesem Sinn, so erscheint ein Gegensatz zwischen beiden ganz unmöglich» (51, S. 74). «Jene mit tiefem Gefühl verbundene Überzeugung von einer überlegenen Vernunft, die sich in der erfahrenen Welt offenbart, bildet meinen Gottesbegriff» (50, S. 171). «Was ich in der Natur sehe, ist eine großartige Struktur, die wir nur sehr unvollkommen zu erfassen vermögen und die einen vernünftigen Menschen mit einem Gefühl von Demut erfüllen muß. Dies ist ein echt religiöses Gefühl» (54, S. 39). «Die Wissenschaft erfüllt jeden, der sich ernsthaft mit ihr befaßt, mit der Überzeugung, daß sich in der Gesetzmäßigkeit der Welt ein dem menschlichen ungeheuer überlegener Geist manifestiere, demgegenüber wir mit unseren bescheidenen Kräften demütig zurückstehen müssen. So führt die Beschäftigung mit der Wissenschaft zu einem religiösen Gefühl besonderer Art» (54, S. 33).

So können natur-wissenschaftliche Einsichten zu religiösen Empfindungen und Bindungen führen und damit zu einem anderen Verhalten im Alltag. Sehen wir uns als einen winzigen Teil der umfassenden Schöpfung, dann sind auch Mitmenschen, Tiere und Pflanzen nicht völlig von uns abgegrenzt und andersartig, sondern auch ein Ausdruck dieser Schöpfung. «Religion ist die Bindung des Menschen an Gott. Sie beruht auf der ehrfurchtsvollen Scheu vor einer überirdischen Macht, der das Menschenleben unterworfen ist und die unser Wohl und Wehe in ihrer Gewalt hat» (Einstein, 51). –

Ich habe einige Möglichkeiten aufgezeigt, die uns zu religiösen Auffassungen führen und unser Denken, Fühlen und Verhalten beeinflussen können.

▼ Sozial-ethische Wertauffassungen

Vielleicht erscheint es zunächst als seltsam, daß sozial-ethische Wertauffassungen bedeutsam für die mentale Verminderung von seelischen Belastungen, für unser Wohlergehen sein können. Etliche empfinden es eher umgekehrt: ‹Wertauffassungen machen Stress.› Durch Wertauffassungen und religiöse Botschaften «Du sollst...», «Du darfst nicht...» fühlen sie sich eingeengt, haben Schuldgefühle oder ein schlechtes Gewissen.

Jedoch: Sozial-ethische Wertauffassungen sind bedeutsam für das soziale Verhalten und befriedigende Zusammenleben von Menschen. Sie vermindern Beeinträchtigungen durch unsoziales schädigendes Verhalten, durch Betrug, Lügen, Gewalt, Diebstahl, Raub. Sozial-ethische Wertauffassungen und Gebote sind mentale Inhalte, starke Gedanken; sie können unser Verhalten und Denken wesentlich beeinflussen, anderen Menschen friedlicher zu begegnen, sie weniger zu schädigen, ihnen zu helfen. Die letzten 60 Jahre haben uns besonders gezeigt, wie viele Belastungen und Nöte sich Menschen zufügen, wenn sie sozial-ethische Wertauffassungen nicht beachten und starke Gedanken-Überzeugungen haben, die diesen entgegengesetzt sind, zum Beispiel Personen anderer Rasse oder anderen Volkstums zu vernichten, zu deportieren. Aber auch in unserem Alltag sind die Wertauffassungen bedeutsam. 93 Prozent unserer Befragten sagten zum Beispiel, sie würden das «Gewissen» als förderlich ansehen, auch wenn es für sie manchmal belastend sei; ohne Gewissen würden sie viel weniger sozial und rücksichtsvoll handeln (119).

Die Psychologin Nicola Richter befragte über 200 Personen schriftlich: «Nach welchen Werten richte ich mein alltägliches Verhalten aus, anderen und mir selbst gegenüber?» Das Ergebnis:

76 Prozent nannten konkrete ethische Verhaltenswerte wie Ehrlichkeit, Verständnis, die Zehn Gebote.
46 Prozent gaben an, für andere Menschen etwas zu tun sei ein bedeutsamer Wert für sie.

42 Prozent nannten den verantwortlichen Umgang mit sich selbst, 20 Prozent religiös-spirituelle Werte, 15 Prozent allgemeine ethische Werte wie Freiheit, Würde der Person u. a. (143).

Diese Wertauffassungen wurden auch von der Mehrzahl der Befragten als «inneren Halt gebend» angesehen. Sie sind dem einzelnen mentale Richtschnur und Orientierung für sein Verhalten und seine Lebensgestaltung. In der Tat: das Befolgen von Wertauffassungen schützt auch den einzelnen vor Belastungen und gerichtlichen Nachteilen, die sich aus Taten wie Stehlen, Lügen oder Gewaltanwendung ergeben.

Natürlich denken wir nicht immer bewußt nach über diese sozialethischen Werte, wenn wir im Alltag handeln. Aber diese mentalen Inhalte und Einstellungen beeinflussen wesentlich unser Verhalten. In schwierigen Situationen jedoch, wenn wir nicht wissen, wie wir sozial handeln sollen, dann überlegen wir bewußt, spüren ein «Gewissen».

Manche Wertauffassungen hängen auch mit Persönlichkeitsmerkmalen zusammen. So nannten Menschen mit großer Lebenszufriedenheit (gemäß psychologischen Tests) fast doppelt so häufig den Wert «Für andere etwas tun» und siebenmal so häufig den Wert «Einfühlung in andere», verglichen mit Menschen mit niedriger Lebenszufriedenheit. Emotional stabile Personen nannten signifikant häufiger Ehrlichkeit, Verständnis, die Zehn Gebote u. a., wonach sie ihr alltägliches Verhalten ausrichteten, im Vergleich zu weniger stabilen Personen (143).

Albert Einstein: Die Bedeutung ethisch-moralischer Werte

Manchmal scheint es, als ob zunehmend mehr Menschen von ethischmoralischen Wertauffassungen wenig hören und sich damit auseinandersetzen möchten. Das mag mit daran liegen, daß ethische Wertauffassungen früher und heute häufig in einer belehrenden tadelnden, strengen und überheblichen Art mitgeteilt wurden. Enttäuschend auch, wenn die derart Belehrten merken, daß die belehrenden Personen in ihrem eigenen Leben gegen ethisch-moralische Werte verstoßen. Ein anderer Grund mag sein, daß ethisch-soziale Werte bisher überwiegend von Religionen und Kirchen vertreten wurden, von denen sich ein Teil von Menschen distanziert. Auch in der psychologischen For-

218 Förderliche mentale Inhalte

schung sind Wertauffassungen im sozialen Verhalten, in der Erziehung und in der Psychotherapie wenig beachtet worden.

Die wesentliche Bedeutung ethisch-moralischer Werte für unser Leben haben viele große Persönlichkeiten unseres Jahrhunderts gesehen, so Gandhi, der Dalai-Lama, Martin Luther King, Albert Schweitzer u. a. Der geniale Physiker und Nobelpreisträger Albert Einstein:

«Wir dürfen nicht vergessen, daß Wissen und Können allein die Menschen nicht zu einem würdigen und glücklichen Leben zu führen vermag. Die Menschheit hat allen Grund dazu, die Verkünder hoher moralischer Normen und Werte höher zu stellen als die Entdecker objektiver Wahrheit. Was die Menschheit Persönlichkeiten wie Buddha, Moses und Jesus verdankt, steht mir höher als alle Leistungen des forschenden und konstruktiven Geistes. Die Gaben dieser Begnadeten müssen wir hüten und mit all unseren Kräften lebendig zu erhalten suchen, wenn das Menschengeschlecht nicht seine Würde, die Sicherheit seiner Existenz und die Freude am Dasein verlieren soll.» – «Das Streben nach moralischem Handeln ist das wichtigste Streben des Menschen. Sein inneres Gleichgewicht, ja, seine Existenz hängen davon ab. Moralisches Handeln allein kann dem Leben Schönheit und Würde verleihen» (54, S. 91).

Vielleicht mögen manche denken: Ist diese Auffassung von Albert Einstein nicht unrealistisch, überholt? Werden wir nicht in Zeitungen und im Fernsehen tagtäglich konfrontiert mit vielen Nachrichten über unethisches Verhalten von Menschen, über Raub, Gewaltanwendung, Totschlag, Betrug und Korruption? Jedoch: Wir erfahren in den Medien kaum etwas von dem ethisch-sozialen Verhalten von Millionen von Menschen, von der Mehrzahl der Bevölkerung, in ihrem Alltag, Tag für Tag. Ja selbst Personen mit gelegentlichen Wertübertretungen können durchaus in anderen Bereichen ein angemessenes soziales Verhalten haben.

Welche Wertauffassungen sind förderlich für andere und uns?

Viele Menschen sind verunsichert, welche Wertauffassungen für ihr Verhalten im Alltag gültig sein sollten. Dazu tragen zum Beispiel eine verminderte Bindung von Menschen an Religionen und Kirchen bei, ferner ein Wandel der Wertauffassungen etwa hinsichtlich sexuellen Verhaltens, verminderte Bindung an die Großfamilie und Heimat sowie Erfahrungen mit Werten in der Politik. Millionen von Menschen glaubten an die Wertauffassungen des Nationalsozialismus und Kommunismus, waren überzeugt, im Befolgen dieser Werte etwas Gutes zu tun; und mußten später sehen, wie schädigend derartige Wertauffassungen waren. – Was kann uns in sozialen Wertauffassungen Klarheit und Halt geben? Ich möchte zwei Möglichkeiten nennen:

▷ Die ethisch-sozialen Kern-Botschaften, die die Religionsbegründer Jesus, Buddha oder Moses persönlich unmittelbar gegeben haben – ohne das, was Menschen, Traditionen und Dogmen in den vergangenen Jahrhunderten daraus machten. Diese unmittelbaren Botschaften der drei Religionsbegründer finden auf wenigen Seiten Platz.

▷ Durch elementares realistisches *Denken* können wir zu grundlegenden ethisch-sozialen Wertauffassungen kommen, unabhängig von Religionen, jedoch in weitgehender Übereinstimmung mit ihren Kern-Botschaften. Albert Schweitzer hat dies in seiner Ethik der Ehrfurcht vor dem Leben begründet:

«Wenn ich über das Leben nachdenke, empfinde ich die Verpflichtung, jeglichen Willen zum Leben in meiner Umwelt dem meinen gleich zu achten... Ich bin Leben, das leben will, inmitten von Leben, das leben will... Die Grundidee des Guten besteht also darin, daß sie gebietet, das Leben zu erhalten, zu fördern und zu seinem höchsten Wert zu steigern; und das Böse bedeutet: Leben vernichten, schädigen, an seiner Entwicklung hindern» (166, S. 111).

«Ehrfurcht vor dem Leben ergibt sich also notwendig aus dem Denken über uns und andere Lebewesen. ...Ich möchte diese Ethik so definieren: Gut ist Leben erhalten und Leben fördern; schlecht ist Leben schädigen und zerstören... Ethik bedeutet Erhaltung des Lebens auf dem höchsten Stand der Entwicklung – meines eigenen Lebens und fremden Lebens –, indem ich mich ihm widme in Hilfsbereitschaft und Liebe... Diese tiefe universale Ethik hat die Bedeutung einer Religion. Sie *ist* Religion» (171, S. 389 f).

Hiernach ist die entscheidende soziale Ethik: anderes Leben nicht zu schädigen, sondern zu erhalten und zu fördern. Eine derartige Ethik verhindert das Töten, Unterdrücken, Beeinträchtigen von Menschen, und sie gebietet uns, anderen zu helfen.

Der Dalai-Lama: «...darum ist meine einfache Religion: Liebe, Achtung anderer, Ehrlichkeit – Lehren also, die nicht nur das Gebiet der Religion betreffen, sondern ebenso die Politik, die Wirtschaft, das Geschäftsleben, die Wissenschaft, die Gerichtsbarkeit, die Medizin – alle Bereiche. Mit rechter Motivation können alle diese Aktivitäten segensreich für die Menschheit sein, ohne gute Motivation bewirken sie das Gegenteil.»

Wie können wir uns und andere darin fördern, entsprechend ethisch-sozialen Werten in unserem Alltag zu handeln? Leider ist die Psychologie von geprüften Antworten noch entfernt. Ich möchte hier nur einige Gedanken äußern:

▷ Wenn in den Medien häufiger Menschen gezeigt werden, wie sie in ihrem Alltag verantwortungsbewußt ethisch-sozial auch in schwierigen Situationen handeln, dann beeinflußt das viele Menschen günstig. Gegenwärtig überwiegen in den Medien Darstellungen von asozialem Verhalten, Gewalt, Kriminalität, Nachrichten über Korruption, Skandale.

▷ Lehrer und Hochschullehrer sehen es wieder als eine *wesentliche* Aufgabe an, auch das sozial-ethische Wertverhalten ihrer Schüler/Studenten zu fördern, besonders durch ihr eigenes Vorbildverhalten im Zusammenleben mit ihnen.

▷ In manchen Betrieben werden ethisch-soziale Wertauffassungen mehr beachtet. Es wird zunehmend klar, daß ein ungünstiges seelisch-soziales Klima in Betrieben, etwa in Büros unter Mitarbeitern sowie zwischen Mitarbeitern und Vorgesetzten, zur Beeinträchtigung der Produktivität des Unternehmens sowie der seelisch-körperlichen Gesundheit der Arbeitenden mit Arbeitsausfall führt. So bemühen sich vereinzelt Betriebe und Abteilungen, sich einen sozialen Kodex zu geben und ihn in der Abteilung öffentlich auszuhängen, etwa sich nicht zu schädigen, sondern sich gegenseitig zu fördern. Wenn auch teilweise das Motiv hierzu die Produktivität des Unternehmens oder der Behörde ist: entscheidend ist die Förderung des sozialen Verhaltens.

Manche amerikanischen Wirtschaftsunternehmen sind zu der Überzeugung gelangt, daß ein ethischer Werte-Kodex und eine Firmenphilosophie, in der der Dienst am Kunden an erster Stelle steht und ferner die Fürsorge für die Belegschaft, sich für das Unternehmen günstig auswirkt, besonders in schwierigen Zeiten, verglichen mit gleich leistungsfähigen kompetenten Unternehmen ohne derartige ethische Firmenphilosophie (McCoy, Management of Values, Boston, 1985).

▷ Hilfreich und notwendig ist ein Training in sozialem Verhalten in Schulklassen sowie in Seminaren für Erwachsene. So baten wir Erwachsene, eine Situation aufzuschreiben, in der sie Gewalt anwandten, etwa gegenüber dem Ehepartner oder den Kindern; ferner eine ähnliche Situation, wo sie jedoch keine Gewalt anwandten (79). Nach dem Aufschreiben sprachen die Teilnehmer in kleinen Gruppen darüber. Anschließend dachte jeder darüber nach, welches Verhalten von ihm in der Gewaltsituation angemessener gewesen wäre und Gewalt vermieden hätte. In einem anschließenden entspannten Zustand wird dieses angemessenere Verhalten mental trainiert. Das gleiche haben wir getan mit Situationen des Stehlens, des Lügens oder der Untreue in der Partnerschaft.

▷ Vielleicht ist auch folgende Auffassung förderlich. Zwar werden etliche ethisch-religiöse Botschaften und Werte von manchen als einschränkend und als ein schlechtes Gewissen verursachend angesehen. Jedoch sind sie für den, der sich ihnen entsprechend verhält, psychotherapeutisch. Die Botschaft «Geben ist seliger als nehmen», «Gib und Dir wird gegeben» wird bestätigt durch psychologische Befunde: Menschen, die anderen helfen, erhalten dabei seelisch selbst viel, s. S. 177. Die Botschaft des Jesus, anderen zu vergeben, ist gut für diejenigen, denen vergeben wird. Zugleich ist sie aber von hohem psychotherapeutischem Wert für den, der vergibt. Bitterkeit, Rache, Haß und Vorwurf belasten nicht mehr sein Bewußtsein, s. S. 257. Der Dalai-Lama: «Alle großen Lehrmeister, wie zum Beispiel Gautama Buddha, Jesus Christus oder Mohammed, haben im Grunde ihre neue Lehren mit der Motivation gestiftet, ihren Mitmenschen zu helfen. Sie hatten nicht die Absicht, irgend etwas für sich selbst zu gewinnen oder mehr Unruhe in der Welt zu verursachen.»

So scheint es mir, daß wir viel erhalten, wenn wir das Leben von anderen, von uns und von Tieren fördern und nicht schädigen.

Förderliche Einstellungen beim Wahrnehmen, Denken und Bewerten

Dies ist eine weitere Möglichkeit, unsere mentalen Bewußtseinsvorgänge günstig zu beeinflussen und Stress-Belastungen erheblich zu vermindern. Wir bemühen uns mit unserem Willen um Änderungen von bestimmten Einstellungen in unserem Bewußtsein, so daß wir die Umwelt und uns in anderer Bedeutung wahrnehmen und bewerten. Das Schaubild veranschaulicht diese Möglichkeit in sehr einfacher Weise:

 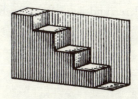

Bei der linken Abbildung können wir entweder einen weißen Kelch mit schwarzem Hintergrund oder zwei schwarze, einander zugewandte Gesichter sehen, getrennt durch den weißen Zwischenraum. Was von beidem wir sehen, wechselt, zum Teil abhängig von unseren Blickbewegungen. Wir können nun unsere Einstellung ändern und uns willentlich bemühen und konzentrieren, überwiegend den weißen Kelch zu sehen. Dann sehen wir ihn länger und häufiger. Genauso können wir uns um die Einstellung bemühen, überwiegend zwei schwarze Köpfe zu sehen.

Ähnliches ist bei der rechten Abbildung gegeben. Meist sehen wir eine Treppe, die von rechts unten nach links oben führt. Wir können uns jedoch auch bemühen, diese Treppe hängend zu sehen. Meist gelingt das nur, wenn wir uns hierzu «förderliche Bedingungen» schaffen: Wir kneifen etwas die Augen zusammen, so daß das Bild nicht mehr so klar ist, oder wir drehen langsam das Buch um 90° oder 180° (nach Rohracher, 148).

Das ist eine einfache Veranschaulichung, wie wir durch unser Bemühen und durch andere Einstellungen das Geschehen um uns und in uns in anderer Bedeutung wahrnehmen und bewerten können sowie anders denken.

Im folgenden habe ich förderliche mentale Einstellungen dargestellt. Vieles davon ist von fernöstlichen oder griechisch-römischen Philosophen beschrieben worden, als Lebensweisheit, zur Erleichterung der Bewältigung von Lebensbelastungen:

▷ Das Wesentliche sehen
▷ Weniger bewerten – urteilen – richten
▷ In belastenden Ereignissen auch Förderliches sehen
▷ Schwierigkeiten als Herausforderung sehen
▷ Loslassen, nicht verhaftet sein, die Realität akzeptieren
▷ Sich weniger identifizieren mit Gefühlen, Sachen, Personen
▷ Anderen und sich selbst vergeben

▼ Das Wesentliche sehen

«Ich habe erkannt, daß die Situationen, bei denen ich in Stress gerate, für mein Leben eigentlich ziemlich bedeutungslos sind. Worüber ich mich häufig aufrege, das sind eigentlich Nebensächlichkeiten.» Oft halten wir Ereignisse, Dinge und Situationen für so wichtig, bewerten sie als sehr bedeutsam. Wir engagieren uns sehr, erleben bei Schwierigkeiten Stress und fühlen uns belastet. Denken wir einige Zeit später – Tage, Wochen oder ein Jahr – daran zurück, dann sehen wir die schwierige Situation als recht unwesentlich und viele unserer Sorgen, Spannungen, Ängste und Belastungen als unnötig an.

Unsere Umwelt verstärkt die Tendenz, vieles zu wichtig zu nehmen. Die Werbung, Medien, Parteien und Politiker möchten unsere Zuwendung zu ihren Produkten und Gedanken, sie möchten uns klarmachen, wie wichtig das ist. In Schulen und Hochschulen wird vieles als sehr wichtig dargestellt, was im späteren Leben der Schüler und Studenten wenig Bedeutung hat. So lernen wir oft, Kleinigkeiten überzubewerten.

Was hilft uns im Alltag, mehr das Wesentliche unseres Lebens im Blick zu haben, es vom Unwesentlichen zu unterscheiden und uns so weniger Belastung und Stress zuzufügen?

▷ Bei Belastungen versetzen wir uns in Gedanken in die Zukunft und blicken auf das Ereignis zurück. So erhalten wir eine bessere Perspektive. Mir hilft es oft, wenn ich mich in einer belastenden Situation oder vor einem schwierigen Ereignis frage: «Als wie wichtig werde ich das in einer Woche, in einem Monat oder einem Jahr ansehen?» So gewinne ich Abstand zu der Belastung, kann Unwesentliches besser erkennen; und verschwende weniger Energien. – Manchmal hilft es mir auch, mich an vergangene schwere Belastungen zu erinnern. Durch den Vergleich kann ich besser einschätzen, welche Bedeutung die jetzige für mich hat, ob sie wesentlich ist.

▷ Wir denken gelegentlich darüber nach, etwa auf einem Spaziergang, oder führen mit Freunden oder in einer Selbsthilfegruppe Gespräche:

«Was von dem, was mich jetzt beeinträchtigt, werde ich etwa ein Jahr später als unwesentlich ansehen?» – «Für welche Dinge, die unwesentlich sind und mich beeinträchtigen, wende ich zuviel Energie auf?» – «Nimmt mein Leben die Richtung, die ich mir vorgestellt habe? Was will ich ändern?» – «Welchen Sorgen und Ereignissen habe ich im vergangenen Jahr zuviel Bedeutung gegeben?»

Beim Tagebuchschreiben können wir uns auch fragen: ‹Wie bedeutsam wird die Situation noch in zwei Wochen oder zwei Monaten sein?› So sehen wir das Ereignis, das sich bei unserem sorgenvollen Grübeln meist vergrößert, mit mehr Abstand.

▷ Wir legen fest, welche Ziele und Aufgaben in unserem Leben vorrangig sind, s. S. 171 f. Dies vermindert, daß wir uns mit Nebensächlichkeiten belasten.

▷ Durch Erfahrungen mit Grenzsituationen des Lebens – etwa eigener schwerer Erkrankung oder der von Angehörigen – wird uns das Wesentliche mehr bewußt. «Ich denke jetzt viel über den Sinn des Lebens nach», sagt ein Mann nach einer lebensbedrohenden Erkrankung. «Ich habe jetzt eine andere Perspektive. Berufliche Ärgernisse berühren mich weniger. Sachwerte sehe ich als besonders vergänglich an. Viele berufliche Dinge, die mir vorher viel Energie nahmen, empfinde ich jetzt viel gelassener. Beruflicher Aufstieg, eine vermeintlich bessere Position erscheinen mir nicht mehr so wichtig. Ich möchte viel mehr meine persönlichen Fähigkeiten entwickeln. Ich erlebe die Tage und Wochen bewußter als früher und bin angstfreier.»

▷ Bei Gedanken und Vorstellungen über unser Lebensende oder das von Angehörigen wird uns bewußt, daß unser Leben vergänglich ist, daß wir nichts Materielles mitnehmen können. Hierdurch sehen wir unsere Gegenwart mit ihren Belastungen meist anders (102). Wenn mir eine schwierige Situation recht bedeutsam erscheint und ich mich beeinträchtigt fühle, dann frage ich mich: «Wie werde ich sie ansehen, wenn ich bei meinem Sterben darauf zurückblicke?» Häufig überschätze ich Situationen und Ereignisse, die mich belasten.

Eine Frau, 26: «Mein Leben erscheint in einem anderen Licht und in einer anderen Bedeutung, wenn ich mir den Tod vergegenwärtige. Alltäglicher Ärger und Kleinigkeiten verlieren an Bedeutung. Ich lerne loszulassen, und ich werde wacher für das, was wirklich wesentlich ist. Es kann nicht früh genug sein, darüber nachzudenken.»

Das Wesentliche sehen 227

«Dieses wirkliche Spüren von Leben und Tod hat mein Bewußtsein verändert», sagt eine Frau, die Sterbende begleitet. «Ich habe mich verstärkt damit auseinandergesetzt: Lebe ich das Leben, das ich mir wünsche? ... Mir ist klargeworden, daß die Zeit des Zusammenlebens mit meiner Familie und meinen Freunden nicht unbegrenzt ist. Und daß ich eigentlich viel intensiver und bewußter jede Stunde mit ihnen erleben sollte.»

▼ Weniger bewerten – urteilen – richten

Oft vermehren wir unsere Stress-Belastungen, indem wir unangenehme oder bedrohliche Ereignisse, die Fehler von anderen sowie unsere eigenen stark negativ werten – verurteilen. Das gilt auch für beeinträchtigende Körpervorgänge in uns: So wird von manchen Krebs als «bösartig», als «heimtückische» Krankheit, bezeichnet.

Die Folgen starker negativer Wertungen – Urteile sind: Unser Sympathisches Nervensystem wird noch stärker erregt, mit den Folgen größerer Muskelspannungen, Hormonausschüttungen usw. Unsere negativen Gefühle verstärken sich in uns, wir erleben mehr Erregung, Ängste oder Ärger und Wut. Unser Verhalten ist mehr beeinträchtigt; unsere Wahrnehmung und Denkfähigkeit sind stärker eingeengt. Gewiß, durch die körperliche Alarmierung und die intensiven Gefühle können wir körperlich besser kämpfen oder fliehen. Das war für unsere Vorfahren bei körperlicher Bedrohung wichtig. Aber unsere Schwierigkeiten heute sind anderer Art und so nicht lösbar. Haben wir diese stark verurteilenden Bewertungen-Gedanken häufiger, dann sind wir öfter seelisch-körperlich belastet. Personen, die zum Beispiel Stress-Belastungen in ihrem Alltag besonders negativ beurteilten (als «ätzend», «widerlich» oder «kaputtmachend»), litten gefühlsmäßig stärker darunter (157).

Die folgenden Erfahrungen eines 29jährigen Mannes zwei Jahre, nachdem seine Partnerin ihn verlassen hatte, veranschaulichen den Zusammenhang zwischen starker negativer Bewertung und seelischer Beeinträchtigung:

«Nach der Trennung erlebte ich grenzenlose Enttäuschung, Wut auf mich und auf uns. Ein Auflösen in das Nichts, ganz tief in mir Leere und Zukunftsangst. ...Sehr belastend war meine eigene Einstellung – so wie ich das heute sehe –, daß diese 5jährige Beziehung der größte Fehler meines Lebens war. Ich stellte mir diese 5 Jahre als ein einziges Mißgeschick und Unglück dar. In Gedanken war ich sehr oft mit meiner ehemaligen Partnerin beschäftigt, hatte viel Haß und Bitterkeit in mir, wertete sie völlig ab. Außerdem war ich überzeugt, mit

Beziehungen in Zukunft immer Schwierigkeiten zu haben. Mein Selbstwert war gestört... Heute, zwei Jahre danach, empfinde ich die Trennung als richtige Entscheidung. Ich denke, ich hätte mich früher trennen müssen, um mich selbst nicht so zu schädigen. Die Trennung war richtig; aber w i e ich mich verhalten habe, das hat sehr dazu geführt, daß ich sehr darunter gelitten habe. Im nachhinein gesehen, hat die Trennung dazu beigetragen, mir neue Erfahrungen in Beziehungen zu ermöglichen, mehr eigenverantwortlich zu sein. Ich habe erkannt, daß zuviel Negativität und Gefühl gefährlich sind.»

Eine hilfreiche Konsequenz ist: Ungünstig erscheinende Belastungen und Ereignisse weniger heftig und weniger stark zu beurteilen, zu werten. Ein Märchen aus Asien veranschaulicht diese Haltung:

Der Alte Mann und das Pferd

Ein alter Mann lebte in einem Dorf, zwar arm, aber selbst Könige waren neidisch auf ihn, denn er besaß ein wunderschönes weißes Pferd... Könige boten viel Geld für das Pferd, aber der Mann sagte: «Wie könnte man einen Freund verkaufen?» Der Mann war arm, aber sein Pferd verkaufte er nie.

Eines Morgens fand er sein Pferd nicht im Stall. Das Dorf versammelte sich, und die Leute sagten: «Du dummer alter Mann! Wir haben immer gewußt, daß das Pferd eines Tages gestohlen würde. Es wäre besser gewesen, es zu verkaufen. Welch ein Unglück!»

Der alte Mann sagte: «Geht nicht so weit, das zu sagen. Sagt einfach: Das Pferd ist nicht im Stall. Soviel ist Tatsache. Alles andere ist Urteil. Ob es ein Unglück ist oder ein Segen, weiß ich nicht, weil dies ja nur ein Bruchstück ist. Wer weiß, was folgen wird?»

Die Leute lachten den Alten aus. Aber eines Abends kehrte das Pferd plötzlich zurück. Es war nicht gestohlen worden, sondern in die Wildnis ausgebrochen. Und nicht nur das, es brachte auch noch ein Dutzend wilder Pferde mit.

Wieder versammelten sich die Leute, und sie sagten: «Alter Mann, du hattest recht. Es war kein Unglück, es hat sich tatsächlich als Segen erwiesen.»

Der Alte entgegnete: «Wieder geht ihr zu weit. Sagt einfach: Das Pferd ist zurück. Wer weiß, ob das ein Segen ist oder nicht? Ihr lest nur ein einziges Wort in einem Satz – wie könnt ihr über das ganze Buch urteilen?»

Der alte Mann hatte einen Sohn, der begann, die Wildpferde zu trainieren. Schon eine Woche später fiel er vom Pferd und brach sich die Beine. Wieder versammelten sich die Leute, und wieder urteilten sie. Sie sagten: «Wieder hattest du unrecht! Es war ein Unglück. Dein einziger Sohn kann nun seine Beine nicht gebrauchen, und er war die einzige Stütze deines Alters. Jetzt bist du ärmer als je zuvor.»

Der Alte antwortete: «Ihr seid besessen vom Urteilen. Geht nicht so weit. Sagt nur, daß mein Sohn sich die Beine gebrochen hat. Niemand weiß, ob dies ein Unglück oder ein Segen ist. Das Leben kommt in Fragmenten, und mehr bekommt ihr nicht zu sehen.

Es ergab sich, daß das Land nach ein paar Wochen einen Krieg begann. Alle jungen Männer des Ortes wurden zwangsweise zum Militär eingezogen. Nur der Sohn des alten Mannes blieb zurück, weil er verkrüppelt war. Der ganze Ort war von Klagen und Wehgeschrei erfüllt, weil man wußte, daß die meisten der jungen Männer nicht nach Hause zurückkehren würden.

Sie kamen zu dem alten Mann und sagten: Du hattest recht, alter Mann – es hat sich als Segen erwiesen. Dein Sohn ist zwar verkrüppelt, aber immerhin ist er noch bei dir. Unsere Söhne sind für immer fort.»

Der alte Mann antwortete wieder: «Ihr hört nicht auf zu urteilen. Niemand weiß! Sagt nur dies: Daß man Eure Söhne in die Armee eingezogen hat und daß mein Sohn nicht eingezogen wurde. Doch nur Gott, nur das Ganze, weiß, ob dies ein Segen oder ein Unglück ist.» *Aus: Rajneesh Neo-Tarot*

Wie wirkt es sich aus, wenn wir weniger bewerten?
▷ Wir sind gefühlsmäßig weniger belastet-erregt; wir sind gelassener.
▷ Wir können bewußter, genauer wahrnehmen, sehen klarer, was außer uns und in uns geschieht, weniger beeinträchtigt durch negative Gefühle und Gedanken. Wir sind weniger auf einzelne Teile eines Ganzen eingeengt. – Wir können Ereignissen achtsamer, offener und weniger belastet gegenübertreten. – Wir können bewußter wahrnehmen, wie *wir* auf Ereignisse reagieren, und so angemessener handeln, besser unsere Ziele und Werte anstreben.
▷ Ähnliches gilt auch für die Verminderung von Nachteilen durch stark positives Beurteilen–Werten. Beurteilen wir uns selbst oder Ereignisse sehr positiv, dann sind wir weniger offen gegenüber uns und dem Ereignis, gegenüber möglichen Fehlern und Mißbräuchen. Bei einer weniger urteilenden Haltung können wir besser denken, mehr erkennen und sind offener für die bei positiven Ereignissen oft auch vorhandenen schädigenden Auswirkungen.
▷ Wir sind weniger starr in unseren Auffassungen, haben mehr Möglichkeiten, durch neue Erfahrungen und Nachdenken andere Gesichtspunkte zu sehen sowie Fehler zu korrigieren.
▷ Wir kritisieren weniger, sind weniger aggressiv.
▷ Es fällt uns leichter, die Realität zu akzeptieren.

▷ Auch bei körperlichen Veränderungen–Beeinträchtigungen wirkt es sich günstiger aus, wenn wir weniger beurteilen–werten:

In einer Untersuchung der Universität Berlin von Prof. Rosemeier bei Frauen im Klimakterium ergab sich: Ca. 40 Prozent der Frauen hatten keine oder nur geringe Schwierigkeiten aufgrund ihrer Wechseljahre. Interessanterweise werteten diese Frauen die Wechseljahre nicht als verlustreich, fühlten sich nicht gesellschaftlich abgewertet; sie waren gelassener, hatten ein ausgewogenes Selbstgefühl. Frauen, die sich selbst ungünstig werteten, sich als nicht mehr gebraucht betrachteten, geringe Gelassenheit hatten, die die körperlichen Vorgänge nicht als natürlichen Prozeß ansahen, sondern sie deutlich ungünstig werteten und weitere ungewisse Beschwerden erwarteten, hatten ausgeprägte klinische Beschwerden (zum Beispiel Schlafstörungen, Hitzewallungen).

▷ Durch weniger beurteilen–bewerten und achtsamere Bewußtheit gegenüber unseren Gedanken und Urteilen vermeiden wir Fehler unseres Denkens, zum Beispiel: 1. Polarisierende Bewertungen, also Ereignisse, andere Menschen und uns selbst entweder als gut oder schlecht, weiß oder schwarz, perfekt oder als Versager zu sehen. 2. Unzulässige Verallgemeinerungen, zum Beispiel «Alle Männer (Frauen) sind schlecht», «Beamte sind faul», «Politiker sind korrupt». 3. Katastrophen-Denken; ein ungünstiges Ereignis wird hier als Katastrophe für uns bewertet. «Ich neige dazu, schwierige Situationen durch ein Vergrößerungsglas zu betrachten. Und je mehr ich sie betrachte, um so schlimmer werden sie.»

Schritte, weniger zu bewerten–beurteilen–richten

▷ Neigen wir bei einem beeinträchtigenden Ereignis oder bei eigenen Schwächen und Fehlern zu heftiger Abwertung und negativen Beurteilungen, dann können wir an das Märchen aus Asien denken, an das Nicht-Werten des alten Mannes mit dem Pferd.
▷ Weniger beurteilen–richten bedeutet *nicht* Gleichgültigkeit, Passivität, fassadenhafte Coolheit oder das Unterlassen wichtiger Maßnahmen. Sondern es ist verbunden mit aktiver, achtsamer bewußter Wahrnehmung.

▷ Durch Kontakt mit Menschen, die sich bemühen, weniger zu bewerten und zu beurteilen, können wir lernen.

«Ich habe in einer Gesprächsgruppe viel gelernt», sagt ein Mann. «Ich konnte sehen, daß der Gruppenleiter die Menschen so annehmen konnte, wie sie waren – auch mich! Er machte in der Gruppe keine Unterschiede und hat niemanden bewertet, das beeindruckte mich tief. Gegenwärtig versuche ich das auch in meinem Alltag; ich versuche, die Menschen anzunehmen, wie sie sind, doch das fällt mir noch schwer. Gerade von mir sind viele gewöhnt, daß ich sie einordne, bewerte. Ich glaube, daß ich noch einen langen Weg vor mir habe, aber ich will ihn gehen.» – «Für mich ist es wichtig, mich ständig mit wachem Auge zu sehen und zu versuchen, Wertungen zu vermeiden. Dadurch kann ich mehr mein Negativ-Denken aufgeben, freier werden von Furcht und Verwirrung.»

▷ Zur Verminderung starker negativer Abwertung der eigenen Person schreibt die ehemals deutsche Meditationslehrerin und Buddhistin A. Khema: «Wenn Ihr bei der Schau nach innen etwas entdeckt, das euch nicht gefällt, gibt es nur eines: es anschauen, akzeptieren und prüfen, ob und wie ihr es ändern könnt. Es ist kein Grund, an sich selber Kritik zu üben. ... Kritik ist immer unnützer Energieverschleiß. Wenn man etwas in sich erkennt, das nicht heilsam ist, kann man dafür dankbar sein, daß man es erkannt und eine Möglichkeit gefunden hat, an sich zu arbeiten. Tadelt man sich indessen für seine Negativitäten, wird man frustriert und deprimiert, und dann ist keine Energie übrig, sich zu ändern. – ‹Erkennen, nicht tadeln – und wenn irgend möglich ändern›, heißt die Formel» (83, S. 21).

▷ Statt zu werten oder zu verurteilen, können wir deutlicher wahrnehmen und mehr unsere Empfindungen äußern. Also statt zu urteilen: «Das ist falsch, was du machst», zu sagen: «Ich sehe es anders», «Ich fühle mich beeinträchtigt», «Ich mache mir Sorgen, wo es hinführt». Statt Wertungen abzugeben: «Kommunisten sind schlecht», zu äußern: «Ich habe Angst vor einer Diktatur, in der die persönliche Freiheit eingeschränkt wird.» Ein Vater, 39, schreibt: «Ich suche das Verhalten meiner Kinder nicht sofort zu werten, sondern ich achte jetzt mehr auf meine Gefühle und suche sie zu äußern.» – Auch in scheinbar belanglosen Situationen, etwa bei einem Musikstück oder einem Gemälde, können wir anstelle einer Beurteilung unser Gefühl ausdrücken: «Es spricht mich sehr an, bei der Musik fühle ich Ruhe und Klarheit.» Oder: «Ich spüre wenig dabei.»

▷ Wir lernen aus vergangenen Erfahrungen. Etwa daß wir vor einem Monat, vor einem oder vor fünf Jahren starke Wertungen und Beurteilungen von uns, anderen und von Ereignissen hatten, die sich als unzutreffend herausstellten. – Wir können ferner aus der Erfahrung lernen, daß wir bei ungünstigem Befinden stärker negativ beurteilen, sei es den Partner, die Eltern oder Kinder.

▷ Ein entspannterer Lebensstil, seelisch-körperliches Wohlbefinden sowie Meditationserfahrungen helfen uns, weniger heftig zu verurteilen, etwas vorläufig stehenzulassen und Ungewißheiten auszuhalten, ohne wegzuschauen.

▷ Naturwissenschaftliche Einsichten können uns helfen, Geschehnisse und uns selbst weniger stark abzuwerten. Betrachten wir uns von einem höheren Standpunkt, so müssen wir erkennen: Das, was wir sind und was uns im Leben zustößt, ist mindestens zum großen Teil bedingt durch unsere erbliche Veranlagung sowie durch die Umwelt, in die wir hineingeboren wurden. Welchen Sinn hat es, das eigene Erbgut und unser Hineingeborensein in eine bestimmte Umwelt stark negativ zu werten und zu richten? Wir machen es uns so nur noch schwieriger.

Ältere europäische Psychotherapien haben diese Haltung des Beurteilens, Wertens und Richtens oft noch verstärkt; sie hielten etwa ihre Patienten dazu an, Situationen ihrer Kindheit und das Verhalten ihrer Eltern zu analysieren, zu beurteilen und in einen ursächlichen Zusammenhang mit ihrer Depression oder Neurose zu bringen. Dies entspricht oft weder den realen Vorgängen der Entwicklung, noch befähigt es Patienten dazu, weniger zu werten, zu richten, mehr loszulassen.

In unseren Gesundheitsseminaren bitten wir deshalb manchmal die Teilnehmer, sich im entspannten Zustand vorzustellen: sie hätten sich vor ihrer Geburt ihre Eltern ausgesucht, etwa um ein bestimmtes Schicksal zu erproben u. a. Manchen erscheint dies zunächst absonderlich. Aber: Keiner von uns kann sagen, ob er sich seine Eltern ausgesucht hat oder nicht. Das ist unserem Verstand verschlossen. Die Teilnehmer machen dann diese Vorstellungs-Übung. Es kommt bei ihnen zu einer deutlichen Verminderung der negativen Beurteilung – Wertung der Eltern und zu einer realistischen Einschätzung ihres Lebens und ihrer Person.

▷ Verminderung von häufigem nicht-notwendigem Reden, vermehrtes Schweigen und die Haltung eines Zeugen gegenüber inneren oder äußeren Vorgängen können zur Wachsamkeit beitragen. Wir suchen

234 Förderliche Einstellungen

etwa wahrzunehmen und zu registrieren, ohne zu werten: Wie reagiere ich in schwierigen Situationen? Wie gehe ich mit anderen um? Wie gehe ich mit mir um? Gebe ich Menschen das zurück, was ich bekommen habe?

▷ Hatha-Yoga und vor allem Meditation (Atem-Entspannung, s. S. 296) erleichtern es sehr, im Alltag bewußter achtsamer zu leben. Meditation ist nach einiger Praxis ein Zustand vorurteilsloser Achtsamkeit, ohne Wertung und inneren Kommentator.

Ein Mann beschreibt dies so: «Ich richte meine volle Aufmerksamkeit auf meine Gedanken, betrachte sie möglichst objektiv, möglichst gelassen und ohne sie zu bewerten. Dann sage ich zu mir selbst: ‹Aha, da kommt mir dieser Gedanke! Und jetzt dieser! Und jetzt wieder ein anderer! Interessant!› Oder ich versuche die Gedanken langsamer kommen und schließlich aufhören zu lassen, so wie ein Läufer langsam ausläuft, anhält und sich schließlich hinlegt.»

▼ In belastenden Ereignissen auch Förderliches sehen

Bei Stress und seelischen Belastungen sind wir häufig mental ausgefüllt mit beeinträchtigenden Gefühlen und Schwierigkeiten. Wir sind wenig aufgeschlossen dafür, daß fast jede Belastung auch einige förderliche Auswirkungen haben kann. Meist sehen wir nur den leeren Teil des Glases, aber nicht den halbvollen Teil. Den sehen wir erst einige Zeit später.

In einer Untersuchung fragten wir über hundert Menschen, wodurch sie sich in ihrem Leben in den letzten Jahren günstig gewandelt hätten. Das Erstaunliche war: Viele gaben Ereignisse und Erfahrungen an, die wir üblicherweise als Unglück und Leiden einstufen: Trennung vom Partner, eigene Erkrankung oder Krankheit eines Angehörigen, Berufswechsel. Und dabei stehen Trennung vom Partner und schwere eigene Erkrankung an der Spitze der Lebensstress-Ereignisse! Das war auch bei den Befragten der Fall: *Während* des Ereignisses herrschten deutlich negative Gefühle vor wie seelische Verletzung, Verzweiflung und Unsicherheit, Einsamkeit. Aber ein bis drei Jahre später sahen viele die schmerzlichen Ereignisse auch als förderlich für ihre persönliche Entwicklung an (13).

Zur Überprüfung dieses Befundes befragten wir weitere 80 Personen im Alter zwischen 20–45 Jahren, wie sich stark belastende ungünstige Erfahrungen auf ihre Persönlichkeitsentwicklung ausgewirkt hätten. Die ungünstigen Erfahrungen waren oft im Zusammenleben mit nahestehenden Menschen erfolgt, häufig durch mangelnde Einfühlung und Verstehen sowie Mißachtung und Kälte. Auch hier ergab sich der Befund: Über die Hälfte der negativen Erlebnisse führte zu einer positiven Veränderung der persönlichen Entwicklung im Laufe der folgenden Zeit: Zu einer Zunahme seelischer Reife, mehr Selbstverantwortung, Unabhängigkeit u. a. (88). Im folgenden gebe ich die Äußerungen einer Frau wieder, deren Partner sich von ihr getrennt hatte:

«Unsere Beziehung dauerte neun Jahre; am Ende stand die Scheidung. Ich habe viel geweint, war sehr wütend auf meinen Mann, hilflos, hatte Ängste. Ich wollte keine Scheidung. Ich litt innerlich sehr, die Scheidung war mir vor der Umwelt peinlich. Ich hatte seelisch große Schmerzen. Auch finanziell ging es mir schlecht. Und ich hatte Angst, es mit meinem Sohn allein nicht zu schaffen... Aber durch die Trennung habe ich auch viel gelernt. Ich habe viele Erfahrungen mit Menschen gemacht, mit Nachbarn, Kindern, Behörden. Ich schloß mich einer Frauengruppe an und lernte, daß manche aus weitaus schlimmeren Lagen kamen. Ich habe jetzt auch gelernt, mehr zuzuhören. Der Kontakt mit meinem Partner ist noch immer schmerzlich, und das dreieinhalb Jahre nach der Trennung. Aber die Trennung hat mein Leben bereichert. Ich bin selbständiger geworden, verantwortungsvoller, bin berufstätig. Die Trennung hat einen selbständigen Menschen aus mir gemacht... heute sehe ich die Erfahrung der Trennung als positiv an, wenn auch immer noch Enttäuschung da ist. Ich weiß heute für mich, daß ich damit umgehen kann, daß mich Enttäuschungen nicht total fertigmachen, sondern daß auch etwas in Gang gesetzt wird, was für meine Persönlichkeit wichtig und sehr förderlich sein kann.»

So können wir unsere Belastungen vermindern, indem wir das Geschehnis in anderer Bedeutung zu sehen suchen, was es auch Förderliches für uns haben kann oder welchen Sinn wir dem Geschehen geben können. Vieles, was uns an Schmerz und Niederlagen zustößt, können wir auch als Herausforderung zum Lernen und zur persönlichen Fortentwicklung ansehen. Das heißt nicht, daß wir die ungünstigen Aspekte und Beeinträchtigungen ignorieren oder verleugnen, daß wir nicht auch traurige Gefühle und Schmerzen empfinden. Sondern: *Neben* dem Belastenden und Traurigen sehen wir auch die förderlichen Aspekte.

Selbst in schweren Erkrankungen können manche etwas Förderliches sehen. In einer Untersuchung äußerten mehr als 80 Prozent, daß eine Krankheit das Leben auch positiv verändern kann, indem man das Leben mehr schätzt und für die Fähigkeiten dankbar ist, die man noch hat (156). Meine verstorbene Frau Anne-Marie sah in ihrer Krebserkrankung und der Notwendigkeit der Auseinandersetzung mit Krankheit und Sterben auch den Sinn und die Chance, bewußter und intensiver zu leben. Ohne Zweifel war sie durch die medizinischen Behandlungsprozeduren und durch die Krankheit in ihrem Verhalten und in ihrer Arbeit deutlich beeinträchtigt. Aber sie wurde fähig, ohne Bitterkeit mit der Erkrankung zu leben und sie als Realität anzunehmen.

Ihr Buch «Gespräche gegen die Angst», mit dem sie krebskranken Patienten helfen wollte, hat den Untertitel «Krankheit – Ein Weg zum Leben».

Beispiele

Manche berufstätigen Mütter fühlen sich dadurch belastet, daß ihre Kinder von der Schule nach Hause kommen, ohne daß die Mutter anwesend ist. Früher wurde oft auf die Nachteile dieser «Schlüsselkinder» hingewiesen. Jedoch: ▷ Kinder lernen hierbei frühzeitiger, selbständig zu werden und kürzere Zeit mit Schwierigkeiten allein auszukommen. ▷ Berufstätige Mütter können nachweislich in der Freizeit mit ihren Kindern geduldiger zusammensein als Mütter, die sich durch Nur-Hausarbeit unausgefüllt fühlen. ▷ Nach einer Untersuchung der Universität Hannover empfanden Frauen mit Kindern, die ihren Haushalt versorgten *und* einen Teilzeit-Beruf ausübten, weniger Stress (obwohl die Anforderungen äußerlich gesehen größer waren), fühlten sich wohler, litten weniger an Depressionen und psychosomatischen Erkrankungen als Mütter, die «nur» Haushalt und Kinder versorgten. Dieser Befund ergab sich bei allen sozialen Schichten. Die günstigen Auswirkungen hingen u. a. zusammen mit der Anerkennung und Bestätigung der Mütter im Beruf sowie geringerer finanzieller Abhängigkeit vom Partner oder Sozialamt. Die Untersucher schlagen vor, statt von Doppelbelastung von Doppelkarriere der Mütter zu sprechen.

Wenn wir uns vorgenommen haben, am Sonntag zu wandern, es dann aber regnet, so können wir dies als Chance ansehen, Zeit zu haben für etwas, was wir schon lange tun wollten, etwa ein Buch zu lesen. – Wir erreichen den Zug nicht, der uns zu einer Verabredung bringen sollte. Statt uns zu ärgern, erkunden wir neugierig die Umgebung und entspannen uns. – In einer stressvollen Situation – Gedränge beim Einkaufen, Verkehrslärm – sehen wir die Möglichkeit einer «Stress-Impfung», also eine Gelegenheit, geduldiger und belastbarer zu werden.

Vor einiger Zeit kam ich der vielen Arbeit wegen immer sehr müde zu später Zeit ins Bett. Beim Nachdenken darüber wurde ich etwas mißmutig und unzufrieden. Eines Tages kam mir nach einem Gespräch mit jemand, der Schlafprobleme hatte, der Gedanke: Ich habe dadurch überhaupt keine Schlafprobleme. Ich bin jeweils nach zwei bis drei Minuten eingeschlafen. Seither empfinde ich die Situation als weit weniger belastend.

Auch in vergangenen Ereignissen können wir förderliche Aspekte sehen. So hatte ich eine recht schwierige Schulzeit, Konflikte mit Lehrern, ein Gefühl der Sinnlosigkeit bei vielen Lerninhalten. Weil ich der Hitlerjugend nicht angehörte, war ich von manchem ausgeschlossen. Ich sehe aber auch, daß ich dadurch frühzeitig lernte, seelische Belastungen zu bewältigen, leichtfertige Urteile anderer über mich nicht anzunehmen, mich trotz vieler Schwierigkeiten durchzusetzen sowie Andersartigkeit und Ausgeschlossensein zu ertragen. Danach kamen fünfeinhalb Jahre Kriegsdienst – eine Tätigkeit, in der ich keinen positiven Sinn sehen kann, «verlorene Jahre». Jedoch lernte ich auch, mich mit Sterben und Tod auseinanderzusetzen sowie Wesentliches zu sehen. Diese Erfahrungen motivierten mich dann persönlich und beruflich, möglichst nur das zu tun, wozu ich innerlich stehe, worin ich einen Sinn sehe und was einem kritischen Nachdenken standhält. Die Schul- und Kriegserfahrungen waren ferner ein Grund, mit meinen wissenschaftlichen Forschungsarbeiten zur Verbesserung der Erziehung und des Unterrichts in Deutschland beizutragen (182).

Ein letztes Beispiel: Das Atomunglück von Tschernobyl hatte sehr starke ungünstige Auswirkungen. Aber selbst hier ist es möglich, auch Förderliches zu sehen: Dieses Ereignis warnte Parteien und Regierungen, nicht weiter mit derartigen Umwelt-Risiken fortzufahren.

Zusammenfassend: Es ist hilfreich, uns bei kleineren oder größeren Belastungen zu fragen: ▷ Welche förderlichen Gesichtspunkte gibt es auch? ▷ Kann ich eine günstige Bedeutung in dem Ereignis sehen? ▷ Welchen Sinn kann ich dem Ereignis geben? – Wir können auch mit Freunden oder Mitgliedern einer Gruppe darüber sprechen: «Was kann ich bei dieser Belastung auch Förderliches sehen?» Wir machen dies häufig mit den Teilnehmern unserer Gesundheits-Seminare. Ein Teilnehmer, Sachbearbeiter in einer Institution, schrieb mir einige Wochen danach:

«Neulich kam die Sekretärin hereingestürmt und trug einen Tisch in mein Zimmer. Ich hatte das Gefühl, ich sollte mit Schnelligkeit ‹überfahren› werden. ‹Ich muß das hier mal loswerden!›, mit diesen Worten war die Sekretärin wieder raus. Als ich meinen Telefonanruf beendet hatte, merkte ich, wie die Wut in mir aufstieg. Mit mir kann sie das ja machen – von mir erwartet sie keine Gegenwehr. So eine Frechheit! Sie hatte andere Zimmer von Sachbearbeitern zur Auswahl, und sie mußte unbedingt zu mir kommen! Sie nimmt mich nicht ernst. Ich sagte ihr dann einiges davon am Telefon. Während ich noch immer geladen war, erinnerte ich mich an meine Erfahrungen im Stress-Seminar: Konnte ich in der Belastungssituation etwas Positives finden? Ich kam schnell auf den Punkt: Die Sekretärin hatte mein Zimmer gewählt, weil sie bei mir am meisten Verständnis für ihre plötzliche Notsituation angenommen hatte. So könnte es auch gewesen sein. Aus dem ‹Sie nimmt mich nicht ernst› konnte werden ‹Sie hat Vertrauen zu mir›. Diese neuen Gedanken beruhigten mich, meine Wut verflog.»

▼ Schwierigkeiten als Herausforderung sehen

In einem großen öffentlichen Betrieb in den USA mußten auf der Führungsebene größere betriebliche Veränderungen über mehrere Monate hinweg durchgeführt werden. Erwartungsgemäß fanden Psychologen eine deutliche Zunahme an psychosomatischen Erkrankungen bei etwa der Hälfte der mehreren hundert Führungskräfte. Eine nähere Untersuchung ergab: Führungskräfte *ohne Erkrankungen* hatten deutlich andere Haltungen und Reaktionen als die mehr Erkrankten: ▷ Sie betrachteten die belastenden kräftezehrenden Ereignisse und Veränderungen als Herausforderung. ▷ Sie hatten eher ein Gefühl von Kontrolle und Optimismus im Hinblick auf die ungewohnten Ereignisse und Veränderungen. ▷ Sie hatten eine engagierte andauernde verantwortungsvolle Verpflichtung gegenüber ihrer Arbeit und anderen Lebensbereichen. Dagegen fühlten sich *die erkrankten Führungskräfte* eher bedroht durch die neuen Situationen, waren weniger engagiert–motiviert.

Dieser Befund veranschaulicht eine wichtige mentale Wahrnehmungs- und Bewertungsform: Werden schwierige Situationen und Veränderungen nicht als stressvoll-belastend und bedrohlich gesehen, sondern als Herausforderungen, dann hat dies günstigere Gefühle, Körpervorgänge und Verhaltensweisen zur Folge.

Leider wissen wir erst wenig über diese wichtige mentale Einstellung, Schwierigkeiten als Herausforderung zu sehen. Ich möchte sie an Beispielen beschreiben und Sie dazu anregen, diese Haltung bei Schwierigkeiten mehr zu beachten, sie bei sich zu fördern:

Der Spitzentennisspieler Jimmy Connors begeisterte noch mit 39 Jahren die Tenniswelt durch hohes Engagement, andauerndes intensives Training und große Fitness. Im folgenden Interview wird seine dahinterstehende mentale Einstellung sichtbar: Optimismus, eine trotzige Dennoch-Einstellung, tatkräftiges Zupacken, engagierte Hingabe und die Überzeugung, den Gang der Dinge deutlich beeinflussen zu können (198):

Schwierigkeiten als Herausforderung

«Der Hauptgrund, weshalb ich noch spiele, ist die Tatsache, daß es mir keiner mehr zugetraut hatte. Selbst meine besten Freunde rieten mir, Schluß zu machen. Gegen diese ‹Du schaffst es ja doch nicht›-Sprüche wollte ich ankämpfen. Und ich habe es geschafft.» Über sein Training sagt er: «Mein Leben ist anders als das von beispielsweise Boris Becker. Ich lebe am Tag, nicht nachts. Ich faulenze nicht gern, ich bin kein Fernsehgucker. Mein Leben spielt sich draußen ab. Morgens früh aufstehen und dann ‹raus›. Mein Sohn Brett ist jetzt 12 Jahre alt, der macht jeden Sport mit: Basketball, einer gegen einen, das beste Konditionstraining, Baseball, Football, Golf. Und alles ist gut für Tennis.» Der Interviewer: «Ihr langjähriger Weggefährte Gerulaitis sagt: ‹Eine Woche Urlaub mit Jimmy, und man ist urlaubsreif.›» Connors: «Sagen wir es so: Mein Tag ist ausgebucht. Rumsitzen muß ich noch genug, wenn ich nicht mehr spiele.»

Der folgende Ausschnitt aus einem Interview mit dem amerikanischen Präsidenten Clinton charakterisiert ebenfalls die Einstellung und Denkform, Schwierigkeiten als Herausforderung zu sehen: kein langes Grübeln, kein Selbstmitleid; sondern Anpacken, realistischer Vergleich mit Menschen, denen es schlechter geht, sowie moralische Verantwortung (175):

«Die Generation meiner Großeltern lebte auf ihre Art unbekümmert, die meisten von ihnen kamen aus bescheidenen Verhältnissen, besaßen nicht viel. Sie fanden: Du darfst nicht erwarten, daß man etwas für dich tut. Du mußt das Leben nehmen, wie es kommt, und niemals aufgeben. Aufgeben, das ist Feigheit. Immer, wenn ich mich selbst bemitleidet habe, mußte ich daran denken, daß meine Großeltern mir gesagt haben: ‹Du mußt nicht lange Ausschau halten, bis du jemand findest, dem es noch schlechter geht als dir.› Wann immer ich Veteranen sehe, die in Vietnam verstümmelt wurden, oder alte Leute, die nicht genug zu essen haben: Dann finde ich es einfach unverschämt, auch nur zehn Minuten eines Tages darüber nachzudenken, daß es mir persönlich momentan nicht gutgeht. Ich muß dann tief durchatmen und weiterarbeiten – mit dem moralischen Anspruch, zu dem ich mich verpflichtet habe.»

Auch bei der Bewältigung und Heilung körperlicher Erkrankungen sind aktives Engagement, optimistische Bewertung sowie die Einstellung, den Verlauf der Erkrankung bzw. die Heilung mitbeeinflussen zu können, wesentlich. Bei denjenigen Unfallpatienten einer Unfallklinik fand Prof. Frey von der Universität Kiel eine raschere Genesung, kürzeren Krankenhausaufenthalt und frühere Rückkehr zum Arbeitsplatz, die wenig über den Unfall grübelten, das Geschehen als unausweichlich hinnahmen, sich wenig mit der Frage «Warum gerade ich?» beschäftigen und die den Heilungsprozeß mit aktiven Bemühungen unterstützten. «Patienten, die sicher waren, ihre Genesung mitsteuern zu können, kehrten durchschnittlich nach 80 Tagen in den Beruf zurück. Bei den anderen waren es 140 Tage.» Dabei waren die körperlichen Verletzungen bei beiden Gruppen vergleichbar.

Patienten mit Knie- und Schulterbeschwerden, die sich gemäß einer Befragung der Universität Duisburg vor der Operation weitgehend selbst für ihre persönliche Gesundung verantwortlich fühlten, hatten einen deutlich kürzeren Heilungsprozeß als diejenigen, die ihre Gesundheit eher in der Hand des Schicksals sahen.

Gemäß Untersuchungen bewerten Beamte und Angestellte in Behörden und öffentlichen Institutionen ihre Arbeit als stressvoller im Vergleich zu den meisten anderen Berufen. Sie stehen ferner mit 28 Krankheitstagen an der Spitze der Statistik, während Bauarbeiter, Drucker oder Hüttenarbeiter deutlich weniger Krankheitstage im Jahr haben. Die Gründe sind noch unklar. Wahrscheinlich hängt es auch damit zusammen: Manche Beamte bewerten Schwierigkeiten sowie Änderungen von der Routine eher als negativ und ungewöhnlich; durch langjährige Verwaltungsvorschriften sind sie weniger flexibel, sehen Schwierigkeiten seltener als Herausforderung. –

Eine Zusammenstellung der Einstellungen und Denkformen, Schwierigkeiten als Herausforderung zu sehen

▷ Einsatzfreudigkeit, Bereitschaft und Wunsch zum Einsatz eigener Kräfte, Freude am Engagement und der Überwindung von Widerständen, Neigung zum mutigen Anpacken
▷ Optimistische Bewertung der Bewältigung von Schwierigkeiten und Aufgaben, weniger negative Bewertungen
  Vertrauen in die eigenen Aktivitäten und das Bewältigungsverhalten, Überzeugung der eigenen Wirksamkeit
▷ Chancen der positiven Gestaltung des Geschehens sehen
  Schwierigkeiten als Möglichkeit zu Wachstum, Lernen, Erfolg und Erfahrung für die eigene Persönlichkeit sehen
▷ Mentale Flexibilität, Unkompliziertheit und z. T. Unbekümmertheit
  Eher positiv über Leistungen und Anforderungen denkend
  Konzentration auf das Mögliche, Beeinflußbare
  Wenig Grübeln über Belastungen und ungünstige Aspekte.

Schwierigkeiten als Herausforderung 243

Das Gegenteil von Herausforderung ist charakterisiert durch eine geringe Ausprägung der obigen Einstellungen und Denkformen. Ferner durch Selbstmitleid, Übervorsichtigkeit, Passivität, Klagen, Jammern, Ängstlichkeit, Konzentrierung auf die negativen Aspekte und mögliche Schädigungen, Zögern, fruchtloses Grübeln, negative Überbewertung von Belastungen.

Wie können wir unsere Einstellung fördern, Schwierigkeiten als Herausforderung zu sehen? Leider wissen wir wenig darüber. Ich kann Ihnen derzeit nur folgendes mitteilen, um Ihre Einstellungen zu ändern und Stress zu vermindern: ▷ Suchen Sie Kontakt zu Menschen, die Schwierigkeiten als Herausforderung sehen und sie anpacken. Machen Sie von ihnen eine «mentale Fotografie», prägen Sie sich ihren Verhaltensstil und ihre Auffassungsart ein. Eine gemeinsame Arbeit mit diesen Personen kann sehr lehrreich sein. Es ist nicht notwendig und meist auch nicht möglich, hierzu eine ideale Persönlichkeit zu suchen. Etliche unserer Mitmenschen haben die Fähigkeit, in einzelnen Bereichen ihres Lebens Schwierigkeiten als Herausforderung zu sehen und sie anzupacken, etwa in den Bereichen, wo wir eher ängstlich, zögernd sind und zu negativer Bewertung der Schwierigkeiten neigen.

▷ Mitmenschen, besonders der Partner, Kollegen und Freunde, bei Jugendlichen die Eltern, können durch Zuspruch, Unterstützung sowie ihr eigenes Vorbild sehr helfen. Dagegen wirken sich ängstliche, pedantische, übervorsichtige und negativ denkende Menschen eher hinderlich aus.

▷ Denken Sie bei dem, was Sie tun oder was an Arbeit vor Ihnen liegt, weniger die Worte «ich muß», mehr die Worte «ich will».

▷ In kleinen Situationen, in denen Sie etwas als schwierig ansehen und bei denen Sie zögern, sie anzupacken, geben Sie sich einen «mentalen Ruck», stellen Sie den «Schalter in Ihrem Kopf» von ‹oh, ist das schwer› auf: ‹Ich will es anpacken!›

▼ Loslassen, weniger verhaftet sein, die Realität akzeptieren

Einen Teil unserer Belastungen und unseres Leidens verursachen wir durch unser Verhaftet-Sein an Wünsche, die wir erfüllt haben möchten, an Ziele, die wir unbedingt erreichen wollen. Personen etwa, die nach der Scheidung ihren ehemaligen Partner nicht loslassen konnten, sondern gefühlsmäßig an ihm festhielten, empfanden mehr Enttäuschung und Bitterkeit (186). Durch das Verhaftet-Sein machen wir uns sehr abhängig von Personen oder Dingen.

Eine 30jährige Frau, die sich vor zwei Jahren von ihrem Partner trennte und die durch das Nicht-loslassen-Können viele Schmerzen empfand: «Während der Trennungskrise kämpfte und rang ich um ihn. Ich hoffte bis zum Schluß. Als wir uns dann getrennt hatten, schien mir die ganze bisherige Partnerschaft wie eine einzige Lüge. Und ich war empört, daß nach meinem Auszug eine alte Freundin von meinem Partner einzog, ich war rasend wütend und eifersüchtig... Ich habe dann versucht, ihn zurückzugewinnen. Ich blieb auch einmal einen Tag und eine Nacht bei ihm. Aber ich mußte feststellen: Wir sind uns fremd geworden. Dann erst begannen meine Trauer und mein innerer Abschied von ihm. Ich habe sehr viel Bitterkeit empfunden, mich in Gedanken andauernd mit ihm beschäftigt und ihn sehr abgeurteilt.» Gefragt, welche Einstellung sie jetzt habe, äußerte sie: «Wenn ich seelisch stärker gewesen wäre und ich ihn eher hätte freigeben können, dann hätten diese Trennungskrise und meine Trauerzeit nicht so schmerzhaft lange gedauert, und sie hätten mich nicht so zu Boden gerissen.»

Auch beim Sterben eines uns nahestehenden Menschen schaffen wir uns durch das Nicht-Loslassen und Nicht-Annehmen einen Teil unseres Leidens selber. «Bei mir kommen die Gefühle von ohnmächtiger Wut auf das Schicksal immer wieder hoch», schreibt eine Frau, «von Wut und Ohnmacht, die ich nach dem Tod meines Freundes so stark durchlebt habe. Es muß einen doch wütend machen, wenn ein Mensch, den man liebt, so leidet und stirbt.»

Was bedeutet Loslassen? Es ist eine Änderung unseres Bewertens und Denkens sowie unserer Einstellung zu unseren Wünschen, Erwartungen und Zielen. Wir geben diese Wünsche und Erwartungen auf. Wir willigen ein, daß sie realistischerweise für uns nicht erreichbar sind. Wir akzeptieren, daß wir etwas nicht besitzen können, was wir hatten: Gesundheit, Partnerschaft, Besitztümer. Loslassen-Können bedeutet, daß wir nicht mehr um etwas kämpfen oder mit einem Verlust hadern. Es bringt Befreiung von seelischen Schmerzen, Ärger, Wut, Verzweiflung. Es gibt uns mehr inneren Frieden.

Bei vielen geschieht das Loslassen allmählich, über längere Zeit hinweg. Jedes Stück mehr Loslassen verringert unsere Belastung.

Was Loslassen nicht ist: Es bedeutet keine Gleichgültigkeit, kein passives Resignieren, kein Ignorieren oder Verdrängen. So erarbeitete sich meine Frau Anne-Marie nach ihrer Krebserkrankung die Haltung, ihre Gesundheit und möglicherweise ihr Leben loszulassen. Aber gerade dadurch konnte sie in den folgenden fünf Jahren trotz ihrer Erkrankung sehr bewußt leben und auch intensiv für ihren Körper sorgen. – Das Loslassen eines Menschen bedeutet auch nicht, daß wir ihn verachten oder geringschätzen. Es bedeutet, daß wir unsere Wünsche und Erwartungen gegenüber diesem Menschen aufgeben und ihm gegenüber freier und unbefangener werden.

Wie können wir lernen, loszulassen und weniger verhaftet zu sein? Bei den kleinen alltäglichen Verlusten und enttäuschten Erwartungen können wir das Loslassen gleichsam lernen. Durch viele kleine Erfahrungen gewinnen wir die Einsicht, daß das Anhaften uns Leid und Belastung bringt und Loslassen mehr Freiheit.

▷ Eine Auseinandersetzung mit unseren Wünschen, Bedürfnissen und Zielen kann uns einsehen lassen, daß wir manches, was wir so unbedingt als nötig erachten, eigentlich nicht wirklich brauchen. *Ein Lebensstil der Einfachheit* fördert das Loslassen.

▷ Eine Verminderung grübelnder Gedanken bei Enttäuschungen und Verlusten ist sehr hilfreich.

▷ Loslassen wird gefördert durch Erfahrungen und die Einsicht in das Unabänderliche des Geschehens. Ein Psychologe, der Behinderte betreut:

«Wenn Behinderte oft nicht unzufriedener sind als sog. Gesunde, dann kann ich mir das nur so erklären, daß eine Behinderung meistens etwas Unabänderliches ist. Entweder Du schaffst es, die Behinderung zu akzeptieren, oder du zerbrichst daran. Menschen, die positiv zum Leben eingestellt sind, lernen es meist, die Behinderung zu akzeptieren und ihr Leben neu einzurichten; vielleicht leben sie auch viel bewußter. Diese Menschen bewundere ich um ihren inneren Frieden.»

▷ Das Loslassen erstreckt sich auch auf vergangene Erfahrungen, Kränkungen, belastende Erlebnisse, die uns widerfuhren, etwa durch menschliche Kälte, Härte und Rücksichtslosigkeit im Berufsleben, in Kriegszeiten oder in der Familie. Das Loslassen wird erleichtert durch die Fähigkeit, den Unterschied zwischen Vergangenheit und Gegenwart zu sehen. Ich bewundere den französischen Präsidenten Mitterand, der am 50. Jahrestag der Befreiung von Paris bei einer Parade, an der auch deutsche Soldaten teilnahmen, sagte: «Ich war Soldat im Krieg gegen Deutschland, ich wurde verwundet und war in deutscher Kriegsgefangenschaft. Aber ich kann zwischen Vergangenheit und Gegenwart unterscheiden; und ich bin dankbar dafür.»

▷ Im Kreis von Freunden oder einer Gesprächsgruppe können wir darüber sprechen: Was habe ich in meinem Leben schon losgelassen? – Wo habe ich Mühe, loszulassen? – Was möchte ich gerne loslassen?

▷ Das Bewußtmachen der Vergänglichkeit jeden Geschehens und jeden Besitzes schon in günstigen Zeiten sowie die Beschäftigung mit Philosophen und Religionen können uns helfen, mehr gerüstet zu sein. Eine junge Frau:

«Alltäglicher Ärger verliert an Bedeutung, wenn ich mir alles vor dem Hintergrund der Endlichkeit vergegenwärtige. Ich lerne loslassen: loslassen von festen Vorstellungen über mich, meinen Körper, meine Person, über andere Menschen, das Loslassen von Einstellungen und Urteilen zugunsten einer wachsenden Aufmerksamkeit und Wachheit für Dinge, wie sie wirklich sind und nicht, wie ich sie mir wünsche, und auch das Loslassen von Gefühlen.»

Der Künstler Yehudi Menuhin drückt seine philosophische Haltung, das Leben als Leihgabe und nicht als Besitz zu betrachten, so aus: «Alles, was wir haben, ist uns nur geliehen. Mein Körper ist nicht mein Eigentum. Meine Frau und meine Kinder gehören mir nicht. Ich habe nicht das Gefühl, der Besitzer meines Hauses zu sein. Wie die amerikanischen Indianer glaube ich, daß... alles, was die Erde hervorbringt, mit Achtung und Dankbarkeit genutzt werden muß.» (109)

▷ Meditation ist eine Möglichkeit, Gedanken, Wünsche und Ziele loszulassen und von belastenden Gefühlen befreit zu werden, s. S. 296. Der amerikanische Psychologe und Philosoph Ram Dass beschreibt dieses Loslassen im entspannten Zustand in der Meditation:

«Betrachte einfach nur den Gedankenprozeß, beobachte nur. Sei dir der Tatsache bewußt, daß die Gedanken da sind, während sie auftauchen, aber laß dich nicht von ihrem Inhalt gefangennehmen. Laß alle Bilder, Gedanken und Reize aufsteigen und wieder untergehen, ohne besorgt zu sein, ohne zu klammern, ohne zu beurteilen, ohne dich mit ihnen zu identifizieren. Laß einfach einen Gedanken nach dem anderen los. Sei dir der Vorstellung des Loslassens bewußt. Während Gedanken, Reize, Erinnerungen oder Bilder auftauchen, beachte sie. Sei dir ihrer bewußt – und laß sie dann los» (141, S. 99).

Weniger Erwartungen haben

Hohe Erwartungen an andere, an uns selbst und über den Ablauf von Ereignissen führen oft zu Stress-Belastungen, wenn die Realität nicht unseren Erwartungen entspricht. Wir haben uns etwas vorgenommen und erwarten etwas, von der Verabredung mit einem Freund oder einer Freundin, von einem Urlaub, von einem Besitz, von unseren Kindern. Werden die Erwartungen nicht erfüllt, dann reagieren wir mit Enttäuschung, Ärger oder Niedergeschlagenheit, meist um so mehr, je größer und intensiver unsere Erwartungen waren.

Können wir jedoch die hohen Erwartungen an uns und andere verringern, können wir sie loslassen, wenn sie unerfüllbar sind, dann erleben wir wenig Stress und können flexibler reagieren. Eine Frau: «Die hohen Ansprüche an mich selbst habe ich jetzt ein Stück vermindert; ich strebe nicht mehr nach absoluter Perfektion. Ich hatte hohe Ansprüche, ich wollte perfekt sein, ich erwartete, daß alles klappte.»

Hohe Erwartungen zu vermindern bedeutet nicht, keine sorgfältigen Vorbereitungen und Planungen zu machen. Wichtig ist, nicht starr diesem Plan verhaftet zu sein und uns auf die Realität einzustellen, die nicht vorhersehbar war – statt uns darüber zu ärgern, daß unsere Erwartungen enttäuscht wurden.

Die Realität annehmen

Oft belasten wir uns, indem wir gegen etwas ankämpfen, uns weigern, es als Tatsache anzuerkennen: die Gefährlichkeit einer Erkrankung, eingetretene Verluste und Veränderungen, unsere Fehler und Schwächen, unser Älterwerden, die Trennung von einem Partner, das Erwachsenwerden der Kinder.

Annehmen bedeutet: das, was ist, als Realität, als gegeben anerkennen, nicht die Augen davor verschließen oder es leugnen. Es ist etwas über das Loslassen hinaus, es ist gleichsam ein Ja-Sagen zu einem Geschehen. Dieses Annehmen vollzieht sich in uns, während das äußere Ereignis gleichbleibt. Eine Frau, etwa 70 Jahre, die sehr darunter leidet, daß ihre Tochter seit über fünf Jahren jeden Kontakt zu ihr abgebrochen hat, schreibt: «In meiner Situation hat sich nichts bewegt. Meine Einstellung dazu ist schwankend, neigt aber doch jetzt mehr zum Akzeptieren als zum Verzweifeln.»

Auch enttäuschende Erlebnisse der Vergangenheit, die uns heute noch schmerzen, können wir als Realität, als Vergangenheit akzeptieren. Daraus wird eine Einstellung etwa der Art: ‹Es ist geschehen. Ich finde mich mit dem Unvermeidlichen ab, ich füge mich. Ich akzeptiere, was ich mit der Kraft meines Willens nicht beeinflussen und ändern kann.›

Die Folgen des Annehmens sind: Wir werden freier und können angemessener handeln, denn wir verbrauchen unsere Energien nicht mehr im Hadern und Ärgern, im Dagegen-Ankämpfen, in Abwehr und Verteidigung. «Wichtig ist für mich, das Schicksal, mein Leben anzunehmen und nicht mehr damit zu hadern und mich darin zu verbrauchen, sondern mich wieder dem Leben zu öffnen.» Manche können auch ihre seelischen Erkrankungen annehmen; sie sind so über Störungen, Ausfälle oder bizarre Gedanken weniger beunruhigt, erregt und ängstlich.

Ein ungünstiges Ereignis, unsere Fehler und Schwächen oder Krankheit anzunehmen, bedeutet nicht, daß wir passiv oder selbstzufrieden wären oder uns vernachlässigen. Oft ist das Gegenteil der Fall: Wenn wir etwas nicht mehr ablehnen oder ignorieren, sondern als gegeben akzeptieren, können wir es bewußter wahrnehmen und sinnvoller handeln, zum Beispiel für unseren kranken Körper angemessen sorgen.

Was kann uns beim Annehmen von belastenden unvermeidbaren

Geschehnissen helfen? Leider wissen wir erst wenig darüber. Einmal sind es die Möglichkeiten, die auch beim Loslassen und bei der Verminderung überhöhter Erwartungen und Ansprüche hilfreich sind. Ferner sind philosophisch-spirituelle oder religiöse Einstellungen sowie Lebensweisheiten hilfreich; etwa die durch Erfahrungen gestützte Einsicht, daß das Leben aus fortwährenden Änderungen besteht und nichts auf die Dauer bleibt und daß das eigene Leben ein Teil des umfassenden Weltgeschehens ist. Dies kann uns mehr Gelassenheit geben.

Im folgenden möchte ich die Äußerungen von zwei Personen wiedergeben; sie veranschaulichen diese Haltung des Annehmens in schwierigen Situationen und mögliche Hilfen dabei:

Albert Schweitzer: «Wieviel werde ich von der Arbeit, die ich mir vorgenommen habe, noch fertigbringen? Mein Haar beginnt zu ergrauen. Mein Körper fängt an, die Strapazen, die ich ihm zumute, und die Jahre zu spüren. Dankbar blicke ich auf die Zeit zurück, in der ich, ohne mit meinen Kräften haushalten zu brauchen, rastlos körperliche und geistige Arbeit leisten durfte. Gefaßt und demütig schaue ich auf die aus, die kommt, damit mich Verzichten, wenn es mir beschieden sein soll, nicht unvorbereitet treffe» (166, S. 163 f).

Sieben Wochen vor ihrem Tod äußerte sich meine an Krebs erkrankte Lebensgefährtin Anne-Marie in einem Rundfunkinterview zu der Frage, welche Ziele und Wünsche sie noch habe:

«Es ist mir in den letzten Monaten so klargeworden, daß die wirklichen Entscheidungen nicht in meiner Hand sind. Ich habe einen gewissen Spielraum, und den kann ich ausnutzen. Ich kann mit mir gesundmachende Erfahrungen machen, oder ich kann mich noch zusätzlich krank machen durch Ängste. Also, ich habe diesen Spielraum, *wie* ich etwas erlebe. Aber was mit mir geschieht, das habe ich nicht in der Hand.»

Interviewerin: «Wer hat das denn in der Hand?»

Anne-Marie: «Ja, ich denke, irgend etwas Höheres, das über uns Menschen hinausgeht. Die einen nennen es Gott, die anderen nennen es Universum, wen auch immer man sich darunter vorstellen mag, so: Dein Wille geschehe.

Also manchmal ist es sehr schwer. Aber es ist doch meine Erfahrung: Wenn ich annehme, was ist, das ist mir eine ungeheure Hilfe. Und wenn ich mich immer mehr diesem Fluß des Geschehens anvertrauen kann und denke: Du brauchst das Ruder nicht in der Hand zu halten, wenn du dich dem Strom anvertraust. Das ist noch schwer, da möchte ich noch viel stärker hinkommen. Denn dann brauche ich überhaupt vor nichts mehr Angst zu haben und nichts zu fürchten. Aber das ist erst ansatzweise in mir da, dieses Gefühl: Vertrau dich an. Deine Pläne, die sind vielleicht gar nicht immer diejenigen, die sich erfüllen werden, vielleicht sind es nicht einmal die richtigen für mich. Das hilft mir eben auch, keine Wünsche zu haben. Natürlich möchte ich meine Bücher noch fertigschreiben, das wäre toll. Aber ich bin damit nicht mehr so verhaftet. Ich erwarte es nicht. Ich lasse es auf mich zukommen» (179).

Akzeptieren der Realität und aktives Handeln schließen sich nicht aus, sondern können sich ergänzen. Ein Gebetsspruch, der Reinhold Niebuhr (1934) zugeschrieben wird, verdeutlicht das:

> «Gott gebe mir die Gelassenheit, Dinge anzunehmen,
> die ich nicht ändern kann,
> den Mut, Dinge zu ändern, die ich ändern kann,
> und die Weisheit, das eine vom anderen zu unterscheiden.»

▼ Sich weniger identifizieren

Östliche Philosophen erkannten schon vor langer Zeit, daß wir uns hierdurch viele Belastungen ersparen können. Was ist dieses Identifizieren? Wenn wir im Kino oder im Fernsehen einen spannenden Film oder den Wettkampf zweier Tennisspieler oder Fußballmannschaften sehen, dann erleben wir des öfteren intensive Gefühle. So, als ob wir selbst diese Personen wären, die dort handeln. Schädigungen, Bedrohungen und Ängste eines anderen im Film empfinden wir auch als gegen uns gerichtet. Wir vergessen gleichsam, daß wir einen Film sehen, der mit professionellen Schauspielern gedreht wurde. So sehe ich ein Tennismatch mit einer Spielerin oder einem Spieler, die ich mag, lieber in einer späteren Aufzeichnung mit Kenntnis des Ergebnisses als bei der Direktübertragung; ich «kämpfe» und «leide» dann weniger mit, bin weniger in Spannung, kann besser beobachten und lernen.

In ähnlicher Weise identifizieren sich Menschen mit manchen Geschehnissen in ihrem Leben: mit einer politischen Partei, mit ihrem Volk, Staat oder Rasse, mit ihrer sog. Rolle, mit ihrer beruflichen Funktion, ihrem Berufsstand. Fußballfans identifizieren sich mit einem Club, auch wenn sie nicht aktiv spielen.

Geht es der Person oder dem Objekt, mit dem wir uns identifizieren, gut und haben wir eine gute Beziehung, dann sind wir zwar eingeschränkt in unserem Wahrnehmen und Bewerten, aber wir erleben positive Gefühle.

Belastend wird es, wenn es der Person oder dem Objekt, mit denen wir uns identifizieren, schlecht ergeht oder wenn die Beziehung zu der Person oder dem Objekt beeinträchtigt ist oder wenn wir uns lösen möchten. Dann erwachsen daraus größere Belastungen, oft auch erhebliche Beeinträchtigungen des Selbstwertgefühls. So ähnlich etwa wie Fußballfans sich beeinträchtigt, wütend und mißgestimmt fühlen, wenn ihre Mannschaft abgestiegen ist.

Bei starker Identifizierung nehmen wir weniger genau und bewußt wahr und handeln weniger angemessen und frei. Manche Wissenschaftler etwa, die sich stark mit ihrem Forschungsgebiet und dem Fortschritt ihrer Wissenschaft identifizieren, laufen Gefahr, die negativen Auswirkungen ihrer Handlungen zu übersehen und zuwenig an davon betroffene Menschen zu denken. – Etliche identifizieren sich sehr mit ihrem Körper, ihrer körperlichen Erscheinung. Wird dieser Körper alt oder krank, dann erwachsen daraus Schwierigkeiten und Belastungen.

Andere identifizieren sich mit ihrer Position, ihrem Image, ihrem Ego. Sie sehen sich selber als herausragend, sehr tüchtig, als großartig. Sie binden gleichsam den Wert ihrer Person an etwas Äußeres, etwa an ihre berufliche Position oder den Titel. Ändern sich diese Bedingungen, etwa bei einem Verlust der Position, bei schweren Schicksalsschlägen oder Krankheit, dann ist der Wert ihrer Person stark bedroht.

Häufig identifizieren sich Menschen mit ihren Gedanken und Gefühlen, etwa mit den Gedanken «Ich bin ein Versager», «Ich tauge wenig» oder mit depressiven Gefühlen in ihrem Bewußtsein. Dies wirkt sich belastend auf uns aus; diese Gedanken und Gefühle bestimmen dann sehr unser Sein. Anders ist es, wenn wir diese Gedanken und Gefühle in uns wahrnehmen, ohne uns mit ihnen zu identifizieren. – Einige Erfahrungsberichte darüber:

«Nach dem Seminar wurde mir deutlich bewußt», sagt ein 35jähriger Mann, «ich habe meine Gefühle, aber ich bin sie nicht.» Das heißt, er erlebt deutlich seine Gefühle, setzt aber seine Person, sich selbst, nicht gleich mit ihnen. Eine Frau: «Ich versuche jetzt mehr, mich nicht von meinen einschränkenden Gefühlen beherrschen zu lassen. Ich lasse die Gefühle kommen, aber ich versuche sie anzuschauen, so daß sie nicht mein volles Bewußtsein einnehmen und ich sie noch wahrnehmen kann.» – Der Psychologe Bruno Bettelheim beispielsweise schützte sich vor persönlicher Auflösung während seiner Inhaftierung in deutschen Konzentrationslagern, indem er die schrecklichen Ereignisse aus dem Blickwinkel eines Beobachters zu sehen suchte, die nicht ihm als Subjekt galten.

Eine junge Frau berichtete mir, daß sie am Tag nach dem Stress-Seminar im Straßenverkehr einen anderen Wagen leicht beschädigte. Der Fahrer des anderen Wagens beschimpfte sie und warf ihr Unfähigkeit vor. Während sie sich sonst in derartigen Situationen sehr aufgeregt hatte, sah sie jetzt die Szene eher als Beobachterin, den Mann wie einen Akteur in einem Film. Dadurch identifizierte sie sich weniger mit seinen Äußerungen und Urteilen und konnte angemessener und ruhiger handeln.

Wenn wir uns weniger mit dem Geschehen in uns und um uns identifizieren, so bedeutet dies nicht Gleichgültigkeit oder Teilnahmslosigkeit. Vielmehr sind wir wacher und bewußter, ohne von unseren Gedanken, Vorstellungen oder Gefühlen vereinnahmt zu werden. Auch wenn wir uns nicht mit einem Menschen, einer Firma oder Institution voll identifizieren: wir können bei größerer Bewußtheit wertvolle Beiträge leisten und uns deutlich engagieren.

Meditation ist eine gute Möglichkeit, uns weniger mit Gedanken, Gefühlen sowie der Umwelt zu identifizieren. Der amerikanische Psychologe Ram Dass: «Die meisten Menschen... identifizieren sich vollständig mit ihren Gedanken. Sie sind nicht in der Lage, die reine Bewußtheit von den Gedanken zu trennen. Meditation gibt uns hierzu die Möglichkeit. Die Bewußtheit des Menschen ist etwas anderes als seine Gedanken oder seine Sinne. Jeder kann Herr seiner Bewußtheit werden, anstatt sich von jedem Sinneseindruck oder Gedanken willenlos mitschleifen zu lassen. Meditation befreit die Bewußtheit... Wenn wir uns vorstellen, daß unser Geist wie der blaue Himmel ist, an dem weiße Wolken vorüberziehen, dann können wir ein Gespür des Teils von uns bekommen, der anders als die Wolken ist. Der Himmel... beinhaltet die Wolken, aber die Wolken beinhalten ihn nicht. So ist es auch mit unserer Bewußtheit. Sie ist gegenwärtig und umfaßt alle unsere Gedanken, Gefühle und Sinnesreize; doch ist sie nicht mit ihnen identisch... Wir sehen, daß wir uns nicht unbedingt mit jedem Gedanken identifizieren müssen, nur weil er in uns auftaucht. Wir können innerlich ruhig bleiben und die Wahl treffen, auf welchen Gedanken wir uns einlassen möchten» (141, S. 99).

▼ Vergeben

**Eine hilfreiche Bewältigungsform bei
seelischen Verletzungen, Bitterkeit und Haß**

Viele Menschen fühlen sich durch Handlungen oder Worte anderer längere Zeit tief verletzt. Sie empfinden Bitterkeit, Ärger, Ablehnung und Haß, oft über Jahre hinweg. Sie machen anderen Vorwürfe für das, was ihnen geschah oder angetan wurde.

«Daß ich damals durch die Intrigen und üblen Nachreden den Posten in der Abteilung nicht bekommen habe, das finde ich so gemein, das hat mich tief verletzt. Ich will nichts mehr mit diesen Leuten zu tun haben.»

«Die Krankenhausärzte sagten meiner Mutter nicht, daß ihre Krankheit unheilbar sei. Sie machten ihr bis zum Schluß Hoffnungen. Und sie quälten sie, obwohl alles aussichtslos war, mit Medikamenten und Intensivstation. Das alles kann ich den Ärzten nicht verzeihen. Niemals!»

«Seit sechs Jahren bin ich geschieden. Ich kann und will meinem Ex-Mann nicht vergeben, daß er uns völlig an Leib und Seele geschunden zurückließ. Ich glaube, es ist Haß!»

«Wenn meine Eltern mich anders behandelt hätten, hätte ich mich ganz anders entwickeln können!...Und deshalb möchte ich auch heute mit ihnen möglichst keinen Kontakt mehr.»

Wie können wir diese starken seelischen Belastungen beenden, die sich auch psychosomatisch ungünstig auswirken? Vor einigen Jahren stieß ich auf die Möglichkeit des Vergebens als Bewältigungsform bei derartigen Belastungen und führte zusammen mit der Psychologin Angela Harz (73; 185) eine größere Befragung durch. Ein Ergebnis war:

Viele Befragte hatten Vergeben als eine sehr wichtige Möglichkeit erfahren, von intensiven negativen Gefühlen befreit zu werden. Ferner sagten 90 Prozent, daß auch ihnen oft vergeben wurde.

Was ist Vergeben? Es findet in uns eine Änderung von Gedanken und Einstellungen zu der Person oder dem Ereignis statt, durch das wir uns beeinträchtigt fühlen. Es ist also eine mentale Umstellung. Das Ereignis wird nicht ignoriert oder vergessen, sondern durchaus wahrgenommen und erinnert. Entscheidend jedoch: Es wird in anderer Bedeutung gesehen.

Als Folge der Änderung von Gedanken und Bedeutungen mindern sich die belastenden Gefühle oder fallen fort. Schuldzuweisungen, Anklagen, Wunsch nach Vergeltung oder Rache treten in den Hintergrund. Das Ereignis wird dem anderen nicht mehr nachgetragen, sondern es wird als abgeschlossen und vergangen angesehen. Des öfteren wird das frühere Beziehungsverhältnis wiederhergestellt.

Es ist nicht notwendig, dem anderen das Vergehen mitzuteilen. Häufig ist dies auch nicht mehr möglich, weil der andere gestorben ist oder wir keinen Kontakt mehr zu ihm haben. Entscheidend ist die mentale Wandlung in dem Vergebenden selbst. Diese Wandlung bringt ihm inneren Frieden, mehr Harmonie, Aufhören der feindseligen Gefühle. Vergeben ist ein Akt der seelischen Gesundung.

So hilfreich das Vergeben empfunden wurde: Für viele war es nicht leicht. Des öfteren benötigten sie Monate, ja teilweise Jahre dazu; lange lebten sie mit diesen Gefühlen von Bitterkeit, Haß, Vergeltung und Rachsucht, des öfteren begleitet von psychosomatischen Beschwerden.

Was erleichtert es uns, anderen zu vergeben? Wichtige Erfahrungen unserer Befragten waren:
▷ Einfühlung in die Situation des anderen war oft sehr hilfreich, d. h., sich in die Lage, den Standpunkt und die Situation des anderen hineinzuversetzen. «Ich habe mir vorgestellt, ich wäre dieser andere Mensch, mit diesen Eigenschaften in dieser Situation. Dabei wurde mir klar, ich hätte dann kaum anders handeln können.» Es ist ein Bemühen da, die Innenwelt des anderen zu verstehen: Was hat der andere gedacht, wie hat er es gemeint? Warum hat er so gehandelt? Was sind seine Motive?
▷ Sich mit sich selbst auseinanderzusetzen, die eigenen Urteile, den eigenen Standpunkt und sein Verhalten überprüfen. «Ich suche mit mir selbst ins reine zu kommen. So frage ich mich, warum ich nicht vergeben kann? Ob sich mein Ärger lohnt? Ich hinterfrage meinen eigenen Standpunkt, meine Urteile, überdenke sie.» – «Ich versuche das Ganze aus verschiedenen Perspektiven zu betrachten. Nehme ich mich selbst etwa nicht zu wichtig? Bin ich selbst ohne Schuld? Ich denke bewußt

über meine eigene Fehlerhaftigkeit nach.» – «Ich versuche, über den Dingen zu stehen.» –

▷ Eine Folge dieser Selbstauseinandersetzung und Einfühlung in den anderen in intensiven Selbstgesprächen und Gesprächen mit Freunden ist: Wir erkennen, daß wir des öfteren selbst auch etwas zu dem verletzenden Verhalten und der Situation von damals beitrugen. Wir sehen unsere eigenen Anteile oder unsere fehlerhaften Bewertungen und Urteile. Bei vielen ergaben sich daraus hilfreiche positive Gedanken: Was kann ich daraus lernen? Wie kann ich in Zukunft anders handeln? Diese Erfahrung, aus dem Ereignis selber zu lernen und sich zu ändern, wirkte bei vielen gleichsam befreiend. Wahrscheinlich, weil sie ahnten, daß sie zukünftig ähnliche Situationen und ihr eigenes Verhalten mehr unter Kontrolle haben würden, besser steuern könnten. – Eine weitere Folge der Selbstauseinandersetzung: Wir sehen auch einiges Positives an der Person, die uns damals verletzte.

▷ Die Einsicht in die Nachteile weiterer Schuldzuweisungen war hilfreich. «Es bringt nichts, den Haß mit sich herumzutragen. Ich will mich auch nicht als Richter aufführen.» – «Ich kann meine Energie besser, sinnvoller verwenden.» – «Was habe ich davon, wenn ich nicht vergebe?» Bei manchen tritt durch diese Einsichten ein rascher mentaler Umschwung ein. «Oft ist es eine bewußte Entscheidung, den Standpunkt des Böseseins aufzugeben. Und dann schlagen Gedanken und Gefühle plötzlich in das Positive um.»

▷ Der Wunsch nach Harmonie oder Verzicht auf Streit war wichtig. «Ich mag nicht im Streit mit anderen leben. Ich hasse den Konflikt und Unfrieden mit anderen.» – «Ich möchte Ordnung in mein Leben bringen, mich vom Ballast befreien.»

▷ Religiös-ethische Auffassungen wurden von manchen als hilfreich für das Vergeben genannt. «Ich bemühe mich, in der Haltung der Liebe zu bleiben. Ich möchte andere nicht richten.»

▷ Etliche hatten das Vorbild der Eltern oder anderer Menschen im Vergeben als förderlich erfahren. Gelegentlich können wir in den Medien von Menschen erfahren, die durch ihre Fähigkeit zur Vergebung sehr beeindrucken, zum Beispiel der Palästinenser Arafat, der Israeli Rabin, der Südafrikaner Mandela u. a.

▷ Schließlich war folgendes hilfreich: zeitlicher und räumlicher Abstand zu dem Ereignis – Entschuldigungen dessen, der verletzt oder beeinträchtigt hatte – Liebe, Mitleid oder Bedauern für die Lage des anderen. Und: Personen, die seelisch ausgeglichen, weniger depressiv, weniger in Stress und seelischen Schwierigkeiten waren, konnten anderen leichter und schneller vergeben, im Vergleich zu Personen, die sich eher unglücklich und seelisch beeinträchtigt fühlten.

Die Folgen des Vergebens sind bedeutsam: Die Mehrzahl der Befragten spürte eine deutliche Änderung ihrer Gedanken und Einstellungen, erlebte mehr positive Gefühle, konnte sich in der Beziehung zum anderen freier verhalten. «Ich kann mich heute der entsprechenden Situation ohne Ärger erinnern, ohne daß negative Gefühle hochkommen.» – «Ich kann dem Menschen wieder frei begegnen, es staut sich nichts mehr auf, der Schmerz der Kränkung ist fort.» – «Ich war erleichtert und froh; mir ging es viel besser, ich war versöhnt und erlöst – ganz anders als vorher mit den Schmerzen und der Wut.» Ein Verurteilen und Richten der anderen Person finden nicht mehr statt. Die Realität wird klarer gesehen und akzeptiert. Eine Frau nach der Trennung: «Ich sehe jetzt, daß wir beide nicht anders handeln konnten.»

Viele äußerten, daß sie durch das Vergeben wichtige Einsichten gelernt hätten. «Ich gehe bereichert daraus hervor, mit mehr Lebensweisheit.» – «Ich möchte in Zukunft weniger urteilen und richten.» – «Es war eine tiefe Erfahrung über mich selbst. Ich bin erschüttert, daß ich solche bösen Gedanken haben konnte. Ich bin dankbar, daß ich eine neue Sicht der Dinge habe, mehr die Lebenswirklichkeit sehe.» – «Für mich ist das erstaunlichste, daß ich aus dem Vergeben lernen kann. Ich sehe das ganz klar. Früher habe ich die Situation voller Bitterkeit gesehen, lange Zeit.» – «Ich habe entdeckt, daß ich mich in meinem eigenen Nicht-vergeben-Können genauso starr verhalten habe wie der Mensch, der mich so verletzt hat.»

Auch bei den Menschen, denen vergeben wird, treten deutlich positive Auswirkungen ein. 83 Prozent der Befragten sagten, nachdem andere ihnen vergeben hatten, sie hätten sich erleichtert gefühlt, entlastet, befreit von Schuld. «Ich bin persönlich erleichtert und dadurch auch ausgeglichener, und ich belaste mich nicht weiter mit Selbstvorwürfen.» Manche spürten Dankbarkeit, Bewunderung und Liebe für den, der ihnen vergab. Bei 21 Prozent, denen von anderen vergeben wurde, bewirkte das Vergeben eine deutliche Motivation, die Fehler in Zukunft zu vermeiden, sich zu ändern, mehr daran zu denken, was in dem anderen vorgeht, liebevoller zu sein oder den eingetretenen Schaden wiedergutzumachen. –

Wenn wir uns somit die Einstellung und Denkform aneignen, anderen zu vergeben, dann ist das sehr psycho-therapeutisch für uns. Wir befreien uns von heftigen negativen Gefühlen und von psychosomatischen Beeinträchtigungen, die ohne Vergeben bei vielen über Monate oder über Jahre andauern. So ist die religiöse Botschaft, anderen zu vergeben, eine psychotherapeutische Botschaft, psychotherapeutisch für uns und für andere, denen vergeben wird.

Schließlich: Menschen, die anderen leichter vergeben konnten, konnten auch sich selbst eher vergeben oder andere um Vergebung bitten.

Ich möchte abschließen mit den Äußerungen eines Mannes, 38 Jahre:

«Lange Jahre habe ich im Streit mit meinem Vater gelebt, im Zorn und Groll auf ihn, auch noch lange Zeit nach seinem Tod. Aber vor einigen Wochen habe ich Frieden mit meinem Vater geschlossen. Ich denke, es war unser gemeinsames Schicksal, daß es so war, wie es war. Ich habe heute auch positive Gefühle für ihn. Wenn ich daran denke, wie einsam und allein er im Krankenhaus gestorben ist, werde ich traurig. Daß ich heute meinen Vater so anders sehen kann, ich keine Wut und keinen Haß auf ihn habe, keine Schuldvorwürfe, verdanke ich Menschen, die im Gespräch mit mir mein Verständnis für ihn weckten, in Gesprächen, in denen mir meine starre negative Haltung bewußt wurde und durch die ich dazu kam, mir und ihm zu vergeben.»

▽▼ Körperlich-seelische Ent-Spannung

▼ Warum ist Ent-Spannung so wichtig?

Die Bedeutung der Entspannung bei der Verminderung von Stress und Belastungen wurde mir sehr bewußt, als meine Frau an Krebs erkrankte. Wir bemühten uns beide um Entspannungsübungen, zum Beispiel Atem-Entspannung und Hatha-Yoga-Übungen. Wir spürten unmittelbar, daß dies uns beiden guttat. Seit dieser Zeit gehören Hatha-Yoga-Übungen, Atem- und Muskelentspannung sowie Bewegungstraining zu meiner täglichen Praxis.

Aber erst später, in Seminaren mit amerikanischen Ärzten, wurde mir klar, **warum** Entspannungsübungen so wirksam sind. Ich las dann viele Forschungsbefunde und überzeugte mich von den Auswirkungen. Ich nahm auch zur Kenntnis, daß international bekannte Künstler oder Schachspieler tägliche Entspannungsübungen und körperliches Training für ihr Wohlbefinden und ihre Leistungsfähigkeit als notwendig ansehen.

Im folgenden stelle ich die Bedeutung und Wirkungsweise von Entspannungsübungen dar. Viele haben – ähnlich wie ich früher – unzureichende Vorstellungen darüber, sind irritiert von unzutreffenden mystischen Erklärungen. Die meisten sind leichter zu Entspannungsübungen zu motivieren, wenn sie wissen, warum und wie Entspannung hilfreich ist.

Stress-Belastungen aktivieren das Sympathische Nervensystem

Immer, wenn wir Situationen, Ereignisse oder uns selbst als beeinträchtigend, schwierig oder bedrohlich einschätzen, wird unser Sympathisches Nervensystem aktiviert: Die Muskeln des Körpers spannen sich, die Atmung wird schneller und flacher, der Puls steigt, das hormonale Gleichgewicht verändert sich durch den Anstieg von Adrenalin, Cortison u. a.

So registrierten Ärzte bei Schachspielern in wichtigen Spielphasen eine Herzfrequenz bis zu 160 Schlägen pro Minute (normal bis zu 70) und einen oberen Blutdruckwert bis zu 200 (normal ca. 120). In Zeitnot unter dem Druck nahender Entscheidungen atmeten die Spieler 25mal pro Minute (normal ca. 15mal). Die starke Steigerung der Atemtätigkeit führt zu Veränderung von Stoffwechselvorgängen (zuviel Sauerstoff, zuwenig Kohlendioxyd) und beeinträchtigt das klare ruhige Denken, so daß vermehrt Fehler auftreten.

Bei Chirurgen mit Stress-Belastungen bei Operationen wurde ein Anstieg der Hormone Adrenalin und Noradrenalin im Blut festgestellt (92).

Forscher an der Medizinischen Hochschule Hannover ermittelten bei Freiwilligen, die zum erstenmal einen Fallschirmsprung wagten: Während des Sprunges wurde das Immunsystem aktiviert, die Zahl der sog. Killerzellen verdoppelte sich, wurde aus den Speichern freigegeben. Im Reagenzglas zeigten die Killerzellen unter dem Einfluß besonders des Stress-Hormons Noradrenalin eine erhöhte Aktivität. Eine Stunde nach der Landung sank die Konzentration aller untersuchten Immunzellen unter die Ausgangswerte. Das heißt: Nach einer kürzeren Aktivierung des Immunsystems tritt eine Schwächung ein.

Diese körperlichen Alarmierungsvorgänge sind eine biologische Reaktion des Organismus bei Bedrohung und Gefahren. Sie waren für unsere Vorfahren lebenswichtig, im Kampf oder auf der Flucht vor feindlichen Tieren oder Menschen. Bei den meisten heutigen Stress-Belastungen, bei der Arbeit, im Verkehr, bei zwischenmenschlichen Konflikten sind diese körperlichen Alarmierungen eher nachteilig.

Diese Aktivierung des Sympathischen Nervensystems erfolgt bei manchen häufig: ▷ Etliche Menschen fühlen sich oft beeinträchtigt, überfordert oder bedroht, durch die Umwelt oder durch sich selbst. Sie empfinden Ängste und Gefühle der Unzulänglichkeit, im beruflichen oder privaten Bereich.

▷ Viele machen sich häufig sorgenvolle ängstliche Gedanken, grübeln über schwierige Ereignisse. Diese gedanklichen Vorstellungen von Belastungen führen ebenfalls zur Erregung des Sympathischen Nervensystems, teils zu größerer Erregung als in der Realität.

▷ Verschiedene Stress-Belastungen können zusammentreffen, zum Beispiel Antritt einer neuen Berufsarbeit, Schwierigkeiten mit dem Partner, Belastungen durch Kleinkinder, eine bevorstehende wichtige ärztliche Diagnose. Dies führt zu einer verminderten Belastungsfähigkeit; schon bei geringen Anlässen fühlen sich Menschen dann überfordert.

▷ Menschen mit seelischen Dauerbeeinträchtigungen, zum Beispiel andauernder Überforderung, Depression oder Angstzuständen, befinden sich häufig in einem anhaltenden Erregungszustand. *Ängste sind fast immer mit der Aktivierung des Sympathischen Nervensystems verbunden, etwa mit Muskelspannungen.* Diese Menschen haben größere Schwierigkeiten, sich zu entspannen. «Im Grunde genommen empfinde ich immer Stress und Spannung.»

Seelische Folgen der Aktivierung des Sympathischen Nervensystems

▷ Wir empfinden innere Spannungen, Erregung, Unruhe, Gereiztheit, Ängste, reagieren ungeduldiger, aggressiver. «Es fällt mir sehr schwer, ruhig und gelassen zu sein», sagt eine Sekretärin. «Ich will zu viele Dinge auf einmal machen; dadurch gerate ich in einen Spannungszustand und bin gereizt.» Es besteht ein höherer gefühlsmäßiger Erregungszustand.
▷ Unser Wahrnehmen und Denken, unser Gedächtnis und Bewußtsein sind eingeengt, beeinträchtigt. Irrationale (unvernünftige) Gedanken nehmen zu.
▷ Unsere erhöhte Wachsamkeit ist überwiegend auf Beeinträchtigendes, Bedrohliches und Negatives bei uns und in der Umwelt gerichtet, in der Gegenwart, Zukunft sowie bei der Erinnerung vergangener Erfahrungen.
▷ Wir sind beunruhigt über die körperlichen Beeinträchtigungen und die leichte Erschöpfbarkeit. –

Diese ungünstigen seelischen Zustände suchen manche durch Alkohol oder Beruhigungstabletten zu beheben. Das ist auch wirksam; jedoch längerfristig mit erheblichen körperlich-seelischen Beeinträchtigungen verbunden.

Die häufige Aktivierung des Sympathischen Nervensystems führt zu körperlichen Folge-Beeinträchtigungen

Erfolgt bei häufigen oder Dauer-Stress-Belastungen jeweils keine Entspannung, dann können als Folge körperliche Beeinträchtigungen auftreten. So wird auch verständlich, daß nach Erhebungen mindestens jeder vierte Patient einer Allgemeinarztpraxis Beschwerden hat, die durch psycho-soziale Faktoren – also Stress – ausgelöst oder mitbedingt sind:

▷ Schmerzen im Nacken-, Schulter- und Rückenbereich als Folge der Muskelspannungen und verminderter Durchblutung.
▷ Kopfschmerzen als Folge der verminderten Durchblutung im Nacken-Schulter-Bereich und Veränderungen der Gefäßweite im Kopf.
▷ Psychovegetative Beschwerden, etwa im Verdauungs- oder Atmungsbereich. Verdauungsvorgänge im Magen und Darm sind abgeschwächt oder gehemmt.
▷ Erhöhte Reizempfindlichkeit, ein Zustand erhöhter Erregung. Zunahme der Schmerzempfindlichkeit, etwa bei schon vorhandenen organischen Erkrankungen.
▷ Beeinträchtigung des Schlafes: «Wenn es in der Schule schwierige Situationen gibt oder wenn ich größere Veranstaltungen vorbereiten muß», äußert ein Lehrer, «kann ich auch nach der Dienstzeit oft noch nicht abschalten. Mich beeinträchtigen diese Belastungen sehr, auch in der Freizeit; ich leide dann an Schlafstörungen, Nervosität und zitternden Händen.»
▷ Schwächung des Immunsystems. Bei Studierenden zum Beispiel wurden während der Prüfungszeit aufgrund des andauernden Stresses eine Schwächung des Immunsystems und eine größere Anfälligkeit für Infektionen festgestellt.
▷ Schnellere Erschöpfung. So empfanden Zahnärzte die Behandlung ängstlicher Patienten als sehr belastend. Jeder dritte Zahnarzt spürte hierbei die Beschleunigung seines Pulses, bekam Nacken-Schulter-Schmerzen und Herzklopfen; jeder zweite fühlte sich anschließend abgespannt und müde (190).

Längerfristige (chronische) körperliche Auswirkungen
Längere Zeiten von häufiger Anspannung und Stress – ohne hinreichende Ent-Spannung – können zur Folge haben:
▷ Andauernde Muskelverspannungen, Durchblutungsstörungen und Schmerzen (jeder 3. Bundesbürger leidet an Rückenschmerzen).
▷ Andauerndes hormonales Ungleichgewicht.
▷ Änderung des biochemischen Stoffwechsels im Gehirn.

- Erhöhter Blutdruck.
- Erhöhte Blutfette.
- Schwächung des Immunsystems.
- Verstärkung von Herz-Kreislauf-Beeinträchtigungen.
- Erschwerte Heilung vorhandener körperlicher Erkrankungen.

So ist es für unsere körperliche und seelische Gesundheit sehr wichtig, daß wir nach Stress-Belastungen die Erregung des Sympathischen Nervensystems durch Ent-Spannung rückgängig machen, es wieder normalisieren. Denn bei häufigen Stress-Belastungen bilden sich die körperlichen und z. T. die seelischen Vorgänge von allein nicht vollständig zurück. Es besteht die Gefahr, daß ein Teil chronisch wird, zum Beispiel Muskelspannungen oder das hormonale Ungleichgewicht. Ein längerer Urlaub trägt zwar zur körperlich-seelischen Entspannung bei. Jedoch ist bei vielen dieser Zustand kurze Zeit danach durch die fortlaufenden Stress-Belastungen vorbei.

Wie vermindert Ent-Spannung die körperlich-seelischen Folgen von Stress-Belastungen?

Durch Ent-Spannungs-Übungen oder Bewegungstraining können wir unsere seelische Erregung, Spannung, Ängste, Unruhe, ferner Kopfschmerzen und andere psychovegetative Beschwerden mindern oder zum Fortfall bringen. Wie geschieht das? Warum helfen uns in schwierigen Berufssituationen oder in seelischen Krisenzeiten Entspannungsübungen und fördern unser seelisches und körperliches Wohlbefinden?

Wenn wir *einen* der körperlichen Vorgänge normalisieren, die bei Stress-Belastungen durch das Sympathische Nervensystem aktiviert wurden, etwa die Muskelspannung oder die schnellere Atmung: dann normalisiert sich, vermindern sich die Erregbarkeit des ganzen Sympathischen Nervensystems; zum Beispiel vermindern sich der Blutdruck, Hormonausschüttungen u. a. Auch die Frequenz der Gehirnwellen ändert sich: Es treten mehr Alpha-Wellen auf, während im Belastungszustand die schnelleren Beta-Wellen charakteristisch sind. Das Blut zirkuliert vermehrt durch Organe, Haut und Gehirn; ein Gefühl der Wärme entsteht. Amerikanische Forscher sprechen von einer gleichsam reflexartigen biologischen Entspannungs-Reaktion.

Das ist das Faszinierende: Über die Normalisierung der Atmung oder über die Entspannung der Muskeln haben wir gleichsam einen Zugriff zum Sympathischen Nervensystem und können seine Überaktivität samt den körperlichen Folgen vermindern. Durch unser eigenes Verhalten können wir die körperlichen Ent-Spannungsvorgänge auslösen, durch Bewegungstraining, Atem- oder Muskelentspannung.

Stress-Spannung, Seelische Belastung

> Zunahme von
> Puls, Blutdruck, Muskelspannung
> Veränderung des hormonalen Gleichgewichts, zum Beispiel durch mehr
> Adrenalin-schnellere flache Atmung – Freigabe von Zuckerreserven –
> Zunahme des Blutfettes (Cholesterin) – Erhöhte Blut-Gerinnung
> ......
> Erschöpfung

Förderliche Ent-Spannung

> Wenn ein Teilvorgang des alarmierenden Sympathischen Nervensystems normalisiert wird, fördert dies die Normalisierung des ganzen Systems.
>
> *Wirksam sind besonders:*
> - Muskel-Entstpannung
> - Atem-Entspannung
> - Sanfte Hatha-Yoga-Übungen
> - Bewegungstraining (langsames Laufen, Sport, Spiel)
> - Autogenes Training
> - Andere Entspannungsformen
>
> *Regelmäßiges Üben* bzw. Trainieren führt nach einiger Zeit zu deutlich größeren körperlich-seelischen Auswirkungen. Die Effekte werden schon nach kurzer Zeit erreicht und halten länger an.
>
> *Falls Sie keine Zeit haben:* 2 Minuten Entspannung sind besser als keine Entspannung.

Auch die seelischen Vorgänge ändern sich mit der verminderten Aktivität des Sympathischen Nervensystems: Wir fühlen uns ruhiger, gelassener und entspannter, können klarer denken und wahrnehmen. *Körperliche Entspannung zum Beispiel der Muskeln ist unvereinbar mit Angst und Stress.* Wir können uns das etwas veranschaulichen: Beißen wir die Zähne fest zusammen und spannen unseren Körper an, dann gelingt es uns kaum, positive freundliche Gedanken und Vorstellungen zu haben. Entspannen wir jedoch den Kiefer und die übrigen Körpermuskeln, lächeln wir etwas, dann haben wir eher positive Gedanken und Vorstellungen.

Dieser Zusammenhang von Muskelspannungen mit seelischen Belastungen sowie von Muskel*ent*spannung mit seelischem Wohlbefinden führt bei manchen gleichsam zu einem Aha-Erlebnis: «Daß ungünstige Gedanken und Gefühle Muskelspannungen hervorrufen, war für mich eine wichtige Information. Und vor allem, daß ich über die Entspannung der Muskeln wieder auf meine Gefühle einwirken kann.»

Bei unseren Stress-Seminaren beeindruckt mich immer wieder folgendes: Nach einer Entspannungsübung können sich die meisten Teilnehmer *keine* belastende Situation vorstellen, auch wenn wir sie darum bitten. Ein Teilnehmer: «Ich kann keine negativen Gefühle empfinden, wenn ich entspannt bin.»

Die Auswirkungen von regelmäßiger Ent-Spannung

Ich kenne kein Vorgehen, das bei regelmäßiger Ausführung von ca. 20–40 Minuten täglich körperliche sowie bewußte und unbewußte seelische Vorgänge so tiefgreifend günstig beeinflußt wie Ent-Spannungs-Übungen: ▷ Das unmittelbare körperliche-seelische Wohlbefinden wird besser. ▷ Der Organismus reagiert zukünftig in Stress-Situationen weniger erregt (präventive Auswirkung). ▷ Chronisch gewordene körperliche und seelische Folgen und Schäden von häufigen Stress-Belastungen bilden sich zurück oder vermindern sich (Rehabilitation). ▷ Der Organismus wird bei der Bewältigung von organischen Krankheiten unterstützt. ▷ Der Lebensstil wird körperlich und seelisch gesünder, mit weniger Schädigung zum Beispiel durch Genußgifte, Über- oder Fehlernährung.

Warum wichtig? 267

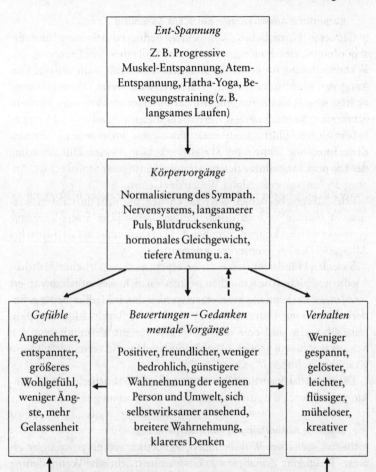

Die Abbildung zeigt die bedeutsamen Auswirkungen von Ent-Spannung auf ▷ Körperliche Vorgänge ▷ Gedanken und Bewertungen ▷ Gefühle ▷ Verhalten. Ferner sind Wechselwirkungen angedeutet. So werden zum Beispiel Gedanken durch körperliche Ent-Spannung positiver und ruhiger, sie beeinflussen wiederum Körpervorgänge, das Fühlen und Verhalten.

Körperliche Auswirkungen durch Ent-Spannung

▷ Größeres körperliches Wohlgefühl, geringere Belastung und Erschöpfung nach schwierigen Situationen und schnellere Erholung.

▷ Verminderung funktioneller Körperbeschwerden, zum Beispiel Senkung des Blutdrucks, bessere Herz-Kreislauf-Werte, Verminderung/Fortfall von Schlafstörungen, von chronischen Muskel- oder Rückenschmerzen, Kopfschmerzen, Verdauungsbeschwerden.

▷ Günstigerer Blutzuckerspiegel, günstigerer Immunstatus, verminderte Spannung (Tonus) der Skelettmuskulatur, bessere Durchblutung des Körpers, langsamere tiefere Atmung, günstigerer Stoffwechsel, Anstieg der langsameren Alpha-Wellen des Gehirns.

▷ Erleichterung bei denjenigen Krankheiten, die nicht durch Stress verursacht wurden, jedoch durch häufige körperliche Stress-Vorgänge verstärkt werden können, zum Beispiel bei rheumatischer Arthritis, bei Allergien oder bei Krebserkrankungen.

So leiden Hunderttausende an ausgeprägter rheumatischer Arthritis. Medizinisch kann die Krankheit heute noch nicht wesentlich therapiert werden, es sei denn, die Schmerzen werden durch Medikamente gelindert. In neueren Untersuchungen ergab sich: Regelmäßige Entspannungsübungen sind eine deutliche Hilfe für die Verminderung von Schmerzen, für ein größeres Wohlgefühl und für die Verminderung von Krankheitsschüben (6; 2).

Die seelisch-körperliche Bewältigung fast jeder körperlichen Erkrankung wird durch die Auswirkungen von Entspannung erleichtert.

Seelische Auswirkungen von Ent-Spannung

Größeres seelisches Wohlbefinden, allmählich ruhigeres, weniger erregtes Reagieren, Zunahme von Gelassenheit, deutliche Verminderung des Angstniveaus, größeres seelisches Gleichgewicht und vermehrtes Gefühl von Vertrauen und Geborgenheit.

«Durch Entspannung kann ich meinen seelischen Frieden wiederherstellen.» – «Ich fühle, daß ich durch die Entspannungsübungen in mir selbst ruhen kann. Früher bin ich vor Spannungen weggelaufen; heute bin ich gelassener, arbeitsfähiger, selbständiger.» – «Ich habe erfahren, daß Entspannungsübungen für mich das einzige sind», sagt eine 45jährige Frau, «um mich zu bändigen, um nicht auf einem Vulkan zu sitzen. Zugleich haben mich diese Übungen freier und offener gemacht.»

Warum wichtig? 269

Auswirkungen auf Wahrnehmungen-Gedanken-Einstellungen

Die eigene Person sowie die Umwelt werden günstiger, weniger bedrohlich, realistischer, weniger eingeengt wahrgenommen.

Klareres Denken, weniger verzerrte Wahrnehmung von Bedeutungen, weniger eingeengte Betrachtungs-Perspektiven. Mehr kreatives Denken, bessere Problembewältigung und Problemlösungen, Verminderung von Denkblockaden, größere Flexibilität.

Auswirkungen auf das Verhalten

Weniger gespannt, gelöster, leichter, flüssiger, müheloser, weniger gereizt-nervös. Weniger Risikoverhalten und unüberlegtes, überstürztes Handeln.

Körperlich-seelisch gesünderer Lebensstil, mehr Meidung von Alkohol, Nikotin, Über- und Fehlernährung.

Bei regelmäßiger Übung spüren wir körperlich-seelische Verspannungen frühzeitiger und können sie durch kurze Ent-Spannung unmittelbar vermindern.

Insgesamt: Regelmäßige Entspannungsübungen sind in ihren seelisch-körperlichen Auswirkungen kaum zu überschätzen. Sie sind eine *sehr* wirksame Form psychologischer und körperlicher Therapie, mit der wir uns selbst helfen können. Äußerlich sehen sie einfach aus. Es sind auch keine Geräte oder ein wissenschaftliches Instrumentarium notwendig. Die Gesetzlichen Krankenkassen bieten ihren Versicherten häufig kostengünstige Kurse zum Erlernen von Entspannungsverfahren und zum Bewegungstraining an. Krankheiten werden vermindert, auch Frühinvalidität. Dennoch werden Entspannungsverfahren heute noch oft unterschätzt.

Gesichtspunkte zur Praxis

▷ Welche Entspannungsformen sind für Sie günstig? Beginnen Sie zunächst mit der Form, die Sie am meisten anspricht, wo Sie die wenigste Mühe verspüren und die Sie als förderlich für sich empfinden. Durch Teilnahme an kürzeren Einführungskursen von Volkshochschulen oder Gesundheitszentren können Sie die für Sie günstigen Formen der Entspannung und des Körpertrainings durch Erfahrung herausfinden.

270 Ent-Spannung

▷ Bei der Teilnahme an Gruppenkursen, die auch finanziell günstig sind, erhalten Sie durch Gespräche mit anderen Anregungen und werden motivierter. «Für mich ist es sehr hilfreich, daß die Leute neben mir in der Gruppe sich auch entspannen oder sich darin versuchen.» – «Mit das Wertvollste in diesem Jahr war es für mich, Mitglied einer Yoga-Gruppe zu werden. Ich bin seelisch und körperlich ruhiger und stärker geworden.» – «Wenn ich es einrichten kann, nehme ich gern im Urlaub an Entspannungsgruppen teil. Die Gruppe stimuliert mich, ich kann Neues hinzulernen.»

▷ Achten Sie darauf, daß die Gruppenleiterin sanfte Formen von Entspannung anbietet und eine einfühlsame, sorgende und nicht-dirigierende Haltung zu den Teilnehmern hat. Durch eine derartige Gruppenleiterin wird unsere Motivation gefördert, weiterzumachen.

▷ Bei der Entspannung ist es wichtig, sich *nicht* anzustrengen, um bestimmte Leistungen oder Ziele zu erreichen. Sonst wird mehr Spannung in uns erzeugt. Schmerzen bei den Übungen sind ebenfalls nicht förderlich.

▷ Die Motivation zum regelmäßigen Üben kann am Anfang sehr erleichtert werden durch Tonkassetten zur Atem-, Muskel- oder Yoga-Entspannung. «Manchmal habe ich Schwierigkeiten, mich allein zu Hause zu entspannen; auch gleiten meine Gedanken zu schnell ab. Dann empfinde ich die Hilfe durch die Anleitung mit der Kassette als sehr erleichternd. Und die Entspannung erlebe ich intensiver.»*

---

* *Zur Praxis der Atem-Entspannung sowie Muskel-Entspannung habe ich je eine Tonkassette besprochen (auch als CD erhältlich).*
Gemäß den Erfahrungen sehr vieler Benutzer ermöglicht die erklärende Einführung in die Einzelheiten der Entspannung (ca. 35 Minuten) sowie der Text für die tägliche Praxis (15–26 Minuten) einen unmittelbaren Beginn. Gegen Einsendung von 8 Euro können Sie eine Tonkassette oder CD für Atem- oder für Muskel-Entspannung bei mir anfordern: Dr. Reinhard Tausch, 70599 Stuttgart, Im Asenwald 22/7.
Eine Tonkassette (oder CD) mit Hatha-Yoga-Übungen von meiner Tochter ist gegen Einsendung von 8 Euro (CD 10 Euro) erhältlich bei: Dr. Daniela Tausch, 28215 Bremen, Leipziger Straße 33.

▷ Eine Regelmäßigkeit, etwa Entspannungsübungen immer morgens nach dem Aufstehen oder abends vor dem Schlafengehen im gleichen Zimmer zu machen, oder ein kurzes Jogging nach der Rückkehr von der Arbeit, vermindert die Schwierigkeiten der Motivation und des Durchhaltens. Es bilden sich Gewohnheiten heraus.

▷ Häufige Entspannungsübungen sind auch deshalb notwendig: Wir können Entspannung nicht gleichsam in uns speichern. So wie wir auch nicht das Zähneputzen durch häufiges Ausführen an einem Tag in den nächsten Tagen erübrigen können. *Entspannung ist eine tägliche Psycho-Hygiene*, so wie das Zähneputzen oder die Reinigung des Körpers eine tägliche Körper-Hygiene ist.

▷ Sollten Sie feststellen, daß Sie sich auch nach mehrmaligen Übungen kaum entspannen können, dann sind Sie auf ein wichtiges Merkmal Ihres körperlich-seelischen Zustandes gestoßen. Manchen hilft dann ein leichtes Bewegungstraining vor einer Muskel- oder Atementspannung; die leichte körperliche Erschlaffung fördert die nachfolgenden Entspannungsübungen. Ist dies jedoch noch nicht wirksam, dann sind einige Einzelstunden in Entspannung bei einer Psychologin oder Krankengymnastin hilfreich.

▷ Verschiedene Formen der Entspannung ergänzen sich:

So mache ich seit über zehn Jahren jeden Morgen regelmäßig etwa 20 Minuten *Hatha-Yoga-Übungen*. Die Dehnung der Muskeln und Bänder vermindert die Steifheit der Glieder am Morgen und gibt mir mehr Konzentration und Gelassenheit für die anschließende Arbeit am Schreibtisch. *Atem-Entspannung* mache ich des öfteren in der Bahn oder im Flugzeug, bei Wartezeiten, nach einer Psychotherapiestunde mit meinen Klienten. *Muskel-Entspannung* empfinde ich als sehr hilfreich nach längerem Sitzen, am Schreibtisch, im Auto oder auch während der Bahnfahrt. Mein *Bewegungstraining* besteht aus zweimal wöchentlich Tennis spielen, einem häufigen 15minütigen langsamen Dauerlauf oder schnellen Gehen 30 bis 45 Minuten. – Dieses Entspannungsprogramm innerhalb einer Woche erleichtert mir auch einen körperlich-seelisch gesunden Lebensstil.

▷ Wenn Sie mit Entspannungsübungen anfangen, werden Sie sich bald während und nach den Übungen wohler fühlen. Erwarten Sie jedoch nicht, daß sofort alle seelischen und körperlichen Schwierigkeiten verschwinden. Wir haben über Jahre hindurch Gewohnheiten gebildet, zum Beispiel bei Stress-Belastungen die Muskeln zu verspannen. Anstelle der alten müssen sich neue Reaktionsgewohnheiten bilden. Das erfordert Übungen über einen längeren Zeitraum.

▷ Durch regelmäßige Übungen können wir auch in Krisensituationen entspannter und belastbarer bleiben; denn unser Organismus bildet Gewohnheiten eines entspannteren Reagierens. Und: Wenn wir die Übungen regelmäßig machen, dann schaffen wir sie auch, wenn es uns nicht so gutgeht. Die Übungen sind uns dann zur Gewohnheit geworden. Anders ausgedrückt: Wir müssen schwimmen lernen, *bevor* wir in die Tiefe kommen.

Auch unsere Vorfahren mußten vorbeugend für die Bewältigung von Belastungen sorgen, also Vorräte im Sommer anlegen und nicht erst beim Einsetzen des Schneefalls im Winter. Wir müssen uns den Gedanken der vorbeugenden Vorsorge im Bereich der seelischen Gesundheit zu eigen machen. Kein Sportler kann ohne regelmäßiges Training Leistungen erbringen. Ähnliches gilt für den seelischen Bereich. So können wir nicht annehmen, zum Beispiel in Prüfungen seelisch belastbar zu sein und sie relativ gelassen zu bewältigen, wenn wir nicht vorher für uns gesorgt haben.

▷ Mit zunehmender Erfahrung in Entspannungsübungen spüren wir im Alltag leichter, wenn wir uns verspannen, bei einer Arbeit, beim Autofahren. Während kurzer Pausen oder beim Warten an einer Ampel können wir dann einige Schulter- oder Halsübungen machen. Teilnehmer berichteten uns auch, daß sie allmählich aufgeschlossener für Möglichkeiten der Entspannung in ihrem Berufsleben und in ihrer Freizeit wurden. Eine Lehrerin: «Ich mache jetzt mit den Kindern mehrmals Entspannungsübungen in der Pause, besonders wenn die Kinder bei Regen nicht hinaus können.»

▷ *Vielleicht haben Sie folgende Bedenken:* Werde ich bei einem entspannteren Leben, ohne häufigen Stress und seelischen Druck, genug Aktivität und Energie für meine Aufgaben haben? Wahrscheinlich neigen besonders in Deutschland Menschen zu der Auffassung, produktives Arbeiten sei ohne Anspannung, Stress oder «Kämpfen» nicht möglich. Nun: Ein entspannteres Leben mit weniger Stress, Spannungen und Verkrampfungen ist *kein* passives Leben, *keine* Gleichgültigkeit. Engagierter Einsatz, intensives Bemühen und hingegebenes Arbeiten sind durchaus ohne Verspannung möglich. So wird zum Beispiel kreatives und produktives wissenschaftliches Arbeiten durch entspanntes

Verhalten gefördert. Oder denken Sie an Leichtathleten bei Wettkämpfen. Sie sind bemüht, bis kurz vor ihrem Lauf oder Sprung entspannt und locker zu sein, Verspannungen, Verkrampfungen und Stress zu vermeiden. Sekunden später erbringen sie ein Höchstmaß an körperlicher Leistung und seelischer Konzentration. Jede körperlich-seelische Stress-Verspannung würde ihre Leistung stark mindern. –

Im folgenden habe ich Möglichkeiten der Ent-Spannung dargestellt; es sind nachgewiesenermaßen seelisch und körperlich wichtige psychotherapeutische Selbsthilfeformen.

▼ Körperliches Bewegungstraining

Es ist für die körperliche und auch seelische Gesunderhaltung sehr bedeutsam. Günstige Formen des Bewegungstrainings sind u.a.:

Langsamer Dauerlauf, 10–30 Minuten
Schnelles Gehen, ca. 40 Minuten
Radfahren, Schwimmen, Gymnastik
Sportliche Spiele wie Volleyball, Tennis oder Tisch-Tennis
Wandern, Bergsteigen, Ski-Langlauf
Muskel-Training, Fitness-Training.

Günstig sind ein drei- bis sechsmaliges Bewegungstraining in der Woche und/oder sportliche Spiele zwei- bis dreimal die Woche.

Warum ist Bewegungstraining so notwendig? Wie sind die günstigen Auswirkungen zu erklären? Die bei seelischen Belastungen auftretende Aktivierung des Sympathischen Nervensystems, so die Anspannung der Muskeln und die schnelle Atmung, kann in vielen Belastungssituationen nicht in äußerer körperlicher Aktivität verwirklicht werden. Körperliche Bewegung ist bei vielen Stress-Belastungen unmöglich oder unerwünscht, etwa bei schwierigen Autofahrten, Berufssituationen oder einer Prüfung; oft wird dabei auch noch die entgegengerichtete Muskulatur angespannt, um eine körperliche Aktivität zu stoppen. Es kommt zu vermehrten körperlichen Spannungen, zu weiterer Aktivierung des Sympathischen Nervensystems.

Diese körperlich-seelischen Folgen werden durch ein Bewegungstraining weitgehend rückgängig gemacht. Es kommt zu einer Normalisierung des Sympathischen Nervensystems durch eine Ent-Spannung der Muskeln und durch die Normalisierung der Atmung.

Falls Sie noch skeptisch sind: Berufsmäßige Schachspieler waren gemäß medizinischer Untersuchung in wichtigen Turnieren nicht nur seelisch, sondern auch körperlich stark angespannt! Und das, obwohl sie körperlich nichts Nennenswertes zu leisten haben. Nach außen hin wirkten die Schachspieler völlig ruhig und beherrscht. Aber ihr Puls, Blutdruck und ihre Atemfrequenz erreichten Spitzenwerte. Diese starke Aktivierung körperlicher Vorgänge kann naturgemäß im Schachspiel nicht freigesetzt werden. Sie beeinträchtigt über den veränderten Stoffwechsel die Denkvorgänge. Deshalb wurden den Schachspielern von den Medizinern regelmäßiges körperliches Training sowie Entspannungsübungen empfohlen, um die Stress-Auswirkungen zu mindern und sie zu befähigen, in kritischen Spielsituationen körperlich-seelisch gelassener zu sein, konzentrierter und ruhiger wahrnehmen und denken zu können.

Ähnliche Stress-Auswirkungen treten bei vielen Berufen in schwierigen Arbeitssituationen auf: etwa bei Büroangestellten, Ärzten, Lehrern oder Schülern, die eine wichtige Klassenarbeit schreiben.

Die körperlichen Auswirkungen des Bewegungstrainings

«Bisher ist kein therapeutisches Verfahren bekannt geworden», schreibt Prof. Dr. Alexander Weber von der Universität Paderborn, «das die Gesundheit in ähnlich vielfältiger Weise positiv beeinflußt wie ausdauernde Bewegungsarten» (196).

Unmittelbare Auswirkungen: ▷ Herstellung des Gleichgewichts des vegetativen Nervensystems (Gleichgewicht zwischen Sympathikus und Parasympathikus) und damit auch Herstellung des hormonalen Gleichgewichts. ▷ Entspannung und bessere Durchblutung der Muskeln (Muskeln machen ca. 40 Prozent der Körpermasse aus!). ▷ Ausschüttung von Endorphinen, die zur Stimmungsaufhellung beitragen. ▷ Um ca. 40 Prozent *erhöhte Gehirndurchblutung*, sehr bedeutsam für seelische Funktionen!

Auswirkungen bei häufigerem Training: ▷ Verbesserung der Herz-Kreislauf-Leistung. ▷ Größere psycho-vegetative Belastbarkeit. ▷ Günstige Beeinflussung des Blutdruckes. ▷ Regelung des Fettstoffwechsels durch Senkung des ungünstigen Cholesterins. ▷ Anregung des Stoffwechsels, zum Beispiel in den Muskeln, und besserer Abtransport von Schadstoffen. ▷ Verbesserung der Darmfunktion, hierdurch zum Beispiel Verminderung des Darmkrebs-Risikos. ▷ Vermindertes Diabetes-Risiko. ▷ Bei leichtem-mäßigem Bewegungstraining Steigerung von Zahl und Qualität der sog. Killerzellen des Immunsystems (bei starker-erschöpfender körperlicher Belastung jedoch Schwächung). ▷ Wesentliche Minderung psychosomatischer Beeinträchtigungen.

Auch bei älteren Menschen ist ein körperliches Training sinnvoll. Bei Bewohnern eines Altenheimes, Durchschnittsalter 87 Jahre, erwies sich in einer Untersuchung der Universität Boston ein 45minütiges Krafttraining der Bein- und Hüftmuskulatur, dreimal pro Woche, zweieinhalb Monate lang, als deutlich günstig im Vergleich zu einer Kontrollgruppe. Die meisten waren zwar auf Gehstöcke angewiesen und litten an chronischen Erkrankungen der Gelenke. Jedoch erhöhten sich deutlich ihre Muskelkraft, die Gehgeschwindigkeit, das Vermögen, Treppen zu steigen, und die spontane körperliche Aktivität.

Durch ein Gymnastik-Programm, wöchentlich dreimal mindestens 20 Minuten, kann dem Verlust der Knochendichte bei Frauen in der Postmenopause ebenso wirksam vorgebeugt werden wie mit einer Verabreichung von Östrogenen. Dies ergab sich bei einer Untersuchung zweieinhalb Jahre nach Beginn des Trainings bzw. der Medikamentenverabreichung am Allgemeinen Krankenhaus Wien. Bei der Kontrollgruppe, die weder ein Training noch Medikamente erhielt, verringerte sich die Knochendichte weiter.

Die seelischen Auswirkungen regelmäßigen Bewegungstrainings

Die Veränderung der körperlichen Vorgänge (zum Beispiel Vegetatives und Hormonales System, Endorphine, Gehirndurchblutung mit Beeinflussung der Neurotransmitter) hat zur Folge:
▷ Größeres Wohlgefühl – deutliche seelische Entspannung – ein Gefühl größerer Aktivität und Selbstwirksamkeit – Zunahme von Selbstvertrauen und Spontaneität – Verminderung von Ängsten, Depressionen und sorgenvollem Grübeln – Verminderung von Feindseligkeit – realistischere Wahrnehmung, Schwierigkeiten werden weniger bedrohlich wahrgenommen – Verbesserung kognitiver Fähigkeiten (Denken, Gedächtnis), z. T. durch bessere Gehirndurchblutung.
▷ Geringere Schmerzempfindlichkeit – geringere seelische Erregung bei Stress-Belastungen (das durch Bewegung trainierte Herz wird durch Stress-Hormone weniger erregt).
▷ Allmähliche Veränderung des Lebensstiles, zum Beispiel Verminderung oder Verzicht auf Nikotin, Alkohol, Genußgifte sowie Verminderung von Übergewicht durch übermäßige Ernährung. –

Ich möchte diese Auswirkungen durch Äußerungen von Frauen und Männern veranschaulichen:

«Wenn ich mich körperlich gefordert habe, dann ist Frieden in mir; die Gedanken sind klar, meine Gefühle sind eher sanft, und ich kann besser auf Menschen zugehen.»

«Ich gehe jetzt mit meinen Problemen an die Luft und laufe. Das bringt mir zwar auch keine Lösung, aber den Abstand für klarere Überlegungen. Hinterher kann ich das Problem und meine Gedanken meistens aufschreiben. Dadurch wird mir das Problem greifbarer.»

«Mir fällt immer wieder auf, wie gut mir Bewegung tut. Ich fühle auch, daß die Körpertätigkeit mir mehr Sicherheit gibt und daß meine Willenskraft steigt. Es ist ein Gegengewicht gegen meine seelischen Stimmungen.»

Eine Frau, ca. 40: «Wenn ich in eine depressive Phase rutsche, dann renne ich von meinem Block aus um den Park. Ich atme dann wirklich durch und habe das Gefühl, daß ich alles Negative rausschnaufe. Der ganze Kopf ist irgendwie durchlüftet. Ich kann an gar nichts anderes mehr denken. Ich finde, das ist ein hilfreiches Mittel. Das ist einfach besser, als Pillen zu schlucken.»

Einige Untersuchungen über die Auswirkungen

Personen über 50 Jahre, ohne Lauferfahrung, durch Bekanntmachungen in Tageszeitungen gewonnen, führten ein Lauftrainingsprogramm durch. Es wurde der sanfte Weg der «kleinen Schritte» gewählt. 80 Prozent erreichten nach dem viermonatigen Kurs das Ziel, 30 Minuten ohne Unterbrechung langsam zu laufen. Die meisten Teilnehmer nahmen deutlich positive Veränderungen bei sich wahr. Eine Frau, 53 Jahre: «Ich bin wesentlich ruhiger und ausgeglichener geworden. Ich fühle mich allgemein wohler.» Ein Bankkaufmann, 59: «Ich habe keine Schlafstörungen mehr, mein Allgemeinbefinden ist besser, mein Blutdruck hat sich gesenkt, ich habe keine Krämpfe mehr in den Beinen» (195).

Über 200 Personen im Alter von 14 bis 53 nahmen mehrere Monate lang an Sportkursen der Volkshochschule und des Hochschulsports teil. Jeweils vor und nach der Sportstunde füllten sie einen Fragebogen über ihre Empfindungen aus. Ergebnis: Alle Teilnehmer fühlten sich jeweils nach den Sportstunden besser als vorher. Sie waren ruhiger und gehobenerer Stimmung; negative Befindlichkeiten nahmen deutlich ab. Die körperliche Anstrengung führte zu mehr Tatkraft; die Energielosigkeit verminderte sich. Das seelische Befinden verbesserte sich besonders bei den Teilnehmern, die sich vorher schlecht gefühlt hatten; Ängste verminderten sich besonders bei deutlicher körperlicher Belastung im Kurs. Die *Art* des Bewegungstrainings war wenig bedeutungsvoll, also ob es sich um Skigymnastik oder etwa um Jazz-Tanz handelte, vorausgesetzt, die Betätigungsform lag den Teilnehmern (1).

Alkoholabhängige Patienten einer deutschen Kurklinik, die zusätzlich zu den üblichen Behandlungen an einem Training in langsamem Laufen jeden zweiten Tag teilnahmen, waren bei ihrer Entlassung weniger durch Ängste und Stress beeinträchtigt als Klinikpatienten ohne Lauftraining (197).

Patienten einer Rehabilitationsklinik nahmen zusätzlich zum allgemeinen Programm täglich eine Stunde an einem körperlichen Trainingsprogramm teil. Verglichen mit Personen ohne Teilnahme, hatten sie ein günstigeres Selbstbild, akzeptierten sich mehr, waren gefühlsmäßig und sozial lebendiger, hatten eine positivere Einstellung zu ihrem Körper und waren körperlich leistungsfähiger (39).

Schüler des 7. Schuljahres mit geringer Selbstachtung hatten nach einem viermonatigen sportlichen Trainingsprogramm, insbesondere einem Lauftraining, ein positiveres Bild von sich, mehr Selbstvertrauen und Selbstachtung sowie bessere Herz-Kreislauf-Werte als Jugendliche ohne ein derartiges Sportprogramm (107).

Körperliche Bewegung vermindert auch die Schmerzempfindlichkeit, wie Ärzte der Universität Marburg feststellten. Nach zehn Kniebeugen verminderte sich die Schmerzempfindlichkeit an den Zähnen in gleichem Ausmaß wie bei einer Schmerztablette. Ein Bewegungstraining auf dem Fahrrad-Ergometer, sechs Minuten lang, übertraf die Wirkung der Schmerztablette. Wahrscheinlich sind trainierte Freizeitsportler auch eher in der Lage, Schmerzen zu ertragen, zumal sie beim Sport den Umgang mit körperlichen Mißempfindungen lernen (136).

Schwedische Frauen im Alter von 55 bis 75 machten ein Geh-Training, drei Monate lang mindestens dreimal pro Woche, für jeweils 20 Minuten. Im Vergleich zur Kontrollgruppe, die in der Zeit Denksportaufgaben löste, zeigten sich bei ihnen: stetige Abnahme des Belastungspulses, kontinuierliche Zunahme der körperlichen Fitneß, günstigerer Blutdruck, besseres Kurzzeitgedächtnis; und bei älteren Teilnehmern zusätzlich: größere Schnelligkeit in komplexen kognitiven Reaktionen.

Depressive Frauen im Alter von 18 bis 35 nahmen an vier Trainingstreffen in der Woche über eine Zeitdauer von acht Wochen teil. Bei einer Gruppe bestand die Trainingsübung in einem 20minütigen Lauf, bei der anderen Gruppe in einem 20minütigen Programm an Fitness-Übungsmaschinen. Im Vergleich zu einer Wartegruppe zeigten sich deutliche Verbesserungen bei beiden Gruppen in Depression, im Selbstbild der eigenen Person sowie körperlicher Fitness (126).

Überwiegend sitzend arbeitende weibliche und männliche Bankangestellte nahmen vier Monate lang an einem Laufprogramm der Universität Zürich teil, pro Woche mindestens 120 Minuten. Bei den Männern ergaben sich eine deutliche Abnahme von Ärger, bei den Frauen eine Verminderung von Deprimiertheit sowie größere Aktiviertheit und Ruhe im Vergleich zur Wartegruppe. Die allgemeine Verschlechterung der Gesamtstimmung in den Wintermonaten, besonders bei den Frauen, war bei der Laufgruppe deutlich geringer als bei der Wartegruppe.

Hinweise für die Praxis des Lauftrainings

Wenn wir es schaffen, jeden oder jeden zweiten Tag einen langsamen Dauerlauf von 10 bis 30 Minuten zu machen, dann tun wir etwas Wesentliches für unsere seelische und körperliche Gesundheit. Allerdings fällt es manchen schwer, mit dem Laufen zu beginnen und es am Anfang durchzuhalten. Erleichternd ist folgendes:
▷ «Unterfordern» ist hilfreich. Laufen wir untrainiert schnell los, so bekommen wir Schwierigkeiten mit der Atmung; die Beine werden schwer, wir möchten stehenbleiben oder aufhören. So quälen sich manche, empfinden Stress und stellen dann das Laufen ganz ein. Wichtig deshalb: *Langsam* laufen, besonders am Anfang! Bei Schwierigkeiten so langsam wie möglich laufen, mit kleinen Schritten! Wenn auch das zu schwer ist: 100 oder 200 Meter laufen; dann 100 bis 200 Meter gehen. Sich nicht so anstrengen, daß man in Atemnot gerät; das bedeutet Stress statt Ent-Spannung!

Manche empfehlen auch, beim Laufen auf vier Schritte ein- und auf vier Schritte auszuatmen. Bei kleinen Schritten gelingt das am Anfang eher. – Erleichternd sind auch einige Dehnübungen der Muskeln unmittelbar vor dem Lauf. – Die Körpersignale beachten. Das Laufen nicht bei zunehmenden Schmerzen fortsetzen.
▷ Vielen fällt regelmäßige Bewegung leichter, wenn sie sie mit dem Partner, einem Freund, einem Nachbarn, in einer Gruppe, mit Kindern oder einem Hund durchführen. – Auch das Sprechen über die Erfahrungen des Körpertrainings ist hilfreich. Eine 25jährige Frau: «Zusammen mit zwei Freundinnen kämpfe ich gegen Übergewicht und Alkohol. Wir treffen uns regelmäßig zum Sport. Das Aussprechen darüber, warum uns körperliche Bewegung manchmal schwerfällt, aber auch, welche Freude wir dabei empfinden, halten wir für wichtig.»
▷ Wir können uns zum Laufen besser motivieren, indem wir uns vorher intensiv die Empfindungen vorstellen, die wir nach dem Laufen haben werden. Eine Frau, 32: «Ich bin seit einem halben Jahr in einem

Sportverein. Immer wieder mache ich die gleiche Erfahrung: Am Anfang habe ich nie Lust, dorthin zu fahren. Wenn mir aber dann der Schweiß herunterläuft, fühle ich mich sauwohl. Obwohl ich an sich ein Sportmuffel bin, hätte ich nie gedacht, daß Turnen oder Laufen für mein seelisches Wohlempfinden so förderlich ist. –

Wegen einer kriegsbedingten Knie- und Beinverletzung fällt mir das Laufen eher schwer, bereitet mir am Beginn immer gewisse Schmerzen. So stelle ich mir vorher intensiv das Gefühl vor, das ich in 20 Minuten haben werde, wenn ich vom Lauf zurückkomme, dieses größere Wohlbefinden; das hilft mir beim Überwinden der Anfangsschmerzen. Vor und während des Laufes mache ich mir bewußt, wie wichtig es für meine seelische und körperliche Verfassung ist. Meine Vorfahren liefen wahrscheinlich um ihr Leben, um Feinden oder wilden Tieren zu entkommen oder um ein Tier zu fangen und Nahrung zu haben. Das brauche ich heute nicht. Aber ich laufe – symbolisch gesprochen – auch um mein Leben, für mein körperliches und seelisches Wohlbefinden, um vermeidbaren Erkrankungen, Depressivität und Genußmitteln zu entfliehen. – Oft habe ich auch die Einstellung beim Laufen, daß ich meine «Probleme» abwerfe und daß ich mich zunehmend freier und gelöster empfinde.

▷ Mit zunehmendem Training fällt uns das Laufen leichter, wird zur Gewohnheit. «Am Anfang war das Laufen sehr schwer», sagte ein 59jähriger Maschinenschlosser. «Es ist dann immer besser geworden. Jetzt macht es mir Freude» (195).
▷ Ist für jemand Laufen nicht möglich, dann ist *schnelles Gehen eine gute Alternative*, ca. 25 bis 40 Minuten. Etliche Sportvereine bieten Treffen für Gehgruppen mit verschiedener Leistungsfähigkeit an.
▷ Wir können einen «Gesundheits-Kalender» führen und dort jeweils eintragen, wann wir durch Bewegungstraining unsere Gesundheit gefördert haben, und uns daran freuen, wie die Liste umfangreicher wird.
▷ Hilfreich ist auch mehr körperliche Aktivität im Alltagsleben: etwa Treppen zu steigen, statt Lifte oder Rolltreppen zu benutzen, einen kurzen Gang zu machen anstelle einer sitzenden Kaffeepause, den Bus, die Bahn oder das Auto einige hundert Meter vor dem Ziel zu verlassen und zu gehen. – Manchmal, wenn ich in der Nähe eines Bahnhofes bin, ohne Gepäck, mache ich einen langsamen Lauf einige hundert Meter und genieße die körperliche Aktivität.
▷ Für diejenigen, die in der Innenstadt wohnen, ist Laufen oder Sport oft erschwert. Einen Ersatz finden manche in einem Fitness-Studio,

während der Mittagspause oder nach der Arbeit. – Ist nichts anderes möglich, etwa bei einem Hotelaufenthalt in der Innenstadt, können wir auch körperliches Kurztraining machen, etwa drei bis fünf Minuten bei geöffnetem Fenster auf der Stelle laufen. Oder Treppen steigen. Eine Untersuchung der Harvard-Universität ergab: Für diejenigen, die nicht Sport treiben wollen oder können, sind Treppen als «Sportgerät» brauchbar, und zwar das Steigen von 40 Stockwerken pro Tag.

Weiterführende Literatur: ▷ Alexander Weber: Seelisches Wohlbefinden durch Laufen. Oberhaching: Sportinform-Verlag, 1986. ▷ Ulrich Bartmann: Laufen und Joggen. Stuttgart: Thieme-Verlag, 1993.

▼ Muskel-Entspannung

Vor über 50 Jahren entwickelte der amerikanische Arzt Dr. Jacobson die Progressive Muskelentspannung (81). Sie hat zunehmend Verbreitung gefunden, auch im Leistungssport. Ich praktiziere sie seit einigen Jahren, und sie hilft mir sehr.

Wie können wir die Muskeln entspannen? Die Grundidee von Dr. Jacobson ist: Wir lernen am leichtesten, sie zu entspannen, die Spannungen «los-zulassen», wenn wir vorher für einige Sekunden die Muskeln deutlich anspannen. In der Praxis sieht das so aus: Wir spannen im Sitzen – oder im Liegen – die Muskeln eines Körperteils willentlich an, etwa die Hände, indem wir sie zu Fäusten ballen. Wir halten die Spannung etwa sieben Sekunden lang. Danach lassen wir die Spannung los, zum Beispiel öffnen die zur Faust angespannten Hände. In dieser Weise werden nacheinander die Muskeln aller Körperteile angespannt und ent-spannt.

Wichtig ist, daß wir deutlich spüren: ▷ Die zunehmende Spannung in den Muskeln des Körperteils. ▷ Das Anhalten der Spannung, etwa sieben Sekunden lang, *ohne die Atmung anzuhalten*. ▷ Die Entspannung beim Loslassen.

Die Unterschiede zwischen Spannung und Entspannung in den einzelnen Körperteilen werden uns zunehmend bewußter. Mit längerer Übung können wir immer feinere Unterschiede im Spannungs- und Entspannungsgrad der Muskeln in den verschiedenen Körperteilen spüren. Im Alltag spüren wir so frühzeitiger, wenn wir uns in Belastungssituationen verspannen. Wir können dann eine Entspannung in dem jeweiligen Körperbereich durchführen oder unsere Körperhaltung ändern oder uns etwas bewegen.

Durch die Muskelentspannungsübungen werden wir auch achtsamer dafür, *nur die Muskeln* anzuspannen, die für eine Tätigkeit notwendig sind. So bemerkte ich am Beginn meiner Übungen, daß ich nicht nur die Hände anspannte, sondern gleichzeitig auch die Gesichts- und Halsmuskeln und auch den Atem anhielt. Durch die Übungen werden wir feinfühliger für diese unnötige Anspannung in unserem Körper. Oft spannen wir ja bei vielen Tätigkeiten – Autofahren, Schreiben oder Sprechen – die Muskeln des Gesichts, der Beine oder des Gesäßes an, obwohl dies gar nicht nötig ist.

Nach einigen Tagen oder Wochen des Trainings (täglich ein- oder zweimal, etwa 10 bis 15 Minuten lang) können wir auch die *Kurzform* wählen, die 2 bis 3 Minuten dauert. Hierbei werden fast gleichzeitig die Muskeln aller Körperbereiche angespannt. Wir halten diese Anspannung ca. 8 bis 10 Sekunden, wobei wir gleichmäßig weiteratmen. Dann lassen wir die Spannung aller Muskeln los. Und suchen die Entspannung zu spüren und lassen noch vorhandene Anspannungen in einzelnen Bereichen weiter los. Diese Form ist auch Menschen, die wenig Zeit haben, zwei- bis dreimal täglich möglich. – An die Muskelentspannung kann sich eine kurze Atem-Entspannung anschließen.

Warum gerade Muskelentspannung?

▷ Sie kann in kurzer Zeit erlernt werden. Ferner wird die Möglichkeit, sich durch *aktives* Verhalten zu entspannen, von vielen als erleichternd empfunden. Und: Die körperlich-seelischen Auswirkungen sind groß.
▷ Bei allen seelischen Stress-Belastungen, also Ärger, Ängsten, Überforderung, Eile-Hetze, werden mit der Aktivierung des Sympathischen Nervensystems auch die Muskeln des Körpers angespannt (Kampf- und Fluchtreaktion), ohne daß diese zu einer intensiven körperlichen Aktivität gebraucht werden und sich so entspannen könnten.
▷ Werden bei längerdauernden seelischen Stress-Belastungen die Muskeln längere Zeit angespannt, ohne daß sich dies in körperlicher Tätigkeit äußern kann, oder werden nach einer Stress-Belastung die Muskeln nicht wieder entspannt, so ist dies deutlich nachteilig:

Die Muskeln machen 40 Prozent unserer Körpermasse aus! Die Spannung der Muskeln drückt die feinen Blutgefäße dort zusammen. Deshalb ist im länger angespannten Muskel die Durchblutung behindert. Dadurch wird er unzureichend mit Sauerstoff und Nährstoffen versorgt. Die bei der Muskelanspannung entstehenden Abbauprodukte des Stoffwechsels (zum Beispiel Milchsäure) werden wegen mangelnder Durchblutung nicht hinreichend abtransportiert.

Das führt zu Schmerzempfindungen im Muskel. Und zu weiterer Anspannung. Diese führt wiederum zu noch geringerer Durchblutung, mit den ungünstigen Folgen:

▷ Wenn wesentliche Muskeln angespannt bleiben, so wird das Sympathische Nervensystem weiter aktiviert, auch wenn gar keine Stress-Belastung mehr vorhanden ist. Muskelspannung und Aktivierung des Sympathischen Nervensystems sind eng miteinander verbunden. In dem Sympathischen *System* werden mit der Muskelspannung zugleich die Atmung und Hormonausschüttungen aktiviert. Das führt zu gefühlsmäßiger und mentaler Unruhe.
▷ Die Muskelspannungen können chronisch werden, sei es durch Dauer-Stress, etwa häufigen Ärger-Feindseligkeit, oder weil auf Stress-Belastungen keine angemessene Entspannung folgte. So ist gleichsam eine Daueraktivierung des Sympathischen Nervensystems gegeben. Natürlich auch mit Spannungs- und Schmerzzuständen in den Muskeln, wegen der verminderten Durchblutung. Ferner: Des öfteren führen Muskelspannungen im Rücken zu einer Reizung-Irritation der Nerven, etwa aufgrund der stärkeren Zusammenpressung der Wirbel im Rückgrat durch die Muskelanspannungen. Und diese nervlichen Irritationen und Schmerzen führen zu weiterer Anspannung der Rückenmuskulatur.
▷ Muskelanspannungen ohne Umsetzung in körperliche Aktivität haben ungünstige *seelische* Auswirkungen: Anspannung ist verbunden mit eher negativen Gefühlen, Gedanken und wahrgenommenen Bedeutungen. Entspannung dagegen eher mit positiven seelischen Vorgängen.

Vielleicht denken Sie, ich spüre keine Muskelspannungen. Häufig nehmen wir eine Daueranspannung von Muskeln und die damit verbundenen Schmerzen kaum mehr wahr, aufgrund von Gewohnheit und Adaptierung an die Schmerzen. Ferner: Schon die Stellung einer Intelligenzaufgabe im Psychologischen Laboratorium genügt, um die Muskelspannung gegenüber dem Zustand völliger Entspannung um ca. 34 Prozent zu erhöhen. Leichte gefühlsmäßige Erregung führt zu einer Erhöhung der vorhandenen Muskelspannung um ca. 20 Prozent. Sodann: Wenn Menschen sich Aktivitäten nur vorstellen, zum Beispiel Laufen, oder wenn sie sich an ein unangenehmes aufregendes Erlebnis erinnern, dann werden auch die entsprechenden Muskeln ansatzweise aktiviert. – Unter der Stress-Belastung, sich vor einer Gruppe von Ärzten und Klinikmitarbeitern vorzustellen, verengten sich bei Versuchspersonen und Patienten unter dem Einfluß der Stress-Hormone die Blutgefäße am Herzen um ca. 7 Prozent!

Die Auswirkungen der Progressiven Muskelentspannung

In sorgfältigen Untersuchungen erwiesen sie sich als sehr günstig:

Körperliche Auswirkungen: ▷ Bei Patienten mit Rückenschmerzen kommt es zu deutlichen Verbesserungen hinsichtlich der Schmerzbeschwerden, der Depressivität und der Krankschreibung. ▷ Verminderung von Bluthochdruck, Schlafstörungen, Verbesserung des Immunsystems. ▷ Patienten mit Spannungskopfschmerzen erfuhren eine deutliche Minderung ihrer Beschwerden, während dies beim Autogenen Training nicht der Fall war. Bei Migräne dagegen ergaben sich geringe Auswirkungen. ▷ Bei Patienten mit koronarer Herzerkrankung sowie nach Herzoperationen ergaben sich Verbesserungen hinsichtlich des seelischen Wohlbefindens, der Krankheitsbewältigung, des Heilungsverlaufes und der beruflichen Wiedereingliederung. – Eine Kombination der Muskelentspannung mit anderen Verfahren der Stress-Verminderung erwies sich als günstig.

Seelische Auswirkungen: Bei Personen mit regelmäßiger Übung ergaben sich Verminderung von Ängsten und Depressivität, größeres Wohlgefühl, geringere Erschöpfung, größere innere Ruhe und Gelassenheit; bei Krebspatienten weniger Ängstlichkeit und Depressivität, ferner weniger Übelkeit während der Chemotherapie.

Auswirkungen auf das Verhalten: Bei regelmäßiger Übung werden wir empfindsamer für körperlich-seelische Verspannungen. Das ist sehr entscheidend. Wir spüren Verspannungen frühzeitiger und können sie durch kurze Ent-Spannungen unmittelbar reduzieren. Ein Mann, 39: «Ich bin körperlichen Verspannungen gegenüber wesentlich aufmerksamer geworden. Ich spüre jetzt meine Nacken-, Hals- und Kopfschmerzen eher. Ich entspanne mich kurz und frage mich: Ist meine Einstellung zur Arbeit angemessen? Was will ich anders machen? Brauche ich mehr Bewegung?»

286 Ent-Spannung

Informierende Literatur: ▷ Douglas Bernstein und Thomas Borkovec: Entspannungs-Training. Handbuch der Progressiven Muskelentspannung nach Jacobson. München: Pfeiffer-Verlag, 1975. Dieses Buch enthält auch zahlreiche Untersuchungen über die Auswirkungen. ▷ Dietmar Ohm: Progressive Relaxation. Stuttgart: Trias, 1992. ▷ Hubert Teml: Entspannt lernen. Linz: Veritas, 1987. Hier sind Entspannungsübungen für Lehrer und Schüler im Klassenraum dargestellt.

▼ Atem-Entspannung

Als meine Lebensgefährtin Anne-Marie an Krebs erkrankte, operiert und mit belastenden Medikamenten behandelt wurde, ging sie eine Zeitlang zur Atem-Entspannung. Ich dachte damals, die Wirkung bestünde darin, daß der Organismus mehr Sauerstoff erhält; ich sah auch die bessere Durchblutung ihres Gesichtes nach den Übungen. Heute weiß ich: Atem-Entspannung ist für vielfältige Körpervorgänge sowie für das seelische Wohlbefinden sehr bedeutsam.

Warum Atem-Entspannung?

Wenn wir etwas als bedrohlich-einschränkend bewerten und somit Stress-Reaktionen ausgelöst werden, dann ändert sich mit der Aktivierung des Sympathischen Nervensystems auch unsere Atmung: Es kommt zu einer schnelleren, flacheren und unregelmäßigen *Brust*-Atmung. Dies haben Sie wahrscheinlich auch schon bei sich selbst beobachtet: Wenn Sie sich aufregten, ärgerten, ängstlich oder wütend waren, wenn Sie in einem spannenden Buch lasen oder einen aufregenden Fernsehkrimi sahen, dann atmeten Sie schneller, flacher und unregelmäßiger, ja manchmal hielten Sie den Atem an. Wenn Sie sich dagegen entspannt fühlen, fließt Ihr Atem langsamer, gleichmäßiger und tiefer. Es ist mehr eine *Bauch*-Atmung.

Es besteht ein enger Zusammenhang zwischen der Art der Atmung und seelisch-körperlichem Befinden. Zustände von Angst, Nervosität, Ärger oder Wut sind fast immer mit einer schnelleren, kurzen Brust-Atmung verbunden. Langsame Bauch-Atmung dagegen erfolgt fast immer bei innerer Ruhe und Freiheit von Ängsten. Leider ist diese Gesetzmäßigkeit manchen Psychologen und Ärzten erst wenig bekannt. Wie Prof. Berbalk von der Universität Hamburg feststellte: die Atmung wird auch deutlich schneller, wenn Versuchspersonen unangenehme Situationen erinnern oder davon erzählen.

Empfinden wir nun häufig Belastungen, etwa durch sorgendes Grübeln, längere Angstzustände oder seelische Erkrankungen, und entspannen wir uns nicht hinreichend, dann kann unsere Atmung durch die Gewohnheit chronisch (andauernd) zu einer schnelleren, kurzen und unregelmäßigen Brust-Atmung werden. Bei ca. 15 000 Atmungen in 24 Stunden kann eine äußerlich geringfügig erscheinende, jedoch anhaltende Änderung unserer Atmung (flacher, schneller und unregelmäßiger) unsere körperlichen und seelischen Vorgänge deutlich beeinflussen.

Die flachere schnellere kurze Brust-Atmung wird ferner mitbedingt durch Muskelspannungen im Körper; wenn das Zwerchfell gespannt ist, atmen wir fast automatisch mehr mit dem Brustraum, gefördert noch durch hochgezogene Schultern, durch wenig Bewegung, durch das Einziehen des Bauches etwa bei häufig sitzender Lebensweise. So findet die Atmung dann weitgehend in den oberen Lungenbereichen statt. Da die Bauch-Atmung ein Mehrfaches an Atem-Luft als die Brust-Atmung bewegt, wird der Körper bei Brust-Atmung weniger mit Sauerstoff versorgt. Schließlich: Die Brust-Atmung ist mit mehr Arbeit der Brust-Muskeln verbunden, die sich im Zustand der Anspannung schwerer dehnen.

Dauert die flachere Atmung an, wird sie zur Gewohnheit, normalisiert sie sich nicht wieder zur Bauchatmung, so kann dies im Sympathischen Nervensystem bewirken, daß auch die übrigen körperlichen Stress-Vorgänge aktiviert werden, zum Beispiel Muskelspannung, hormonales Ungleichgewicht u. a.

Angst- und Panikanfälle hängen meist mit schneller flacher Brust-Atmung zusammen (Hyperventilation). Der Anlaß ist häufig eine Situation, die jemandem angst macht, ohne daß er eine Erklärung dafür hat. Die Angst beschleunigt die Atmung; und die beschleunigte Atmung vergrößert die Ängste. Warum? Durch die schnelle Atmung erhöht sich der Sauerstoffgehalt des Blutes. Ist keine schwere körperliche Anstrengung vorhanden, wie bei den meisten Angstreaktionen, wird dieser Sauerstoffüberschuß nicht abgebaut. So verändert sich das Gleichgewicht von Sauerstoff und Kohlendioxyd im Blut. Und das verursacht ein Unwohlsein, zum Beispiel Schwindel, Herzklopfen, weiche Knie. Werden nun diese körperlichen Erregungssymptome von den Betroffenen als sehr bedrohlich und schwerwiegend eingeschätzt, fürchten sie, die Kontrolle über sich zu verlieren, dann wird über die größeren Ängste das Sympathische Nervensystem weiter aktiviert: Die Muskeln werden intensiver angespannt, wodurch zugleich die Atmung erschwert ist, das Herz schlägt schneller, die Hirnarterien verengen sich. Der Angstanfall oder der Panikzustand ist da.

Ereignet sich ein derartiger Panikzustand in bestimmten Situationen mehrmals, so werden die Ängste davor erinnert und vorweggenommen. Durch die Angst vor der erwarteten Angst wird das Sympathische Nervensystem erregt; die Panikreaktion ist erlernt worden.

Eine einfache und wirkungsvolle Möglichkeit ist es, bei dem Angstanfall beide Hände über Mund und Nase gewölbt zu halten und einige Minuten durch die Nase zu atmen. Hierdurch wird das ausgeatmete Kohlendioxyd wieder eingeatmet, im Körper entsteht ein größeres Gleichgewicht von Sauerstoff und Kohlendioxyd; die Angstsymptome vermindern sich.

Durch Ent-Spannung können wir unsere Atmung wieder normalisieren. Und damit normalisieren wir die Überaktivität des Sympathischen Nervensystems. Die körperlichen Vorgänge ändern sich. Zugleich werden wir seelisch ruhiger, weniger gespannt, angstfreier. Durch die tiefere langsamere Bauchatmung beeinflussen wir tiefgreifend unsere körperlich-seelischen Vorgänge.

Zur Praxis der Atem-Entspannung *

Die Grundform ist: Sie setzen sich entspannt auf einen Stuhl, der Rücken ist möglichst aufrecht; er berührt nicht oder nur unten die Lehne. Stellen Sie die Füße gut auf den Boden auf. Oder Sie legen sich hin, den Nacken gut unterstützt. Lockern Sie einengende Kleidungsstücke. Schließen Sie die Augen; wenn Ihnen das jedoch unangenehm ist, halten Sie sie geöffnet.

Nun atmen Sie vier- bis fünfmal betont aus, lassen sich in das Ausatmen gleichsam hineinfallen. Ein- und Ausatmen möglichst durch die Nase.

Danach beeinflussen Sie nicht mehr Ihre Atmung mit dem Willen. Es atmet von ganz alleine in Ihnen (durch das Atemzentrum).

Lenken Sie nun Ihre Achtsamkeit, Ihr Bewußtsein auf die Nasenflügel. Suchen Sie die Empfindungen zu spüren, die entstehen, wenn die Luft durch die Nase ein- und ausströmt. Dauer etwa zwei bis vier Minuten. Beeinflussen Sie

---

* Eine Ton-Kassette mit einer erklärenden Einführung sowie einer täglichen Praxis ist auf S. 270 angegeben.

nicht mit dem Willen Ihre Atmung. – Wenn störende Gedanken dazwischentreten, bringen Sie sich immer wieder zu den Empfindungen in der Nase zurück.

Danach lenken Sie Ihre Achtsamkeit auf den Bauchbereich. Spüren Sie die Empfindungen, wie sich der Bauch vor- und zurückwölbt. Und hebt und senkt. – Aber beeinflussen Sie dabei nicht die Atmung mit dem Willen. – Dauer etwa zwei bis vier Minuten.

Wenn Sie abgelenkt werden durch Gedanken, dann können Sie Ihren Atem begleiten, indem Sie die Worte «Ein» beim Einatmen und «Aus» beim Ausatmen denken. Oder Sie denken die Silben «Los»-«lassen». Sie können auch die Atmung durch das Denken von Zahlen begleiten: 1 beim Einatmen, 2 beim Ausatmen, 3 beim Einatmen, 4 beim Ausatmen und so fort bis 10 oder 20. Und dann wieder von vorn anfangen. – – –

Zum Schluß genießen Sie noch für einige Momente diese Ruhe und diesen Frieden, die Sie sich mit dieser Atem-Entspannung selbst gegeben haben.

Danach nehmen Sie einige zunehmend kräftigere Atemzüge. Dehnen und strecken Sie Ihre Glieder zuerst langsam, dann kräftiger. Schließlich öffnen Sie die Augen und kehren entspannt zu Ihrer Alltagstätigkeit zurück.

Nach einiger Erfahrung können Sie diese Übung auf zwei bis vier Minuten verkürzen und sie in vielen Alltagssituationen machen, im Büro, in der Bahn oder zu Hause, sitzend oder liegend. Während mehrtägiger Stress-Seminare mache ich diese Atementspannung sowie die Muskelentspannung mit den Teilnehmern mehrmals täglich. Obwohl für viele Teilnehmer diese Übungen neu sind und obwohl ich mich durch das Sprechen des Textes weniger entspannen kann, ist unsere Belastung am Ende des Seminartages immer wieder erstaunlich gering.

Einige weitere Hilfen

▷ Zur Feststellung, ob Sie überwiegend mit dem Zwerchfell (Bauchatmung) oder mit der Brust atmen, und zur Förderung der Bauchatmung können Sie folgendes machen: Im Liegen oder notfalls im Sitzen legen Sie die rechte Hand auf Ihren Bauch; den kleinen Finger auf den Bauchnabel, die übrigen Finger etwas ausgebreitet. Die linke Hand legen Sie auf den oberen Brustraum, den kleinen Finger zwischen die Brüste. So nehmen Sie das Ein- und Ausatmen bewußter wahr. Aber beeinflussen Sie nicht die Atmung mit dem Willen. Sondern lassen Sie den Atem fließen. Einfach wahrnehmen, ohne ihn zu ändern. Suchen Sie die Empfindungen in der Bauchgegend und die Bewegungen der Hände zu spüren. Wenn sich die rechte Hand mit dem Einatmen hebt und mit dem Ausatmen senkt, dann atmen Sie überwiegend mit dem Zwerchfell; Sie haben die günstige Bauchatmung. Wenn sich beim Atmen (Brustatmung) überwiegend die linke Hand hebt und senkt, dann ist das ein Hinweis, daß Sie durch Atem-Entspannungen besonders viel für Ihre seelisch-körperliche Gesundheit tun können. Zur Förderung der Bauchatmung können Sie auch gelegentlich im Liegen beide Hände auf den Bauch legen, so daß sich die Mittelfinger leicht berühren. Oder Sie legen ein dickes Buch auf den Bauch. Konzentrieren Sie sich kürzere Zeit auf das Heben und Senken des Buches auf dem Bauch. –

▷ Sie können den einzelnen Atemzug gelegentlich auch durch das Denken von Zahlen begleiten. Beim Einatmen denken Sie «Ein, 2, 3, 4, 5», beim anschließenden Ausatmen «Aus, 2, 3, 4, 5». (Oder rückwärts: von 5 nach 1.) – Eine andere Möglichkeit: beim Einatmen zählen Sie bis 4; beim Ausatmen bis 6 oder 8 – oder was immer angenehm für Sie ist. Hierdurch wird das Ausatmen betont und der Parasympathikus für Ruhe angeregt.

▷ Manche stellen sich beim Einatmen klare frische reine Luft vor, beim Ausatmen das Austreten von verbrauchter Luft, von Schadstoffen des Körpers oder von ungünstigen Gefühlen.

▷ Wenn Sie die Atem-Entspannung im Liegen machen und ermüdet sind, werden Sie wahrscheinlich während der Übung einschlafen. Dies ist nicht schädigend.

Lernen können wir die Atem-Entspannung durch eine Einführung bei einem Stress-Seminar, in Entspannungskursen der Volkshochschulen, der Krankenkassen oder bei einem Psychologen. Wenn Sie danach wenig oder keine Zeit zu weiteren Gruppentreffen haben, dann kann für die häuslichen Übungen eine gute Tonkassette hilfreich sein.

Wichtig bei der Atem-Entspannung: Nicht mit dem Willen in die Art der Atmung eingreifen. Sondern die Achtsamkeit, das Bewußtsein, auf die Atmung richten und die Empfindungen beim Atmen wahrnehmen. Dabei stellt sich dann die normale natürliche Atmung ein. – Atmen sollte bei den Übungen niemals anstrengen. Ist das der Fall, so ist unsere Atmung oder die Art des Übens nicht günstig. – Durch die Nase atmen; Mundatmung dagegen fördert eher die Brustatmung und damit eine Zunahme von Erregung.

Das Erlernen von Loslassen und Nicht-Bewerten in der Atem-Entspannung

Nachdem wir bei der Atem-Entspannung unsere Achtsamkeit auf die Empfindungen in der Nase und dann auf die Bauchregion gelenkt haben, können wir vor dem Abschluß der Übung folgendes anfügen, was sehr wertvoll ist: die distanzierte Wahrnehmung unserer eigenen Gedanken und unseres Fühlens. In der Atementspannung, die ich praktiziere und die ich auf Tonkassetten spreche, ist dies ein Teil, nach der Achtsamkeit auf die Empfindungen in der Nase und im Bauchraum:

«Stellen Sie sich bitte vor: Sie stehen auf einer kleinen Brücke über einem kleinen Bach. Der Bach ist unser dahinfließendes Bewußtsein. Die Blätter auf dem Bach sind unsere Gedanken. Wenn Sie auf den Bach blicken, dann nehmen Sie wahr: Da kommt ein rotes Blatt, da kommt ein kleines Blatt u. a. Sie nehmen ein Blatt wahr, und dann schwimmt es fort. Dann kommt das nächste Blatt, und es geschieht das gleiche.

So machen Sie es bitte mit Ihren Gedanken, die in das Bewußtsein treten: Sie nehmen den Gedanken wahr: Aha, jetzt denke ich daran. Bewerten Sie den Gedanken nicht. Und lassen Sie ihn los. Dann kommt der nächste oder derselbe Gedanke wieder. Und Sie machen das gleiche.

Das ist ein Training im nicht-bewertenden Wahrnehmen und Loslassen von Gedanken und Empfindungen.

Eine andere Möglichkeit ist: Wir stellen uns vor, unser Bewußtsein ist der Himmel. Die Wolken am Himmel sind unsere Gedanken. Wenn ein Gedanke kommt, nehmen Sie ihn wahr wie eine Wolke, oder «setzen» Sie ihn auf eine Wolke. Bewerten Sie ihn nicht; und lassen Sie die Wolke mit dem Gedanken fortziehen. Bei den folgenden Gedanken machen Sie es ebenso.

Wir lernen hierdurch, Frau/Herr über unser Bewußtsein, über unsere Gedanken zu werden, ihnen nicht ausgeliefert zu sein. Wir lernen, Gedanken und unser Fühlen wahrzunehmen, ohne sie zu bewerten und an ihnen zu haften. Das wirkt sich sehr günstig aus. Die Gedanken werden uns bewußt, wir nehmen sie wahr. Wir halten sie aber nicht fest, wir lassen sie los; sie werden also nicht unterdrückt. So lernen wir, dem ständigen Gedankenstrom in uns gelassener gegenüberzustehen, besonders bei sorgenvollem ängstlichen Grübeln. Wir identifizieren uns nicht mit den Gedanken. Die Gedanken und Gefühle verlieren die

Macht über uns; wir erregen oder beunruhigen uns weniger. Allmählich tritt eine Beruhigung der einströmenden Gedankenflut ein.

Daß dies wirksam ist, liegt an folgendem: Durch die vorhergehende Atem-Entspannung sind wir körperlich und seelisch entspannt. Unsere Gefühle sind eher neutral und positiv. Denn das Sympathische Nervensystem ist beruhigt, nicht erregt. Wenn jetzt ein unangenehmer Gedanke kommt oder das Bild einer Person, mit der wir Schwierigkeiten haben, so können wir den Gedanken oder das Bild ohne größere Erregung wahrnehmen; wir bewerten oder verurteilen das Geschehen kaum. Der Gedanke oder das Bild der Person verschwindet wieder. Wird nun dieser Gedanke oder das Bild, das im üblichen Bewußtseinsalltag Erregung auslöst, viele Male mit keiner oder nur geringer Erregung wahrgenommen, da wir entspannt sind, dann bekommt der Gedanke oder das Bild eine neutrale oder sogar leicht positive Tönung. Denn wenn wir körperlich wirklich entspannt sind, können keine negativen Gefühle oder Ängste bei dem Gedanken oder Bild auftreten.

Schließlich können wir im Alltag den Gedanken denken oder das Bild einer Person vor uns sehen, ohne daß größere Ängste und Erregungen auftreten. Das ist in hohem Maße psycho-therapeutisch.

Körperliche Auswirkungen von Atem-Entspannung

Sie wurden in den USA in vielen wissenschaftlichen Untersuchungen festgestellt, besonders von Dr. Benson, Professor für Verhaltensmedizin an der Harvard-Universität. Prof. Benson: «Entspannung ist, neben Ernährung und regelmäßiger körperlicher Aktivität, das wichtigste Element im Gesundheitsverhalten.» *Atem-Entspannung löst Reaktionen aus, die der Kampf-Flucht-Reaktion bei Stress entgegengesetzt sind*. Atem-Entspannung ist eine sehr gute Vorsorgemöglichkeit zur Erhaltung der körperlich-seelischen Gesundheit (Prevention). – Die Auswirkungen im einzelnen:

Normalisierung der Atmung (geringere Atemfrequenz, mehr Bauchatmung), verminderte Aktivität des Sympathischen Nervensystems, Entspannung der Muskulatur, Senkung des Muskeltonus, Normalisierung und Stabilisierung von Blutdruck und Puls, Herstellung des hormonalen Gleichgewichts, Verbesserung der Abwehrkräfte durch größeres hormonales Gleichgewicht (zum Beispiel Absinken des Streß-Hormons Cortisol und der Milchsäurekonzentration im Blut), verminderter Sauerstoffverbrauch.

Deutliche Zunahme der Durchblutung, zum Beispiel auch der vorderen Gehirnbereiche. Vermehrung der langsamen Gehirnwellen.

Besserung von Schlafschwierigkeiten.

Geringere Schmerzempfindlichkeit und weniger Verbrauch von Schmerzmitteln.

Günstige Auswirkungen der Atem-Entspannung wurden ferner bei allen körperlichen Erkrankungen festgestellt, deren Entwicklung mit Stress zusammenhing oder die Stress zur Folge haben.

Aus Platzgründen möchte ich von den vielen Untersuchungen nur eine einzige anführen: 63 Patienten mit der Diagnose Herzinfarkt, Herzkrankheit, Bypass-Operation und schwere Bandscheibenschäden nahmen während eines Rehabilitationsaufenthalts in einer deutschen Klinik an Übungen zur Atmungs-Achtsamkeit teil. Bei den Teilnehmern ergab sich eine deutliche Zunahme an Entspannung, Ruhe, Ausgeglichenheit, weniger Gereiztheit, mehr Konzentration. Mehr als 90 Prozent wollten diese Übungen zu Hause fortführen; sie waren der Meinung, hierdurch zukünftig besser mit Stress umgehen zu können (30).

Die seelischen Auswirkungen von Atem-Entspannung

Mit der tiefgreifenden Änderung körperlicher Vorgänge ändern sich auch die damit zusammenhängenden seelischen Vorgänge. Es gibt kein psychotherapeutisches Vorgehen, das derart «tiefen»-psychologisch wirkt:

Verminderung von Angst- und Stress-Gefühlen, von depressiven Zuständen, von Ärger-Bereitschaft und Feindseligkeit.

Zunahme von innerer Ruhe und Gelassenheit, größere Klarheit in Wahrnehmung und Denken.

Geringeres Bedürfnis nach Beruhigung oder Ablenkung durch Alkohol, Drogen, Nikotin oder starke Außenreize, Verminderung oder Fortfall der Furcht, mit sich allein zu sein.

Vermehrte Kontrolle über das eigene Verhalten im Alltag.

Bei regelmäßiger Atem-Entspannung werden wir mehr Frau/Herr über unsere Gedanken, unsere Gefühle und unser Verhalten. Im Bewußtsein nimmt das Chaos der Gedanken und Gefühle ab. Gefühle werden deutlich wahrgenommen, aber wir werden nicht von ihnen überwältigt.

Statt eines ständigen Hin-und-her-getrieben-Werdens von den eigenen Geken, Gefühlen und Empfindungen führt Atem-Entspannung zur Herrschaft über sie. Eine natürliche Kontrolle des Bewußtseins wird möglich; ein chaotischer Ansturm von Informationen wird verhindert. Im Verhalten äußert sich dies in deutlich mehr Selbstdisziplin und Konzentration, mehr Unabhängigkeit von Gewohnheiten.

Sind wir durch regelmäßige Übungen in Atem-Entspannung trainiert, dann haben wir eine sehr gute Möglichkeit, uns bei schwierigen Gefühlszuständen und unangenehmen Geschehnissen selbst zu beruhigen oder eine entstandene Erregung zu normalisieren. Eine tiefgehende positive Beeinflussung unseres seelischen Befindens ist so möglich.

Ferner ist Atementspannung deutlich hilfreich bei Einschlafstörungen. Die so schädlichen Wirkungen von Schlaftabletten bei längerem Gebrauch unterbleiben.

Durch Atementspannung können wir auch körperliche Schmerzen vermindern. Eine am Unterleib gelähmte Frau: «Wenn ich zu sehr angespannt bin oder mich überanstrenge, etwa bei meiner Handarbeit, dann bekomme ich Schmerzen in den Schultern, am Kopf, bis in die Fingerspitzen hinein. Und solche Schmerzen kann ich recht gut mit der Atmung beeinflussen, auch mit autogenem Training. Das hätte ich vor Jahren nie geglaubt, obwohl ich Krankenschwester war.»

Wissenschaftliche Untersuchungen: Ich möchte hier nur zwei darstellen. Sie zeigen die seelische Wirksamkeit bei Personengruppen, bei denen dies kaum erwartet wird:

Lernbehinderte deutsche Sonderschüler des 6./7. Schuljahres wurden in die Atementspannung eingewiesen und praktizierten sie regelmäßig sechs Wochen lang mindestens einmal am Tag, etwa während der Pause gemeinsam mit der Klassenlehrerin. Nach sechs Wochen waren die Schüler weniger ängstlich, weniger schulunlustig und weniger psychoneurotisch, verglichen mit lernbehinderten Schülern ohne Teilnahme an der Atementspannung (191).

Über 250 Insassen von Gefängnissen in Kalifornien, die am Atem-Entspannungstraining teilnahmen, wiesen während ihres Gefängnisaufenthaltes eine bessere Führung auf, zeigten in den Jahren nach der Entlassung ein günstigeres Verhalten und geringere Strafrückfälligkeit, verglichen mit Inhaftierten ohne Teilnahme (25).

Durch Atem-Entspannung erreichen wir das, was der Römische Kaiser und Philosoph Marc Aurel vor 2000 Jahren so ausdrückte:

«Da suchen sich die Menschen Stätten, um sich zurückzuziehen: Aufenthalt auf dem Lande, an der See, im Gebirge. Und doch ist all' solches Verlangen einfältig, während es doch möglich ist, sich zu jeder Stunde, wenn man will, in sich selber zurückzuziehen. Denn der Mensch zieht sich nach keiner anderen Stätte zu größerer Ruhe und Ungestörtheit zurück als in seine eigene Seele, vor allem derjenige, der in sich einen solchen Seelengrund hat, daß er, wenn er in ihm untertaucht, sich alsbald in vollendeter Ruhe befindet. Unter ‹Ruhe› aber verstehe ich vollendete Harmonie. Suche dir daher ständig diese Zuflucht und erneuere dich selbst. Es soll aber kurz und grundlegend sein» (105, S. 32).

Literatur: Herbert Benson, Den alltäglichen Fluß der Gedanken unterbrechen. Zeitschrift Psychologie Heute, Februar 1993, S. 23–29. – Herbert Benson: The Relaxation response. New York: Morrow, 1975.

Meditation

Meditation ist eine Form der seelisch-körperlichen Gesunderhaltung sowie der religiösen Versenkung, die seit Jahrtausenden besonders in fernöstlichen Ländern von Millionen von Menschen ausgeübt wird. Sie hat ihnen sehr geholfen, Armut, Elend, Hunger und Krankheiten seelisch zu bewältigen. Im Buddhismus ist Meditation die entscheidende Möglichkeit, sich von den Sorgen und Nöten des Alltags und dem Materiellen zu lösen, das Bewußtsein zur Ruhe kommen zu lassen und einem Reich des Friedens und der Harmonie näherzukommen.

Was ist der Unterschied zwischen Atem-Entspannung und Meditation? Einfach ausgedrückt: Atem-Entspannung ist ein wesentlicher Teil der Meditation, von kürzerer Dauer und ohne daß direkt eine religiöse Vertiefung angestrebt wird. Auch in der Meditation lenken wir wie bei der Atementspannung die Achtsamkeit auf die Empfindungen in der Nase und in der Bauchregion. Wir lassen den Atem fließen, nehmen ihn wahr, aber beeinflussen ihn nicht. Häufig wird dazu ein Mantra gesagt, ein Wort, wie zum Beispiel Frie-den oder der Name einer Gottheit. Das ermöglicht größere Sammlung und das Fernbleiben von störenden Gedanken. – Meditation wird häufig im Lotus-Sitz durchgeführt; für die meisten Anfänger ist das Sitzen auf einem Stuhl leichter.

Soweit ich sehe, sind die nicht-bewertende Wahrnehmung von Gedanken und Gefühlen sowie ihr Loslassen (s. S. 292) in der Meditation des Buddha entwickelt worden. Es ist ein Kernstück der Meditation. Die Folge: Durch Meditation erhöht sich die Aufmerksamkeit für den von Augenblick zu Augenblick wechselnden Strom dessen, woraus unser Erleben besteht. Wir lernen, Gedanken und Gefühle in uns genauer und klarer wahrzunehmen, ohne sie zu bewerten.

Meditation kann sich auch auf die längere konzentrierte Betrachtung eines Gegenstandes, eines Bildes oder einer Kerze richten. Ferner können Meditationsübungen zu bestimmten Inhalten gemacht werden, so zu vergebender Güte, Liebe zu anderen oder zur vertieften näheren Beziehung zu einer Gottheit, zu Jesus, zu einem Mitmenschen oder Verstorbenen.

Da Meditation von längerer Dauer als Atem-Entspannung ist, etwa 30 Minuten bis etwa 1–2 Stunden, sind die Auswirkungen des öfteren deutlicher. Auch wirkt sich eine religiöse Vertiefung auf den alltäglichen Lebensstil aus. Jedoch sind diese *längeren Meditationen nicht angezeigt* bei Personen mit stärkeren Ängsten, Depressionen, psychotischen Erlebnissen, Halluzinationen, irrationalen Gedanken oder epileptischer Erkrankung. Notwendig ist auch die zumindest anfängliche gemeinsame Meditation mit einem Lehrer in einer Gruppe. Atem-Entspannung ist dagegen von kürzerer Dauer, kann häufiger und leichter in das Alltagsgeschehen hineingenommen werden; mit einer Dauer von 2–5 Minuten ist Atem-Entspannung auch für Menschen mit Ängsten und Depressivität meist günstig.

Leider wird auch von einzelnen Sekten- und Ideologiegruppen Meditation praktiziert, verbunden mit ideologischer Indoktrinierung und Einschränkung der Selbstbestimmung. Aus diesem Grunde verwende ich lieber das Wort Atem-Entspannung als Atem-Meditation. Lehrer in Schulen, die auf Elternabenden von Atem-Entspannung im Schulunterricht sprechen, haben keine Widerstände zu befürchten, während das bei der Verwendung des Wortes Meditation gelegentlich der Fall ist.

Literatur:
▷ Patricia Carrington, Das große Buch der Meditation. München: Heyne-Taschenbuch, 1983. Das Buch gibt einen umfassenden Überblick über die wissenschaftlichen Untersuchungsbefunde in den USA und die Praxis der Meditation und Atem-Entspannung.
▷ Ayya Khema, Meditation ohne Geheimnis. Zürich: Theseus, 1988. Ayya

Khema, 1938 aus Deutschland emigriert, stellt die Grundzüge der Meditation mit großer Klarheit dar.

▷ Ram Dass, Reise des Erwachens, Handbuch zur Meditation. München: Knaur-Taschenbuch, 1985. Das Schwergewicht liegt auf den Gedanken der östlichen Philosophie, die mit Meditation zusammenhängen.

Atem-Übungen (Atem-Gymnastik)

Die durch Stress-Belastungen und das aktivierte Sympathische Nervensystem schnelle, flache und unregelmäßige Atmung wird hier durch bestimmte Körperbewegungen wieder normalisiert. Sie können das bei sich selbst feststellen: Heben Sie bitte – mit offenen oder geschlossenen Augen – den ausgestreckten rechten Arm langsam hoch. Und nehmen Sie wahr, was mit Ihrem Atem geschieht. Dann senken Sie den Arm wieder ab. Sie werden bemerken, daß Sie dann wieder ausatmen. Dann heben Sie langsam wieder den ausgestreckten rechten Arm, halten aber auf der Mitte an. Senken Sie den Arm wieder ab; heben Sie ihn dann wieder bis zur Hälfte hoch und senken ihn schließlich herunter.

Sie werden feststellen: Bestimmte Körperbewegungen beeinflussen das Einatmen und das Ausatmen. Dies wird bei Atemübungen, bei der Atemgymnastik eingesetzt: Durch gezielte langsame Bewegungen wird unser Atem normalisiert. Das heißt, das Ausatmen wird länger und betonter, die kurze Brustatmung ändert sich in eine tiefere Bauchatmung.

Einfache Übungen sind zum Beispiel: Beim Einatmen die Arme hochrecken, beim Ausatmen den Körper vornüber fallen lassen. Oder: Die Arme nach beiden Seiten ausstrecken, wobei der Brustkorb weit gedehnt wird (Einatmen). Dann die Arme vorn über der Brust zusammenführen, so als wollte man sich umarmen (Ausatmen). Und dies etliche Male wiederholen. Oder: Sie laufen langsam auf der Stelle und begleiten Ihr Einatmen mit dem Zählen von 1 bis 4 und ebenso das Ausatmen.

Dies ist der Grundzug von Atemübungen, von Atemgymnastik. Für diejenigen, die feststellen, daß ihnen die Atem-Entspannung Schwierigkeiten macht und sie kaum Fortschritte erzielen, sind zunächst Atemübungen (Atemgymnastik) angezeigt. Durch bestimmte langsame Bewegungen der Arme oder des Rumpfes normalisiert sich bei häufiger Übung der Atem.

Literatur:

▷ Else Müller, Bewußter leben durch Autogenes Training und richtiges Atmen. Reinbek: Rowohlt-Taschenbuch, 1985.

▷ Hiltrud Lodes, Atme richtig. Bergisch Gladbach: Bastei-Lübbe-Taschenbuch, 1981.

▼ Hatha-Yoga-Übungen

Hatha-Yoga-Übungen sind eine mehr als zweitausend Jahre alte Möglichkeit der körperlichen und seelischen Gesunderhaltung. Es sind langsame, behutsame Körperbewegungen, niemals über die Schmerzgrenze hinausgehend, geeignet für jedes Alter, mit einer Dauer der Übung von 15 bis zu 60 Minuten täglich. Bei einigen östlichen Religionen dienen Hatha-Yoga-Übungen zur körperlich-seelischen Vorbereitung auf tiefe Meditation und religiöse Versenkung. Jedoch können Hatha-Yoga-Übungen auch ohne diesen Zusammenhang durchgeführt werden, und ich tue es auch.

«Die Yoga-Übungen haben einen großen Wert für mich», sagt der weltberühmte Geiger Yehudi Menuhin. «Sie ermöglichen es mir, meinen Atem zu regulieren, das Gemüt zu beruhigen und bestimmte körperliche Dehnübungen zu machen... Wenn Yoga mit Demut und Hingabe praktiziert wird, dann ist es eine Methode, für den Körper zu sorgen, der uns anvertraut ist; wir können damit das innere und äußere Selbst rein halten... Das Herrliche am Yoga ist die Tatsache, daß es in jeder Hinsicht zur Erweiterung führt, zur physischen, zur mentalen und zur spirituellen» (109, S. 195 f). «Was ich da jeden Morgen nun schon seit 32 Jahren treibe, ist kein Fanatismus und kein Kult. Es sind einfach angenehme körperliche Übungen, die mich für den ganzen Tag fit machen, physisch und psychisch... Vielleicht kann man sagen, daß ich durch Yoga in mancher Hinsicht Herr über mich selbst geworden bin» (110).

Mir helfen Yoga-Übungen körperlich und seelisch sehr. Ich habe sie zusammen mit meiner Lebensgefährtin nach ihrer Krebserkrankung begonnen. Ich wünschte, ich hätte schon in der Schule Hatha-Yoga und Atem-Entspannung gelernt und nicht erst mit 56 Jahren. Ich hätte dann in vielem entspannter, kreativer und leistungsfähiger sein können.

Manche denken bei Hatha-Yoga an akrobatische Übungen, etwa an einen Kopfstand. Viele Übungen können jedoch auch von älteren Menschen durchgeführt werden, manche auch im Krankenbett. Hatha-Yoga ist keine Leistungsgymnastik. Das eigene Körperverhalten wird nicht bewertet und mit dem anderer verglichen.

Zur Wirksamkeit von Hatha-Yoga-Übungen

Warum sind diese Übungen so wirksam und hilfreich? Folgende *körperliche Auswirkungen* wurden in Untersuchungen von Ärzten festgestellt (49, 63):

▷ Die Muskeln werden bei den Übungen langsam gedehnt. – Schmerzen sollen nicht auftreten, da sie zu größerer Muskelspannung führen, ebenso keine Leistungsanstrengungen. Nach der Dehnung/Spannung bei einem Körperteil erfolgt die Rückkehr in die Ausgangsstellung und damit eine Ent-Spannung. Durch die Entspannung der Muskeln wird die Aktivität des Sympathischen Nervensystems vermindert. Der Übende soll Anspannung sowie Entspannung deutlich spüren, ähnlich wie bei der Muskel-Entspannung.

Durch die Entspannung der Muskeln erfolgt auch ihre bessere Durchblutung. Spannungs-Kopfschmerzen vermindern sich oder fallen fort aufgrund der Dehnung der angespannten Hals- und Nackenmuskulatur und der dadurch besseren Durchblutung von Muskeln und Kopf.

Bestimmte Übungen fördern die Entspannung der Rückenmuskulatur, ähnlich wie Übungen der orthopädischen «Rückenschule». Die Nerven, die an der Wirbelsäule austreten und zu den Organen führen, werden ferner durch bestimmte Übungen besser durchblutet; hierdurch wird ihre Funktionsfähigkeit erhöht.

▷ Da neben den Muskeln auch die Bänder gedehnt werden, wird die Beweglichkeit der Glieder verbessert.
▷ Im Zusammenhang mit den langsamen Bewegungen der Arme und Beine normalisiert sich – ähnlich wie bei einigen Atem-Übungen – die Atmung. Auch hierdurch wird die Aktivität des Sympathischen Nervensystems vermindert. Durch die vermehrte Bauchatmung wird das Parasympathische Nervensystem angeregt, der Gegenspieler des Sympathischen.
▷ Innere Organe und endokrine Drüsen sowie die Darmperistaltik und Verdauung werden gefördert, zum Teil über die Aktivierung von Akupressurpunkten.
▷ Nach einiger Zeit regelmäßiger Übung vermindern sich oder fallen fort psychosomatische Beeinträchtigungen, die im Zusammenhang mit

Stress-Belastungen und Übererregung des Sympathischen Nervensystems stehen.

Die seelischen Auswirkungen sind weniger untersucht worden. Meist jedoch sind sie unmittelbar oder nach kürzerer Zeit deutlich spürbar. Ein förderlicher Faktor – neben den oben geschilderten Körperveränderungen des Sympathischen Nervensystems und ihren Auswirkungen auf Seelisches – ist: Das Bewußtsein, die Achtsamkeit, ist voll auf die langsamen Bewegungen einzelner Körperteile gerichtet sowie die dabei auftretenden und sich ändernden Körperempfindungen, etwa der Muskeln und Bänder. Dies bedeutet eine Einheit von Körperbewegungen und Bewußtheit bei entspannten, angenehmen Gefühlsempfindungen. Dies trägt wesentlich auch zu einer seelischen Entspannung bei, zur Verminderung von Erregung sowie Grübeln.

In einer deutschen Untersuchung bei Personen von 17 bis 59 Jahren, die an einer zehnwöchigen Hatha-Yoga-Einführung einmal wöchentlich teilnahmen, ergaben sich: deutliche Zunahme des seelisch-körperlichen Wohlbefindens, der seelischen Entspannung und inneren Ruhe, größeres Gefühl des Einklangs mit sich selbst und dem Körper, größere Selbstakzeptierung und Selbstsicherheit, vermehrte Gelassenheit. Im Umgang mit anderen: geduldigeres Verhalten, weniger aggressiv, weniger bewertend. – Ferner: größeres Zentriertsein im gegenwärtigen Tun und in gegenwärtigen Empfindungen, weniger Grübeln, schnelleres Loslassen von Gedanken, Zunahme von Selbstdisziplin sowie Selbstwirksamkeit (154).

Längere regelmäßige Praxis in Yoga-Übungen führt bei vielen zu mehr Selbstdisziplin, zu einem gesünderen Lebensstil, zum Beispiel zur Verminderung oder zum Aufgeben des Rauchens, gesünderer Ernährung, früherem Bewußtwerden von körperlich-seelischen Spannungen, liebevollerem Umgang mit dem eigenen Körper, größerer Fürsorge für sich selbst, weniger Selbstschädigung.

Einige Erfahrungen zur Veranschaulichung: «Seit einem Dreivierteljahr mache ich Yoga-Übungen», sagt eine 35jährige Frau. «Etwa jeden zweiten Tag eine halbe Stunde zu Hause und zwei Stunden in der Woche in der Gruppe. Nach den Übungen fühle ich mich leichter, beschwingter, geduldiger. Insgesamt fühle ich mich angstfreier, ausgeglichener; gehe aufmerksamer mit mir und meinem Körper um. Diese Erfahrungen sind für mich ebenso weitreichend wie die, die ich vor einigen Jahren in einer Psychotherapie machte.»

Ein 35jähriger Mann: «Die große Entspannung und die tiefe Zufriedenheit, die ich durch Hatha-Yoga erfahre, ermöglichten mir auch eine offenere und akzeptierendere Haltung meinen Mitmenschen gegenüber.»

Eine Frau: «Da meine Ängste mit starken Verspannungen verbunden sind, fing ich an, regelmäßig morgens und abends Yoga, Atmungs- und Entspannungsübungen zu machen. Durch diese Übungen merke ich immer häufiger, wann ich anfange, mich zu verkrampfen. Und ich kann mich jetzt häufig entspannen, bevor die Schmerzen kommen.»

Gesichtspunkte zur Praxis

Durch Teilnahme an einem Einführungskurs in der Volkshochschule, einem Gesundheitszentrum oder in der Praxis einer Yoga-Lehrerin finden die meisten einen Zugang. Bei einer derartigen Anleitung vermeiden Sie fehlerhafte Bewegungen; anschließend an die Übungen können Sie über Ihre Empfindungen mit anderen sprechen. Nach der Einführung können Sie die Übungen täglich zu Hause machen. Früher half es mir an manchen Tagen, wenn ich weniger motiviert war, die Übungen nach einer Tonkassette meines Yoga-Lehrers zu machen.

Für die Übungen genügen ein ruhiger Ort und ein größeres Handtuch oder eine Decke. Machen wir die Übungen jeden Tag zur gleichen Zeit, so fallen sie uns aufgrund der Gewohnheit leichter. Am Morgen vor dem Frühstück ist dafür eine gute Zeit, obwohl wir dann eher etwas steif sind. Es ist wichtig, daß Sie herausfinden, welche Zeit für Sie günstig ist. Voraussetzung sind ein leerer Magen, also ein bis zwei Stunden nach einer Mahlzeit, sowie leichte und weite Kleidung, die nicht einengt. An die Yoga-Übungen *können* Sie einige Minuten Atementspannung anschließen oder eine Vorstellungsübung, s. S. 151 f. Einzelne Yoga-Übungen mache ich auch während des Tages, etwa wenn ich bei der Arbeit am Schreibtisch Verspannungen spüre.

Literatur:
▷ André van Lysebeth, Yoga. Klassische Hatha-Übungen für Menschen von heute. München: Heyne, 1977.
▷ Kareen Zebroff, Yoga für Jeden. Frankfurt: Fischer Taschenbuch o. J.
▷ Eve Diskin, Yoga für Kinder. Düsseldorf: Econ-Taschenbuch, 1987.

▼ Autogenes Training

Das Autogene Training wurde von dem deutschen Arzt Prof. Dr. J. H. Schultz vor mehreren Jahrzehnten entwickelt (161). Es kann im Sitzen oder im Liegen in 10 bis 25 Minuten durchgeführt werden, einmal oder mehrmals am Tag. Das Erlernen erfolgt unter Anleitung eines Arztes oder eines Psychologen meist in einer Gruppe; es erfordert längere Zeit. Manche Personen haben Schwierigkeiten dabei; sie vermissen die Aktivität, die zum Beispiel bei der Muskel-Entspannung gegeben ist. Für Personen mit Depressionen und Angstzuständen kann Autogenes Training zumindest zunächst nicht angemessen sein; Muskelentspannung ist hier eine günstige Alternative.

Beim Autogenen Training wird das Bewußtsein langsam nacheinander auf einzelne Körperteile gerichtet. Der Lernende stellt sich durch Selbstsuggestion den Zustand von Schwere und Wärme bei den jeweiligen Körperteilen vor, ferner ein Loslassen der Muskelspannung. Davon begleitet ist eine Umstellung im körperlich-vegetativen System. Die Überaktivität des Sympathischen Nervensystems vermindert sich. Hierdurch werden zahlreiche körperliche und seelische Vorgänge günstig beeinflußt. Gespürt wird ein Zustand tiefer Entspannung, innerer Ruhe sowie Erholung. Bei regelmäßiger Übung kann der entspannte Zustand allmählich schneller und intensiver hergestellt werden; die Entspannung und das Gefühl des Erholtseins halten zunehmend auch nach der Übung an.

Über die Wirkungen des Autogenen Trainings liegen Nachweise vor. Ich möchte Ihnen drei Befunde mitteilen:

65 psychosomatisch beeinträchtigte Personen nahmen an einem Volkshochschulkurs für Anfänger teil. Er bestand aus 19 Kursstunden, verteilt über ein halbes Jahr. Es fand jeweils ein intensiver Austausch der Erfahrungen der Teilnehmer in der Gruppe statt. Ergebnisse: Die körperliche Entspannung wurde nach der 4. Sitzung von den Teilnehmern deutlich gespürt, die seelische Entspannung von der 7. Sitzung an. Nach der 9. Sitzung war auch außerhalb der

Trainingsstunden eine deutliche körperlich-seelische Entspannung feststellbar. Am Kursende ergab sich eine umfassende Verbesserung des Wohlbefindens der meisten Teilnehmer. Die Bewertung der eigenen Person, insbesondere die Selbstachtung, war günstiger. Es verminderten sich Ängste, Nervosität, Depressivität, Neurotizismus und Gehemmtheit, verglichen mit einer Gruppe ohne autogenes Training. Sechs Monate nach Kursende waren die Verbesserungen in gleichem Ausmaß vorhanden. Besonders profitierten Teilnehmer, die täglich das autogene Training zu Hause praktiziert hatten (17).

Elfjährige Kinder mit schweren Einschlaf- und Durchschlafstörungen sowie nervöser Übererregbarkeit, die seit mindestens einem halben Jahr bestanden, nahmen an einem Kurs für Autogenes Training teil. Innerhalb von sechs Monaten ergab sich bei 83 Prozent der Kinder eine deutliche Verminderung der Schlafschwierigkeiten, Kopfschmerzen, Ängste vor Klassenarbeiten sowie des Nägelkauens. Die Konzentrationsfähigkeit und die Schulleistungen verbesserten sich (151).

Bei den Chirurgen der Universitätsklinik Basel wurden zahlreiche Stress-Belastungen festgestellt, bedingt durch Zeitdruck, Nachtdienst, schwierige Patienten, Belästigung durch Telefonate, Wechsel des Operationsteams, Warten sowie großen Ehrgeiz. Dieser Stress führte bei Übermüdung und kritischen Operationssituationen sowie durch Genuß von Kaffee, Nikotin und Alkohol zu einem störenden Zittern der Hände während der Durchführung operativer Eingriffe. 22 Chirurgen wurde drei Monate lang Autogenes Training angeboten. Ergebnis: Es wurde von den meisten als angenehm empfunden, führte zu zunehmender Beruhigung, Abnahme des gespannten Muskeltonus, besserem Schlaf und bei Rauchern zu geringerem Zigarettenkonsum. Ferner wurde vermehrte Bewußtheit angegeben. Einige empfanden den Aufwand des täglichen Übens allerdings als Mangel. Zwei Drittel der Chirurgen zogen das Autogene Training dem Einnehmen von Beta-Blockern vor, einem Medikament, das die Übererregbarkeit verminderte, jedoch auch unangenehme Nebeneffekte hatte.

Literatur:

▷ Dietrich Langen: Autogenes Training für Jeden. 6. Aufl. München: Gräfe-Taschenbuch, 1988.
▷ Else Müller: Bewußter leben durch Autogenes Training und richtiges Atmen. Reinbek: Rowohlt-Taschenbuch, 1985.

Hiermit beende ich die Darstellung von Entspannungsformen. Hinweisen möchte ich noch auf weitere Entspannungsformen: Tai Chi-Übungen, Feldenkrais-Übungen, Eutonie sowie Musik-Tanztherapie; sie bewirken ebenfalls eine Minderung der Erregung des Sympathischen Nervensystems. Die Auswirkungen sind wissenschaftlich jedoch wenig oder noch nicht erfaßt. Einige seelisch-körperliche Wirkungen können jedoch unmittelbar erfahren werden, etwa bei Tai Chi-Übungen oder bei Feldenkrais-Übungen besonders von Menschen mit Behinderungen.

▼ Kurz-Entspannung

Wenn Sie in der Muskelentspannung und/oder Atementspannung einigermaßen geübt sind, können Sie sie bei vielfältigen Gelegenheiten während des Tages – im Beruf, zu Hause oder auf der Reise – in Kurzform oder nur mit bestimmten Körperteilen machen. Immer dann, wenn Sie etwas Anstrengendes zu tun hatten oder haben, belastet sind oder Spannungen in Ihrem Körper spüren, dann ermöglicht Ihnen eine kurze Entspannungs-Übung, daß sich die Spannungen in Ihnen nicht aufstauen und vermehren. Folgendes ist möglich:

▷ Sie spannen – im Liegen oder im Sitzen – fast gleichzeitig die Muskeln aller Körperpartien an, halten die Spannung etwa 8 Sekunden; atmen Sie dabei weiter. Danach *ent*spannen Sie etwa 30–60 Sekunden, s. S. 283. Sie können dies ein- oder zweimal wiederholen.

▷ Sie spannen die Muskeln einzelner Körperteile an, etwa den Nakken-Schulterbereich nach längerem Sitzen oder bei beginnenden Kopfschmerzen. Sie ziehen die Schultern hoch zu den Ohren und drücken leicht den Kopf nach hinten. Sie halten die Spannung ca. 6–8 Sekunden, bei gleichzeitigem Weiteratmen. Und entspannen dann. «Im Auto, bei einer roten Ampel, spanne ich die Hals-Schultermuskeln an und lasse sie nach einigen Sekunden los. Zuerst habe ich es nur gemacht, als ich Schmerzen verspürte; jetzt mache ich es schon fast automatisch bei vielen Ampeln.»

▷ Atem-Entspannung: Sie lenken nach drei- bis viermaligem tiefen Ausatmen Ihre Achtsamkeit auf die Empfindungen in der Nase und dann auf die Bauchregion, 1 bis 4 Minuten lang. Krankenschwestern und Kindergärtnerinnen teilten mir gelegentlich mit, daß sie diese Kurz-Entspannung des öfteren machten; und zwar mangels eines geeigneten ruhigen Raumes auf der Toilette! Wenn dies auch ein begrenzt geeigneter Raum ist: Sie empfanden die Entspannung als deutlich hilfreich.

▷ Sie können diese Kurz-Entspannungen noch wirksamer gestalten: 1. Sie denken beim *Ent*spannen an ein bestimmtes Wort, das Sie auch bei regulären längeren Entspannungsübungen verwenden, so etwa das Wort «Entspannen», «Frieden», «Ruhig» oder «Loslassen». Zusammen mit dem Wort rufen Sie sich das Gefühl der Entspannung in Erinnerung, das Sie bei der regulären längeren Entspannung empfinden. Hierdurch wird die Entspannung deutlicher.

▷ Sie atmen tief ein und zählen dabei langsam von 1 bis 5. Danach zählen Sie langsam von 5 zurück nach 1 und atmen vollständig aus. Suchen Sie beim Ausatmen alle Muskeln von Kopf bis Fuß zu entspannen. Stellen Sie sich vor, daß Sie mit jeder Zahl von 5 bis 1 immer mehr entspannen, gleichsam in sich zusammenfallen. Oder: Sie zählen beim Ausatmen langsam rückwärts von 10 bis 1 und stellen sich vor, wie mit dem Zurückzählen mit jeder Zahl Ihr Körper immer mehr entspannt wird. Sie können sich auch 10 Stockwerke vorstellen, die Sie mit einem Lift zur vollständigen Entspannung herunterfahren. Oder daß Sie mit jeder Zahl von 10 bis 1 einen Schritt auf einer Treppe nach unten zum Entspannungsgrund machen.

▷ *Eine sog. Entspannungs-Prüfung*, die ich bei dem amerikanischen Arzt Dr. Duskin am Yoga-Zentrum bei Boston als wirksam kennengelernt habe, dauert 3 bis 5 Minuten. Im folgenden der Text von Dr. Duskin (48):

«Setzt euch gerade hin oder legt euch auf den Boden, so daß es bequem für euch ist. Schließt die Augen. Nehmt einige tiefe Atemzüge... (Pause). Ihr lenkt nun euer Bewußtsein langsam auf die verschiedenen Körperbereiche. Dabei werdet euch der möglichen Spannungen, die in den Körperteilen sind, bewußt. Bitte bewertet und beurteilt dies nicht. *Wenn ihr Spannungen wahrnehmt, ohne sie zu bewerten, mindern sie sich.* Nehmt ganz einfach wahr, wie sich die verschiedenen Körperteile anfühlen, ob entspannt, angespannt oder was ihr sonst spürt. Es ist ferner wichtig, eure Gedanken vollständig auf den Körper zu konzentrieren, keine anderen Gedanken zu haben.

Bringt nun euer Bewußtsein hinunter zum linken Fuß. Wie fühlt sich euer linker Fuß an? Wie fühlen sich deine Zehen an?... Wie deine Fußsohle?... Wie fühlt sich deine Wade an?... Dein Knie?... Dein oberes Bein?... Deine Hüfte?...

Jetzt bringe dein Bewußtsein zum rechten Fuß. Zu den Zehen... zu der Fußsohle... Nimm einfach wahr, mach eine Inventur von dem, was in deinem Körperteil passiert. Geh weiter zu deiner Wade... zu deinem Knie... zu deinem oberen Bein... und zu deiner Hüfte...

Nun bringe dein Bewußtsein zu deinem Bauch... zu deinem Gesäß... Wiederum einfach nur beobachtend, wahrnehmend. Stelle dir bei jedem Körperteil die Frage, wie er sich anfühlt. Und dann antworte dir das, was du spürst.

Wie fühlt sich deine Brust an?... Deine Wirbelsäule?... Die Gegend um deine Schulterblätter?...

Jetzt bringe dein Bewußtsein zu deiner linken Hand herunter... in die Finger... Handinnenflächen... Unterarm... oberen Arm und Schulter... Gehe nun rüber zur rechten Hand...

Bewege dein Bewußtsein jetzt zu deiner Schulter... zu deinem Hals... und in deinen Kiefer. Beobachte, ob dein Kiefer angespannt oder entspannt ist. Laß die Lippen leicht geöffnet. – Nun bringe dein Bewußtsein in deine Backen hinein...

Und jetzt nimm die Gedanken wahr, wie sie dir durch den Kopf gehen, ohne sie in irgendeiner Weise zu bewerten und auch ohne sie zu verfolgen. Nimm sie einfach so wahr, als würden sie in einem Radio oder auf dem Fernsehschirm ablaufen...

Und nun nimm wahr, wie du dich jetzt fühlst...–

Atme jetzt einige Male tief durch... Und wenn du dich gut fühlst und soweit bist, öffne langsam deine Augen.» –

Bei dieser Übung nehmen wir die Spannungen wahr, die in verschiedenen Körperteilen vorhanden sind. Durch das Hinlenken unserer Achtsamkeit auf die einzelnen Körperteile, ohne sie zu bewerten, erfolgt eine Entspannung. Wir können zusätzlich auch zu uns sagen: «Entspanne dich!» – «Laß los!» – Wichtig ist, den Körper so anzunehmen, wie wir ihn erspüren. Das heißt, die Spannung etwa zwischen den Schultern wahrzunehmen, aber ohne zu sagen: «Ich sollte diese Spannungen nicht haben.»

Haben wir einige Erfahrung mit der Übung, so können wir sie bei vielen Gelegenheiten machen, auch bei einer Bahnfahrt. Dr. Duskin: «Du kannst an deinem Arbeitsplatz sitzen und eine Entspannungs-Prüfung machen, ohne daß es jemand merkt. Ich habe sie auf sehr betriebsamen Krankenstationen gemacht, 3 Minuten in meinem Beratungszimmer. Manche beginnen auch ihre Mitarbeiterbesprechungen mit einer gemeinsamen Entspannungs-Prüfung. Das befähigt jeden, Spannungen loszulassen, so daß er sich intensiver auf die Besprechung konzentrieren kann.»

Zu den Auswirkungen der Kurz-Entspannung: Wir gehen in die nächste Situation, in das nächste Ereignis seelisch und körperlich entspannter. Wir sind gelassener, wir können in der neuen Situation besser handeln. Die vielfältigen Belastungen des Tages summieren sich nicht zu einer großen Erschöpfung am Ende des Tages. Wir merken schneller, ob und wo wir angespannt sind, uns verkrampfen, eine unangemessene Einstellung haben. Und: je öfter wir diese Übung machen, um so schneller und wirksamer stellt sich die Entspannung ein.

Eine Kindergärtnerin, die diese Übung in einem Seminar von uns kennenlernte, berichtet: «Ich persönlich habe stark mit Stress zu kämpfen; ich werde leider leicht nervös. Seit einiger Zeit trachte ich danach, mich rechtzeitig zu beruhigen. So gehe ich für einen kurzen Moment aus dem Spielzimmer in einen Nebenraum, atme einige Male tief durch und mache dann die Entspannungsprüfung. Manchmal habe ich wenig Zeit, dann lenke ich meine Aufmerksamkeit nur auf die Füße, auf den Hals und vor allen Dingen auf das Gesicht. Ich bin danach nicht völlig entspannt, nach solchen 2 bis 3 Minuten. Aber ich werde mir der Spannungen bewußter, ich vergesse mich nicht so leicht. Es ist eigentümlich, daß solch eine kurze Unterbrechung mehrmals am Tag soviel bewirken kann.»

▼ Spannungsminderung *in* Stress-Situationen

Was können wir *während* einer Belastung machen, wenn wir merken, daß wir zunehmend erregt und gespannt werden? Wie können wir *in* der Situation unsere beeinträchtigenden Gefühle vermindern? Die folgenden Möglichkeiten sind wirksam, wenn wir durch regelmäßige Übungen in Entspannung trainiert sind und wenn wir uns in Belastungssituationen frühzeitig unserer Spannungen bewußt werden. «Ich merke jetzt eher, daß ich mich verkrampfe oder anspanne, und ich weiß aus Erfahrung, ich kann etwas tun, mich zu beruhigen...»

▷ Achtsames ruhiges Atmen ist wirksam zur Verminderung von Erregung-Spannung sowie zur Erlangung größerer Selbstkontrolle. «Ich versuche, Stress und Spannungen in schwierigen Situationen zu verringern, indem ich sehr bewußt ruhig zu atmen beginne.» Also fünf-, zehn- oder zwanzigmal sehr bewußt ein- und ausatmen, dabei auf die Ausatmung und Bauchatmung achten. Die Atmung aber nicht durch den Willen verändern. Wir können beim Ein- und Ausatmen zu uns still die Wörter «Ein» und «Aus» sagen. Oder wir zählen bis fünf beim Einatmen und von 5 bis 1 beim Ausatmen. Hierdurch wird die Erregung unseres vegetativen Nervensystems vermindert.

«Oft habe ich in schwierigen Situationen nicht gewußt», schreibt ein Mann, «was ich tun kann, um mich zu beruhigen. Jetzt atme ich ein oder zwei Minuten sehr bewußt, und ich fühle mich entspannter. So hatte ich neulich beim Betriebsfest als Moderator zu fungieren. Die Situation war neu für mich, ich wurde aufgeregt und bekam Lampenfieber. Da erinnerte ich mich an das Ein- und Ausatmen, und ich habe sofort die Wirkung gespürt.»

Der bekannte Herzchirurg Christiaan Barnard empfiehlt (12, S. 193):

1. Sagen Sie «Halt» zu sich selbst.
2. Atmen Sie langsam ein und langsam wieder aus. Lassen Sie dabei die Schultern fallen, und entspannen Sie die Hände.
3. Atmen Sie noch einmal tief ein, und überzeugen Sie sich, daß Ihre Zähne beim Ausatmen nicht zusammengepreßt sind.
4. Machen Sie noch einige ruhige Atemzüge.

▷ Wir stellen unsere Aktivität in einer schwierigen Situation kurze Zeit zurück, etwa in einer Auseinandersetzung mit jemand. Dadurch daß wir nicht sofort handeln und uns äußern, sondern einige Sekunden warten, mindert sich unsere Erregung, wir handeln weniger fehlerhaft. «Wenn jetzt Schwierigkeiten mit meinen kleinen Kindern oder mit meinem Mann auftauchen, so rede ich nicht sofort, sondern bin erst mal einige Sekunden still. So bekomme ich etwas Abstand. Ich bin danach schon spontan in meinem Verhalten, aber nicht so unkontrolliert. Früher bin ich in schwierigen Situationen immer eskaliert und äußerte mich so, daß es nur noch schwieriger wurde, zum Beispiel rief ich: ‹Ihr macht ja dauernd nur Unsinn.› Jetzt spüre ich weniger Spannung, bin weniger erregt und ärgere mich selten.»

▷ Größere Bewußtheit in Situationen. «Viele meiner ungünstigen Verhaltensweisen mit den daraus folgenden Belastungen sind eine überstürzte Reaktion auf meine negativen und spannungsvollen Gefühle», sagt ein Mann. Gelingt es uns, in belastenden Situationen uns des Augenblicks und unserer augenblicklichen Handlungen bewußter zu werden, mehr in uns zentriert zu sein, etwa durch Schweigen, Entspannung und Nachdenken, dann vermindern sich Erregung und Spannungen. Besonders dann, wenn wir dies frühzeitig in Belastungssituationen tun.

▷ Wir fragen uns in einer schwierigen Situation, was wir trotzdem Sinnvolles tun können oder welche förderlichen Seiten sie *auch* hat. So gewinnen wir etwas Abstand und nehmen sie in etwas anderer Bedeutung wahr. Ärgern und langweilen wir uns etwa in einer schwerfälligen Sitzung, dann können wir dies als eine Gelegenheit ansehen, Geduld zu lernen. Wir können die Zeit für eine bewußte Entspannungsprüfung unseres Körpers sowie für beruhigendes Aus- und Einatmen nutzen. Wir machen uns deutlich, daß wir auch für diese Zeit bezahlt werden oder daß später jemand sprechen wird, mit dem wir mehr zufrieden sind. Oder wir lernen, daß die Situation unumgänglich und notwendig ist, daß wir sie mit zunehmender Erfahrung als weniger belastend empfinden werden.

▷ Humor kann unsere Spannungen in schwierigen Situationen vermindern, Humor, bei dem sich niemand verletzt fühlt.

▷ Ablenkung bewahrt manche davor, in einer schwierigen Situation von ihren Gefühlen überflutet zu werden. Eine Frau: «Wenn die Situation sehr schwierig wird und es zuläßt, dann lenke ich mich durch Konzentration auf bestimmte Gedanken ab. Ich konzentriere mich auf Kleinigkeiten in meiner Umgebung. Früher habe ich mir oft Gedichte aufgesagt. So versuche ich die stärker werdenden Erregungen und Gefühle zu reduzieren. Das ist für mich eine Art Selbstschutz.» Die Aufmerksamkeit wird von der bedrohlichen Situation und den ungünstigen Gefühlen abgezogen, auf etwas Neutrales oder Positives hin. Dadurch tritt eine gewisse Beruhigung ein. Rationales Denken und Intellektualisierung in Situationen erwiesen sich als hilfreich beim Bewältigen unangenehmer Angsterregungen (80).

▷ Bemühungen, die Gefühle zu beruhigen, sie bewußt zu überspielen oder negative Gedanken («Das kann ich nicht») durch positive Gedanken zu ersetzen, können in Belastungssituationen, die nicht lange andauern und auf fehlende Erfahrung zurückzuführen sind, eine Schutzmöglichkeit sein. «In dieser schwierigen Situation (ein öffentlicher Vortrag) habe ich dann versucht, meine Anspannung zu überspielen, unter Kontrolle zu halten. Nachdem mir das einigermaßen gelungen war, wurde ich innerlich viel ruhiger.»

Andere erfuhren als hilfreich, sich selbst gut zuzureden, sich zu ermutigen. Durch die suggestiven Selbstinstruktionen verminderten sich die ungünstigen Gefühle, und sie konnten kontrollierter handeln. «Ich suche mir in Krisensituationen immer wieder zu sagen, daß ich mich nicht aufregen muß. Es wird auch so alles irgendwie zu einem Ergebnis kommen. Wenn ich mich aufrege, dann hat die damit verbundene Gedankenblockade nur einen negativen Einfluß.»

▷ Beten oder das Sprechen von Bibelversen wurde von manchen als hilfreich in schweren Belastungssituationen empfunden. – Für etliche war die Vorstellung nutzbringend, wie eine Person, die sie gern hatten und die sie als kompetent ansahen, in dieser Situation wohl handeln würde.

▼ Entspannende Übergänge zwischen Situationen

Jeder Tag unseres Lebens ist voll von kleinen und größeren Aktivitäten, Situationen und Ereignissen. Was tun wir, wenn wir von einer Aktivität, von einer Situation zu einer anderen übergehen? Wie sehen diese Übergänge bei uns aus?

Es hat mich auf unseren Stress-Seminaren beeindruckt, daß viele den ganzen Tag über nicht einen einzigen erholsamen Übergang machten. «Bisher habe ich niemals kurze entspannende Pausen am Tag gemacht.» Auch Frauen im Haushalt waren gleichsam pausenlos am Tag tätig: «Aufstehen, Frühstück bereiten, die Kinder zur Schule fertig machen, aufräumen, einkaufen, Kinder vom Kindergarten abholen, Essen zubereiten, essen, abräumen, Kinder bei der Schularbeit beaufsichtigen und so weiter.»

Manche machen zwar kurze Pausen zwischen Tätigkeiten, aber sie nutzen sie nicht zur wirklichen Entspannung. Oft dienen sie nur zur Vorbereitung auf die nächste Aktivität. Andere wiederum rauchen, lesen Zeitung, essen Süßigkeiten oder – wenn sie zu Hause sind – schalten den Fernseher ein. Eine 28jährige Frau und Mutter: «Meine Körpergefühle sagen mir, daß mein Körper Entspannung will. Aber die Art, wie ich diese Zeit in den Pausen nutze, widerspricht dem.» Derartige Pausen stellen nicht das seelisch-körperliche Gleichgewicht wieder her. Vermutlich gönnen wir uns um so weniger Entspannungspausen, je mehr wir angespannt sind, je belastender unser Tag ist und je schneller wir Dinge tun. Auch Lehrer nutzen ihre Pausen selten in einer Weise, die zu einer deutlichen Verminderung ihrer seelischen Belastungen im Unterricht beiträgt (144).

So nehmen wir die seelisch-körperlichen Belastungen von einer Tätigkeit in die andere mit. Die Beeinträchtigungen summieren sich; am Abend sind wir erschöpft.

Entspannende Übergänge verhindern, daß wir aufgrund der Belastung einer Situation in der nachfolgenden Situation zusätzlich mehr Stress-Belastungen empfinden und unangemessener handeln. Eine Mutter: «Vor allem im Zusammenleben mit meinen Kindern habe ich gemerkt, daß ich immer dann aggressiv zu ihnen war, wenn ich vorher meine Müdigkeit übergangen habe, mich selbst nicht beachtet habe. Dadurch habe ich auf die Äußerungen der Kinder oft ganz einfach unangemessen, falsch und aggressiv reagiert.»

Möglichkeiten entspannter Übergänge

Kurze Übergänge, wenn nur wenig Zeit zur Verfügung stand, waren nach Angaben unserer Seminarteilnehmer:

«Ich stelle mich an das geöffnete Fenster und mache acht bis zehn Atemzüge.»

«Ich laufe die Stufen von dem Büro im vierten Stock hinunter in das Erdgeschoß und wieder hinauf.»

«Ich nehme im Büro ein Handtuch aus dem Schrank und lege mich drei Minuten entspannt auf den Boden.»

«Ich stelle mich ans offene Fenster und schaue einfach, sehe den Himmel, die Bäume, den Verkehr.»

«Ich gehe etwas vor die Tür, mache einen kurzen Gang.»

«Ich setze mich in meinem Arbeitsstuhl zurück, mache einige Übungen zur Entspannung von Kopf und Schultern und dann zwei Minuten Atementspannung.»

«Ich setze mich ruhig hin und freue mich an dem, was ich geleistet habe. Früher habe ich, wenn ich irgend etwas abgeschlossen hatte, sofort daran gedacht, was ich jetzt als nächstes tun muß.»

Der Arzt Dr. Duskin vom Yoga-Zentrum bei Boston: «Wenn du mit einer Aktivität aufhörst, nimm einfach mehrere tiefe Atemzüge. Wenn ich mit der Behandlung eines Patienten fertig bin, nehme ich einige tiefe Atemzüge, bevor ich zum nächsten Patienten übergehe. Dies wird zu einem Mini-Übergang, welcher es mir erlaubt, meine Begegnung mit einem Patienten in mir abzuschließen und mich auf die nächste Begegnung vorzubereiten. Auf diese Art bin ich ganzheitlich so gegenwärtig, wie es mir möglich ist» (48).

Früher führte ich mit Studierenden eine Besprechung nach der anderen durch. Am Ende des Tages war ich erschöpft. Heute achte ich darauf, daß ich nach einer halbstündigen Besprechung die Tür schließe und zwei bis drei Minuten allein bin. Ich atme bewußt und tief am geöffneten Fenster oder lege mich kurz auf den Boden, spüre, wo ich verspannt bin, und suche mich dort zu entspannen.

Allmählich werden Sie weitere entspannende Übergänge kreativ herausfinden. Der Arzt Dr. Duskin: «Lächeln ist ein weiterer guter Übergang. Wir können es auch bewußt machen. Das bewußte Lächeln ist etwas Schönes. Es ist nämlich sehr schwierig, sich gestreßt zu fühlen, wenn wir lächeln. Lächeln und Lachen sind eines meiner häufigsten Rezepte, die ich Patienten verschreibe: ‹Lache vor dem Essen und vor dem Schlafengehen!› Denn wie kann man lachen und sich gleichzeitig gestresst fühlen? Ich persönlich lache gern und viel» (48).

Haben wir mehr Zeit zur Verfügung, können unsere entspannenden Übergänge zehn bis zwanzig Minuten dauern. Eine Sekretärin: «In der Mittagspause schließe ich die Tür ab, stelle zwei Tische zusammen und schlafe fünfzehn Minuten auf den Tischen.» Andere machten einen Spaziergang mit großer Achtsamkeit für ihre Empfindungen.

Eine Krankenschwester: «Seit dem Stress-Seminar steige ich morgens eine Straßenbahnstation vor meiner Arbeitsstelle aus und abends eine Straßenbahnstation früher vor meiner Wohnung. Während des Gehens mache ich die vertiefte Atmung auf 4 Schritte ein und 8 Schritte aus, bis zur Dienststelle bzw. meiner Wohnung. Ich empfinde das als sehr entspannend.»

Früher packte ich nach einem arbeitsreichen Tag im Institut meine Sachen zusammen, ging in die Tiefgarage und fuhr 40 Minuten nach Hause. Jetzt lege ich mich, nachdem ich die Sachen zusammengepackt habe, zehn Minuten auf den Boden und mache eine Entspannungs-Prüfung (siehe Seite 308). Ich lenke meine Achtsamkeit auf den Atem und dann nacheinander auf die einzelnen Körperteile, zuerst auf die Füße, dann die Waden, Oberschenkel usw. Ich spüre Spannungen auf und entspanne diese Muskeln. Das Überraschende ist, daß der Heimweg im Auto durch die Stadt viel weniger belastend ist; es scheint mir, als ob sich die Entspannung im Auto fortsetzt. Zu Hause angekommen, fühle ich mich nicht erschöpft, sondern habe oft den Wunsch und die Kraft, mich draußen etwas zu bewegen.

Berufstätige machten folgende Übergänge zwischen Arbeitsplatz und zu Hause: «Ich dusche und habe das Gefühl, als ob alle Belastungen des Tages weggespült werden.» – «Ich ziehe bequeme Freizeitkleidung an, und das gibt mir ein anderes Gefühl.» – «Ich lege mich auf den Teppich im Wohnzimmer und spiele mit dem Kind oder der Katze.» – «Ich lege eine Platte auf und setze mich entspannt in den Sessel.»

Durch mehrere Übergänge zwischen unseren Tätigkeiten am Tag werden viele Situationen weniger belastend für uns; wir erreichen weniger das Stadium der Erschöpfung und den damit verbundenen Stress. Mit häufiger Praxis und größerer Erfahrung in der Entspannung werden die Übergänge wirksamer.

Ein entspannender Übergang zwischen der Beendigung der Tagesaktivität und dem Nachtschlaf vermindert die Schwierigkeit, die etliche Menschen haben: schwer einschlafen zu können, zu grübeln, nachts aufzuwachen, ängstliche Träume zu haben, mit einem Körper sechs bis acht Stunden im Bett zu liegen, dessen Muskeln nicht entspannt sind. Ein Teil dieser Schwierigkeiten ist bedingt durch ungünstige Tätigkeiten vor dem Schlafengehen, durch zuwenig Schlafhygiene: im Fernsehen zuvor einen Kriminalfilm oder ein aufregendes Ereignis sehen, mit vollem Magen zu Bett gehen, abends Kaffee trinken, spannend-erregende Bücher lesen u. a. Dies zu ändern ist besonders für seelisch beeinträchtigte Menschen wichtig: Jeder zweite mit deutlichen Ängsten leidet auch unter Schlafschwierigkeiten.

In Stress-Verminderungsseminaren berichteten Teilnehmer von folgenden Übergängen vor dem Schlafengehen, die sie als hilfreich erfahren hatten: keine Nahrung mehr in den letzten 1 ½ Stunden vor dem Schlafengehen – die Wohnung aufräumen – entspannende Musik hören – allein oder mit dem Hund einen Spaziergang machen – einige Hatha-Yoga-Übungen oder Muskelentspannung oder einige Atemübungen vor dem geöffneten Fenster – warm duschen – besinnliche Gedanken über den vergangenen Tag – Dankbarkeit für diesen Tag des Lebens empfinden – beten – einige Verse oder Gedanken von anderen Menschen lesen, die inneren Halt geben – Atem-Entspannung im Bett vor dem Einschlafen.

▼ Erholsame Erfahrungen-Tätigkeiten nach Belastungen

Aktive Entspannung wie Muskel-Entspannung, Hatha-Yoga-Übungen u. a. bringen uns nach Belastungen bald wieder in unser seelisch-körperliches Gleichgewicht.

Darüber hinaus wurden uns von unseren Befragten andere Tätigkeiten und Erfahrungen angegeben, die sie nach Belastungen als befriedigend und auch in gewissem Ausmaß als entspannend empfanden. Gewiß wird für diese erholsamen Erfahrungen mehr Zeit gebraucht; aber es werden zugleich andere Ziele dabei erreicht, zum Beispiel den Garten zu pflegen, mit dem Hund hinauszugehen, Kontakt mit der Natur zu haben u. a. Diese entspannenden Erfahrungen nach Belastungen erleichterten auch einen Verzicht auf Alkohol, Nikotin, reichliches Essen und Beruhigungstabletten.

Folgendes wurde von Teilnehmern einer Untersuchung (157) sowie von unseren Seminarteilnehmern als erholsam vom Alltags-Stress erfahren:

«Ich mache einen Spaziergang im Park, bis die Spannungen abklingen», sagt eine Frau. «Anschließend arbeite ich handwerklich, oder ich entspanne mich mit klassischer Musik, oder ich gehe schlafen. Fast immer sind es mehrere Tätigkeiten, die ich nacheinander mache und die erholsam sind.»

«Bei mir ist es sehr verschieden. Am liebsten ziehe ich mich zurück und lese oder höre Musik oder schreibe Tagebuch. Manchmal ist es auch schön und entspannend, mich an der Schulter meines Partners auszuruhen und mit ihm zu kuscheln. Auch ein Gespräch mit einer Freundin oder einem Freund kann entspannend und beruhigend sein. Manchmal aber ist irgendeine Arbeit für mich sehr entspannend. Oder an einem anderen Tag lege ich mich auf den Boden im Wohnzimmer, entspanne mich völlig und bin hinterher gelöst und ruhig. Es gibt noch viele Möglichkeiten für mich, mich zu entspannen. Wenn ich etwa meine sensitiven Kräfte fühle, dann gehe ich gern mit alten Leuten liebevoll um und spüre ihre Freude darüber.»

Überblicken wir die Fülle der Möglichkeiten, so ergibt sich folgendes:
▷ Menschen nehmen sich Zeit und wählen eine Tätigkeit oder Situation, die sie gerne machen. ▷ Die erholsamen Situationen oder Tätigkeiten sind bei den einzelnen sehr unterschiedlich und ändern sich zu verschiedenen Zeiten. ▷ Die Tätigkeiten führen zu einer seelisch-körperlichen Entspannung und – abgesehen von Gesprächen und Selbstklärung – auch zur Ablenkung von der Belastung. ▷ Es gibt «leisere» Erholungsmöglichkeiten, zum Beispiel Lesen und Schlafen, sowie «aktivere» wie Sport treiben, Basteln, Tanzen. – Einige Möglichkeiten zur Veranschaulichung:

Musik hören: «Ich sitze gemütlich in meinem Sessel, höre wunderschöne Musik und bin dann nachher nicht mehr so down.» – «Am erholsamsten ist es, wenn ich mich hinlege, die Augen schließe und leise, ruhige Musik höre.» – «Ich kann mich sehr gut entspannen, wenn ich Klavier spiele oder zur Gitarre Lieder singe.»

Verschiedenes: «Ich liege in eingerollter Körperhaltung mit einer Wärmflasche am Boden, streichle meine Katze und höre Musik.» – «Ich nehme ein warmes Bad oder gehe in die Sauna.» – «Schlaf ist für mich nach Stress und Spannungssituationen wichtig. Das Wort ‹eine Sache zu überschlafen› hat für mich wichtige Bedeutung.»

Körperliche Tätigkeiten: «Ich erhole mich durch Tätigkeiten, die mich möglichst nicht geistig fordern», sagt eine Frau. «Zum Beispiel gehe ich ins Fitneßcenter, um mich körperlich zu belasten und um danach angenehme Mattigkeit zu verspüren, die meine Anspannung aus dem Körper nimmt.» – «Für mich ist es am besten, Sport zu treiben», sagt ein Mann. «Auf jeden Fall ist es wichtig, etwas völlig anderes zu machen. Körperlicher Ausgleich ist für mich so wichtig.» Weitere Möglichkeiten: einen Dauerlauf machen, spazierengehen, mit dem Hund ausgehen, radfahren, schwimmen, Tennis spielen, Gymnastik machen, bei geöffnetem Fenster oder auf dem Balkon auf der Stelle laufen, Tischtennis spielen, vom Partner massiert werden. «Wenn ich sehr aufgewühlt bin, finde ich durch körperlichen Ausgleich am ehesten wieder zu mir.»

Entspannung bei leichten Arbeiten: Gartenarbeit, kochen, Wohnung aufräumen, Verbesserung der Wohnungseinrichtung, stricken: «Wenn mir die Kraft zum Sport fehlt, dann ist es eine Handarbeit, bei der ich mir einen sichtbaren Erfolg förmlich ‹erstricken› kann.»

Ablenkende Außenaktivitäten: einkaufen gehen, ein Kinobesuch, in ein Lokal gehen.

Selbstklärung: mit sich selbst reden, Selbsterforschung betreiben, das Fazit ziehen. Ein Jugendlicher: «In meinem Zimmer fühle ich mich am wohlsten, da fühle ich mich geborgen. Da kann ich mich mit dem Problem in Ruhe auseinandersetzen.» – «Tagebuch schreiben.» – «Ich habe angefangen, Ereignisse und Gedanken, die für mich belastend sind, aufzuschreiben. Dabei wird mir oft während des Schreibens vieles klarer, und ich fühle mich leichter und entlasteter.»

Gespräche mit anderen: «Ich besuche Freunde oder rufe sie an, und ich erzählen ihnen, was gelaufen ist.» – «Für mich ist es hilfreich, mit meinem Partner oder mit anderen über das Vergangene zu sprechen. Die Schwierigkeiten und Belastungen erscheinen dann weniger groß.» – Ein 15jähriger: «Wenn ich Schwieriges durchgemacht habe, dann spreche ich mit meinem Hund; dem kann ich alles erzählen.» –

– – –

Hier möchte ich die Darstellung der Ent-Spannungsmöglichkeiten beenden. Und noch zwei zusätzliche Aspekte nennen: ▷ Am Ende einer Entspannungsübung können wir uns positive Gedanken und Erfahrungen ins Bewußtsein rufen. ▷ Wir können in der Vorstellung die positive Bewältigung zukünftiger Schwierigkeiten trainieren (mentales Training). Ich habe dies auf S. 152 f dargestellt.

▽▼ Angemessene Ernährung: Weniger seelische Belastungen

Durch unser Ernährungsverhalten können wir das Risiko von körperlichen Erkrankungen deutlich vermindern und uns damit viele seelische Belastungen ersparen.

Ungünstige Ernährung fördert körperlich-seelische Belastungen

Körperliche Erkrankungen werden meist durch mehrere Faktoren verursacht und gefördert, zum Beispiel genetische (erbmäßige) Faktoren, Giftstoffe der Umwelt u.a. Art und Ausmaß der Ernährung sind ein weiterer wesentlicher Risiko-Faktor für körperliche Erkrankungen:

Über- und Fehlernährung (zuviel essen, zu fett essen, Falsches essen) verursachen mindestens ein Viertel aller körperlichen Krankheiten; vor allem Herz-Kreislauf-Erkrankungen (Bluthochdruck, Herzinfarkt, Schlaganfall), ferner Magen-Darm-Erkrankungen, Zuckerkrankheit, Leber- und Gallenstörungen, Karies der Zähne. Etwa 30 Prozent der Krebserkrankungen werden auf ungünstige Ernährung zurückgeführt. – Etwa jeder dritte Bürger der Bundesrepublik hat Übergewicht. – Die Kosten für die ernährungsbedingten körperlichen Erkrankungen erfordern in der Bundesrepublik jedes Jahr mindestens 40 Milliarden DM.

In einer Untersuchung der Harvard-Universität wurden 1962 über 19 000 Männer im Durchschnittsalter von 47 Jahren untersucht. Bei einer nochmaligen Untersuchung 26 Jahre später, 1988, waren von den dünnen Männern 40 Prozent weniger gestorben als von den Männern, die Übergewicht hatten. Die Dünnen hatten zum Beispiel 60 Prozent weniger tödliche Herzinfarkte erlitten. Jedoch gab es keinen Zusammenhang zwischen Körpergewicht und Krebshäufigkeit.

Fehlernährung besteht häufig in zu hoher Fettaufnahme bei der Nahrung.

Das Ausmaß der Fettaufnahme beeinflußt entscheidend die Lebenserwartung. So ist zum Beispiel in Japan, China und Schweden bei dem dort niedrigen Fettkonsum die Lebenserwartung der Bevölkerung höher als etwa in Polen und Ungarn mit einem hohen Verbrauch an gesättigten Fetten. Ferner: Hongkong hat nach Untersuchungen die höchste Stress-Rate der Welt; doch die Bevölkerung hat eine wesentlich höhere Lebenserwartung als die Bevölkerung der USA. Genetische Faktoren sind dafür nicht ausschlaggebend, sondern unterschiedlicher Fettverbrauch.

Bei einer Untersuchung an mehreren tausend Männern über 50 Jahren in den USA ergab sich: Starker Fleischkonsum – mindestens fünf fleischhaltige Gerichte pro Woche – verdoppelten das Risiko einer Prostata-Krebs-Erkrankung.

Asiatische Frauen erkranken seltener an Brustkrebs. Wandern sie jedoch nach den USA aus, ist spätestens in der nächsten Generation die Brustkrebsrate so hoch wie bei den dortigen Einwohnern. Medizin-Forscher fanden nun in Singapur: Asiatische Frauen dieser Stadt, die von Brustkrebs betroffen waren, unterschieden sich von Gleichaltrigen ohne Krebs in folgendem: Sie aßen Fleisch und tierische Fette, während nicht erkrankte Frauen statt dessen fast ausschließlich Sojaprodukte zu sich nahmen.

Alkohol-Konsum: Die Krankheitskosten betragen jährlich 25 Milliarden DM! Hinzu kommen Milliarden für den Arbeitsausfall und Unfälle. Ca. 20 Prozent der Unfälle mit Verkehrstoten stehen mit Alkohol in Zusammenhang. 41 000 Verkehrsunfälle mit Personenschaden ereignen sich jährlich, bei denen mindestens ein Beteiligter alkoholisiert war. – 25 Prozent der Arbeitsunfälle erfolgen in alkoholisiertem Zustand. *Viele Gewalttaten* geschehen nach Alkoholgenuß. Ebenfalls *Vergewaltigungen von Frauen sowie sexueller Mißbrauch* bei Kindern. Deutschland steht heute mit dem jährlichen Pro-Kopf-Verbrauch an reinem Alkohol mit an der Spitze der Erdbevölkerung. – 2,5 Millionen Erwachsene und 250 000 deutsche Jugendliche sind alkoholabhängig. Der chronische Konsum von Alkohol beeinträchtigt bei vielen das Immunsystem, die Funktion von Leber, Bauchspeicheldrüse und Herzmuskulatur, fördert Bluthochdruck und Krebs. Die Gehirnfunktionen werden beeinträchtigt. –

Rauchen: Die Folgekosten des Rauchens für Herz-Kreislauf-Erkrankungen, Lungenkrebs, Bronchialkrebs u. a. betragen in der Bundesrepublik jährlich ca. 22 Milliarden DM. Jede dritte Krebserkrankung ist wesentlich durch Rauchen mitbedingt. Bei Rauchern ist das Risiko für einen tödlichen Herzinfarkt um das Dreifache erhöht. 90 Prozent der Lungenkrebserkrankungen bei Männern werden auf das Rauchen zurückgeführt. Für Herz-Kreislauf-Vorgänge ist bedeutsam: Das Nikotin bewirkt im Körper, daß sich die kleinen Blutgefäße verengen, selbst die an der Wirbelsäule und in den Gelenken der Gliedmaßen. Die Blutgerinnung und damit die Fließeigenschaft des Blutes werden verringert. Die Gefäßinnenwände werden geschädigt, die Blutplättchen verklumpen leichter. –

Auch die Auswirkungen auf Familienangehörige sind bedeutsam: Nach einer Untersuchung der Universität von New Orleans müssen Frauen, die niemals geraucht haben, mit einem 30 Prozent höheren Lungenkrebsrisiko rechnen, wenn sie mit einem rauchenden Partner zusammenleben.

Angeborene Mißbildungen wie Hasenscharten, Herzfehler oder Harnröhrenverengung waren bei Kindern von Vätern, die mehr als 20 Zigaretten täglich rauchten, doppelt so häufig wie bei Kindern von Nichtrauchern. Ferner: Kinder, deren Väter im Jahr vor ihrer Geburt stark geraucht hatten, erkrankten doppelt so häufig an Leukämie oder Lymphknotenkrebs und hatten eine um 40 Prozent höhere Rate an Gehirntumoren.

Verschiedene Fehler in Art und Ausmaß der Ernährung können sich gegenseitig verstärken. Etwa hohes Ausmaß an Fleisch, tierischen Fetten, Zucker, wenig Ballaststoffe, vitaminarme Kost, ungünstige Fleischsorten wie Schweinefleisch oder geräuchertes Fleisch. Kommen Bewegungsmangel, Alkohol und Nikotingenuß hinzu, so bedeutet das eine deutliche Erhöhung des Erkrankungsrisikos.

Stress-Belastungen als weiterer Risikofaktor: Stress-Belastungen sind verbunden mit hormonalem Ungleichgewicht, Verengung der Arterien, Zunahme des Blutdruckes, Anstieg der Blutgerinnung, geringerer Durchblutung der Muskeln u. a. Besonders bei fettreicher und übermäßiger Ernährung sind diese körperlichen Folgen von seelischem Stress ein deutlicher Risikofaktor, zum Beispiel für Herzerkrankungen und Arteriosklerose.

Stress-Belastungen fördern ungünstiges Ernährungsverhalten. Bei Stress-Belastungen und danach neigen Menschen dazu, zuviel oder/ und ungünstige Nahrungsmittel zu sich zu nehmen. Ein Mann, 35: «Wenn ich weiß, meine Frau geht fort zu einem Freund, in den sie sich vor kurzem verliebt hat, und ich bleibe zu Hause, dann habe ich tiefen Frust, und in der Küche fresse ich dann, voller Heißhunger.» Wir essen weniger achtsam und kontrolliert, streben das entspannende Sättigungsgefühl an. Im Stress-Zustand essen wir meist schneller, kauen weniger, speicheln die Nahrung weniger ein; Verdauungsvorgänge und Darmflora werden hierdurch beeinträchtigt. Zur Verminderung der Spannungsgefühle bei Stress nehmen viele deutlich mehr Zucker zu sich, rauchen, trinken Kaffee oder Alkohol. Hierdurch werden in der Tat kurzfristig die Gefühle von Spannung und Erschöpfung gemindert, bei nachteiligen späteren Folgen. – So ist es aber auch verstehbar, daß Personen mit regelmäßigem täglichen Entspannungstraining und somit weniger Stress sich meist weniger schädigend ernähren.

Intensive Stress-Gefühle mit den Folgen eher reichlicher hastiger Nahrungsaufnahme sind ferner dann vorhanden, wenn ein stärkeres Übergewicht eingetreten ist: Das Selbstwertgefühl wird durch die Ablehnung des Körpers beeinträchtigt; dies ist eine deutliche seelische Belastung.

Zusammenfassend: Körperliche Erkrankungen aufgrund unangemessenen Ernährungsverhaltens haben hohe seelische Stress-Belastungen zur Folge, eine erhebliche Minderung der Lebensqualität, bei den Betroffenen und ihren nahen Angehörigen. Jedoch: Diese Erkrankungen mit den seelischen Folgebelastungen sind vermeidbar. Warum sollten wir nicht fähig sein, ein anderes Ernährungsverhalten zu lernen?

Auswirkungen eines gesünderen Ernährungsverhaltens

Wenn unangemessene Ernährung ein wesentlicher Risikofaktor für körperliche Erkrankungen ist, dann müßten Personen mit angemessener Ernährung weniger krank, also gesünder sein. Das ist durch zahlreiche Befunde nachgewiesen. Durch angemessene Ernährung können wir die Wahrscheinlichkeit körperlicher Leiden erheblich vermindern und unsere seelische Lebensqualität wesentlich fördern. Zwar werden wir alle sterben, meist an Krankheiten. Aber: Bei angemessener Ernährung wird dies später sein; und wir werden während unseres Lebens körperlich-seelisch leistungsfähiger sein. Einige Befunde zur Veranschaulichung:

Ernährung 325

▷ Der amerikanische Medizinprofessor Ornish (s. S. 331) führte eine aufsehenerregende Untersuchung durch: Er wählte Patienten mit koronarer Herzkrankheit aus, bei denen die Arterien gemäß Röntgenbildern deutlich verengt waren; innerhalb eines Jahres stand eine Bypass-Operation an. Die Hälfte dieser Patienten nahm an dem folgenden Programm teil: Verzicht auf Fleisch, Koffein, Alkohol sowie Nikotin, Fett nur 10 Prozent von den Gesamtkalorien, Stress-Verminderungstraining, Atem-Entspannung, Yoga-Entspannung, individuelles Bewegungstraining. Zur Motivierung und Einhaltung dieser Maßnahmen und zur Besprechung von Schwierigkeiten waren unterstützende Psychologische Gruppengespräche zweimal in der Woche wichtig. Medikamente wurden nicht gegeben. Nach einem Jahr zeigten die Röntgenaufnahmen: Bei den meisten Patienten der Trainingsgruppe hatten sich die Verengungen deutlich zurückgebildet, so daß sich eine Operation erübrigte. Bei der Gruppe ohne dieses Training nahm die Verengung zu, die Operation mußte durchgeführt werden. –

Das Fortschreiten der koronaren Herzerkrankung wurde im Verlauf von fünf Jahren günstig beeinflußt bei Patienten, die an einem körperlichen Training und einer konsequenten fettarmen Diät der Universitätsklinik Heidelberg teilnahmen. Es kam zu einer deutlichen Abnahme des ungünstigen Cholesterins, des Körpergewichts und zu einer Erhöhung der körperlichen Leistungsfähigkeit um 25 Prozent, im Vergleich zu Patienten ohne dieses Training.

Gemäß einer Langzeituntersuchung des Deutschen Krebsforschungszentrums Heidelberg haben Vegetarier gegenüber der «Normalbevölkerung» eine höhere Lebensdauer und waren deutlich weniger anfällig für Krankheiten. An Herz-Kreislauf-Erkrankungen starben Vegetarier nur halb so oft; die Wahrscheinlichkeit, an Krebs zu sterben, war um 40 Prozent geringer. Personen, die schon seit 20 Jahren fleischlos gelebt hatten, starben in dem Untersuchungszeitraum von 11 Jahren seltener als die, die erst seit kürzerer Zeit Vegetarier waren. Vegetarier hatten ferner niedrigeren Blutdruck und Cholesterinwerte. Größtenteils waren sie auch körperlich aktiver und sämtlich Nichtraucher; wahrscheinlich hängt ihre größere Lebenserwartung auch mit diesen beiden Faktoren zusammen.

Patienten mit rheumatoider Arthritis nahmen an einem einwöchigen Fastenprogramm teil, zum Beispiel Kräutertee, Gemüsesäfte, Gemüse. Danach wurde an jedem zweiten Tag die Ernährung um ein «neues» Nahrungsmittel angereichert. Traten innerhalb von 48 Stunden Schmerzen oder Steifigkeit ein, wurde es künftig fortgelassen. So hielten sie in den nächsten Monaten einen für sie individuell abgestimmten Diätplan ein, zum Beispiel kein Fleisch, keine Eier, kein raffinierter Zucker, kein Alkohol oder Kaffee. Dadurch besserten sich eindrucksvoll und anhaltend das allgemeine Wohlbefinden sowie Gelenkschmerzen und -schwellungen, Morgensteifigkeit und Greifkraft in den Händen, im

326 Ernährung

Vergleich zu Kontrollpatienten mit normaler Mischkost. Die Besserungen wurden durch Blutanalysen bestätigt.

Dieser kleine Ausschnitt aus vielen Untersuchungen zeigt: Wenn wir uns in Art und Ausmaß angemessener ernähren, besteht große Wahrscheinlichkeit der Verminderung von Erkrankungen und damit von seelischen Belastungen.

Schritte zur gesünderen Ernährung

Ohne finanziellen Mehraufwand können wir durch unser Ernährungsverhalten viel zur Verbesserung unserer körperlichen und seelischen Lebensqualität beitragen. *Wesentlich ist:* Fett, Zucker, Fleisch, weißes Mehl und Konserven stark reduzieren; Alkohol und Nikotin möglichst meiden. Im einzelnen:

▷ *Wenig Fett essen.* Fett ist sehr kalorienreich, zugleich schwer verdaulich und enthält wenig Vitamine-Mineralien. In vielen Nahrungsmitteln ist Fett «versteckt». Wurst enthält 30–55 Prozent Fett, Käse 30–45 Prozent, ein Lammkotelett 26 Prozent, gebratene Ente 29 Prozent, Kakao 27 Prozent, Nüsse 60 Prozent, Schokolade 34 Prozent. Kalorien, aufgenommen in Form von Fett, wirken sich viel stärker auf das Übergewicht aus als Kohlehydrat-Kalorien. Menschen mit deutlichem Übergewicht nehmen oft mehr als 45 Prozent ihrer gesamten Energie in Form von Fett zu sich! Deshalb sind «Fett-Einsparer» sehr viel erfolgreicher bei der Verminderung ihres Übergewichts als diejenigen, die hauptsächlich Kohlehydrate (zum Beispiel Brot, Kartoffeln, Nudeln) reduzieren. Kartoffeln zum Beispiel machen nicht dick; sondern die Höhe der *Fett*zufuhr ist entscheidend für Übergewicht. Kartoffeln enthalten wenig Fett, kein Cholesterin, viel Vitamin C und hochwertiges Eiweiß.

▷ *Den Verbrauch von Zucker, Süßigkeiten und Produkten mit Zuckerzusatz einschränken* (zum Beispiel Limonaden, Cola, Säfte, Marmelade). In erstaunlich vielen Nahrungsmitteln ist Zucker enthalten. Der Durchschnittsbürger nimmt im Jahr ca. 50 kg Zucker zu sich! Zucker ist sehr kalorienreich, fördert die Gewichtszunahme, enthält jedoch kaum Vitamine und Mineralien, sondern benötigt die im Körper vorhandenen. Zucker schädigt die Zähne, das Zahnfleisch sowie vermutlich auch andere Körperteile. – In und nach Stress-Belastungen haben wir ein erhöhtes Verlangen nach Süßigkeiten, zum Beispiel Schokolade oder Kuchen. Essen wir diese Süßigkeiten sehr schnell und reichlich, entsteht eine Überzuckerung; es erfolgt dann ein Insulinstoß zum schnellen Abbau; und danach ein erneutes Bedürfnis nach Süßem.

▷ *Wenig Fleisch essen, kein fettes Fleisch.* Zur Verdauung von Fleisch werden die Vitaminreserven des Körpers gebraucht. Sojaprodukte, Mandeln, Kartoffeln, Getreide, Bohnen, Linsen und Milchprodukte enthalten dagegen günstiger verwertbare Eiweißstoffe.

▷ *Vollkornprodukte* sowie Naturreis verwenden anstelle von Produkten aus weißem Mehl oder industrieller Verarbeitung; diese enthalten kaum Vitamine und Mineralien. Vollkornprodukte sind mit die wichtigsten Lieferanten von Nährstoffen und Ballaststoffen, die wir haben. Kohlehydrate helfen ferner dem Organismus beim Aufbau von Serotonin, das für die Funktion des Gehirns, etwa bei Depressionen, sehr wichtig ist. Überwiegender Verzehr von Kohlehydraten ist günstig zur Linderung depressiver Stimmungen. Sodann: Bei Personen, die sich verstärkt ballaststoffreich ernährten und wenig Fleisch aßen, waren die bakteriellen Stoffwechselvorgänge, die die Entstehung von Darmkrebs fördern, drastisch vermindert.

▷ *Viel Früchte,* Salat und frisches Gemüse essen; sie enthalten Vitamine, Mineralien und Ballaststoffe.

▷ *Den Alkoholkonsum* drastisch einschränken. Alkohol gibt zwar kurzzeitig ein Gefühl von Entspannung und Leichtigkeit; aber er beeinträchtigt Körpervorgänge. Nicht nur durch das hohe Ausmaß von Kalorien und wenig Nährstoffen. Denken Sie etwa daran, daß Mütter in der Schwangerschaft keinen Alkohol trinken sollen, um das Kind im Mutterleib nicht zu schädigen.

▷ *Nicht rauchen.*

▷ *Kaffee- und Salzkonsum einschränken.*

Hilfen zur Änderung des Ernährungsverhaltens

Unser ungünstiges Ernährungsverhalten haben wir in vielen Jahren gelernt; es ist uns zur Gewohnheit geworden. Wir können es ändern durch viele kleine Schritte, die allmählich zu Gewohnheiten werden. Um an das Ziel einer gesunden Ernährung zu gelangen, geben Sie sich Zeit für die Umstellung, und seien Sie geduldig mit sich. Nur wenige können ihre Ernährungsgewohnheiten schlagartig ändern.

Viele Menschen, so auch ich, ändern sich lieber in kleinen Schritten. So haben wir nach der Krebserkrankung meiner Lebensgefährtin in den folgenden zwei Jahren unsere Ernährung umgestellt: kaum noch Fleisch, keinen oder sehr wenig Zucker, viel Vollkornprodukte, Müsli morgens, Salate, zusätzliche Vitamine. Und wiederum zwei bis drei Jahre später war ich soweit, daß ich keine Torten, keine Schlagsahne, keine Schokolade und keine Bonbons mehr aß, keine Lebensmittelkonserven. Heute allerdings würden wir unsere Ernährung schneller umstellen, unterstützt durch die vielen klaren Befunde über die schädliche Auswirkung mancher Nahrungsstoffe, die wir damals noch nicht hatten.

▷ *Fortwährend kleine Schritte* auf das Ziel hin zu machen ist wichtig, also die Menge unserer Nahrung wegen Übergewichtigkeit zu vermindern, als auch die Art unserer Nahrung zu ändern.

Freuen Sie sich, wenn Sie eine Fleischnahrung durch Spaghetti mit Tomatensoße ersetzen konnten, wenn Sie ein Tortenstück weniger aßen, an einem Tag keine Wurst, an einem anderen Tag keinen Alkohol tranken. Tadeln Sie sich bitte nicht für das Unerreichte. Wir haben es ja meist mit jahrzehntealten Gewohnheiten der Ernährung zu tun. Sondern sehen Sie häufig das, was Sie bisher schon erreicht haben.

▷ *Zur Art des Essens:* Langsam, in Ruhe und mit Achtsamkeit essen. Je länger und gründlicher wir die Nahrung kauen, desto leichter ist die Verdauung im Magen und Darm. Das Gefühl der Sättigung tritt eher ein. Lenken Sie Ihre Achtsamkeit auf die Änderung des Geschmackes beim Kauen der Nahrung. Nehmen Sie jeweils nur kleine Bissen in den Mund. Kauen Sie jeden Bissen gründlich, etwa 12- bis 15mal. Wenn Sie nach jedem Bissen Messer und Gabel hinlegen, ist das hilfreich. Teilen Sie Ihre Mahlzeit in *kleine* Portionen auf. – Fragen Sie sich, ob Sie wirklich noch hungrig sind; essen Sie nur weiter, wenn Sie noch Hunger verspüren. Sonst stellen Sie das Essen zur Seite, wenigstens einen Moment, und achten auf Ihre Gefühle, ohne diese zu bewerten. Scheuen Sie sich nicht, Essen auf Ihrem Teller zurückzulassen; denken Sie dabei an die Kalorien, die Sie sparen; oder denken Sie, welches Gefühl Sie nachher haben würden, wenn Sie zuviel essen würden.

Je bewußter Sie essen und je mehr Sie auf Ihre Körperempfindungen achten, um so weniger essen Sie. Einige tiefe Atemzüge vor dem Essen lassen Sie ruhiger und entspannter werden. Vermeiden Sie möglichst das Essen, wenn Sie aufgeregt oder ärgerlich sind; schieben Sie eine andere Tätigkeit oder einen kleinen Gang vor das Essen. – Ein Glas Wasser vor der Mahlzeit verhindert, daß wir zuviel essen, weil wir durstig sind.

▷ Regelmäßige Entspannungsübungen und ein entspannter Lebensstil sind sehr erleichternd. Spannung ist häufig ein Grund für zu reichliche Nahrungsaufnahme und für das Essen von Süßigkeiten. Durch Entspannungsübungen lernen wir auch, bewußter zu handeln, auf die Empfindungen unseres Körpers zu achten und ihm weniger Schädigungen zuzumuten. Können wir uns nach Stress-Belastungen zunächst etwas entspannen oder bewegen, werden wir weniger verleitet, viel zu essen und unsere ungünstigen Gefühle durch Nahrungsaufnahmen zu vermindern. Wenn ich nach einem langen Arbeitstag nach Hause komme, bewege ich mich meist zuerst etwas draußen, anstatt sofort zu essen. Die Tendenz, wahllos zu essen, vermindert sich nach angemessener körperlicher Bewegung. Ein bis zwei Jahre regelmäßige Yoga-Übungen und/oder Meditationsübungen führen bei vielen dazu, das Rauchen einzustellen und kaum noch Alkohol zu sich zu nehmen.

▷ Gestalten Sie Ihre äußeren Bedingungen förderlich. So habe ich zu Hause keinen Zucker, und ich kaufe auch keine Schokolade oder Süßigkeiten ein, außer wenn ich Besuch erwarte. – Mein Hund ist eine sehr förderliche Bedingung, mich mehrmals am Tag schnell zu bewegen, statt in der Wohnung zu bleiben. – Teilen Sie Ihren Freunden und Bekannten Ihre neuen Ernährungsgewohnheiten mit, so zum Beispiel daß Sie keine Torte, Schlagsahne oder kein fettes Fleisch mehr essen. So haben Sie sich festgelegt, und es fällt Ihnen leichter, bei Einladungen dies abzulehnen. – Wenn Sie Ihre Zähne nach jeder Mahlzeit, besonders auch nach dem Abendessen, bürsten und spülen, dann führt das bessere saubere Empfinden im Mund dazu, daß wir eher einer baldigen erneuten Nahrungsaufnahme widerstehen können.

Was mir noch hilft: Ich denke wenig an das Essen. Vielleicht bedingt durch fünfeinhalb Jahre Krieg sowie vier Jahre Studium nach dem Krieg unter sehr beschränkten Ernährungsverhältnissen, steht Essen bei mir nicht oben auf der Werteskala. Für manche mag das befremdlich und unangenehm klingen, aber es ist so: Ich esse, um zu leben, und nicht umgekehrt. Bewegung, ein Gang in der Natur, ein Tennisspiel bedeuten mir gefühlsmäßig und für mein Wohlbefinden viel mehr als Essen. Jedoch achte ich auf ein gesundes Ernährungsverhalten: kein Alkohol, wenig Fett, kein Fleisch, kein Nikotin, wenig gesüßte Speisen.

▷ *Lernen und Unterstützung von anderen.* Bei der Änderung meiner Ernährungsgewohnheiten habe ich sehr viel von anderen gelernt, besonders von Jüngeren, die etwa in fernöstlichen Ländern waren, oder von meinen Entspannungs-Lehrern. Manche ihrer Gewohnheiten erschienen mir zunächst seltsam; aber sie haben mich beeinflußt, meine Ernährung zu ändern. Auch die Erfahrungen von Hochleistungssportlern, von Künstlern oder Wissenschaftlern stützen mich und regen mich an. Wenn ich höre, daß ein Spitzensportler kein Fleisch ißt, dann hilft mir das gegenüber den Argumenten von Menschen, die sagen, ich «müßte» Fleisch essen. – Ich bin dankbar für die Unterstützung durch gleichgesinnte Menschen, insbesondere durch die Mitglieder meiner Familie oder Freunde. – Auch folgendes hilft mir: In den USA ist die Zahl der Raucher auf ihren niedrigsten Stand seit 37 Jahren gesunken. Daß es dort viele Rauchverbote in öffentlichen Gebäuden, in den Gaststätten und in den meisten Verkehrsmitteln gibt, zeigt mir, daß große Teile der Bevölkerung aufhören können, ihre Gesundheit zu schädigen. Und daß Politiker den Mut haben können, sie hierbei zu unterstützen. In Norwegen zum Beispiel sind der Verkauf über Automaten sowie Werbung für Rauchwaren verboten. In Restaurants und Cafés, die in Verbindung mit öffentlichen Räumen wie Wartehallen und Einkaufszentren stehen, darf nicht geraucht werden.

Schließlich: Vielleicht empfinden Sie das auch als unterstützend, was der weltberühmte Geiger Yehudi Menuhin über seine Ernährungsgewohnheiten sagt:

«Lange bevor diese Besinnung auf die sog. biologisch-dynamische Ernährungsweise einsetzte…, habe ich versucht, mich gesund und vernünftig zu ernähren. Das gehört einfach zu meiner Lebensphilosophie. Am wohlsten ist mir, wenn ich – was ich vor Konzertaufnahmen regelmäßig tue – einen Gerstenschleim zu mir nehme oder einen Kräutertee mit reichlich Molat. Das ist ein aus Nährstoffen hergestelltes Pulver mit hohem Vitamin-B- und Lecithin-Gehalt. Oder ich esse einfach Weizenkeime, die ja sehr Vitamin-B-haltig sind. Wenn ich mir aus diesen Substanzen eine kleine Mahlzeit mixe, habe ich die Gewißheit, daß ich gesättigt bin, ohne ein Völlegefühl zu haben, daß ich erwärmt und beruhigt und im Vollbesitz meiner körperlichen und geistigen Kräfte bin.»

Interviewer: «Von einem anständigen Dinner mit vier Gängen und drei verschiedenen Weinen halten Sie wohl nicht sonderlich viel?»

Menuhin: «Wenn ich ehrlich bin: Eigentlich nicht.» (110)

Unterstützung durch Fachleute

Wenn es Ihnen trotz intensiver Bemühungen und Ihres starken Wunsches zu schwerfällt, zu einer gesünderen Ernährung zu kommen, dann sind Fachleute wichtig. Bei Schwierigkeiten mit dem Aufhören des Rauchens finden Sie hilfreiche Unterstützung in bestimmten Kursen der Krankenkassen oder bei einem spezialisierten Verhaltens-Therapeuten. Durch die Hinzunahme von sog. Nikotinpflastern, die dem Körper vorerst das Nikotin ohne Rauchinhalation geben, fällt das Aufhören leichter; Entzugserscheinungen treten so kaum auf. –

Diejenigen, die sich durch seelische Beeinträchtigungen und starken Stress belastet fühlen und hierdurch nicht die Kraft zur Änderung ihres Ernährungsverhaltens haben, erfahren durch eine kombinierte Gesprächs- und Verhaltenstherapie Entlastung und mehr seelisches Gleichgewicht. Auch Gesundheits- und Stress-Verminderungsseminare sind hilfreich. Die seelische Entlastung ist förderlich für eine kontrollierte Nahrungsaufnahme.

Bei Personen mit deutlichem Übergewicht *und* Depressivität ist die Verminderung der Depressivität wichtig, durch Gesprächs- und Verhaltenstherapie, durch Mikro-Nährstoffe sowie notfalls durch neuere Medikamente mit geringen Nebenwirkungen.

Schließlich: Diejenigen, die ihre Ernährung und ihren Lebensstil wegen Herz-Kreislauf-Beschwerden, hohen Blutdrucks, hohen Cholesterinwerten und Übergewicht ändern möchten, finden in dem Buch des amerikanischen Medizin-Professors Dean Ornish umfassende, gut verständliche, überzeugende und unterstützende Anregungen: Revolution in der Herztherapie, Kreuz-Verlag, 1992.

Hilfreiche Gedanken und Bilder

Bei der Umstellung unserer Ernährung und der Herausbildung neuer Gewohnheiten sind Gedanken, Bilder und Vorstellungen sehr hilfreich. Wenn wir bei beeinträchtigenden Nahrungs- und Genußmitteln zugleich Gedanken und Vorstellungen über die schädlichen Auswirkungen haben, dann fällt es uns leichter, davon Abstand zu nehmen. Einige Beispiele:

Bei der Vermeidung von Fleisch freut mich der Gedanke, daß meinetwegen keine Tiere unter ungünstigen Bedingungen zu leben brauchen, nicht gemästet und geschlachtet werden. Der Gedanke, daß Fleisch ein Stück einer Tierleiche ist und daß das Tier meinetwegen getötet wurde, auch dieser Gedanke hält mich davon ab, Fleisch zu essen. Und ferner: Durch einen Verzicht auf 1 kg Fleisch werden 7–10 kg Getreide zur Ernährung hungernder Menschen frei. Gegenwärtig wird weltweit über ein Drittel des erzeugten Getreides an das Vieh verfüttert. Angesichts dessen, daß täglich ca. 35 000 Menschen direkt oder indirekt an Hunger sterben, ist die Verfügbarkeit von größeren preiswerten Getreidemengen durch Verzicht auf Fleisch wichtig.

Für die Produktion von einem Kilogramm Rindfleisch werden 25 000 Liter Wasser benötigt und für ein Kilogramm Butter 21 000 Liter; für ein Kilogramm Hafer dagegen nur 2000 Liter Wasser und für Tomaten oder Salat 250 Liter! Und: Rinder produzieren Methangas, das aus ihren Mägen in die Atmosphäre entweicht. Methan ist nach Kohlendioxyd das wichtigste Treibhausgas; mit 12 Prozent sind Rinder an der Aufheizung der Atmosphäre durch Methan beteiligt. – Ermutigend dagegen: In den letzten 15 Jahren ist der Rindfleischverbrauch in den USA bereits um ein Drittel zurückgegangen, aufgrund öffentlicher Diskussionen über gesunde Ernährung.

Sehe ich heute eine Torte mit Creme oder einen Zuckerkuchen mit Schlagsahne, dann ist es für mich kein Verzicht; ich brauche mich nicht zu überwinden. Ich habe die Vorstellung in mir, daß diese cremige Torte Stoffe enthält, die mich belasten. Wenn ich dieses Tortenstück essen würde, wäre es so, als ob ich «Schmieröl» in meinen Körper geben würde. Und ich genieße den Gedanken, wenn ich aus einem Restaurant oder Café gehe, daß ich mich jetzt nicht mehr wie früher voll und eher müde fühle.

Wenn es Ihnen manchmal schwerfällt, sich beim Essen Zurückhaltung aufzuerlegen: denken Sie daran, daß Sie sich dadurch nachher beweglicher, freier und leistungsfähiger fühlen werden und nicht soviel Energie brauchen, um die zu reichliche oder ungünstige Nahrung zu verdauen. Sie können auch daran denken, wieviel Belastung Sie sich und ihren Angehörigen durch die später eintretenden Schäden falscher Ernährung ersparen können. Außerdem: Die Erfahrung, daß Sie bei der Ernährung häufig selbstdisziplinert sein können, nach Ihren Vorstellungen und Wünschen handeln können, fördert Ihre Selbstwirksamkeit, eine Einstellung, die sich sehr positiv auf Seelisches auswirkt.

Wenn es Ihnen unangenehm ist, in einer Gesellschaft Alkohol oder Fleisch abzulehnen, dann kann der Gedanke für Sie förderlich sein: Meine Haltung kann für andere eine Hilfe sein. Ich habe viel von Menschen gelernt, die ihre Ernährung umgestellt haben, auch wenn ich das zunächst als etwas seltsam ansah.

Auch in Restaurants äußere ich heute meine Wünsche, zum Beispiel nach einer Portion Naturreis und einem bestimmten Gemüse, auch wenn es nicht auf der Karte angegeben ist. Und ich bitte um die Zubereitung mit möglichst wenig Fett. Ich bin auch nicht mehr so unehrlich wie früher, wo ich auf eine Frage der Bedienung, ob es mir geschmeckt habe, oft antwortete: «Ja, gut.» Heute sage ich eher: «Ich muß das nächste Mal besser auswählen» oder «Ich hätte es vorher sagen sollen, daß ich möglichst wenig Fett möchte».

▼ Vitamine, Mineralien und Spurenelemente (Mikro-Nährstoffe)

Sie sind sehr bedeutsam für die körperliche Gesundheit und – über den Gehirnstoffwechsel – für die seelische Gesundheit. Dies ist durch Forschungen besonders des letzten Jahrzehnts offenbar geworden, auch dank verfeinerter Untersuchungsmethoden zur Bestimmung von Mikro-Nährstoffen in den Zellen.

Mangelzustände an Mikro-Nährstoffen und *seelische* Beeinträchtigungen

Dieser Zusammenhang ist derart zu denken: ungünstige Ernährung, genetische Bedingungen, Erkrankungen sowie längerdauernde seelische Belastungen haben einen Mangel an Mikro-Nährstoffen zur Folge. Diese Mangelzustände im Gehirn wirken sich ungünstig auf seelische Vorgänge aus. – Einige Untersuchungsbefunde:

An der Universität Göttingen wurde von Prof. Pudel bei über tausend Personen zwischen 17 und 29 Jahren der Status an Vitaminen, Mineralien und Spurenelementen untersucht. Der seelische Zustand dieser Personen wurde mit psychologischen Tests erfaßt. Ergebnis: Personen, die zu den verschiedenen Untersuchungs-Zeitpunkten einen Mangel an Mikro-Nährstoffen aufwiesen, waren im Vergleich zu Personen ohne derartigen Mangel in ihrem seelischen Wohlbefinden beeinträchtigt; sie hatten eine erhöhte gefühlsmäßige Gereiztheit (mehr Erregtheit, Ärger), mehr Ängste, erhöhte Nervosität und Depressivität.

Ein Mangel an B-Vitaminen, an Kalzium, Eisen und Magnesium hängt zusammen mit größerer Ermüdbarkeit, Nervosität und Muskelspannungen (129; 130).

Wissenschaftler der Universitäten Gießen und Göttingen stellten fest: Ältere Menschen, die einen Mangel an B-Vitaminen oder an Vitamin C aufwiesen, waren seelisch mehr beeinträchtigt, leichter erregt, depressiver, müder und empfindlicher als gleichaltrige Personen ohne Mangelzustände (37).

Ein Mangel an Kalzium in der Rückenmarksflüssigkeit hing mit seelischen Beeinträchtigungen zusammen, zum Beispiel mit Depressionen (42).

Bei Patienten mit sog. Geisteskrankheiten wie Schizophrenie und Depression wurden mit neuartigen Methoden der Blutuntersuchung charakteristische Mängel im Mineralstoff-, Vitamin- und Spurenelement-Haushalt gefunden (128; 130; 132; 174). Wissenschaftler sehen diese «Geisteskrankheiten» zunehmend mehr als heilbare Stoffwechselstörungen an. Dabei sind *unter anderem* hohe Dosen von Vitaminen, Mineralien und Spurenelementen entscheidende Heilmittel.

Schlafstörungen, Ängste, Depressionen und Freitod können zusammenhängen mit einem Mangel des Stoffes Serotonin im Gehirn. Diese Mängel können durch bestimmte natürliche Stoffwechselelemente (159), durch Johanniskraut-Extrakt oder durch neuere Medikamente, sog. Serotonin-Wiederaufnahme-Hemmer, vermindert werden; diese erhöhen die Verfügbarkeit des Serotonins im Gehirn.

Zusätzliche Mikro-Nährstoffe: Günstig bei seelischen Beeinträchtigungen

Treffen die Befunde über den Zusammenhang zwischen Mangel an Mikro-Nährstoffen und seelischen Beeinträchtigungen zu, dann müßten zusätzliche Gaben von Mikro-Nährstoffen seelische Beeinträchtigungen mindern und das seelische Wohlbefinden erhöhen. Das ist in der Tat der Fall, sowohl vorbeugend als auch bei eingetretenen seelischen Beeinträchtigungen:

Die Hälfte der Personen, bei denen von Prof. Pudel an der Ernährungspsychologischen Forschungsstelle Mangelerscheinungen an Mikro-Nährstoffen sowie seelische Beeinträchtigungen festgestellt wurden, erhielt über acht Wochen ein Vitamin-Mineral-Präparat; die andere Hälfte erhielt gleich aussehende Leertabletten. Die Auswahl geschah zufallsmäßig. Ergebnisse: Bei den Personen mit Mangelzuständen an Mikro-Nährstoffen führten die Vitamin-Mineralien-Gaben zu günstigen seelischen Auswirkungen in den psychologischen Tests: größere Selbstsicherheit, deutlich bessere Stimmung, gesteigertes Wohlbefinden, Verringerung der gefühlsmäßigen Labilität, höhere Aktiviertheit und Konzentration, geringere Introversion; ferner Verminderung von Nervosität und Depressivität.

In dem Buch des zweifachen Nobelpreisträgers Linus Pauling sind viele Untersuchungen über den Zusammenhang zwischen Mangelzuständen an Vitaminen und seelischen Beeinträchtigungen dargestellt, besonders der Mangel an Vitamin B_{12} bei sog. Geisteskrankheiten. Seine Folgerung: «Diese Beobachtungen zeigen, daß zur Behandlung aller geisteskranken Patienten die Verabreichung höherer Dosen Vitamin B_{12} und anderer Vitamine gehören sollte» (128, S. 238).

Ebenfalls stellt Prof. Pauling Untersuchungen dar, die von anderen bestätigt wurden: Der Intelligenzquotient von Schülern, bei deren Zellanalyse sich ein Mangel an Ascorbinsäure (Vitamin C) ergab, konnte durch Vitamin-C-Gaben gesteigert werden. In noch größerem Umfang war dies der Fall bei geistig behinderten Kindern im Alter von 5 bis 16 Jahren.

Spannungskopfschmerzen, ängstliche Grundstimmung sowie Muskelspannungen und leichte Erschöpfbarkeit können mit *Magnesium-Mangelzuständen* zusammenhängen. Magnesium fördert die Sauerstoffversorgung der Muskeln, auch des Herzmuskels; bei Stress und Angstzuständen ist die Muskulatur häufig gespannt, die Sauerstoffversorgung gemindert. Ferner: Magnesium hemmt die Freisetzung der «Stress-Hormone» Adrenalin und Noradrenalin. Hierdurch werden die körperlichen Erregungen bei Stress-Belastungen vermindert, zum Beispiel die Kontraktion der Muskeln und ihre verminderte Durchblutung. So erbrachten mit Magnesium gut versorgte Versuchstiere höhere Lernleistungen und produzierten unter Belastungen weniger Stress-Hormone.

Aufgrund der vielen vorliegenden Befunde können wir schließen: Menschen mit starken Stress-Belastungen sowie seelischen Beeinträchtigungen haben meist Mangelzustände an Mikro-Nährstoffen. Welche Mikro-Nährstoffe im einzelnen in den Körperzellen fehlen, ist nur mit aufwendigen Untersuchungen feststellbar. Von medizinischen Experten auf diesem Gebiet wird deshalb die Einnahme von Multi-Vitamin-Mineral-Präparaten in therapeutischer Dosierung empfohlen, die über veraltete Ernährungsempfehlungen deutlich hinausgehen. Und zwar von den Vitaminen und Mineralien, die in dieser höheren Dosierung keine schädigenden Auswirkungen haben.

Mikro-Nährstoffe zur Vorbeugung-Minderung *körperlicher* Erkrankungen

Hier sind im letzten Jahrzehnt deutliche Fortschritte erzielt worden, so daß Menschen körperliche und damit in der Folge auch seelische Belastungen erspart bleiben können. Bei immer mehr Krankheiten zeigte sich ein Zusammenhang mit Mangelzuständen an Mikro-Nährstoffen.

Etwa bei Krebserkrankungen gab es einen Mangel an dem Spurenelement Selen und zum Beispiel an den Vitaminen C, E sowie Karotin (Provitamin A). Insgesamt sind die Befunde besonders in den USA überwältigend, so daß auch Ärzte in Deutschland für Mikro-Nährstoffe als sog. Heilmittel aufgeschlossener werden. Die Notwendigkeit einer zusätzlichen Zufuhr ergab sich auch in medizinischen Untersuchungen bei Leistungssportlern, aber auch bei Breitensportlern. Gewiß sind Menschen mit starken seelischen Belastungen oder Erkrankungen keine Sportler. Aber ihre körperlichen Belastungen sind bei Stress ebenfalls hoch, allein wenn wir an die andauernden Muskelspannungen denken.

Diese Zusammenhänge zwischen Mikro-Nährstoffen und Erkrankungen führten dazu: Zur Vorbeugung bei gesunden Menschen und zur teilweisen Verminderung bei eingetretenen Erkrankungen wurden größere unschädliche Dosen von Vitaminen und Mineralien sowie Spurenelemente gegeben. Dadurch wurde bei einem größeren Prozentsatz der körperliche Gesundheitszustand deutlich verbessert, die Wahrscheinlichkeit des Eintretens schwerer Erkrankungen nahm ab, zum Beispiel:

Das Vitamin C erwies sich als Heilfaktor bei der Stärkung des Immunsystems, Verminderung von Erkältungen, von rheumatischen Beschwerden und Vorbeugung gegen Krebs und andere toxische Stoffe (128; 159). – Das Vitamin E etwa kann Alterungsprozesse verlangsamen (84; 130). Bei einer Untersuchung von 3000 Personen über sieben Jahre lang in Basel fand Prof. Stähelin: «Bei einem niedrigen Vitaminspiegel steigt die Krebsgefahr erheblich an, oder positiv ausgedrückt: Bei guter Vitaminversorgung sinkt das Risiko, an Krebs zu erkranken» (22).

Der Vitamin-Mineral-Spiegel wurde bei fast 3000 gesunden älteren Männern der Region Basel von Professor Gey von der Universität Bern untersucht. Zwölf Jahre danach waren 164 Personen an Herzerkrankung und Schlaganfall gestorben. Es ergab sich: Personen mit einem niedrigen Vitamin-C- und Karotin-Spiegel hatten ein doppelt so hohes Risiko, an einer Herzkrankheit zu sterben, und ein vierfach erhöhtes Risiko, an einem Schlaganfall zu sterben, als Personen mit normalem Vitamin-Spiegel.

Der Medizin-Professor K. H. Schmidt von der Universität Tübingen: «Es ist naturwissenschaftlich und statistisch sauber nachgewiesen, daß ich das Krebsrisiko auf etwa ein Fünftel drosseln kann, wenn ich mich in einer ganz bestimmten Größenordnung mit den Vitaminen C, E und mit Karotin versorge. Das ist für mich Grund genug, das zu tun und das auch zu empfehlen.«

Zur Notwendigkeit zusätzlicher Mikro-Nährstoffe

Warum kann unsere tägliche Nahrungsaufnahme Mangelzustände an Mikro-Nährstoffen nicht ausgleichen? Nun: Der Gehalt an lebensnotwendigen Vitaminen, Mineralien und Spurenelementen wird durch die heutige Ernährung meist nicht gedeckt:

▷ Viele Nahrungsmittel enthalten aufgrund längerer Lagerung sowie chemisch und technisch starker Behandlung wenig Vitamine und Mineralien. So verliert weißes Auszugsmehl im Verhältnis zum Vollkornmehl 84 Prozent des Eisens, 85 Prozent des Magnesiums, 75 Prozent des Selens, 100 Prozent des Provitamins A und des Vitamins E, 85 Prozent des Vitamins B_1 und 76 Prozent des Kalziums!
▷ Unsere Umwelt und damit unsere Nahrungsmittel enthalten zunehmend mehr schädliche Stoffe durch Überdüngung, Schädlingsbekämpfungsmittel, durch Industrie- und Autoabgase, Strahleneinwirkung u. a. Die Nitrat-Belastung von Gewächshaus-Gemüse ist heute viel stärker als früher. Ackerböden sind an Magnesium verarmt.
▷ Zucker, Fleisch und Kaffee benötigen zu ihrer Verdauung Vitamine und Mineralien aus den Depots des Körpers. Die schädlichen Auswirkungen des Rauchens erfordern erheblich mehr Vitamin C zum Schutz der Zellen. Stärkerer Alkoholgenuß führt auch bei Personen mit überwiegend normaler Ernährung zu einem erheblich reduzierten Spiegel an Vitaminen A, C, E, Selen u. a.
▷ Durch Stress, Ängste und chronische Muskelspannungen entsteht ein erhöhter Bedarf an Vitaminen, Mineralien und Spurenelementen. Die Aufnahme bestimmter Vitamine durch den Darm ist vermindert. – Bei Erkrankungen, beispielsweise bei Infektionen, entsteht oft ein Mangel an Vitaminen und Mineralien.
▷ Die Einnahme von Tabletten, zum Beispiel zur Schwangerschaftsverhütung oder von Psychopharmaka, bedingt einen erhöhten Verbrauch von Vitaminen und Mineralstoffen.
▷ Die Aufnahme von Mikro-Nährstoffen bei älteren Menschen ist meist gering, bedingt durch die Art ihrer Ernährung. Zugleich benötigen sie zur Erhaltung ihrer körperlich-seelischen Funktionen zusätzliche Mikro-Nährstoffe.
▷ Es wird zunehmend akzeptiert, daß bei Menschen starke individuelle Unterschiede hinsichtlich der Mangelzustände an Mikro-Nährstoffen existieren so-

wie es auch starke Unterschiede in Größe, Aussehen und Gewicht der Menschen gibt.

▷ Das letzte Jahrzehnt hat die zunehmende Erkenntnis gebracht, daß durch vorbeugende Einnahme von Mikro-Nährstoffen körperliche und seelische Erkrankungen vermindert werden können.

▷ Falls Sie noch skeptisch sind: nach Mitteilung der Deutschen Gesellschaft für Ernährung weist zum Beispiel ein Viertel der 13- bis 14jährigen einen Vitamin-B_1-Mangel auf, bei einem Drittel dieser Altersgruppe fehlt Eisen, 40 Prozent weisen einen Mangel an Kalzium und Vitamin B_6 auf. Dies hängt teilweise zusammen mit einer ungünstigen Ernährung Jugendlicher (56).

Angemessene Ergänzung mit Mikro-Nährstoffen

Zur Vorbeugung sowie bei eingetretenen seelischen Belastungen, seelischen Erkrankungen und körperlichen Erkrankungen, ferner bei zunehmendem Alter ist die Einnahme angemessener Mengen von Vitaminen, Mineralstoffen und Spurenelementen sinnvoll. Prof. Schmidt: «Wenn die Risiken chronischer Krankheiten so eindrucksvoll verringert werden können, wie wir es heute als sicher annehmen können..., dann ist es doch am besten, genau kontrollierbar etwas für seine Gesundheit zu tun.»

Der Nobelpreisträger für Chemie Linus Pauling: «Wir wissen heute genau, daß Vitamine in höherer Dosierung häufig die Gesundheit verbessern» (127). Durch die Mikro-Nährstoffe werden insbesondere Schädigungen der Körper-Zellen vermindert.

Was jedoch ist von der Meinung zu halten, hohe Dosen von Vitaminen würden doch nur mit dem Urin ausgeschieden? Der Arzt Dr. Kiefer: «In diesem Punkt müssen die Ernährungsexperten umdenken, die uns erzählen wollen, bei normaler Ernährung gäbe es in unserer zivilisierten Welt keinen Vitaminmangel» (84). Der zweifache Nobelpreisträger Linus Pauling: «Es ist einfach nicht wahr, daß man fast das ganze hochdosierte Vitamin C wieder mit dem Urin verliert... Ich bin Chemiker, ich habe das überprüft» (127).

Welche Ergänzung ist möglich? Hier gibt es verschiedene Empfehlungen. Ich richte mich nach den Empfehlungen des Chemikers Linus Pauling (128, S. 20ff), im Ausmaß etwas vermindert, da ich kein Fleisch esse, keinen Alkohol trinke und nicht rauche:

Jeden Tag möglichst morgens oder mittags Vitamin C 1–6 Gramm, Vitamin E 400 Einheiten, eine Tablette Vitamin-B-Komplex, Vitamin A 3000–5000 Einheiten, eine Tablette Karotin, eine Multi-Mineraltablette oder entsprechendes Mineralpulver, einschließlich Magnesium, Zink und dem Spurenelement Selen. Ich kaufe diese Mikro-Nährstoffe – von einigen Firmen preisgünstig hergestellt – in Apotheken; in sonstigen Läden sind die Produkte des öfteren zu gering dosiert und teurer. Die Kosten betragen etwa 95 Pfennig am Tag. Auf Reisen nehme ich ein gutes Multi-Vitamin-Mineral-Präparat sowie Vitamin C. – Durch eine kohlehydratreiche Ernährung (viel Vollkornbrot, Nudeln, Kartoffeln u.a.) fördere ich bei Vorhandensein genügender B-Vitamine die Verfügbarkeit des Stoffes Serotonin im Gehirn; dies ist für die emotionale Befindlichkeit bedeutsam.

Literatur:
Eingehend begründete Empfehlungen finden Sie etwa in:
▷ Kapitel 5 des Taschenbuches des amerikanischen Arztes Airola «Natürlich gesund», Rowohlt-Taschenbuch, S. 261–295.
▷ In dem Taschenbuch von Mindell (113).
▷ In dem Buch des deutschen Arztes Dr. Pflugbeil «Vital Plus», 1990.
▷ Besonders Interessierte finden eingehende Forschungsbefunde in dem Taschenbuch des Nobelpreisträgers Linus Pauling «Das Vitamin Programm», Goldmann-Taschenbuch.

Ärger, Wut, Feindseligkeit – Herauslassen? Unterdrücken? Oder?

In schwierigen Stress-Situationen, wenn wir uns in unserem Wohlbefinden, in der Erreichung unserer Ziele und Wünsche bedroht fühlen, in unseren Erwartungen enttäuscht sind oder uns unfair behandelt fühlen, dann erleben viele Menschen Ärger, Feindseligkeit, neigen zu aggressivem Verhalten.

Wie häufig Menschen ärgerlich oder wütend werden, das ist unterschiedlich. Mancher wird alle zwei Wochen etwas ärgerlich; ein anderer empfindet jeden Tag mehrmals deutlichen Ärger und Wut.

Bei jungen Menschen wurde festgestellt (7): Mehr als die Hälfte empfand ein- bis zweimal in der Woche intensiven Ärger. Bei jedem fünften hielt der Ärger länger als einen Tag an. Häufig richtete sich der Ärger gegen eine Person, zu der an sich eine gute Beziehung bestand. Ärger und Wut wurden meist in Worten ausgedrückt, aber auch dadurch, den anderen weniger zu unterstützen. Bei jedem fünften Ärger- und Wuterleben fand *körperliche* Aggression statt. Des öfteren gab es auch eine Verlagerung der Feindseligkeit auf andere Personen.

Die äußeren Anlässe zu derartigen Gefühlen und Verhaltensweisen sind unterschiedlich: Manche Eltern, Lehrer, Vorgesetzte und Kollegen reagieren schon bei kleinen Beeinträchtigungen ärgerlich oder aggressiv. Andere dagegen bleiben ruhig und gelassen; Ärger oder Aggression taucht erst auf, wenn die Schwierigkeiten sehr groß sind.

Dieses unterschiedliche Reagieren hängt ab: ▷ Von dem Ausmaß der Stress-Belastung *vor* der Situation, also etwa von Zeitdruck, Hast, Ungeduld, Ehrgeiz, Bedrängnis. ▷ Wie bedrohlich-beeinträchtigend die Situation oder die andere Person bewertet wird. ▷ Von dem Selbstwertgefühl und der seelischen Verletzlichkeit des einzelnen. ▷ Von seiner Einfühlung in den anderen. ▷ Ob Ärger und Aggressivität als notwendig und günstig in zwischenmenschlichen Beziehungen angesehen werden oder als ungünstig und vermeidbar.

Menschen *lernen* es, bei Vereitelungen, Beeinträchtigungen und Bedrohungen aggressiv oder nicht-aggressiv zu reagieren. Selbst wenn Wut und aggressives Verhalten mit sog. angeborenen Instinkten oder Trieben zusammenhingen: das Verhalten wird bedeutsam durch das Lernen beeinflußt. Dieses Lernen erfolgt wesentlich dadurch, daß wir wahrnehmen ▷ wie andere Menschen sich bei Schwierigkeiten verhalten ▷ ob Menschen mit Ärger und aggressivem Verhalten Mißerfolg oder «Erfolg» haben ▷ von der Bewertung und Einstellung zu Ärger, Feindseligkeit und Aggression.

Wie sollen wir in Situationen schwieriger Stress-Belastung mit den Gefühlen von Ärger, Wut, Feindseligkeit und Aggressivität umgehen? Hierüber gibt es Unsicherheit und falsche Auffassungen. Da die Art des Umgangs mit diesen Gefühlen bedeutsam für die Lebensqualität von uns und anderen ist, möchte ich im folgenden eine wissenschaftliche Darstellung geben. Und geprüfte Wege zeigen, wie wir in derartigen Stress-Situationen angemessener handeln können.

Die körperlichen Auswirkungen sind meist ungünstig

Ärger, Wut, Feindseligkeit und Aggression – herausgelassen oder zurückgehalten-unterdrückt – sind verbunden mit einer deutlichen Alarmierung von Körpervorgängen durch das Sympathische Nervensystem (Kampf-Flucht-Reaktion). Puls und Blutdruck erhöhen sich, die Muskelspannung nimmt zu, Hormone werden ausgeschüttet. Viele Betroffene spüren das auch: Gesicht und Mund werden als gespannt empfunden, z. T. werden die Fäuste geballt, das Blut scheint durch den Körper zu rasen. Manche haben das Gefühl, gleichsam zu explodieren. Einige Zeit später können Kopf- oder Rückenschmerzen und andere Verspannungen auftreten, ferner Erschöpfung.

Herausgelassener Ärger, Wut und aggressive Feindseligkeit sind meist *belastend für Herz-Kreislauf-Vorgänge*; beim sog. Ausleben dieser Gefühle steigern sich Menschen oft noch in die Erregung hinein.

Bei nicht-ausgelebtem, nicht-ausgedrücktem Ärger, Wut und aggressiven Gefühlen kommt es zu einer deutlichen *Zunahme des Blutdrucks*.

Bei häufigem Ärger, Feindseligkeit und Aggressivität – gleich ob ausgelebt oder nicht-ausgelebt – ist zweierlei gegeben: ▷ Herz-Kreislauf-Belastungen sowie Bluthochdruck. ▷ Liegen bereits Herz-Kreislauf-Schäden sowie Bluthochdruck vor, so können intensiver und/oder häufiger Ärger, Feindseligkeit und Aggressivität zum Infarkt führen:

Menschen, die sich leicht ärgern, gegenüber der Umwelt gereizt, überkritisch und feindselig sind sowie leicht aufbrausend, erleiden häufiger schwere Herzkrankheiten, bedingt u. a. durch Erhöhung von Puls, Blutdruck und erhöhten Blutfetten bei Stress-Belastungen.

Bei Personen, die zu cholerischen (aufbrausenden) Reaktionen neigten, war die Sterblichkeit insbesondere durch Infarkte um das siebenfache erhöht. Cholerische Reaktionen, Feindseligkeit und Ärger sind ein größeres Risiko für Herzerkrankungen als Rauchen.

Ein bereits geschädigtes Herz reagiert bei Ärger-Stress mit deutlicher Abnahme der Leistung, ein gesundes Herz mit größerer Leistung.

Personen, die sich häufiger ärgerten, hatten mehr psychosomatische Beschwerden im Vergleich zu Personen, die zu einer «Ärger-Kontrolle» fähig waren.

So wirken sich häufiger intensiver Ärger, Wut und Feindseligkeit (herausgelassen oder nicht-herausgelassen) körperlich ungünstig aus; für Personen mit Herzkrankheiten sind sie ein Gesundheits-Risiko.

Herausgelassener Ärger, Wut, Aggression

«Günstige» psychosoziale Auswirkungen

▷ Viele spüren unmittelbar eine größere Aktivierung, Energie, Durchsetzungskraft und z. T. Erleichterung. Biologisch ist das verständlich: Bei aggressiven Gefühlen werden körperliche Vorgänge zur Bewältigung von Gefahren aktiviert, zum Beispiel durch das Hormon Adrenalin.

▷ Aggressive Gefühle und Handlungen vermindern Ängste und Gefühle der Unterlegenheit oder lassen sie nicht bewußt werden. Ein 18jähriger: «Aggression bringt Vorteile. Bei Krawallen mit anderen Jugendlichen erscheint man als der Mächtigere, erlebt kurzzeitig ein Hochgefühl. Es überdeckt bei vielen eine Verzweiflung, Traurigkeit oder Einsamkeit.» So hatten Jugendliche bei destruktiven Tätigkeiten und Vandalismus unmittelbar ein positives Gefühl der Selbstwirksamkeit (5).

▷ Ärger, Wut und Aggressivität helfen manchen schüchternen zurückhaltenden Menschen, entschiedener zu handeln. Oft konnten sie sich gegenüber Einschränkungen, demütigenden Handlungen und Rücksichtslosigkeiten längere Zeit nicht durchsetzen und nahmen sie hin. Im Zustand von Ärger und Aggressivität entscheiden sie sich und gewinnen Energien zur Änderung. «Wenn das Maß voll ist», «das Faß übergelaufen ist», dann lehnen sie sich auf. «Ohne Aggression kann ich mich gegenüber anderen nicht durchsetzen und meine Ziele und Wünsche erreichen.»

▷ Manche erleben durch ihren Ausdruck von Ärger, Wut und Feindseligkeit bei ihrem Gegenüber mehr «Erfolg». In starkem Ärger getroffene Maßnahmen eines Lehrers zum Beispiel können eine Klasse unmittelbar zur Ruhe und zu mehr Disziplin bringen. Die Aggression anderer kann eingeschränkt werden, diese bekommen Angst vor Benachteiligungen, sind beeindruckt. Oft haben Mächtigere und Stärkere, die im Besitz größerer Verfügungsgewalt sind, diese «Erfolge».

▷ Für die meisten dieser als günstig empfundenen Folgen bei Ärger, Wut und Feindseligkeit gilt allerdings: Die «Erfolge» können auch auf Wegen ohne Wut und Feindseligkeit erreicht werden.

▷ Bewerten Menschen das Ausleben von Ärger, Wut und Feindseligkeit als richtig, gesund und notwendig, dann fühlen sie sich nach einem solchen Verhalten eher gut. «Heute denke ich nicht mehr so wie früher, daß ich ‹schlecht› bin, wenn ich aggressiv bin», sagt ein 35jähriger; «Aggression ist für mich ein Ausdruck meiner Energie und Kraft. Ich finde es wichtig und notwendig, Aggressionen auszuleben.» Oft ist diese positive Bewertung des eigenen aggressiven Verhaltens ein Schutz, eine Rechtfertigung. Denn aggressives Verhalten von anderen, das sich gegen die eigene Person richtet, wird eher abgelehnt.

▷ Richten wir in schwierigen Situationen Ärger, Wut und Feindseligkeit gegen andere, dann sind nicht wir der Gegenstand unseres Ärgers und Zorns. Das kann entlastend sein. Anderen wird die Schuld gegeben, den Kindern, den Eltern oder im Sport dem Gegner, dem Schiedsrichter oder den Zuschauern. Durch diese Schuldzuweisungen beschäftigen wir uns kaum mit unseren eigenen Anteilen an den Ereignissen, sondern nur mit dem, was andere unserer Meinung nach schlecht gemacht haben. Das lenkt von unseren Schwierigkeiten, Fehlern und Schwächen ab. Kurzfristig kann dies schützend sein.

Ungünstige psychosoziale Auswirkungen

▷ Wir lassen uns hinreißen zu Aktivitäten, die wir im nachhinein nicht billigen, wir beeinträchtigen andere und uns. Bei Ärger, Zorn und Wut können wir uns «vergessen». Unsere Wahrnehmung, unser Denken und unser Bewußtsein sind durch Wut, Ärger und Feindseligkeit eingeschränkt. Wir haben weniger Kontrolle über unsere Gefühle und unser Verhalten. Eine Tageszeitung (71): «Ein Autofahrer ärgerte sich, weil der Vordermann zu langsam fuhr. An der nächsten Ampel stieg er aus und prügelte mit einem Knüppel Beulen in dessen Auto.»

Durch das Ausleben von Ärger und Wut werden diese Gefühle oft stärker. Wahrnehmung und Denken werden weiter eingeschränkt. Wir sehen keine anderen Handlungsmöglichkeiten. Im Zustand hoher Erregung tun wir etwas, was wir sonst nicht tun würden. «Das Gefühl nimmt mich in dem Moment der Wut voll gefangen, vereinnahmt und überwältigt mich. Meine Aufmerksamkeit und Empfindungen sind sehr verengt. Ich bin unfähig nachzudenken.»

«Im Zustand von Ärger und Wut bin ich bereit, den anderen zu beschimpfen, zu schlagen oder zu treten. Ich möchte etwas Bösartiges sagen, etwas, das den anderen verletzt.» So kann es zu Handlungen kommen, die wir nachher bedauern, die ungerecht sind und andere verletzen. Wir berücksichtigen nicht, welche Folgen unsere Handlungen haben könnten. Eine Frau: «Im Zustand von Wut ist es mir vollkommen egal, was die anderen von mir denken.»

Bei Alkoholgenuß sind die Handlungen noch weniger überlegt, noch unkontrollierter.

▷ Das Herauslassen von Ärger und Feindseligkeit verschlechtert meist zwischenmenschliche Beziehungen. Die von der Aggression Betroffenen sind verletzt, beleidigt, fühlen sich beeinträchtigt.

Eine 26jährige Frau über ihre ungünstigen Erfahrungen, sich mit Aggression durchzusetzen: «Wenn ich der Überzeugung bin, daß alles andere nichts mehr nützt, suche ich mit einem aggressiven Wutausbruch dem anderen – meist meinem Partner – meine eigene Position deutlich zu machen. Hinterher merke ich jedoch, daß dies fehlgeschlagen ist: Ich habe den anderen verletzt, auch mich selbst; ich spüre das an meinen Spannungen im Körper... In meinem Ausbruch konnte ich den anderen überhaupt nicht mehr wahrnehmen. Ich war wie ‹vergraben› in meinen eigenen Gefühlen; der andere war wie eine Wand, gegen die ich alles schleuderte. Und mein Partner, um sich zu schützen, verbarrikadierte sich vor mir – es ‹kam nichts an›. Diese Erfahrungen zeigen mir immer wieder, daß die Auffassung, Aggression sei notwendig, bei mir nicht zutrifft.»

▷ Das Herauslassen von Ärger, Wut und Feindseligkeit führt auch bei länger andauerndem Lebens-Stress meist nicht zu einer besseren Bewältigung:

Die amerikanische Psychologin Brown (186) befragte über 250 Frauen im schmerzvollen Stadium des Scheidungsantrags beim Gericht sowie vier Monate später. Sie untersuchte, welche Frauen den Trennungsschmerz überwunden hatten und womit dies zusammenhing. Zu ihrer eigenen Überraschung fand sie: Frauen, die in der Zwischenzeit in Gesprächen mit anderen ihren Ärger und ihre negativen Gedanken über die Scheidung häufig herausgelassen hatten, waren nicht in einem besseren seelischen Zustand als die, die den Ärger «in sich behalten» hatten.

▷ Das Wohlbefinden vieler wird durch das Miterleben von ausgelebten aggressiven Gefühlen beeinträchtigt. Ein Mann, 42: «Mich erschreckt es immer wieder, wenn ich sehe, wie sich Menschen anschreien, beschimpfen, sich beschuldigen, andere durch Worte oder durch körperliches Schlagen verletzen. Es macht mich auch oft traurig, wenn ich sehe, wie verzweifelt die Menschen hinterher sind.»

▷ Sehen Menschen, besonders Kinder und Jugendliche, aggressives Verhalten bei anderen, dann ist die Wahrscheinlichkeit größer, daß sie dies lernen und ebenfalls häufiger aggressiv reagieren.

▷ Lehnen Menschen aufgrund ihrer ethischen, moralischen oder religiösen Vorstellungen Aggressionen ab, dann ärgern und schämen sie sich meist, wenn sie aggressiv wurden; ihr Selbstwertgefühl und Wohlbefinden werden beeinträchtigt.

▷ Haben Patienten in der Psychotherapie von sich aus den Wunsch, Ärger und Wut gegen andere, den Therapeuten oder Gruppenmitglieder verbal herauszulassen, so *kann* dies ihre Klärung vielleicht beschleunigen. Jedoch gibt es *keine* Bestätigung für den Ratschlag einzelner Therapeuten, Patienten oder andere sollten in ihrem *Alltagsleben* Aggressionen aus*leben*, ausagieren. «Die Ergebnisse legen nahe, daß therapeutische Prozeduren, die den Menschen ermutigen, aggressive

Gefühle frei zu äußern, das Gegenteil der eigentlichen Intention bewirken können», schreibt der bekannte amerikanische Psychologe Zimbardo (204, S. 481).

Nicht-herausgelassener Ärger, Wut, Aggression

Günstige psychosoziale Auswirkungen

Sie treten bei folgendem ein: ▷ Unser Ärger, unsere Feindseligkeit sind unberechtigt, wir sind in einem Irrtum. ▷ Der Anlaß für unseren Ärger und für unsere Feindseligkeit ist wenig bedeutsam. ▷ Wir werden Ärger und Feindseligkeit – ohne sie zu äußern – schnell bewältigen und vergessen. ▷ Es ist keine Wiederholung des beeinträchtigenden Verhaltens anderer zu erwarten. ▷ Hinter dem Verhalten anderer stand keine Absicht. ▷ Unser Gegenüber ist leicht verletzbar; eine Verschlechterung der Beziehung wäre bei Ärgerausbruch wahrscheinlich. ▷ Beim Nicht-Herauslassen von Ärger-Wut besteht weniger Gefahr, daß wir uns zu Gewaltakten hinreißen lassen. ▷ Wir brauchen uns hinterher keine Vorwürfe zu machen, besonders wenn wir aggressives Verhalten für uns ablehnen. ▷ Wir sind fähig, anschließend unsere schwierigen Gefühle und unsere körperlichen Stress-Alarmierungen zu ändern, etwa indem wir uns Bewegung schaffen, uns mit jemand aussprechen oder im stillen die Situation mit uns selbst klären. So gewinnen wir etwas Abstand; die erregten Körpervorgänge ändern sich, wir sehen das Geschehen in etwas anderer Bedeutung. ▷ Das Nicht-Ausleben von Ärger, Wut oder Feindseligkeit ermöglicht es uns, zu lernen, schwierige Situationen anders zu bewältigen. Wenn Menschen uns dabei wahrnehmen können, können auch diese lernen.

Für dieses Lernen und das soziale Zusammenleben ist es wichtig, wenn «mächtige», leitende Personen, so auch Eltern und Lehrer, bei Mißerfolgen, Enttäuschungen und Niederlagen zu einer konstruktiven Ärger-Bewältigung fähig sind.

Ungünstige Auswirkungen

▷ Menschen verbergen ihren Ärger und ihre Aggression hinter einer Fassade von Freundlichkeit. Dies ist mit seelisch-körperlichen Spannungen verbunden und kann die seelische Funktionsfähigkeit beeinträchtigen. ▷ Manche möchten anderen aggressiv begegnen, aber sie trauen sich nicht. Ihre äußere Friedfertigkeit beruht nicht auf Überzeugung, sondern auf Vorsicht sowie Angst vor Nachteilen. ▷ Menschen, die nicht gelernt haben, ihre Wünsche anderen ohne Aggression mitzuteilen, die ihre Hemmungen nur durch einen angestauten radikalen Ausdruck ihrer Gefühle überwinden können, fühlen sich ohne Aggression entmutigt, weil sie sich zuwenig durchsetzen können. In einer Gesprächs- und Verhaltenstherapie-Gruppe können diese Personen günstig lernen, zu ihren Wünschen und Gefühlen zu stehen und sie anderen gegenüber ohne Aggression auszudrücken. ▷ Menschen unternehmen nichts, um ihren nicht-ausgelebten Ärger und ihre Aggression zu klären, etwa mit anderen zu sprechen und sich zu beruhigen. Sie bleiben dann mit ihren aggressiven Gefühlen allein, grübeln viel; es kann daraus ein «nagender Zorn» werden, die Gefühle «schwelen» unter der Oberfläche längere Zeit weiter. Das kann seelisch-körperlich beeinträchtigend sein.

Ärger, Streit und Aggressivität in der Partnerschaft?

«Wenn meine Partnerin ‹in meinem Garten die Blumen zertrampelt›, kann ich sie mit Aggressionen besser in ihre Schranken weisen», schreibt ein Mann, «ihr meine Grenzen klarmachen und der Ausnutzung und Verletzung meines Selbstwertgefühls angemessener begegnen. Seitdem ich Aggressionen für mich akzeptieren konnte, kann ich in der Partnerschaft meine Grenzen leichter verteidigen. Für mich ist Reibung konstruktiv. Aggression ist wie ein reinigendes Gewitter, ein Ventil für aufgestaute Gefühle.»

In einer Illustrierten mit Millionenauflage sagte ein Psychologe auf die Frage der Interviewerin, ob es wirklich klug sei, Streit zu vermeiden: «Nein. Je enger eine Beziehung ist, um so notwendiger wird das Streiten. Gerade heute ist Streiten wichtiger denn je... Aggressionen, Ärger, sogar Haßgefühle gegen den Partner sind nun einmal Teil jedes Menschen und jeder intimen Beziehung... Streiten gehört zur Liebe, Aggressionen gehören zum Leben» (38).

Derartige Auffassungen sind zu allgemein und irreführend. Es wird überhaupt nicht die Art des aggressiven Verhaltens berücksichtigt, wie häufig es erfolgt, was der Anlaß des Streitens ist und wie der von der Aggression betroffene Partner reagiert.

Ferner: Untersuchungsbefunde legen nahe, daß Aggressionen, Ärger und Streit in der Partnerschaft wenig förderlich sind. Der deutsche Psychologe Dr. Mario Fox (61; 62) stellte bei über 200 Personen fest: Partner, die mit ihrer Partnerschaft sowie ihrer Sexualität zufrieden waren, hatten selten Streit. Zufriedenheit mit der Partnerschaft hing damit zusammen, daß die Partner sich gegenseitig als achtungsvoll, sorgend, einfühlsam und aufrichtig wahrnehmen. Unzufriedene Partner stritten durchschnittlich jeden sechsten Tag und sahen die Auswirkungen als überwiegend ungünstig an für die Partnerschaft. Zufriedene Partner stritten jeden 39. Tag! Dabei sahen sie weit weniger ungünstige Auswirkungen, denn auch im Streiten waren sie achtungsvoller und einfühlsamer.

Amerikanische Psychologen befragten über 300 Ehepaare, die länger als 15 Jahre miteinander verheiratet waren (138). Diejenigen Paare, die sich als glücklich verheiratet ansahen, meinten, daß man Ärger und Aggressionen dem Partner nicht unbedingt sofort und offen zeigen sollte, sondern daß Selbstbeherrschung und Ruhe wichtig und notwendig seien.

Zum Abschluß möchte ich eine Frau, 27, zu Wort kommen lassen: «Nach einem ziemlich hemmungslosen aggressiven Umgang mit meinem ersten Partner bin ich mittlerweile soweit, daß ich Aggressionen für wenig förderlich und auch für vermeidbar ansehe. Aggressionen verletzen den andern, es sind keine Achtung und Einfühlung für ihn da. Wenn ich aggressiv werde, sehe ich nur meine eigenen Gefühle, die ich egoistisch loswerden will, ohne dabei zu fragen, wie es dem Partner geht. Ich habe es selbst erlebt, wie schädlich Aggressionen bei beiden Partnern sein können. Man demütigt sich gegenseitig, von Partnerschaft ist nicht mehr die Rede. Es ist nur noch Kampf! Wer ist der Stärkere, und wer hat den längeren Atem und kann mehr ertragen?»

Nicht-ausgelebte Aggressionen: Ursache von seelischen Erkrankungen?

Gelegentlich wird behauptet, seelische Erkrankungen, zum Beispiel Depressionen, würden verursacht durch nicht-ausgelebte aggressive Gefühle, die sich dann «nach innen richten». Deshalb sollten depressive Menschen ihre Feindseligkeit herauslassen. Diese Auffassung ist wissenschaftlich *unzutreffend*:

▷ Die Ansicht, jeder Mensch habe ein triebmäßiges Potential an Aggressionen und ein Nicht-Ausleben führe zu Triebstauungen, ist wissenschaftlich nicht haltbar.

▷ Die meisten depressiven Personen sind stressbelasteter, feindseliger und reagieren emotionaler als nicht-depressive Personen, empfinden *mehr* Ärger und drücken z. T. *mehr* Aggression gegenüber anderen aus (59). Die ärgerlichen feindseligen Gefühle sind überwiegend die *Folge* einer Depression. Denn eine Depression bedeutet schweren alltäglichen Dauer-Stress und Belastungen. So reagieren depressive Menschen bei Schwierigkeiten eher verletzt, ärgerlich und feindselig, sei es ausgelebt, sei es nicht-ausgelebt.

▷ Oft bemühen sich depressive Personen, ihre häufig vorhandene Feindseligkeit nicht auszudrücken, zum Beispiel gegenüber Ärzten, Familienangehörigen oder Psychotherapeuten; denn es sind oft Personen, die ihre einzige Unterstützung darstellen (186). Sie haben öfter die Erfahrung gemacht, daß sie andere mit dem Ausbruch ihrer feindseligen Gefühle verletzten und diese sich von ihnen zurückzogen.

▷ Das Ausleben von Ärger, Wut und Feindseligkeit kann bei depressiven Personen für kürzere Zeit Angst überdecken und Apathie vermindern. Adrenalin bedingt zum Beispiel eine Aktivierung des Organismus. Jedoch haben sie mit ihrem Ärger-Wutausbruch in ihrer Umwelt oft keinen Erfolg, besonders wenn sie dabei andere ungerecht behandeln. Nach den Mißerfolgen vergrößern sich meist Hoffnungslosigkeit und Ängste. Oft isolieren sich depressive Menschen durch Feindseligkeit in Familie und Beruf. – Die körperlich-seelische Aktivierung bei Depressivität durch Adrenalin kann in konstruktiver Weise als durch Aggression erfolgen, zum Beispiel durch ein Bewegungstraining, Arbeit im Fitneß-Center u. a.

▷ Depressionen werden durch biochemische und seelisch-soziale Belastungsfaktoren bedingt, s. S. 67. Tritt hier eine deutliche Änderung ein – etwa durch Psychotherapie und notfalls durch geeignete antidepressive Medikamente –, dann vermindern sich bei vielen die Depressionen *und* ihre Feindseligkeit, ausgedrückt und nicht-ausgedrückt. Nach dem Vorurteil, das Herauslassen von Feindseligkeit sei gut zur Minderung von Depressionen, müßte es entgegengesetzt sein: Mit verminderter Depression müßten Ärger und Feindseligkeit mehr ausgedrückt werden, was aber nicht der Fall ist (186).

Nicht-ausgelebter Ärger und Aggressivität führen *nicht* zu Krebserkrankungen oder chronischer Polyarthritis (Rheuma)

Gelegentlich wird behauptet, das Nicht-Ausleben von Aggressionen habe schwere körperliche Erkrankungen wie Krebs oder chronische Polyarthritis zur Folge. Ein Klinikseelsorger: «Je öfter ich Krebspatienten begleite, um so nachhaltiger wurde meine Vermutung, Krebs habe etwas mit Selbstunterdrückung zu tun» (64, S. 135). Es wird von einer «Krebspersönlichkeit» gesprochen. Seelische Persönlichkeitszüge seien die Ursache der körperlichen Erkrankung. Kranken und Gesunden wird der Rat gegeben, ihren Ärger, ihre Wut und Aggression «herauszulassen», «auszuagieren». Schäden der Gesundheit könnten dadurch gemindert, ja sogar geheilt werden.

Derartige Auffassungen sind wissenschaftlich nicht haltbar, s. S. 59. Viele Erkrankte werden durch derartige leichtfertige Behauptungen stark belastet und können durch das Herauslassen von Feindseligkeit unangemessen handeln.

Es existiert *kein* sorgfältiger wissenschaftlicher Nachweis der Verursachung oder Förderung von Krebs- und rheumatischer Erkrankung durch nicht-ausgelebten Ärger, Wut und Aggression (im Vergleich zu ausgelebtem) oder durch bestimmte Persönlichkeitsmerkmale. Der Heidelberger Professor für Medizinische Psychologie, Rolf Verres: «Es gibt bisher keinen Anhaltspunkt dafür, daß die Entstehung einer ersten Krebszelle aus einer gesunden Körperzelle direkt etwas mit psychischen Phänomenen zu tun haben könnte.» – «Ich bin dafür, das mißverständliche und vielleicht manche Menschen unangemessen diskriminierende Wort ‹Krebspersönlichkeit› ganz aus unserem Wortschatz zu streichen» (194, S. 76f). – Ich möchte noch zwei sorgfältige Untersuchungen anführen:

Der Heidelberger Medizin-Dozent Dr. Reinhold Schwarz untersuchte 81 Patientinnen psychologisch, die wegen eines Gewebeknotens in der Brust in die Klinik kamen, und zwar bevor das Ergebnis der medizinischen Diagnose feststand. Ergebnis: Patientinnen mit einem gutartigen Knoten unterschieden sich in Persönlichkeitsmerkmalen, Stress-Fragebogen und anderen Merkmalen *nicht* von den Patientinnen mit einem sog. bösartigen Tumor-Knoten (164).

Wenn seelische Faktoren bedeutsam bei der Krebserkrankung oder bei der Heilung sind, dann müßten Patienten, die bald nach der Tumorerkrankung sterben, sich seelisch von den Patienten unterscheiden, die erst längere Zeit danach sterben oder die überleben. Die amerikanische Medizin-Professorin Cassileth untersuchte über 150 Krebspatienten psychologisch. Ergebnis: Patienten, die sechs Monate nach der Krebsdiagnose oder früher starben, unterschieden sich in psycho-sozialen Merkmalen nicht von Patienten, die erst 12 oder 24 Monate nach der Diagnose starben oder die überlebten. Ferner: Patienten mit Brust- oder Hautkrebs, bei denen nach 12 Monaten die Krankheit erneut auftrat, unterschieden sich nicht von denen, die mindestens zwei Jahre lang frei von einem Wiederauftreten der Krankheit waren. Die Ärztin folgert: «Die Untersuchungsbefunde unterstützen nicht die Existenz eines Zusammenhangs zwischen psycho-sozialen Faktoren und dem Überleben oder der Zeitdauer des Neuauftretens der Erkrankung.» – «Unsere Untersuchung legt nahe, daß die im Patienten gegebene Biologie der Krebserkrankung allein die Prognose determiniert, wobei sie einen möglichen Miteinfluß von psycho-sozialen Faktoren zudeckt.» (36)

Wie kommen Menschen zu der fälschlichen Auffassung, Krebs sowie andere schwere Erkrankungen seien durch das Nichtausleben von Ärger und Aggression verursacht? Wenn die medizinischen Verursachungen einer Krankheit noch unbekannt sind, dann neigt mancher zu psychologischen Erklärungen. So waren im 19. Jahrhundert «Persönlichkeits-Erklärungen» für die Tuberkulose populär, bis der Tuberkel-Bazillus entdeckt wurde (186). Professor Verres: «Krebsbetroffene auch noch in psychopathologische Schubladen einzuordnen ist ein typisches Ergebnis einer längst überholten Betrachtungsweise.»

Ärger, Wut und Feindseligkeit als *Folge* körperlicher Erkrankungen

Personen, die die Verursachung von Krebs und von Rheuma durch seelische Vorgänge behaupten, sehen das als Ursache an, was in Wirklichkeit *Folge* der Erkrankung ist. Bei einer Krebs- oder Rheumaerkrankung treten als Folge häufig starke Stress-Belastungen auf: starke Einschränkungen in Beruf, Familie und Freizeit, Beeinträchtigungen durch medizinische Behandlungsmethoden oder Krankenhausaufenthalt, Unklarheit und Ängste hinsichtlich der verbleibenden Lebensdauer. Dies bedeutet eine erhebliche seelische Belastung, wie es bei Krebs- und Rheumapatienten – im Vergleich zu gesunden Personen – festgestellt wurde. Es ist falsch, daraus zu schließen, daß diese Persönlichkeitsunterschiede schon vor der Erkrankung bestanden oder gar die Erkrankung verursacht hätten.

Die seelischen Belastungen von Schwererkrankten – zahlreiche nicht mehr erfüllbare Wünsche, schwere Verluste, körperliches Unwohlsein und Schmerzen – führen öfter zu größerer Reizbarkeit und Ärger auf sich und andere. Diesen Ärger und ihre Wut drücken die Erkrankten aber meist anderen gegenüber nicht oder nur teilweise aus. Sie sind ja sehr auf deren Hilfe angewiesen. Oft werden sie auch erfahren haben, daß ihr ausgelebter Ärger und ihre «herausgelassene» Aggressivität eher zu einer Verschlechterung der Beziehungen mit denen führen, durch die sie versorgt werden. So können Außenstehende, etwa kurzfristige Besucher, den Eindruck haben, daß die Erkrankten Ärger und Mißmut empfinden, sie jedoch nicht ausdrücken.

Ferner: Menschen mit Schmerzen bemühen sich meist, «bei sich zu bleiben», sie haben genug mit der Bewältigung ihrer Schmerzen zu tun. So drückten Patienten, die wegen schmerzhafter Unfallfolgen im Krankenhaus waren, weniger ihre Gefühle aus als vergleichbare Patienten ohne Schmerzen (147). Viele haben auch die Erfahrung gemacht, daß nach dem Ausdruck von Ärger und Aggression eine Verschlechterung ihres körperlichen Zustandes, eine Zunahme von Schmerzen, eintritt.

▼ Verminderung von Ärger, Wut und Feindseligkeit

Wie können wir die ungünstigen Auswirkungen vermeiden, die das Ausleben sowie das Nicht-Ausleben von Ärger, Wut und Aggression haben? Wie können wir ohne oder nur mit einem geringen Ausmaß an Ärger, Wut und Feindseligkeit unsere Ziele erreichen, uns mit berechtigten Wünschen durchsetzen? Ohne andere zu verletzen, zu beleidigen? Ohne die Gefahr, zu «explodieren» oder gewalttätig zu werden?

Dank der neueren empirischen Forschung haben wir heute Kenntnis von förderlichen Bewältigungsformen, ohne die Nachteile des Auslebens sowie Nicht-Auslebens dieser Gefühle. Es sind dies:
▷ Erlernen von günstigem nicht-aggressivem Verhalten in Ärger-Wut-Situationen.
▷ Stress und Spannungen vor und in schwierigen Situationen vermindern.
▷ Unsere seelische Gesundheit fördern; unsere seelische Verletzbarkeit vermindern.
▷ Förderliche Bewertungen-Einstellungen gegenüber Personen, Ereignissen und uns selbst lernen sowie eine andere Einstellung zu Aggression und Feindseligkeit. Hierdurch kommt es weitaus seltener zu Ärger, Wut und Aggression. Wir brauchen diese Gefühle weder auszuleben noch zurückzuhalten.

Günstiges Verhalten in Ärger-Wut-Situationen

Die Psychologie-Professorin Hannelore Weber von der Universität Greifswald befragte Personen, wie sie mit ihrem Ärger in Familiensituationen umgingen und wie wirksam sie ihre verschiedenen Reaktionsformen einschätzten, um den Ärger loszuwerden.

Ärger «rauslassen», schreien, toben, schimpfen, Türen knallen, wurde am *häufigsten* verwirklicht (43 Prozent), wurde jedoch von denselben Personen als am *ungünstigsten* eingeschätzt.

Am zweitungünstigsten war Verharren in Passivität, Abwarten, Verstummen; es wurde von 18 Prozent genannt.

Als am *wirksamsten* (jedoch nur von 10 bis 25 Prozent praktiziert) wurden eingeschätzt:

▷ Gespräche mit Dritten
▷ Soziale Unterstützung durch andere
▷ Körperliche Bewegung, sportliche Aktivität
▷ Nachdenken, stille Auseinandersetzung mit der Situation
▷ Offenes Gespräch, Aussprache mit der/dem Betroffenen
▷ Rückzug, allein sein wollen, Ortswechsel
▷ Aktiv werden, sich irgendwie beschäftigen
▷ Das Beste daraus machen, die positiven Seiten sehen
▷ Konkretes Angehen der Situation oder des Problems.

Diese und andere Untersuchungen zeigen: Die beiden extremen Verhaltensformen, nämlich Herauslassen oder Unterdrücken von Ärger-Wut, werden zwar häufig praktiziert, jedoch als ungünstig – wenig wirksam eingeschätzt. Dagegen gibt es andere Formen, die sich als hilfreich erweisen. Da sie jedoch in der Praxis noch nicht häufig realisiert werden, ist ein Verhaltens-Lernen notwendig.

Stress und Spannungen vor schwierigen Situationen vermindern

Belastungen und innere Spannungen fördern Ärger, Feindseligkeit und Wut (41). Menschen mit häufigem Stress haben mehr Streit. Starke Stress-Belastung sowie Gefühle von Hilflosigkeit, Verzweiflung und seelischer Verletzung gingen häufig voraus, wenn ein Partner den anderen oder Eltern ihre Kinder körperlich schlugen (79). Bei Stress und Spannungen fühlen wir uns leichter bedroht, schätzen Ereignisse als schwieriger ein; unsere Wahrnehmung ist eingeschränkt, wir sind starrer, weniger flexibel (27). Wir sehen kaum andere Wege, als feindselig zu reagieren.

Sind wir jedoch entspannter und empfinden weniger Spannung, dann neigen wir weniger zu Ärger und Feindseligkeit. Deshalb werden etwa Polizeieinheiten in einigen Bundesländern trainiert, sich bei schwierigen unklaren Situationen weniger provoziert zu fühlen, wodurch ein unangemessenes Verhalten vermindert wird. Zur Verminderung von Ärger und Aggression ist somit alles förderlich, was zur Verringerung von Stress, Belastungen, Spannungen und Verletzlichkeit führt:

▷ *Formen der Entspannung.* Regelmäßiges Üben von Muskelentspannung, Atementspannung und Hatha-Yoga fördert ein entspannteres Verhalten und Reagieren in schwierigen Situationen; wir schätzen Ereignisse als weniger bedrohlich ein, sind gelassener. Wir haben mehr Kontrolle über unsere Gefühle.
▷ *Angemessene Zeitplanung* vermindert Zeitdruck, Eile, Hetze und damit die Wahrscheinlichkeit stresshaften feindseligen Reagierens. Zeitdruck und Hast sind zum Beispiel eine Hauptursache für rücksichtsloses Verhalten von Autofahrern im Straßenverkehr (55).
▷ *Eine stressfreie Umgestaltung von Situationen* vermindert die Wahrscheinlichkeit von Ärger und Feindseligkeit, s. S. 87.

Unsere seelische Gesundheit fördern

Häufiger Ärger, Wut und Feindseligkeit können mit verminderter seelischer Gesundheit zusammenhängen: mit eingeschränktem Wohlbefinden, geringem Selbstwert und Selbstachtung, Minderwertigkeitsgefühlen, mit Ängsten, depressiven Verstimmungen, ferner mit starker Einsamkeit (59; 68; 82; 147; 165). Ein Mann, 28 Jahre:

«Ich bin aggressiv und habe feindselige Gefühle gegenüber anderen, wenn ich mißtrauisch bin, mich verletzt fühle, wenig geachtet und ungeliebt fühle. Dies ist bei mir wiederum ein Ausdruck meiner Minderwertigkeit und inneren Unsicherheit. Ich habe kein Selbstvertrauen, ich schätze mich nicht selber. Es passiert mir oft, daß ich mit mir unzufrieden bin und dann ärgerlich werde, ohne daß mir dieser Zusammenhang bewußt ist. Oft bin ich dann aggressiv gegenüber anderen, nörgele an ihnen herum.»

Ferner kann Feindseligkeit-Aggressivität zusammenhängen mit geringer Einfühlung und sozialer Rücksichtnahme, geringer Toleranz und Flexibilität (23). Dies ist ebenfalls als eingeschränkte seelische Funktionsfähigkeit anzusehen.

Alle Bemühungen, unsere seelische Gesundheit, Selbstachtung und

Harmonie, unsere Fähigkeit, Frau/Herr über unsere Gedanken und Gefühle zu werden sowie soziales Verhalten zu erlernen, vermindern unsere Neigung, feindselig-aggressiv zu reagieren.

Wie können wir unsere seelische Gesundheit fördern? Durch Stress-Verminderung, Entspannungstraining, förderliche Gedanken-Einstellungen sowie durch Teilnahme an psychologisch-therapeutischen Gesprächsgruppen.

«Ich habe mich selbst früher als sehr aggressiv erlebt», berichtet ein Mann. «Ich habe dann in Gruppen angefangen, mich mit mir selbst auseinanderzusetzen. In diesen Gruppen fühlte ich mich zum erstenmal wirklich geachtet. Auch meine negativen Gefühle und Aggressionen wurden angenommen. So konnte ich langsam auch mich annehmen. Ich merkte dann ziemlich schnell, daß Aggressionen bei mir ein Ausdruck von Enttäuschung und Angst sind: Angst, nicht angenommen, nicht geliebt zu werden, den Ansprüchen des anderen nicht genügen zu können. Ich war aggressiv, weil ich nicht wußte, wie verletzt, enttäuscht und ängstlich ich im Grunde war. Ich habe in den Gruppen erfahren, was für positive Entwicklungsmöglichkeiten in mir stecken.»

Weitere hilfreiche Bewältigungsformen bei Ärger und Feindseligkeit

▷ *Aggressive Gefühle dem Bewußtsein* zuzulassen und sie zu klären ist hilfreich.

«Ich spüre es bei mir des öfteren», sagt ein Mann, «daß ich manchmal meine Partnerin anschuldige und ärgerlich auf sie bin. Hinterher merke ich oft, daß ich sie für meine eigenen Schwierigkeiten verantwortlich gemacht und sie beschuldigt habe. Wenn ich mir meiner eigenen Schwierigkeiten besser bewußt werde und sie frühzeitiger äußere, dann kann ich ärgerlichen Streit vermeiden.»

Lassen wir unsere ärgerlich-feindseligen Gefühle dem Bewußtsein zu, dann können wir Gedanken und Gefühle klären, mit denen unsere Aggressionen zusammenhängen.

Bei dieser Selbst-Klärung stellen wir uns Fragen: «Was verletzt oder bedroht mich?», «Womit hängen meine Gefühle zusammen?», «Was hat der andere damit zu tun?», «Wo sind *meine* Schwierigkeiten?», «Wovor habe ich Angst?». Hierbei werden uns Gedanken und Gefühle zugänglich, die Aggression und Ärger verursachen oder mit ihnen zusammenhängen.

«Wenn ich mich mit meiner Freundin verabredet hatte», sagt ein Mann, «und ich mußte auf sie warten, dann passierte es manchmal, daß ich allmählich ungeduldig und aggressiv wurde. Ich bin aggressiv, weil ich mich enttäuscht fühle in meinen Erwartungen. Wenn ich mich dann kläre, dann bekomme ich etwas mehr Verständnis für meine Partnerin. Aber dann wird mir auch der tiefere Grund bewußt: daß ich mich als Person wenig beachtet, ja verletzt fühle. Allerdings: Daß ich mich wenig beachtet fühle, ist für mich zunächst belastender als meine Aggressionen auf meine Freundin.»

Bei der Selbstklärung kommen uns häufig die Gefühle und Bewertungen zu Bewußtsein, die zur Feindseligkeit führten: Enttäuschung, Hilflosigkeit und die Ohnmacht, den anderen nicht ändern zu können, Wunsch nach Anerkennung und Zuneigung. Es ist oft schwerer, dieser Wahrheit zu begegnen, als aggressiv zu sein.

«Wenn ich aggressiv gegenüber meiner Partnerin bin, dann wünsche ich – wenn ich ehrlich bin – eigentlich Zuneigung. Aber meist rette ich mich dann in eine aggressive Haltung hinein.» Andere entdecken bei der Klärung von Wut und Ärger – etwa auf den Partner oder auf die Eltern –, daß ihre Gefühle in Wirklichkeit Wut und Ärger auf sie selbst sind, auf ihre Schwächen.

▷ *Das einfühlsame Bemühen, zu verstehen*, was in dem anderen seelisch vorgeht, ist hilfreich für die Verminderung von Feindseligkeit. Ein 34jähriger Mann:

«Meine Wut verblaßt, wenn ich mich frage: ‹Warum hat mein Partner sich wohl so verhalten?› Wenn ich ihn also zu verstehen suche, wenn ich es von der Seite des Partners betrachte, so kann ich heute große Wutausbrüche vermeiden. Manchmal denke ich zwar noch, ob es mir persönlich nicht helfen würde, wenn ich mal meiner Wut Luft machte? Ich ertappe mich dabei, daß ich denke, ich schlucke jetzt etwas herunter oder ignoriere etwas, um meinen Partner nicht zu verletzen. Aber das stimmt nicht. Zu häufig übersehe ich dann den Partner und denke nur an mich.»

Das Verstehen des anderen kann dabei zunächst zu unangenehmen Einsichten führen. Eine 22jährige Frau: «Wenn ich meine Eltern zu verstehen suchte, dann könnte ich mit ihnen nicht mehr wütend sein. Und wenn ich nicht mehr wütend wäre, dann würde ich den Kampf mit ihnen verlieren.» So gehört seelische Stärke dazu, den anderen verstehen zu wollen.

Abschließend möchte ich jemand zu Wort kommen lassen, der es lernte, seine feindseligen Gefühle dem Bewußtsein zuzulassen und zu klären, statt sie auszuleben oder zu unterdrücken:

«Wenn ich wütend und voller Verachtung für andere bin, dann werde ich beherrscht von diesen Gefühlen. Sie diktieren mein Verhalten. Aber oft suche ich mich dann zu fragen: Woher kommen diese Gefühle? Ich finde dann heraus, daß ich mich ignoriert, nicht geachtet, lächerlich gemacht fühle. Ich merke, daß ich traurig bin, weil ich mich verletzt und ungeachtet fühle. Wenn ich dann diese wirklichen Gefühle spüre, zum Beispiel Traurigkeit und nicht Wut, dann erspart mir das viele unnötige Schwierigkeiten, zum Beispiel Streit mit meinem Partner, wo es früher zu Vorwürfen und Beleidigungen kam. Bei diesem ‹Mich-selbst-Hinterfragen› stelle ich fest, daß *ich* die Quelle meiner Gefühle bin und nicht die anderen. Ich werde nicht geärgert, sondern ich ärgere mich. Ich werde nicht verletzt, sondern ich verletze mich selbst.»

Dieses Zulassen aggressiver Gefühle in das Bewußtsein und ihre Klärung sind keine freundliche Fassade gegenüber anderen oder Schwachheit. Sondern es gehört seelische Stärke dazu, unseren Gefühlen näherzutreten. Auch Gandhi sah seelische Stärke, Suche nach Wahrheit und Selbstklärung als notwendig an für den Weg der Gewaltlosigkeit. Seiner Auffassung nach können wir auf die Dauer nicht gewaltlos sein und unsere Gegner respektieren, wenn wir nicht unablässig bemüht sind, nach der Wahrheit zu suchen, welche Fehler wir machen, worin auch unser Gegner recht hat.

Gefühle ohne Anschuldigung äußern

Lassen wir die Gefühle und Gedanken, die mit Ärger und Feindseligkeit zusammenhängen, dem Bewußtsein zu, dann haben wir die Chance, dieses Fühlen unmittelbar auszudrücken, ohne Vorwurf und Anschuldigung des anderen. Also etwa zu sagen: «Ich hatte mich so gefreut, ich fühle mich enttäuscht», «Ich spüre Spannung und Angst», «Ich fühle mich hilflos». Das ist etwas anderes, als wenn wir unser Gegenüber bewerten: «Du nervst mich», «Warum läßt du mich immer warten?».

Wenn wir mit etwas nicht einverstanden sind, etwa mit dem Partner oder einem Vortragenden, dann bewerten und beurteilen wir meist: «Das ist schlecht», «Das ist langweilig». Äußern wir dagegen unser Fühlen, zum Beispiel «*Ich* langweile *mich*», «Ich hätte so gewünscht, darüber Informationen zu bekommen», dann äußern wir die Gedanken und Gefühle, die unseren Ärger auslösen. Der andere bekommt – ohne bewertet oder kritisiert zu werden – wichtige Informationen über unser Fühlen sowie über das, was wir möchten.

Dieses Äußern des eigenen Fühlens, ohne den anderen zu bewerten, ist bei Schwierigkeiten in zwischenmenschlichen Beziehungen *sehr* hilfreich.

«Ich teile meiner Partnerin jetzt häufig meine Gefühle mit. Ich sage ihr, wie ich mich fühle, und ich setze nicht die Maske des Starken oder Beleidigten auf. Diese Gefühle suche ich möglichst mit ihr zu besprechen, statt meine Aggressionen ungefiltert herauszulassen oder sie zu verdrängen. Ich sehe meine feindseligen Gefühle als meine eigenen an und mache nicht den andern dafür verantwortlich, gebe nicht dem andern die Schuld. Wenn ich dann die Gefühle als meine eigenen äußere und dem Partner sage, dann verletze ich ihn nicht. Ich gebe ihm zugleich die Möglichkeit, seine eigenen Gefühle zu prüfen.»

Ein anderer Mann: «Wenn meine Frau mich früher kritisierte, war ich persönlich beleidigt, denn es tat mir weh. Und das wehrte ich ab, indem ich sie kritisierte. Ich überspielte also mein Verletzt- und Beleidigtsein dadurch, daß ich sie kritisierte, angriff und herabsetzte. Heute dagegen kann ich mein Verletztsein eher annehmen und es ihr offener mitteilen.» Teilen wir ausschließlich unser unmittelbares Fühlen mit, dann sind unsere Äußerungen frei von Schuldzuweisungen, Vorwürfen und Bewertungen.

Natürlich sind dieses Zulassen, Klären und nicht-wertende Äußern dessen, was wir bei Ärger und Feindseligkeit fühlen, nicht einfach. Wir brauchen ein höheres Ausmaß der Bewußtheit über das, was in uns vorgeht. Da viele von uns dies nicht oder kaum je gelernt haben, benötigen wir längere Zeit, ehe es uns in schwierigen Situationen gelingt.

Ich stelle immer wieder fest, daß ich bei unberechtigten Vorwürfen oder Angriffen dazu neige, mich bewertend über den anderen zu äußern, statt mitzuteilen, daß ich mich beeinträchtigt fühle. Je mehr es mir gelingt, etwas Abstand zu dem Geschehen zu haben, etwa mir einige Atemzüge Zeit zu geben, den andern etwas reden zu lassen oder es nicht so wichtig zu nehmen, um so mehr vermag ich zu spüren, was ich wirklich fühle, und kann es dann dem andern mitteilen. Ich denke, daß ich dieses Ziel nie erreichen werde. Aber wenn es mir gelingt, dann ist es eine sehr hilfreiche Möglichkeit, Ärger und Feindseligkeit zu vermeiden und dem anderen durch den Ausdruck meines Fühlens wichtige Informationen zu geben.

Verminderung von Ärger, Wut

Wichtig ist, diese Gefühle und Gedanken im Zusammenhang mit Aggression und Ärger möglichst *frühzeitig* ohne Bewertung wahrzunehmen und zu äußern. So vermeiden wir ein Anstauen unangenehmer Gefühle und Spannungen in uns, wir schlucken nichts herunter.

Dieses Äußern des eigenen Fühlens, ohne den anderen zu bewerten, ist auch für sogenannte Vorgesetzte wichtig. Wenn sie im Zusammensein etwa mit einem Angestellten deutlichen Ärger oder sogar Feindseligkeit verspüren, dann würde ein Ausleben dieser Gefühle den Mitarbeiter, der von ihnen abhängig ist, sehr treffen, mit Stress belasten. Andererseits würde ein Verschweigen den Vorgesetzten belasten, und der Mitarbeiter hätte keine Information, daß und welche Schwierigkeiten es in der Beziehung gibt. Hier ist es hilfreich, wenn der Vorgesetzte seine Gefühle, die mit Ärger und Aggression zusammenhängen, dem Bewußtsein zuläßt, klärt und zu einem günstigen Zeitpunkt dem anderen ohne Bewertungen mitteilt, etwa: «Ich mache mir Sorgen, ob unsere Arbeit wirklich so vorangeht, wie es notwendig ist. – Ich frage mich, was wir tun können, um sie zu verbessern?»

▼ Hilfreiche Einstellungen und Wertauffassungen

Unsere Einstellungen und Wertauffassungen sind bedeutsam dafür, welche Gefühle wir empfinden und wie wir uns verhalten, also ob wir wütend werden oder nicht. Für eine Minderung von Ärger-Aggression sehe ich folgendes als bedeutsam an:

Die Konzentration auf das Wesentliche. Das Trennen des Unwesentlichen vom Wesentlichen ermöglicht im Alltag Bewertungen und Einstellungen, durch die viele Anlässe für Ärger und Aggression fortfallen. Oft sind es ja Kleinigkeiten, die Anlaß zu Wut und Ärger sind. Eine 60jährige Frau, die seit 40 Jahren mit ihrem Mann zusammenlebt, schrieb in einem Fragebogen über Streitigkeiten in der Ehe: «Wir waren durch den Krieg zehn Jahre getrennt, so daß alle Anlässe zu Streitigkeiten – gemessen an dieser Trennungszeit – uns zu unwichtig erscheinen» (61).

Wir können uns bei einem Ereignis, in dem wir zu Ärger und Aggression neigen, fragen: «Als wie bedeutsam werde ich das in einem halben Jahr oder am Ende meines Lebens ansehen?» Dann erkennen wir, daß vieles unwesentlich ist. Die Vorstellung der Vergänglichkeit alles Irdischen läßt uns unseren Alltag in anderer Bedeutung sehen, klarer sehen, was wirklich wesentlich ist. So hatten Personen, die sich im entspannten Zustand den Tod eines Elternteils oder ihres Partners vorstellten, danach eine bessere Beziehung zu ihnen, nahmen Kleinigkeiten und damit verbundene Schwierigkeiten weniger wichtig (180).

Das Annehmen der Realität und das Loslassen dessen, was ich nicht bekommen kann, was mir verwehrt ist, lassen uns in vielen Situationen keine Feindseligkeit, Wut oder Bitterkeit spüren, s. S. 244.

Durch weniger Bewerten von Ereignissen und weniger Schuldzuweisung an andere empfinden wir weniger Ärger und Aggression, ohne gleichgültig zu sein. Je weniger wir schwierige Ereignisse und uns selbst bewerten, um so bewußter können wir wahrnehmen, auch die Vorgänge in uns. Und um so eher sind wir fähig, sinnvoll zu handeln, s. S. 230.

Auffassungen über die Notwendigkeit oder Nicht-Notwendigkeit von Aggressivität sind bedeutsam für unser Verhalten im Alltag. Ist jemand der Auffassung, aggressive Gefühle und aggressives Verhalten seien unausweichlich, weil sie durch Triebe bedingt seien, dann handelt er in seinem Alltag häufiger aggressiv als jemand mit einer entgegengesetzten Auffassung (68). – Meine persönliche Auffassung ist, aufgrund vieler Erfahrungen: Wenn ich mein Leben überblicke, dann kann ich heute nicht sehen, mit dem Ausdruck von aggressiven Gefühlen etwas Sinnvolles erreicht zu haben, was ich nicht auch ohne Ärger und Feindseligkeit hätte erreichen können.

Religiös-philosophische Wert-Auffassungen zur Aggression

Sie beeinflussen meine Einstellungen und mein Verhalten. Ich möchte einiges kurz darstellen:

Die Ethik der «Ehrfurcht vor dem Leben» von Albert Schweitzer lernte ich als Student nach fünf Jahren Krieg kennen. Sie beeinflußte mich sehr in meiner Einstellung zur Aggression, aber auch in den Zielen und Inhalten meiner beruflichen Arbeit. Diese Ethik besagt, in meinen Worten ausgedrückt: Wenn ich denkend das Geschehen um mich herum betrachte, so stelle ich fest: Alle Lebewesen – Menschen und Tiere – haben den intensiven Wunsch, zu leben, nicht beeinträchtigt zu werden. Auch ich habe den intensiven Wunsch, zu leben, gefördert zu werden. Daraus ergeben sich für das Denken notwendig: Ehrfurcht vor dem Leben, Mitgefühl mit lebenden Wesen, Leben erhalten, fördern und erleichtern; das heißt auch, Aggression und Feindseligkeit zu vermeiden.

Albert Schweitzer: «Der denkend gewordene Mensch erlebt die Nötigung, allem Willen zum Leben die gleiche Ehrfurcht vor dem Leben entgegenzubringen wie dem seinen.» – «Durch die Ethik der Ehrfurcht vor dem Leben kommen wir dazu, ... mit aller in unserem Bereich befindlichen Kreatur in Beziehung zu stehen und mit ihrem Schicksal beschäftigt zu sein, um zu vermeiden, sie zu schädigen, und entschlossen zu sein, ihnen in ihrer Not beizustehen, soweit wir es vermögen» (166, S. 20f).

Beeinflußt hat mich, daß der Begründer dieser Ethik durch Denken,

Albert Schweitzer, seine Ethik lebte. Obwohl schon ein berühmter Theologe und Bach-Interpret, begann er ein Medizinstudium, um danach als Arzt in Afrika jahrzehntelang das Leiden der Bevölkerung zu mindern, unter sehr belastenden Bedingungen. Zusätzlich arbeitete er später öffentlich gegen die Bedrohung durch Atomwaffen und erhielt den Friedensnobelpreis. Zur Aggressivität in seinem Alltag schreibt er: «Meine Strategie besteht darin, nie auf einen Angriff einzugehen, welcher Art er auch sei. Ich habe mir von jeher dies zum Grundsatz gemacht und treu eingehalten. Gegen das Schweigen kann niemand auf die Dauer ankämpfen. Man muß mich auch nicht verteidigen» (168, S. 322). –

Die ethischen Botschaften der Begründer der Weltreligionen bedeuten mir viel bei der Bewertung von Aggression und Feindseligkeit:

Jesus lebte und verkündete in einer Zeit von Gewalt und Unterdrückung: «Liebet eure Feinde; segnet, die euch fluchen; tut wohl denen, die euch hassen; bittet für die, die euch beleidigen und verfolgen.» – «Selig sind die Sanftmütigen; denn sie werden das Erdreich besitzen.» – «Selig sind die Barmherzigen; denn sie werden Barmherzigkeit erlangen.» «Alles, was ihr wollt, das euch die Leute tun sollen, das tut ihnen auch.» Diese Botschaften sind mir besonders bedeutsam, da sie mit großem Mut und Furchtlosigkeit verbunden waren.

Buddha: «Durch Nicht-Zürnen überwinde man den Zorn. Das Böse überwinde man mit dem Guten. Durch Wahrheit überwinde man den Lügner. Durch Nicht-Feindschaft kommt Feindschaft zur Ruhe» (167, S. 83). Nicht-aggressives Verhalten dient nicht nur der eigenen persönlichen Vervollkommnung, sondern bewirkt zugleich Ethisches in der Welt.

Sind diese ethischen Botschaften und Einstellungen zu Aggression und Feindseligkeit illusorisch, wirklichkeitsfremd?

Gewiß, viele von uns können diese Auffassungen nur begrenzt leben, es ist ein angestrebtes Ziel. Ich erfahre dabei Menschen als hilfreich, die sich intensiv bemühen, im Einklang mit diesen ethisch-philosophischen Auffassungen zu leben. Wahrscheinlich gibt es derartige Menschen in unserer Nachbarschaft, aber sie treten nach außen wenig in Erscheinung. Im folgenden möchte ich zwei Personen anführen, deren Leben unter den Augen der Öffentlichkeit verlief und die diese Botschaft leben konnten, obwohl sie schwerer Anfeindung und Gewalt ausgesetzt waren und zugleich wichtige soziale und politische Ziele erreichen. Es sind keine weltfremden Träumer, sondern sehr aktive und politisch wirksame Personen:

Gandhi bewies bei der Befreiung seines Landes die Wirksamkeit des Geistes der Haßlosigkeit und Liebe. Sein Vorgehen ist gekennzeichnet durch Gewaltlosigkeit und Wahrheitssuche, ferner dadurch, jegliche Mißachtung des Gegners zu vermeiden. «Beleidige niemanden, hege keine unfreundlichen Gedanken, auch nicht gegen den, der sich feindlich zu dir stellt.» Seinen Anhängern, die zur Ausübung von Gewalt drängten, sagte er: «Ich würde jede Demütigung erleiden, jede Qual, vollständige Verbannung oder gar den Tod, um die Bewegung davor zu bewahren, gewalttätig zu werden oder zu einem Vorläufer von Gewalttätigkeit» (118, S. 39). Gewaltlosigkeit bedeutet nach Gandhi auch den Verzicht auf alle Vorteile, Ehren und Rechte, die man von einem abgelehnten Gegner oder System erlangen könnte.

Gandhi sah auch die Grenzen: «Es wird uns nicht glücken, vollständig nichtgewaltsam in unserem Tun, Reden und Denken zu sein, aber wir müssen doch Gewaltlosigkeit als das Endziel betrachten und unablässig darauf hinschreiten» (118, S. 93). – Erscheint die Anwendung von Gewalt unvermeidbar, etwa um Mord an einzelnen oder Völkergruppen durch Entwaffnung zu unterbinden, so sollte sowenig Gewalt wie möglich angewandt werden, und zwar so, daß sie aus einer *ethischen* Gesinnung als letzter Ausweg gewählt wird.

Eine Möglichkeit nicht-aggressiven Verhaltens, das Gandhi in vielen Lebenslagen anwandte und seinen Anhängern empfahl, ist das *Schweigen.* «Mir ist oft zu Bewußtsein gekommen, daß der Wahrheitssucher schweigen lernen muß. Vom Schweigen geht eine wunderbare Wirkung auf den ganzen Menschen aus... Das Schweigen hat noch einen anderen Vorteil... Wie die meisten Menschen neige auch ich leicht zum Zorn, jetzt aber habe ich entdeckt, daß das Schweigen mir mehr als alles andere dabei behilflich sein kann, ihn auszulöschen» (118, S. 121 f).

Martin Luther King ist als Führer der amerikanischen Bewegung zur Gleichberechtigung von Bürgern schwarzer Hautfarbe bekannt geworden. Für ihn sind Gewaltlosigkeit und Liebe charakteristisch. «Laßt uns nie vergessen», sagte er seinen Anhängern, «daß wir uns für den Weg der Gewaltlosigkeit entschieden haben. Und Gewaltlosigkeit bedeutet, daß man weder äußere noch innere Gewalt anwendet. Gewaltlosigkeit schließt aus, einen Menschen zu erschießen, aber auch, einen Menschen zu hassen... Darum ist es meine Pflicht, mich jedem Versuch zu widersetzen, unsere Freiheit mit den Methoden der Gemeinheit, des Hasses und der Gewalt zu erlangen, wie sie unsere Unterdrücker anwandten. Haß ist für den Hassenden ebenso schädlich wie für den Gehaßten.» – «Man soll uns niemals nachsagen dürfen, daß wir, um unser Ziel zu erreichen, uns solch verachtenswerter Mittel wie Falschheit, Bosheit, Haß und Gewalt bedient hätten» (87, S. 42 f u. 33).

«Das Gebot, unsere Feinde zu lieben, ist ja keine fromme Verordnung eines weltfremden Träumers... Wenn ich von Liebe spreche, dann meine ich keine sentimentale und schwache Gefühlsregung. Ich spreche von der Kraft, die alle großen Religionen als das oberste, alles überwindende und einigende Prinzip des Lebens erkannt haben» (87, S. 27 u. 54).

Charakteristisch für ihn und für Gandhi ist, daß Gewaltlosigkeit für sie nicht Passivität bedeutete, sondern intensive Aktivität. King: «Wir nehmen ein Unrecht nicht einfach tatenlos hin; wir greifen aber auch nicht zur Gewalt, um ein begangenes Unrecht zu vergelten... Gewaltloser Widerstand verbindet den scharfen Verstand mit dem fühlenden Herzen. Gleichzeitig vermeidet gewaltloser Widerstand das Jammern und das tatenlose Zusehen der geistig Trägen, ebenso wie er auch die Gewalt und Rücksichtslosigkeit der Hartherzigen vermeidet» (87, S. 33). Verzicht auf aggressives Verhalten bedeutet also *nicht*, passiv Ungerechtigkeiten zu erdulden und auf Änderungen zu verzichten.

Sich für die Verminderung von Feindseligkeit und Aggression einsetzen

Wir können dazu beitragen, daß Aggressionen und Feindseligkeit im Zusammenleben geringer werden:

▷ *Sind wir ruhig und entspannt in einer Auseinandersetzung* mit anderen, ohne Feindseligkeit, so wirken wir eher schlichtend. Ferner werden hierdurch andere Menschen, die dies wahrnehmen, beeinflußt; sie reagieren zukünftig etwas mehr in dieser wahrgenommenen Art. Dies wurde in vielen Untersuchungen bestätigt (121; 172; 182).

▷ *Beziehen wir in einer Auseinandersetzung die feindseligen Gefühle anderer nicht auf uns persönlich*, sondern sehen sie als deren Gefühle an, so fühlen wir uns weniger bedroht und reagieren weniger feindselig. Hierdurch vermeiden wir auch, daß der andere uns mit seinem Ärger manipuliert, daß wir uns dadurch schlecht fühlen und er Macht über uns ausübt.

Eine Frau: «Früher war es immer so, daß ich mich sofort angegriffen fühlte und überhaupt keinen Wert in mir spürte. Ich kann's jetzt ertragen, daß alles so furchtbar bei meinem Mann herauskommt. Es rasselt nicht mehr sofort eine Jalousie bei mir herunter. Ich weiß, daß ich trotzdem einen Wert habe, daß ich ‹Ich› bleiben kann. Ich sehe es jetzt mehr, daß es *seine* Schwierigkeiten sind, daß es keine Angriffe sind, um mich zu verletzen.»

▷ *Durch die richtige Wahl der Situation und der Zeit für eine Aussprache* vermindern wir mögliche Feindseligkeit.

▷ *Wir achten darauf, daß andere nicht unnötig in Situationen gebracht werden, in denen sie sich belastet, bedroht und provoziert* fühlen und somit eher aggressiv handeln. So fördern im politischen Zusammenleben krasse Mißstände, Ungerechtigkeiten und Ungleichheiten den Ausbruch von Feindseligkeit und Aggression.

▷ *Kritik, besonders wenn sie öffentlich erfolgt, etwa in den Medien, löst bei den Betroffenen oft Ärger, Groll und Feindseligkeit aus.* Bei Verbesserungsvorschlägen oder Hilfsangeboten statt dessen werden diese Gefühle vermieden, und eine Änderung tritt eher ein. Auch für unsere persönliche Entwicklung ist es gesünder, kreativ konstruktive Möglichkeiten aufzuzeigen, als die Fehler anderer zu kritisieren oder sie bloßzustellen.

▷ *Im Umgang mit jungen Menschen* ist die Kenntnis hilfreich: Ärger und Aggression, auch ihre vehemente Bejahung, können ein Schutz sein; dahinter können Minderwertigkeitsgefühle, Unsicherheit oder Neid gegenüber Erwachsenen stehen. Oft sehen junge Menschen in einem derartigen Zustand zunächst keinen anderen Weg, als aggressiv zu reagieren. Wahrscheinlich benötigen sie Erfahrungen, um zu lernen, daß Aggressionen nicht der angemessene Weg der zwischenmenschlichen Auseinandersetzung sind. Es ist hilfreich, in Aggressionen von Jugendlichen auch die Möglichkeit zu sehen, daß sie hierdurch lernen. Bei diesem Lernen können wir ihnen durch unsere Art des Reagierens und Diskutierens helfen.

Ich möchte einen ehemaligen Studentenvertreter in der Zeit der Studentenrebellion 1968 zu Wort kommen lassen. Die Äußerungen veranschaulichen das Lernen aus den Erfahrungen mit Aggressionen: «Ich hab friedlich demonstriert und bin mit Gummiknüppeln geprügelt worden. Anfangs habe ich nicht zurückgeschlagen. Aber dann gab es eine Zeit, da war mein Zorn so groß, da hab ich auch Steine in die Hand genommen. Aber ich denke, Gewalt erzeugt Gewalt. Ich habe gemerkt, daß Gewalt kein Weg ist, der weiterführt. Es ist kein Weg der Verständigung; die Fronten werden härter.»

Manche junge Menschen brauchen Erfahrungen, um zu der Einsicht zu kommen, die Martin Luther King so beschreibt: «Randalieren ist nicht revolutionär, sondern reaktionär, weil es die Niederlage provoziert. Krawalle bringen zwar emotionale Entspannung, aber dann folgt das Gefühl der Zwecklosigkeit» (87, S. 33).

▷ *Filme im Fernsehen, Kino und auf Videokassetten* zeigen häufig Feindseligkeit, Wut und Gewalt. Es ist in Hunderten von Untersuchungen nachgewiesen: Hierdurch werden Neigungen zu feindseligem aggressivem Handeln vermehrt (zum Beispiel 65; 121; 172). Wir können, ja wir müssen hier auf Änderungen drängen; etwa durch häufige öffentliche Aufforderungen an Abgeordnete der Parteien, durch Proteste von Eltern- und Lehrervereinigungen, durch Aufkleber oder durch Boykott von Produkten, für die im Fernsehen in der zeitlichen Nähe von Gewaltsendungen geworben wird.

▷ *Eintreten für ein Verbot der Alkohol-Werbung.* Ein großer Teil der Gewalt wird im alkoholisierten Zustand ausgeübt, auch in Familien! Sexuelle Gewalt gegenüber Frauen und zum Teil gegenüber Kindern erfolgt häufig im alkoholisierten Zustand! Rund 70 Prozent der Anschläge auf Asylbewerberheime und Beschädigungen von Gedenkstätten jüdischer Opfer in Baden-Württemberg erfolgten im alkoholisierten Zustand der Täter! Wenn wir ernsthaft etwas tun wollen für mehr Friedfertigkeit und weniger Feindseligkeit: Es gibt Möglichkeiten.

▲▼ Ausblick

Sie haben in dem Buch vieles Wesentliche für Ihre seelische Lebensqualität und für Ihre Gesunderhaltung erfahren: was Stress-Belastungen sind, wie sie entstehen, wie sie sich seelisch und körperlich auswirken und vor allem: was Sie im Alltag tun können, um Ihre Stress-Belastungen zu vermindern und seelisch gesünder zu leben.

Ich wünsche Ihnen viele befriedigende Schritte auf diesem Weg zu mehr seelischer Gesundheit.

Wenn Sie es manchmal als schwer empfinden, etwas für sich zu tun, dann hilft Ihnen vielleicht folgender Gedanke: Unsere Vorfahren waren über Jahrtausende tagtäglich mit der Bewältigung von Belastungen beschäftigt. Tagtäglich mußten sie sich um Nahrung und Heizungsmaterial bemühen, um Hunger und Kälte zu bewältigen, tagtäglich mußten sie wachsam und gerüstet sein gegen die Bedrohung durch Feinde. Dies haben wir heute meist nicht mehr nötig. So ist uns der Gedanke fremd geworden, täglich, ja andauernd für uns verantwortlich zu sorgen. Jedoch: Heute sind unsere «Feinde» sorgenvolles Grübeln, hohe seelisch-körperliche Spannungen, depressive Verstimmungen, Ärger, Verdruß, Bitterkeit. In diesem Bemühen sind wir allerdings nicht allein: Die meisten Menschen – so auch ich – sind mit diesen Bedrohungen und Schwierigkeiten konfrontiert, junge und alte Menschen, Gesunde und Erkrankte, Lehrer und Schüler, Wohlhabende und Arme, Angestellte, Manager, Politiker, Rentner oder Krankenschwestern und Ärzte.

Ich danke Ihnen sehr, daß Sie Vertrauen zu diesem Buch und meiner Arbeit gehabt haben. Ich bin dankbar, wenn ich Ihnen helfen konnte.

Literatur

1. Abele, A., und Brehm, W. (1984): Psychologie Heute, 3, S. 42–45
2. Affleck, G., Pfeiffer, C., Tennen, H., and Fifield, J. (1987): Arthritis and Rheumatism, 30, S. 927–931
3. Ärzte-Zeitung (1995): 19.1.1995, S. 8
4. Ärzte-Zeitung (1991): 10.9.1991, S. 12
5. Allen, V. L. (1985): Arousal, Affect and Self-perception. In: Spielberger, C., and Sarason, I. (Eds.): Stress and Anxiety. Vol. 9, S. 79–93. Washington: Hemisphere
6. Anderson, K., Bradley, I., Young, L., McDaniel, L., and Wise, C. (1985): Psychological Bulletin, 98, S. 358–387
7. Averill, J. (1982): Anger and Aggression. New York: Springer
8. Baar, H. (1987): Schmerzbehandlung in Praxis und Klinik. Heidelberg: Springer
9. Baar, H. (1988): Hamburger Abendblatt, 3./4.9.1988, S. 32
10. Bandura, A. (1977): Psychological Review, 84, S. 191–215
11. Baresch, A. M. (1987): Hamburger Morgenpost, 4.12.1987, S. 21
12. Barnard, C. (1984): Mit Arthritis leben. München: Scherz
13. Beck, R., und Millhagen, U. (1984): Diplomarbeit. Univ. Hamburg: Fachbereich Psychologie
14. Becker, P. (1985): Zeitschrift f. Klinische Psychologie, 14, S. 169–184
15. Behrendt, M. (1988): Diplomarbeit. Univ. Hamburg: Fachbereich Psychologie
16. Behrens-Tönnies, U., und Tönnies, S. (1986): In: Heyse, H. (Hg.): Erziehung in der Schule, S. 146–152. Bonn: Dt. Psychologen-Verlag
17. Beitel, E., und Kröner, B. (1982): Zeitschrift f. Klinische Psychologie, 11, S. 1–15
18. Benson, H. (1975): The Relaxation Response. New York: Morrow
19. Berbalk, H., und Kempkensteffen, J. (1995): Psychologische Gesundheitsförderung in einer industriellen Organisation. Verhaltenstherapie, 5, S. 5–20
20. Bergler, R. (1986): Mensch und Hund. Köln: Agrippa
21. Bernstein, D., und Borkovec, T. (1982): Entspannungstraining. Handbuch der progressiven Muskelentspannung. München: Pfeiffer

22 Beyersdorff, D. (1988): Signal, Biologische Krebsabwehr, Nr. 20, S. 2
23 Biaggio, M. (1980): Journal of Personality and Social Psychology, 39, S. 352–356
24 Billings, A., Cronkite, R., and Moos, R. (1983): Journal of Abnormal Psychology, 92, S. 119–133
25 Bleick, D., and Abrams, A. (1987): Journal of Criminal Justice, 15, S. 211–230
26 Borkovec, T., Robinson, E., Pruzinsky, T., and DePree, J. (1983): Behaviour Research and Therapy, 21, S. 9–16
27 Brengelmann, J. (1986): Persönliche Effektivität, Stress und Lebensqualität. In: Resch, A. (Hg.): Psyche und Geist: Fühlen, Denken und Weisheit, S. 395–423. Innsbruck: Resch
28 Brenner, H., and Böker, W. (Eds.) (1989): Schizophrenia as a systems disorder. Brit. Journal of Psychiatry, Supplementum, 5, Vol. 155
29 Brück, M. v., (1988): Denn wir sind Menschen voller Hoffnung. München: Kaiser
30 Bruhn, T. (1986): Prävention, 9, S. 90–92
31 Burns, D. (1983): Angstfrei mit Depressionen umgehen. Pfungstadt: Minotaurus
32 Calatin, A. (1988): Ernährung und Psyche. 3. Aufl. Karlsruhe: Müller
33 Cappeliez, P., and Blanchet, D. (1986): Canadian Journal of Aging, 5, S. 125–134
34 Carnegie, D. (1984): Sorge dich nicht – lebe! Bern: Scherz
35 Carrington, P. (1983): Das große Buch der Meditation. München: Heyne-Taschenbuch
36 Cassileth, B., et al. (1985): The New England Journal of Medicine, 312, S. 1551–1555
37 Chomé, J., Paul, Th., und Pudel, V. (1984): Ernährungs-Umschau, 31, 1, S. 12–16
38 Cöllen, M. (1987): Stern, Nr. 40, 24. 9. 87, S. 80
39 Collingwood, T. (1972): Journal of Clinical Psychology, 28, S. 583–585
40 Cousins, N. (1981): Der Arzt in uns selbst. Reinbek: Rowohlt
41 Crandall, J. (1984): Journal of Personality and Social Psychology, 47, S. 164–174
42 Degen, R. (1986): Psychologie Heute, 6, S. 12–13
43 Dietzel, M. (1988): Lichttherapie der endogenen Depression. Psychiatrische Univ.-Klinik Wien. Manuskript
44 Doll, M. (1995): Diplomarbeit. Univ. Hamburg: Fachbereich Psychologie
45 Doyle, M. (1984): Journal of Clinical Psychology, 40, S. 467–474

46 Drews, M. (1987): Der praktische Arzt, 16, S. 8-11
47 Dürr, H.-P. (Hg.) (1988): Physik und Transzendenz. München: Scherz
48 Duskin, R. (1984): Working with Stress. Manuscript. Kripalu-Yoga-Center, Honesdale (Boston)
49 Ebert, D. (1986): Physiologische Aspekte des Yoga. Leipzig: Thieme
50 Einstein, A. (1988): Mein Weltbild. Frankfurt: Ullstein-Taschenbuch
51 Einstein, A. (1988): Religion und Wissenschaft; Naturwissenschaft und Religion. In: Dürr, H.-P. (Hg.): Physik und Transzendenz, S. 67–78. München: Scherz
52 Einstein, A. (1986): Aus meinen späten Jahren. Frankfurt: Ullstein-Taschenbuch
53 Einstein, A. (1986): Ausgewählte Texte. München: Goldmann-Taschenbuch
54 Einstein, A. (1981): Briefe. Zürich: Diogenes
55 Ellinghaus, D. (1986): Rücksichtslosigkeit und Partnerschaft. Köln: Ifaplan
56 Frankfurter Allgemeine Zeitung (1987): 20. 5. 1987, S. 33
57 Frankfurter Allgemeine Zeitung (1984): 22. 2. 1984, S. 25–26
58 Feshbach, S. (1986): Journal of Social and Clinical Psychology, 4, S. 123–132
59 Folkman, S., and Lazarus, R. (1986): Journal of Abnormal Psychology, 95, S. 107–113
60 Foster, J., and Gallagher, D. (1986): Journal of Gerontology, 41, S. 91–93
61 Fox, R. M. (1987): Personenzentrierte Qualitäten in der Partnerschaft. Frankfurt: Lang
62 Fox, M., und Tausch, R. (1983): Zeitschrift f. Personenzentrierte Psychologie und Psychotherapie, 2, S. 499–509
63 Funderburk, J. (1977): Science Studies Yoga, a Review of Physiological Data. Honesdale (PA): Himalayan International Institute
64 Gestrich, R. (1987): Am Krankenbett. Stuttgart: Quell
65 Glogauer, W. (1991): Kriminalisierung von Kindern und Jugendlichen durch Medien, 2. Aufl. Baden-Baden: Nomos
66 Goldfried, M., and Goldfried, A. (1975): Cognitive Change Methods. In: Kanfer, F., and Goldstein, A. (Eds.): Helping People Change. New York: Pergamon
67 Grawe, K., Donati, R., und Bernauer, F. (1995): Psychotherapie im Wandel, 4. Aufl. Göttingen: Hogrefe
68 Gröndal, A. (1990): Diplomarbeit. Univ. Hamburg: Fachbereich Psychologie

69 Grosscup, S., and Lewinsohn, P. (1980): Journal of Clinical Psychology, 36, S. 252–259
70 Halweg, K., und Hooley, J. (1986): Rückfallprädiktion bei depressiven Patienten. In: Bericht 35. Kongreß Deutsche Gesellschaft f. Psychologie, Bd. 1, S. 487. Göttingen: Hogrefe
71 Hamburger Abendblatt (1989): 6.2.1989, S. 2
72 Hammen, C., Krantz, S., and Cochran, S. (1981): Cognitive Therapy and Research, 5, S. 351–358
73 Harz, A. (1991): Diplomarbeit. Univ. Hamburg: Fachbereich Psychologie
74 Hawking, S. (1988): Eine kurze Geschichte der Zeit. Reinbek: Rowohlt
75 Heisenberg, W. (1988): Ordnung der Wirklichkeit. In: Dürr, H.-P.: Physik und Transzendenz, S. 323–336. München: Scherz
76 Heyden, T., Schmeck-Kessler, K., und Schreiber, H.-J. (1984): Zeitschrift für Klinische Psychologie, 13, S. 288–299
77 Hoffmann, D. (1986): Stern, Nr. 29, Sonderbeilage
78 Holmes, T., and Rahe, R. (1967): Journal of Psychosomatic Research, 11, S. 213–218
79 Hölzel, G. (1993): Diplomarbeit. Univ. Hamburg: Fachbereich Psychologie
80 Houston, B. (1977): In: Spielberger, C., and Sarason, I. (Eds.): Stress and Anxiety, IV, S. 205–226. Washington: Hemisphere
81 Jacobson, E. (1938): Progressive Relaxation. Chicago: Univ. of Chicago Press
82 Janke, W., Erdmann, G., und Kallus, W. (Hg.) (1985): Stress-Verarbeitungsbogen (SVF). Göttingen: Hogrefe
83 Khema, A. (1988): Meditation ohne Geheimnis. Zürich: Theseus
84 Kiefer, L. (1988): Rheuma-Schmerz und Entzündung, 8, S. 44–48
85 Kielholz, P. (1988): Die Depression ist ein Selbstheilungsmechanismus. Psychologie Heute, 1, S. 29–31
86 Kindermann, W. (1987): Jugend, Zeitschrift für Kinder- u. Jugendhilfe, 68, S. 254–267
87 King, M. L. (1984): Frieden ist kein Geschenk. Freiburg: Herder
88 Kneer, K. (1984): Diplomarbeit. Univ. Hamburg: Fachbereich Psychologie
89 Koopmann, P., und Höder, J. (1983): Aktuelle Rheumatologie, 8, S. 29–33
90 Kuda, M., und Schürgers, G. (1987): Die soziale Lage der Göttinger Studierenden. In: Studentenwerk Göttingen, S. 26–34
91 Kuo, Z. (1930): Journal Comparative Psychology, 11, S. 1–30

374 Literatur

92 Labhardt, F. (1982): Der Einfluß von autogenem Training bzw. Betablokkade auf Stress bei Chirurgen. In: Kielholz, P., Siegenthaler, W., Taggart, P., und Zanchetti, A. (Hg.): Psychosomatische Herz-Kreislauf-Störungen. Bern: Huber

93 Lazarus, A. (1980): Innenbilder. Imagination in der Therapie und als Selbsthilfe. München: Pfeiffer

94 Lazarus, R. (1986): The Psychology of Stress and Coping. In: Spielberger, C., and Sarason, I. (Eds.): Stress and Anxiety, Vol. 10, S. 399–418. New York: Hemisphere

95 Lazarus, R., and Folkman, S. (1984): Stress, Appraisal and Coping. New York: Springer

96 Lewinsohn, P. (1975): Unpleasant Events Schedule. Manuskript, Univ. of Oregon

97 Lewinsohn, P., and Amenson, C. (1978): Journal of Abnormal Psychology, 87, S. 644–654

98 Lewinsohn, P., and Graf, M. (1973): Journal of Consulting and Clinical Psychology, 41, S. 261–268

99 Lewinsohn, P., Hoberman, H., Teri, L., and Hautzinger, M. (1985): An Integrative Theory of Depression. In: Reiss, S., and Bootzin, R. (Eds.): Theoretical Issues in Behavior Therapy, S. 331–359. New York: Academic Press

100 Lewinsohn, P., Mermelstein, R., Alexander, C., and MacPhillamy, D. (1985): Journal of Clinical Psychology, 41, S. 483–498

101 Lodes, H. (1981): Atme richtig. Bergisch Gladbach: Bastei-Lübbe

102 Lohmann, M. (1987): Die Auswirkungen einer geleiteten Vorstellungsübung über Sterben und Tod im entspannten Zustand. Frankfurt: Lang

103 Luks, A. (1989): Der Lohn der guten Tat: Gesundheit. Psychologie Heute, 3, S. 22–23

104 Lysebeth, A. v. (1977): Yoga. München: Heyne

105 Marc Aurel (1973): Selbstbetrachtungen. 12. Aufl. Stuttgart: Kröner

106 Mattern, H. (1988): Der praktische Arzt. 7, S. 22–27

107 McGowan, R., Jarman, B., and Pederson, D. (1974): Journal of Psychology, 86, S. 57–60

108 Melnechuk, T. (1983): Psychology Today, 11, S. 22–32

109 Menuhin, Y. (1982): Ich bin fasziniert von allem Menschlichen. München: Piper-Taschenbuch

110 Menuhin, Y. (1983): Welt am Sonntag, Nr. 46, 13.11.1983, S. 57–58

111 Messner, R. (1982): Mein Weg. München: Goldmann-Taschenbuch

112 Miller, P., et al. (1985): Journal of Nervous and Mental Disease, 173, S. 707–716

113 Mindell, E. (1986): Die Vitamin-Bibel. München: Heyne-Taschenbuch
114 Minsel, B., Becker, P., and Korchin, S. (1988): Journal of cross-cultural Psychology
115 Moos, R., and Billings, A. (1982): Conceptualizing and measuring coping resources and processes. In: Goldberger, L., and Breznitz, S. (Eds.): Handbook of Stress. New York: Macmillan
116 Mullen, B., and Suls, J. (1982): Journal of Psychosomatic Research, 26, S. 43–49
117 Müller, B., und Beu, K. (1987): Diplomarbeit. Univ. Hamburg: Fachbereich Psychologie
118 Nehru, P. (1983): Mahatma Gandhi. Bergisch Gladbach: Bastei-Lübbe-Taschenbuch
119 Nielson, A. (1994): Diplomarbeit. Univ. Hamburg: Fachbereich Psychologie
120 Nolen-Hoeksema, S. (1987): Psychological Bulletin, 101, S. 259–282
121 Nolting, H.-P. (1987): Lernfall Aggression. Reinbek: Rowohlt-Taschenbuch
122 Nordlohne, E., Hurrelmann, K., und Holler, B. (1989): Prävention, 6
123 Norwood, R. (1988): Briefe von Frauen, die zu sehr lieben. Reinbek: Rowohlt
124 Novoa, M. (1989): Diplomarbeit. Univ. Hamburg: Fachbereich Psychologie
125 Ohm, D. (1992): Progressive Relaxation. Stuttgart: Trias
126 Ossip-Klein, D., et al. (1989): Journal Consulting and Clinical Psychology, 57, S. 158–161
127 Pauling, L. (1988): in: Rezepte, die das Leben ändern. Erstes Deutsches Fernsehen, 21.8.1988
128 Pauling, L. (1993): Das Vitamin-Programm, 4. Aufl. München: Goldmann
129 Pearson, D., and Shaw, S. (1984): The Life Extension Companion. New York: Warner
130 Pearson, D., and Shaw, S. (1982): Life Extension. New York: Warner
131 Petersen, K. (1993): Persönliche Gottesvorstellungen, empirische Untersuchungen. Ammersbek: Lottbek
132 Pfeiffer, C. (1989): Nährstoff-Therapie bei psychischen Störungen. 2. Aufl. Heidelberg: Haug
133 Pfeiffer, C. (1988): in: Rezepte, die das Leben ändern. Erstes Deutsches Fernsehen, 21.8.1988
134 Planck, M. (1988): Religion und Naturwissenschaft. In: Dürr, H.-P. (Hg.): Physik und Transzendenz, S. 21–39. München: Scherz

135 Plöhn, S., Berbalk, H., und Tausch, R. (1995): Ein kombiniertes Therapieangebot bei seelischen Stress-Belastungen, eine Untersuchung an 75 Klienten. Im Manuskript: Plöhn, S. (1991): Gruppenseminare zur Stress-Bewältigung. Frankfurt: Lang

136 Pöllmann, L., Oesterheld, T., und Pöllmann, B. (1987): Schmerz – pain – douleur, 8, S. 39–42

137 Prettner, H. (1985): Selecta, 44, S. 3914–3922

138 Psychologie Heute, 1986, S. 9–10

139 Psychologie Heute, 1995, 6, S. 18

140 Quitmann, H., Tausch, A., und Tausch, R. (1974): Zeitschrift f. Klinische Psychologie, 3, S. 193–204

141 Dass, R., und Gorman, P. (1988): Wie kann ich helfen? Berlin: Sadhana

142 Reynolds, D. (1983): Naikan-Therapie. In: R. Corsini (Hg.): Handbuch der Psychotherapie, Bd. II, S. 769–781. Weinheim: Beltz

143 Richter, N. (1994): Diplomarbeit. Univ. Hamburg: Fachbereich Psychologie

144 Rogers, C. (1983): Freedom To Learn for the 80's. Columbus: Merrill

145 Rogers, C. (1983): Therapeut und Klient. Frankfurt: Fischer-Taschenbuch

146 Rogers, C. (1983): Die klientenzentrierte Gesprächspsychotherapie. Frankfurt: Fischer-Taschenbuch

147 Rogner, O., Frey, D., und Haveman, D. (1985): in: Bericht über den 34. Kongreß der Deutschen Gesellschaft für Psychologie in Wien 1984, Band II, S. 683–685. Göttingen: Hogrefe

148 Rohracher, H. (1977): Einführung in die Psychologie, 11. Aufl. München: Urban u. Schwarzenberg

149 Rubinstein, H. (1987): Lachen macht gesund. Landsberg: mvg-Taschenbuch

150 Ruwwe, F., und Tausch, R. (1995): Gesprächspsychotherapie und Desensibilisierung als Hilfen zur Lebensstress-Bewältigung nach Trennung vom Partner. Manuskript

151 Schenk, C. (1984): Der Praktische Arzt, 18, S. 1409–1410

152 Schill, Th. (1980): Psychological Reports, 47, S. 1192

153 Schill, T., Adams, A., and Bekker, D. (1982): Psychological Reports, 50, S. 602

154 Schilpp, B. (1983): Diplomarbeit. Univ. Hamburg: Fachbereich Psychologie

155 Schindler, L., et al. (1988): Zeitschrift f. Klinische Psychologie, Psychopathologie, Psychotherapie, 2, S. 118–126

156 Schirmak, H. (1988): Diplomarbeit. Univ. Hamburg: Fachbereich Psychologie
157 Schnepper, V., Knocke, U., und Peuyn, D. (1988): Diplomarbeit. Univ. Hamburg: Fachbereich Psychologie
158 Schumaker, J. (Ed.) (1992): Religion and Mental Health. New York: Oxford University Press
159 Schuitemaker, G. (1986): Orthomolekulare Ernährungsstoffe. Freiburg: Verlag f. Orthomolekulare Medizin
160 Schulz v. Thun, F. (1995): Miteinander reden. Reinbek: Rowohlt-Taschenbuch
161 Schultz, J. H. (6. Aufl. 1950): Das Autogene Training. Stuttgart: Thieme
162 Schulz, R., and Decker, S. (1985): Journal of Personality and Social Psychology, 48, S. 1162–1172
163 Schwab, R. (1987): Zeitschrift für Personenzentrierte Psychologie und Psychotherapie, 4, S. 449–461
164 Schwarz, R. (1986): Zeitschrift für Allgemeine Medizin, 62, S. 879–883
165 Schwarzer, R. (1981): Stress, Angst und Hilflosigkeit. Stuttgart: Kohlhammer
166 Schweitzer, A. (1988): Die Ehrfurcht vor dem Leben. München: Beck-Taschenbuch
167 Schweitzer, A. (1987): Die Weltanschauung der indischen Denker. München: Beck-Taschenbuch
168 Schweitzer, A. (1987): Leben, Werk und Denken 1905–1965, mitgeteilt in seinen Briefen. Heidelberg: Schneider
169 Schweitzer, A. (1986): Was sollen wir tun? Heidelberg: Schneider
170 Schweitzer, A. (o. J.): Worte Albert Schweitzers. Freiburg: Hyperion
171 Seaver, G. (1950): Albert Schweitzer. 3. Aufl. Göttingen: Deuerlich
172 Selg, H. (1974): Menschliche Aggressivität. Göttingen: Hogrefe
173 Selye, H. (1984): Stress – mein Leben. Frankfurt: Fischer-Taschenbuch. – (1991): Stress beherrscht unser Leben, München: Heyne
174 Shriftman, M. (1988): Orthomolekulare Psychiatrie. In: Calatin, A. (Hg.): Ernährung und Psyche. 3. Aufl., S. 37–48. Karlsruhe: Müller
175 Sonntagsblick (1992): 27.12.92, S. 22
176 Spiegel, D., et al. (1989): Lancet, 14, S. 888–891
177 Steindl-Rast, D. (1986): Fülle und Nichts. München: Goldmann-Taschenbuch
178 Tausch, A. (1987): Gespräche gegen die Angst. Reinbek: Rowohlt-Taschenbuch
179 Tausch, A., und Tausch, R. (1993): Sanftes Sterben. Reinbek: Rowohlt-Taschenbuch

Literatur

180 Tausch, D. (1987): Die Vorstellung des möglichen Sterbens einer nahestehenden Person. Frankfurt: Lang
181 Tausch, R., und Tausch, A. (1988): Wege zu uns und anderen. Reinbek: Rowohlt-Taschenbuch
182 Tausch, R., und Tausch, A. (1991): Erziehungspsychologie, 10. Aufl. Göttingen: Hogrefe
183 Tausch, R., und Tausch, A. (1990): Gesprächspsychotherapie. 9. Aufl. Göttingen: Hogrefe
184 Tausch, R. (1994): Sinn-Erfahrungen, Wertauffassungen, Gewissensvorgänge und Religiöse Vorstellungen. Kongreß Deutsche Gesellsch. f. Psychologie, 27.9.1994
185 Tausch, R. (1992): Zeitschrift Sozialpsychologie und Gruppendynamik, 3, S. 3–29. – Psychologie Heute (1993): 4, S. 20–26
186 Tavris, C. (1995): Wut – Das mißverstandene Gefühl. München: dtv
187 Taylor, S. (1983): American Psychologist, 38, S. 1161–1173
188 Thayer, R. (1989): The Biopsychology of Mood and Arousal. New York: Oxford University Press
189 Teml, H. (1987): Entspannt lernen. Passau: Veritas
190 Tönnies, S., und Heering-Sick, H. (1989): in: Segl, H., und Müller-Fahlbusch, H. (Hg.): Angst und Angstabbau in der Zahnmedizin, S. 71–76. Berlin: Quintessenz
191 Tönnies, S., und Overbeck, K. (1981): in: Stocksmeier, U., und Hermes, G. (Hg.): Psychologie in der Rehabilitation, S. 162–166. Rheinstetten: Schindele
192 Ulich, D. (1989): Das Gefühl. 2. Aufl. München: Psych. Verlags-Union
193 Ullrich, A. (1987): Krebsstation: Belastungen der Helfer. Frankfurt: Peter Lang. – (1987): Ärztliche Praxis, 39, S. 3115–3116
194 Verres, R. (1991): Die Kunst zu leben – Krebsrisiko und Psyche. München: Piper
195 Weber, A. (1987): Der Läufer, H. 4, S. 40–44
196 Weber, A. (1986): Seelisches Wohlbefinden durch Laufen. Oberhaching: Sportinform
197 Weber, A. (1984): Suchtgefahren, 30, S. 160–167
198 Welt am Sonntag (1991): 15.12.91
199 West, G., and Simons, R. (1983): Research on Aging, 5, S. 235–268
200 Wickert, J. (1987): Einstein. Reinbek: Rowohlt-Taschenbuch
201 Wirz-Justice, A., Buchel, A., Woggon, B. (1986): Psychiatry Research, 17, S. 75–77
202 Wurtman, R., und Wurtman, J. (1989): Spektrum der Wissenschaft, 3, S. 86–93

203 Zilbergeld, B., and Lazarus, A. (1987): Mind Power. Boston: Little, Brown
204 Zimbardo, P., und Ruch, F. (1978): Lehrbuch der Psychologie, 3. Aufl. Heidelberg: Springer

Sachregister

Ablenkung 137–139, 320
Aggressivität 254, 258, 341–368; siehe auch Ärger; Feindseligkeit
Aktivität 139f, 177ff, 242
Akzeptieren 230, 248–250
Alkohol 13f, 55, 69, 117, 277, 322, 327f, 345
– und sexueller Mißbrauch 322, 368
– und Gewalt 322, 345, 368
Alltagsstress 19ff
Ältere Menschen 33f, 138, 164, 276, 278, 334, 337
Ängste 13, 64, 66, 122, 129, 148, 262, 277, 288, 303, 305, 334ff, 338, 350, 356
Arbeitsbelastungen 20, 22ff, 108–115, 240; siehe auch Ärzte; Lehrer; Mütter; Pflegepersonal
Ärger 246, 254, 341–368; siehe auch Feindseligkeit
Arteriosklerose 58
Arthritis 58, 139, 268, 325
Ärzte und Stress 28–30, 56, 180, 263, 305, 315
Atem-Entspannung 287–297, 311
Atem-Gymnastik 298
Atmung bei Stress 16, 265, 287ff
Aufgaben und Ziele 170–172, 266
Autogenes Training 304f

Behinderung und Bewältigung 175f, 246

Belastung (Definition) 18
Beten 208f, 313
Betriebe und Stress-Verminderung 24, 108–115, 220f, 240, 242, 361
Bewegungstraining 274–281
Bewertungen 30, 35–49, 74, 119–258, 292
– der eigenen Person 40–43
– und Erfahrungen 39, 43
– und förderliche Einstellungen 223–258
– und Gefühle 36f, 133
– und Grübeln 125–143
– und körperliche Folgen 50ff, 231
– Neubewertungen 48, 74, 123f, 134ff, 145ff, 183ff, 223–258
– und seelische Belastungen 35–38
– und Spannung/Entspannung 45
– Verminderung 228–234, 292
– und Wissen 39, 46
– von Körpervorgängen 41f, 231, 235
Beziehungen siehe Soziale Beziehungen
Bildliche Vorstellungsübungen 151f, 173f
Blutdruck, erhöhter 27, 50f, 108, 264, 275, 277f, 285, 331, 342f

Cholesterin 275, 325, 331, 343
Chronisch alarmierte Körpervorgänge 54–56, 261f, 284

Sachregister

Dankbarkeit 193–204
Dauerstress 27 ff
Depressivität 64, 66, 68, 71, 87, 131, 138, 162, 168, 183, 206 f, 252, 276 ff, 285, 294, 297, 331, 334 f, 350, 356
Diabetes 275

Ehe *siehe* Partnerschaft
Ehrgeiz 28, 341
Eile *siehe* Hetze
Einengung von Wahrnehmung und Denken 53 f, 101, 123, 129 f, 262 f, 275
Einsamkeit 30, 356
Engagement 139 f, 177 ff, 242; *siehe auch* Aktivität
Ent-Sorgung, gedankliche 140 ff
Entspannung 259–320
– Änderung mentaler Vorgänge 150–156, 287–295
– Auswirkungen auf Gefühle 264–267
– Auswirkungen auf Körpervorgänge 264, 267 f
– Auswirkungen auf Seelisches 264, 266–269, 276
– Auswirkungen auf Verhalten 269
– Entspannungsprüfung 308 ff
Erkrankung, körperliche 9, 33 f, 55, 60 f, 231, 262 f, 338
Erkrankung, seelische *siehe* Seelische Erkrankung
Ermutigung 95, 189 f, 373
Ernährung 14, 321–340
Erwartungen 245, 247
Erzieher *siehe* Lehrer
Eßstörungen 14, 68, 323
Ethisch-soziale Wertauffassungen 113, 179, 216–221, 363 ff

Eu-Stress 18

Feindseligkeit 341–368; *siehe auch* Ärger
Flexibilität 82, 242
Freitod 30, 31, 334
Freude 162 ff, 166

Gedanken *siehe* Mentale Bewußtseinsvorgänge
Gefängnisinsassen und Meditation 295
Gehirndurchblutung 275 f, 294
Gehirnwellen 264, 268, 294
Gespräche und Stressverminderung 140 f, 146–149, 158, 320, 355
Gesprächspsychotherapie 70, 84, 104, 146 ff, 169, 234, 331, 348
Gesundheitsförderung in Betrieben 108–115
Gewalt 220 f, 322, 365–368
Grübeln 125–143
Gruppengespräche 84, 97, 149, 207, 225, 234, 246, 357

Hatha-Yoga 300–303
Haustiere 163 f
Heißhunger 14, 323
Helfen 177–181
Herausforderung und Stressverminderung 240–243
Herz-Kreislauf-Erkrankungen 57 f, 164, 191, 294, 325, 337, 342 f
Hetze 19, 26, 341, 356
Hormonale Veränderungen 50 f, 55, 63, 129, 261, 263, 274
Humor *siehe* Lachen

Identifizieren 251–253
Immunsystem 55, 261, 263, 275, 285, 337

Jogging *siehe* Lauftraining
Jugendliche 117, 156, 169, 198, 336, 339

Kampf- und Fluchtreaktion 45, 52, 61, 293
Kinder *siehe* Schüler
Klarheit in sprachlichen Äußerungen 106
Kognitive Bewältigung *siehe* Bewertungen
Kognitive Umstrukturierung *siehe* Bewertungen/Neubewertungen
Kommunikation 104–107, 146–149
Kopfschmerzen 12, 20 f, 27, 55 f, 263, 285, 336
Körperliche Erkrankung *siehe* Erkrankung
Krankenpflegepersonal *siehe* Pflegepersonal
Kreativität 122, 165, 267
Krebs und Stress 9, 33, 59 f, 193, 195, 236 f, 245, 248 f, 260, 322, 337, 351 ff
Kritik 230, 232, 360, 367
Kurz-Entspannung 283, 307–310, 315 f

Lachen 166 f, 316
Lärm 20, 108
Lauftraining 274 ff
Lebenseinstellung 58, 99, 122, 175, 245, 266
Lebensstil, einfacher 99, 168, 245
Lebensstress 30–34
Lehrer 12, 41, 47, 55, 65, 99 f, 108, 156, 169, 198, 220, 263, 272, 275, 307, 310, 341, 342, 369
Leistungsfähigkeit und Entspannung 267, 275 f, 285

Leistungsfähigkeit und Stressverminderung 121, 153, 269, 272
Lernen durch Erfahrung und Übung 94–96
Lernen von anderen 173–176, 330
Lernschritte 81 f, 328
Lesen 165 f
Lichttherapie 71
Loslassen 244–250, 292
Lösungsorientiertes Handeln 87 ff

Magen-Darm-Beschwerden 16, 20, 27, 56, 263
Mangelernährung 63, 68, 334–336
Medien und Aggressivität 220, 367 f
Medikamentenabhängigkeit 14
Medikamente bei seelischen Erkrankungen 71, 334–336
Meditation 211, 233 f, 247, 253, 292 f, 296 f
Mentale Bewußtseinsvorgänge 17, 35–49, 50 ff, 64 f, 119–122, 145–181, 183–221, 223–258, 332
Mentales Training 150–156
Mineralien 334–339
Mütter und Stress 22, 28, 55, 99, 312, 314
Musik 165, 319
Muskel-Entspannung 282–286
Muskelverspannungen 260 ff, 282 ff

Naikan-Psychotherapie 200 ff
Natur 162 f, 211
Negative Gedanken und Selbstgespräche 126 ff; *siehe auch* Grübeln
Neurosen *siehe* Ängste, Depressivität
Neurotransmitter 55, 71, 129, 335, 340
Nikotin *siehe* Rauchen

Optimismus 240–242
Osteoporose 276

Panikzustände 64, 129, 288 f
Parasympathisches Nervensystem 291, 301
Paradontose 59
Partnerschaft 25, 160 f, 181, 348 f, 360
Pausen 314–317
Perfektionismus *siehe* Erwartungen
Pflegepersonal 21, 29 f, 56, 99, 111, 178, 180, 307, 316, 369
Polyarthritis *siehe* Arthritis
Problemklärung 98 ff, 140–143
Progressive Muskelentspannung 282–286
Prüfungsängste 25, 263
Psychosomatische Erkrankungen 13 f, 41 f, 55, 130, 240, 254, 258, 263, 265, 275, 301, 304, 343
Psychotherapie 14, 78, 84, 200, 233, 346; *siehe auch* Gesprächspsychotherapie, Verhaltenstherapie

Rauchen 14, 55, 117, 320, 323, 330, 338
Religiosität 113, 205–215, 216–221, 364–366
Rheuma *siehe* Arthritis
Rückenschmerzen 27, 51, 55, 61, 263, 284 f

Scheidung *siehe* Trennung vom Partner
Schizophrenie 68, 335
Schlafschwierigkeiten 51, 59, 66, 131, 136, 263, 285, 294, 305, 317
Schmerzminderung 278
Schuldgefühle 26, 126, 199
Schuldzuweisungen 233, 257
Schüler/Kinder 13, 55, 177, 278, 295; *siehe auch* Jugendliche
Seelische Erkrankungen und Stress 63 ff, 65–71, 259–320, 335 f, 338
Selbstbild *siehe* Selbstwirksamkeit
Selbstgespräche, negative 128 ff
Selbsthilfe 10, 76
Selbsthilfegruppen 84, 97, 159, 202
Selbstklärung 255 f, 320, 357 f
Selbstmord *siehe* Freitod
Selbstwertgefühl 251, 302, 356
Selbstwirksamkeit 42 f, 47, 64, 170, 177, 276, 302, 344
Serotonin (Neurotransmitterstoff) 71, 335, 340
Sexueller Mißbrauch 322, 368
Sinnerfüllung 47, 112, 145, 170 f, 177 f, 184, 195, 205
Situationsklärung 97–100
Situationsorientiertes Handeln 74, 87–107
Sorgen, schriftliche Klärung 141 ff
Soziale Kompetenz 104 ff, 146 f
Soziale Beziehungen 103–107, 111, 146–149, 157–161, 177 ff, 195, 202 ff, 220, 241, 255 ff, 247, 355 ff
Soziales Engagement *siehe* Helfen
Soziale Therapie 70 f
Sport 121, 153 f, 274 ff, 319, 341
Spurenelemente 334–339
Sterben 9, 30 f, 154, 206, 209, 226 f, 244
Stress (Definition) 17 f, 37
Stress-Forschung 10, 73
Stressverminderungs-Seminare 11, 84, 233, 270
Studierende 13, 22, 25, 100 f
Sympathisches Nervensystem, Aktivierung 50 ff, 63 f, 122, 262 ff

– und seelische Folgen 53 f, 87,
    122 f, 129 f, 262 ff, 264 ff, 275

Tagebuch 141, 226
Tiere 163 f
Tod *siehe* Sterben
Tonkassetten und Entspannung 270,
    289, 291
Träume 190 ff
Trennung vom Partner 31 f, 58, 64,
    100, 228, 236, 244, 254, 346

Übergänge zwischen Situationen
    siehe Pausen
Übergewicht 14, 269, 276, 323, 331
Umweltbelastungen 116 f
Unfälle 34

Vegetarische Ernährung 325

Vergeben 254–258
Verhaltenstherapie 70, 84, 154, 331,
    348
Vitamine 334–339

Wertauffassungen 113, 179,
    216–221, 363 ff
Wesentliches sehen 225–227, 362
Wut *siehe* Aggressivität, Ärger,
    Feindseligkeit

Yoga *siehe* Hatha-Yoga

Zeitdruck 19, 26, 341, 356
Zeitplanung 89–91, 356
Zielfestlegung 170–172
Zuwendung nach außen/innen 137
Zwischenmenschliche Beziehungen
    siehe Soziale Beziehungen